Neue berufliche Chancen für Menschen mit Behinderungen

Unterstützte Beschäftigung im System der beruflichen Rehabilitation

Jörg Barlsen
Jürgen Hohmeier (Hrsg.)

Neue berufliche Chancen für Menschen mit Behinderungen

Unterstützte Beschäftigung im System der beruflichen Rehabilitation

verlag selbstbestimmtes leben

Die Deutsche Bibliothek – CiP-Einheitsaufnahme

Neue berufliche Chancen für Menschen mit Behinderungen: unterstützte Beschäftigung im System der beruflichen Rehabilitation/ J. Hohmeier... J. Barlsen; J. Hohmeier.–

Düsseldorf:Verl. Selbstbestimmtes Leben, 2001

ISBN 3–910095–47–X

Impressum

Titel: Neue berufliche Chancen für Menschen mit Behinderungen – Unterstützte Beschäftigung im System der beruflichen Rehabilitation

Herausgeber: J. Barlsen, J. Hohmeier
Titelentwurf und Gestaltung: Cornelia Pasch, Krefeld
Satz: gata-Verlag, Eitorf
Druck und Herstellung: reha GmbH, Saarbrücken

Der verlag selbstbestimmtes leben ist Eigenverlag des Bundesverbandes für Körper- und Mehrfachbehinderte e.V., Brehmstr. 5-7, 40239 Düsseldorf
Tel: 0211/64004-0, Fax: 0211/64004-20
email: info@bvkm.de
www.bvkm.de

DM 29,80 ÖS 210 Sfr 30 Euro 15

Inhalt

Vorwort 7

Einleitung 9

Teil 1: Ort und Funktion von Unterstützter Beschäftigung und Integrationsfachdiensten **13**

Jürgen Hohmeier

Unterstützte Beschäftigung – ein neues Element im System der beruflichen Rehabilitation 15

Helmut Mair

Unterstützte Beschäftigung vor dem Hintergrund veränderter Arbeitsmärkte 25

Jörg Barlsen

Unterstützte Beschäftigung und Integrationsfachdienste im Spiegel empirischer Forschung 39

Teil 2: Handlungsfelder und Methoden der Integrationsfachdienste **65**

Michael Schneider

Arbeitsassistenz, Arbeitsplatzassistenz, persönliche Assistenz am Arbeitsplatz für Schwerbehinderte – Begriffsklärungen und Kostenszenarien 67

Rolf Behncke

Die Akquisition von Arbeitsplätzen im Rahmen der Unterstützten Beschäftigung 81

Jörg Bungart, Susanne Putzke

Einarbeitung am Arbeitsplatz und der Prozess der betrieblichen Integration 111

Annette Klinkenbusch

Die Praxis der beruflichen Vermittlung von körper- und mehrfachbehinderten jungen Arbeitsuchenden durch Unterstützte Beschäftigung 161

Jörg Bungart, Volker Supe und Peter Willems

Modulsystem umfassendes Qualitätsmanagement (MuQ) für Integrationsfachdienste 183

Stefan Doose

Qualifizierung und Fortbildung von IntegrationsberaterInnen in Integrationsfachdiensten 229

Teil 3: Individualisierung und Flexibilisierung in Institutionen der schulischen und beruflichen Bildung 255

Peter Appelhans und Willi Düe

Schulische Vorbereitung auf Ausbildung und Beruf für junge Menschen mit Sehschädigung in Schleswig-Holstein 257

Simone Schüller

Die Auswirkungen des Konzeptes der „Unterstützten Beschäftigung" auf das System der beruflichen Rehabilitation am Beispiel der Werkstätten für Behinderte 287

Erwin Denninghaus

Individualisierung und Flexibilisierung der Ausbildung behinderter Jugendlicher in Berufsbildungswerken 311

Teil 4: Rechtsfragen 325

Karl-Friedrich Ernst

Zur Institutionalisierung und Finanzierung von Integrationsfachdiensten – Rechtslage ab 1. Oktober 2000 327

Die Autoren 347

Vorwort

Auf dieses Buch haben wir lange gewartet!

Die Idee der Unterstützten Beschäftigung hat kaum mehr als 10 Jahre gebraucht, um sich von den ersten Fachtagungen und Modellversuchen zu einem flächendeckenden Angebot der beruflichen Eingliederung behinderter Menschen in Deutschland zu entwickeln. Diese erstaunliche Karriere wurde möglich, weil sowohl die Organisationen behinderter Menschen als auch die Kostenträger der beruflichen Eingliederung und die Sozialpolitik die Chancen dieses neuen Konzeptes erkannt haben. Die Selbsthilfeorganisationen haben es als einen Bestandteil der Behindertenpolitik begriffen und aufgegriffen, mit dem behinderten Menschen die Teilhabe, Integration und Selbstbestimmung in wichtige Teile des gesellschaftlichen Lebens erschlossen werden können. Politik und Kostenträger haben die Unterstützte Beschäftigung als wirksames und kostengünstiges Instrument der Platzierung einer Personengruppe auf dem allgemeinen Arbeitsmarkt erkannt, der bisher nur die Alternative zwischen der Arbeitslosigkeit und der Werkstatt für Behinderte blieb.

Bislang fehlte eine umfassende Darstellung der Unterstützten Beschäftigung in Deutschland und ihrer Einordnung in das System der Rehabilitation und Teilhabe behinderter Menschen. Diese Aufgabe soll das Buch erfüllen.

Dieses Buch hätte nicht früher erscheinen dürfen!

Es erscheint zu einem Zeitpunkt, zu dem die Integrationsfachdienste ihre gesetzliche Verankerung erfahren haben und die Regelungen für ihren flächendeckenden Ausbau weitgehend vereinbart sind. Das Konzept der Unterstützten Beschäftigung hat damit seinen institutionellen Rahmen in Deutschland erhalten. Das Buch erhält damit eine große Aktualität. Es soll die Kostenträger und die Mitarbeiterinnen und Mitarbeiter der Dienste mit theoretischem und praktischem Rüstzeug ausstatten, das sie für den Aufbau und die Weiterentwicklung der Dienste benötigen. Den Betroffenen, ihren Angehörigen, Betreuern und Lehrern soll das Buch vermitteln, was sie von der Unterstützten Beschäftigung erwarten können und dürfen.

Dieses Buch erscheint zur rechten Zeit!

Es belegt, dass Unterstützte Beschäftigung mehr ist als ein optimiertes Instrument zur Platzierung von Menschen mit einem Grad der Behinderung auf dem allgemeinen Arbeitsmarkt. Nichts spricht dagegen, dass es zu diesem Zweck eingesetzt und ausgebaut wird. Der Preis für den flächendeckenden Ausbau darf aber nicht sein, dass die Unterstützte Beschäftigung auf ein bloßes Arbeitsmarktinstrument reduziert wird. Als solches folgt sie anderen Zielsetzungen und Gesetzmäßigkeiten als es den ursprünglichen Intentionen derjenigen entsprach, die maßgeblich an der Verbreitung und Entwicklung in Deutschland beteiligt waren. Die Zahl der Vermittlungen und die Arbeitslosenstatistik Schwerbehinderter zum Erfolgskriterium für Integrationsfachdienste zu machen, bedeutet letztendlich, Menschen, die in einer Werkstatt für Behinderte arbeiten und die aus einer Sonderschule entlassen werden, von den Integrationschancen der Unterstützten Beschäftigung weitgehend abzuschneiden. Der Anspruch auf Integration und Teilhabe ist in einer humanen und solidarischen Gesellschaft unteilbar. Die Unterstützte Beschäftigung muss allen zugänglich sein, denen sie den Weg zur Teilhabe am Arbeitsleben auf dem allgemeinen Arbeitsmarkt eröffnen kann. Wie weit dieser Personenkreis zu fassen ist, belegt dieses Buch. Es soll auch einen Beitrag dazu leisten, dass die Unterstützte Beschäftigung als ein Konzept der Behinderten- und Gesellschaftspolitik erhalten bleibt und wirksam werden kann.

Norbert Müller-Fehling

Einleitung

Die berufliche und damit auch soziale Eingliederung von Menschen mit Behinderungen ist in den letzten beiden Jahrzehnten immer schwieriger geworden. Vor allem wegen des Wegfalls vieler Arbeitsplätze, insbesondere solcher mit niedrigen Anforderungsprofilen, stellen sich der Erlangung dauerhafter Arbeitsplätze auf dem allgemeinen Arbeitsmarkt Hindernisse entgegen, die in der Regel nur durch vielfältige berufliche Qualifizierungen, hohen persönlichen Einsatz und unter Tolerierung von „Warteschleifen" und Arbeitslosigkeit zu überwinden sind. Diese Probleme treten verschärft für niedrig qualifizierte Behinderte auf. Eine Folge dieser sozialpolitisch insgesamt verhängnisvollen Entwicklung ist die vermehrte Inanspruchnahme der Werkstätten für Behinderte durch Bewerber, die unter günstigeren Arbeitsmarktbedingungen durchaus auf dem ersten Arbeitsmarkt tätig sein könnten.

Der Mangel an infrage kommenden Ausbildungs- und Arbeitsstellen, der rapide Anstieg der Arbeitslosigkeit von Behinderten sowie die Verknappung finanzieller Ressourcen im sozialen Bereich führten auf politischer und administrativer Ebene zwangsläufig zu der Frage nach der Leistungsfähigkeit und Effizienz unseres Rehabilitationssystems. Kernpunkte der Kritik waren unter anderem, dass Reha-Maßnahmen einmal zunehmend einer arbeitsmarktpolitischen Instrumentalisierung ausgesetzt sind und dass es ihnen zum anderen an Flexibilität und Innovationsfähigkeit mangelt, um auf die sich verschärfenden Problemlagen angemessen reagieren zu können.

Diese Kritik ist sicherlich teilweise berechtigt, Tatsache ist aber auch, dass sich etwa seit 1990 das etablierte Rehabilitationssystem sowohl durch Ziel- und Aufgabenerweiterungen als auch durch strukturelle Veränderungen und neue Arbeitsansätze auf die erschwerte Arbeitsmarktsituation einzustellen versucht hat. Festzustellen sind einmal vermehrte Anstrengungen in der Zielerreichung, zum anderen aber auch die Implementierung neuer Problemlösungsstrategien. Beispiele für letztere sind die Vernetzung von überbetrieblicher und betrieblicher Ausbildung durch Betriebspraktika etc. sowie die Ausbildung nach dem Modulsystem. Zu diesen systemimmanenten Anstrengungen und Innovationen ist ebenfalls seit Anfang der neunziger Jahre gewissermaßen von außen mit den so genannten Integrationsfachdiensten ein neuer Problemlösungsansatz und damit ein neues Element im Eingliederungs- und Rehabilitationssystem hinzu gekommen. Entsprechend seines Ursprungs in der Behinderten- und Gesellschaftspolitik der USA zielt er auf die berufliche Integration von Menschen mit Behinderungen vornehmlich auf dem allgemeinen Arbeitsmarkt. In schneller Folge sind mit Bezug auf bestimmte Behindertengruppen oder behinderungsübergreifend inzwischen zahlreiche Integrationsfachdienste entstanden, die ihre Arbeit mehrheitlich am Konzept der „Unterstützten Beschäftigung“ orientieren.

Von diesem Konzept, seiner Umsetzung in vielfältigen Schritten, den bereits vorliegenden Erfahrungen und von den sozial- und rehabilitationspolitischen Voraussetzungen und Konsequenzen handelt der vorliegende Band. Sein Anliegen ist, eine möglichst breite Fachöffentlichkeit, aber auch die Betroffenen selbst und ihre Verbände über die mit „Unterstützter Beschäftigung“ verbundenen Chancen und Vorteile zu informieren und Wege der Realisierung zu beleuchten. Entsprechend gliedert sich der Band in drei Teile.

Teil 1 erörtert Ort und Funktion der Unterstützten Beschäftigung bzw. der Integrationsfachdienste: Jürgen HOHMEIER erläutert den neuen Arbeitsansatz im Kontext paradigmatischer Entwicklungen in der Behindertenhilfe und diskutiert seine Funktionalität im System der beruflichen Eingliederung und Rehabilitation. Die Bedeutung der Unterstützten Beschäftigung – so ein Fazit – liege vor allem darin, dass sie Potenziale zur konzeptionellen und strukturellen Veränderung des vorhandenen Reha-System in Richtung einer verbesserten Anpassung an schwieriger gewordene Umweltbedingungen enthält. Mit diesen veränderten Umweltbedingungen befasst sich der Beitrag von Helmut MAIR: Er beschreibt den Strukturwandel auf dem Arbeitsmarkt und benennt die Bedingungen, die für Menschen mit Behinderungen besonders ausdifferenzierte Organisationsformen Unterstützter Beschäftigung erforderlich machen. Jörg BARLSEN gibt schließlich einen Überblick über die wichtigsten Forschungsergebnisse zu Integrationsfachdiensten. Er erläutert Aufgaben, konzeptionelle Grundlagen und Effizienz des Arbeitsansatzes und geht der Frage nach, welche Zielgruppen durch Integrationsfachdienste unterstützt werden.

Teil 2 des Buches widmet sich verschiedenen Handlungsfeldern und Methoden der Integrationsfachdienste: Eine erste Präzisierung erfolgt durch Michael SCHNEIDER, der den Versuch einer begrifflichen Klärung der „Arbeitsassistenz“ unternimmt. Die beiden folgenden Beiträge setzen sich mit zwei zentralen Arbeitselementen der Unterstützen Beschäftigung auseinander: Rolf BEHNCKE diskutiert Strategien der Akquisition von Arbeitsplätzen; Jörg BUNGART und Susanne PUTZKE systematisieren den komplexen Prozess der Einarbeitung am Arbeitsplatz und der betrieblichen Integration, der über ein bloßes Training von Arbeitsfertigkeiten hinausgeht. Der Beitrag von Annette KLINKENBUSCH konkretisiert die erläuterten

Arbeitsmethoden in Bezug auf eine bestimmte Zielgruppe: In einem Werkstattbericht beschreibt sie die Anpassung des Konzepts der Unterstützten Beschäftigung an die Bedürfnisse körper- und mehrfachbehinderter Menschen.

Insbesondere den ersten Integrationsfachdiensten stand zunächst kein in sich geschlossenes und erprobtes Konzept zur Verfügung. Die Arbeit orientierte sich lediglich an der zentralen Idee, dass durch die Individualisierung und Flexibilisierung unterstützender Maßnahmen die Eingliederungschancen für behinderte Menschen deutlich zu erhöhen seien. Verschiedene (Forschungs-)Projekte dienten daher der konzeptionellen Weiterentwicklung und Professionalisierung der Fachdienste. Die Resultate werden an zwei Beispielen erläutert: Jörg BUNGART, Volker SUPE und Peter WILLEMS stellen ein Qualitätsmanagementsystem für Integrationsfachdienste dar, dessen zentrales Element so genannte Arbeitstandards sind, die die Arbeitsweise der Integrationsfachdienste konkretisieren und Verfahren zur Überprüfung der Zielerreichung anbieten. Stefan DOOSE befasst sich mit der Frage, welche Kompetenzen die Mitarbeiter von Integrationsfachdiensten haben sollten und wie diese zu vermitteln sind.

Das Bestreben, vorhandene Maßnahmen entsprechend objektiver Bedarfslagen und subjektiver Bedürfnisse zu individualisieren und zu flexibilisieren, realisiert sich nicht nur durch die Einrichtung von Integrationsfachdiensten, sondern auch in systemimmanenten Innovationen in etablierten Institutionen der beruflichen Vorbereitung und Rehabilitation. Einige dieser Entwicklungen erfolgten unabhängig vom Ausbau der Integrationsfachdienste, andere sind als ihr Effekt zu bewerten, insofern die Diskussion um die IFD die rehabilitative Aufgabenstellung insbesondere der Werkstätten für Behinderte wieder verstärkt ins Bewusstsein brachte und zu entsprechenden Anstrengungen führte. Diese neuen Arbeitsansätze sind Thema des dritten Teils: Peter APPELHANS und Willi DÜE erläutern ein Konzept der Vorbereitung und begleitenden Unterstützung betrieblicher Ausbildungen junger Menschen mit Sehschädigung durch die Schule. Simone SCHÜLLER diskutiert, inwieweit der Ausbau von Integrationsfachdiensten Einfluss auf die Werkstätten für Behinderte nimmt und Erwin DENNINGHAUS stellt dar, wie die Prinzipien „Individualisierung“ und „Flexibilisierung“ in Berufsbildungswerken umgesetzt werden.

Zeitgleich mit der Arbeit am vorliegenden Buch erfolgte eine Novellierung des Schwerbehindertengesetzes, die mit Einführung des § 37 SchwbG die gesetzliche Grundlage für die Einrichtung von Integrationsfachdiensten schuf. Der Band schließt mit einem Beitrag von Karl-Friedrich ERNST, der diese Entwicklungen erörtert und die Rechtslage ab 1. Oktober 2000 darstellt.

Bei allen Schwierigkeiten, die durch die gegenwärtigen politischen Rahmenbedingungen gegeben sind, möchte das Buch unterschiedlichen Interessen und Bedürfnissen gerecht werden. Es vereinigt daher sehr unterschiedliche Beiträge von grundsätzlichen Artikeln bis zu Werkstattberichten sowie zu den verschiedensten Aspekten und Schritten des Rehabilitations- und Eingliederungsprozesses.

Münster, im Oktober 2000

Die Herausgeber

Teil 1:

Ort und Funktion von Unterstützter Beschäftigung und Integrationsfachdiensten

Jürgen Hohmeier

Unterstützte Beschäftigung – ein neues Element im System der beruflichen Rehabilitation

1

Die gesellschaftliche Aufgabe der beruflichen Eingliederung von Menschen mit Behinderungen ist in den letzten 20 Jahren immer schwieriger geworden. Vor allem wegen des Wegfalls vieler Arbeitsplätze, insbesondere solcher mit niedrigeren Anforderungsprofilen, ist der Weg zu einem dauerhaften Arbeitsplatz auf dem allgemeinen Arbeitsmarkt immer länger und voraussetzungsvoller geworden. Dabei treten die Probleme verschärft für niedrig qualifizierte Behinderte auf. Folge dieser Entwicklung ist die vermehrte Inanspruchnahme der Werkstätten für Behinderte durch Bewerber, die unter günstigeren Bedingungen durchaus auf dem ersten Arbeitsmarkt tätig sein könnten. Für die Werkstätten bedeutete dies eine Verschärfung des vielfach diskutierten Zielkonflikts zwischen Rehabilitations- und Versorgungsauftrag. Sie werden zunehmend zu einem „Auffangbecken" für eine äußerst heterogene Gruppe erwerbsloser Behinderter, deren Aufnahme in diese Sondereinrichtung nicht primär in einem sich aus der Behinderung ergebenden Unterstützungsbedarf begründet ist, sondern vielmehr das Resultat struktureller Veränderungen auf den Arbeitsmärkten ist. Berufseingliedernde Rehabilitationsmaßnahmen sind unter diesen Umständen in Gefahr, gegenüber der Notwendigkeit einer langfristigen Versorgung in den Hintergrund zu rücken.

Der Mangel an geeigneten Ausbildungs- und Arbeitsstellen, der rapide Anstieg der Arbeitslosigkeit bei Behinderten sowie die Verknappung finanzieller Ressourcen im sozialen Bereich führten auf politischer und administrativer Ebene zwangsläufig zu der Frage nach der Effektivität unseres Rehabilitationssystems. Kernpunkte der Kritik waren unter anderem, dass einmal viele Reha-Maßnahmen zunehmend einer arbeitsmarktpolitischen Instrumentalisierung unterliegen, um in der Arbeitslosenstatistik günstigere Zahlen zu schreiben. Insbesondere die Förderlehrgänge der Arbeitsverwaltung, die auf eine Anlerntätigkeit auf dem allgemeinen Arbeitsmarkt vorbereiten sollen, gelten inzwischen eher als Warteschleifen zur Überbrückung konjunktureller Engpässe denn als geeignete Instrumente zur beruflichen Eingliederung. Zum anderen wurde den vorhandenen Institutionen mangelnde Flexibilität und fehlende Innovationsfähigkeit vorgeworfen, wie sie sich zum Beispiel am Festhalten an dem Dualismus von Qualifizierung und Platzierung zeigen.

Die Defizite unseres Rehabilitationssystems, insbesondere in dessen stationärem Sektor, werden heute besonders an überbetrieblichen Maßnahmen für behinderte Jugendliche deutlich. Hier sind in den letzten beiden Jahrzehnten Teilsysteme geschaffen worden, die hoch spezialisiert den Ausbildungsbedürfnissen bestimmter Gruppen von Jugendlichen durchaus gerecht werden, in ihrer internen Abgeschlossenheit aber sämtlich Probleme mit der Verbindung zur Arbeitswelt haben, insofern die Ausbildung weithin zu arbeitswelt- und lebensweltfern geschieht. Diese Nachteile wirken sich insbesondere für Jugendliche, deren Leistungsfähigkeit behinderungsbedingt unterhalb der reduzierten Ausbildungsgänge liegt, besonders negativ aus. Gerade für diese Jugendlichen scheint die einzige Chance eines Arbeitsplatzes auf dem allgemeinen Arbeitsmarkt in der engen Passung zwischen individuellem Leistungsprofil und den konkreten Anforderungen eines bestimmten Arbeitsplatzes zu liegen.

Für die Zeit nach 1990 ist nun festzustellen, dass sich das etablierte Rehabilitationssystem zunehmend sowohl durch Ziel- und Aufgabenerweiterungen als auch durch strukturelle Veränderungen auf die schwieriger gewordene Arbeitsmarktsituation einzustellen versucht. Erhöhten Anforderungen durch schwieriger werdende Umweltbedingungen versuchen Organisationen erfahrungsgemäß vor allem durch drei Strategien zu begegnen: 1. durch erhöhte Anstrengungen auf den vorhandenen „Schienen", 2. durch das Hervorbringen von Innovationen in Form neuer Problemlösungsansätze und 3. durch eine Umdefinition ihrer Ziele in Richtung des jeweils „Erreichbaren", um Misserfolge zu verschleiern. Es spricht meines Erachtens für unser System der beruflichen Eingliederung, dass es sich den Schwierigkeiten des gegenwärtigen Arbeitsmarktes durch die Wahl der ersten beiden Strategien stellt. Festzustellen sind sowohl vermehrte Anstrengungen als auch die Implementierung neuer Problemlösungsansätze. Als Beispiel für letztere kann auf die Vernetzung von überbetrieblicher und betrieblicher Ausbildung durch Betriebspraktika sowie die Ausbildung in Betriebsbildungswerken nach dem Modul- beziehungsweise Baukastenprinzip verwiesen werden.

Die meisten systemimmanenten Innovationen folgen dabei drei Prinzipien: der Individualisierung und Flexibilisierung von Maßnahmen sowie der Herstellung von Arbeitswelt- und Betriebsnähe. Unter Individualisierung ist das Bemühen um die Passung von Ausbildungs- und Arbeitsinhalten mit Persönlichkeitsmerkmalen, -potenzialen und Fähigkeiten/Fertigkeiten des Individuums zu verstehen. Flexibilisierung dagegen bezieht sich auf die Passung von Ausbildungsinhalten und Arbeitsplatzanforderungen. „Betriebsnähe" will weg von einer curricularen Ausrichtung der Fördermaßnahmen in einem Sonder- und Schonraum und hin zu einer Inkorporierung möglichst vieler der Arbeitswelt entsprechender Inhalte und Merkmale in die Ausbildung.

Zu den gewissermaßen systemimmanenten Anstrengungen des etablierten Rehabilitations- und Eingliederungssystems, alten und neuen Anforderungen unter den schwieriger gewordenen Arbeitsmarktbedingungen gerecht zu werden, ist ebenfalls seit etwa 1990 mit den so genannten Integrationsfachdiensten ein neuer Problemlösungsansatz hinzugekommen, dessen gesellschaftspolitische Zielsetzung sich auf die Integration von Menschen mit Behinderungen auf dem allgemeinen Arbeitsmarkt richtet. Zunächst ist die Feststellung wichtig, dass die Integrationsfachdienste nicht aus unserem System hervorgegangen sind, sondern ihren Ursprung in der Behinderten- und Gesellschaftspolitik in den USA haben. Ähnlich wie „Independent Living" stellte „Supported Employment" dort zugleich eine neue „Philosophie", eine Bewegung und einen Arbeitsansatz dar, dem eine bestimmte Organisationsform sowie genuine Handlungsstrategien und Methoden entsprechen. Konzept und Arbeitsansatz der „Unterstützten Beschäftigung" werden bei uns von den IFD umgesetzt, die in schneller Folge vielerorts – wenn auch noch nicht flächendeckend – seit Anfang der 90er Jahre in Trägerschaft von Verbänden, Selbsthilfegruppen und Behinderteninitiativen entstanden sind.

Das im Hinblick auf unser in seiner Ausdifferenzierung abgeschlossen erscheinende Rehabilitationssystem durchaus überraschende „Auftauchen" der IFD und deren schnelle Verbreitung – nicht alle in den skandinavischen Ländern und den USA entstandenen Reformansätze im Behindertenbereich sind in so kurzer zeitlicher Folge bei uns „angekommen" – provoziert die Frage, ob „Unterstützte Beschäftigung" als ein weiteres und neues Element eben dieses Rehabilitationssystems oder als ein konkurrierender Alternativentwurf außerhalb desselben gesehen werden muss. Diese Frage ist gegenwärtig – nur so viel vorweg – nicht zu beantworten: Unterstützte Beschäftigung ist beides – eine Alternative zum her kömmlichen Eingliederungssystem und dessen Arbeitsweisen und ein weiteres Element im Rehabilitationssystem, insofern die IFD sich in die sozialpolitische Verfassung und institutionelle Struktur unseres Sicherungssystems einfügen müssen und auf die anderen Elemente angewiesen sind, um operieren zu können. Natürlich ist es aber möglich, dass die Verfechter der Unterstützten Beschäftigung sowie die Mitarbeiter von IFD diese Frage anders beantworten als der distanzierte Systembeobachter.

2

Die folgenden Ausführungen befassen sich mit Funktionen und Folgen der Unterstützten Beschäftigung. Diese sollen in Verfolgung der bereits deutlich gewordenen systemischen Perspektive im Kontext des gesamten Rehabilitationssystems betrachtet werden. Es geht darum, die Bedeutung der Unterstützten Beschäftigung als einem grundlegend neuen Arbeitsansatz in der beruflichen und sozialen Eingliederung von Menschen mit Behinderungen sichtbar zu machen und nach ihrer Funktionalität im System der beruflichen Eingliederung und Rehabilitation zu fragen. Dazu sei angemerkt, dass der Unterstützten Beschäftigung auf konzeptioneller Ebene eine ähnliche Bedeutung zukommen dürfte wie seinerzeit dem Normalisierungsprinzip oder wie dem „Autonom Leben-Prinzip" in einem anderen Bereich der Behindertenarbeit, die beide ein neues Paradigma darstellten und in ihren Ableitungen für die Praxis eine eminent wichtige Handlungsrelevanz erhalten haben.

„Unterstützte Beschäftigung" bezeichnet einen ambulanten Arbeitsansatz, der für einen bestimmten „Kunden" einen dessen Neigungen und Fähigkeiten entsprechenden Arbeitsplatz auf dem allgemeinen Arbeitsmarkt in Wohnortnähe sucht, ihn – sofern erforderlich – auf die Arbeitsaufnahme vorbereitet und ihn in der Regel bei der Einarbeitung am Arbeitsplatz und der Einnahme einer sozialen Rolle im Betrieb unterstützt. Die ersten IFD wurden Ende der achtziger/Anfang der neunziger Jahre zunächst für psychisch Erkrankte nach stationärer Behandlung in Verbindung mit den Psychosozialen Diensten der Hauptfürsorgestellen eingerichtet. Inzwischen sind Fachdienste für fast sämtliche Gruppen von Behinderten entstanden, so für Lern- und geistig Behinderte, Körperbehinderte und Sinnesgeschädigte. Gegenwärtig arbeiten mehr als 170 solcher Fachdienste in der BRD. Zur Zeit ist noch offen, ob die Entwicklung generell zu behinderungsübergreifend arbeitenden Diensten geht oder ob die naheliegenden Vorteile einer Spezialisierung den Ausschlag geben werden. Vermutlich wird es beides – zielgruppenübergreifende und zielgruppenspezifische Dienste – geben. Kennzeichnend indes dürfte für sie in den meisten Fällen die ambulante, individuell ausgerichtete, flexibel an der Passung von Personmerkmalen und Anforderungen von Arbeitsplätzen orientierte Arbeitsform sein.

Die IFD befinden sich gegenwärtig vielfach noch in der Modell- und Erprobungsphase. Neben ihrem Arbeitsansatz haben sie durchweg auch bereits ihre Organisationsform gefunden. Sie besteht überwiegend aus zwei oder – eher ausnahmsweise – mehr Mitarbeitern/innen, wobei jeweils auf einer Stelle die ergotherapeutische und auf der anderen die sozialpädagogische Kompetenz angesiedelt ist. Diese Kombination von Kompetenzen scheint den vielfältigen Anforderungen an die Dienste gerecht zu werden und sich in der Praxis zu bewähren.

Der spezifische Arbeitsansatz der IFD lässt sich durch sieben Aufgabenfelder beschreiben, die im Regelverlauf der beruflichen Eingliederung Arbeitsschritte und Eingliederungsstufen zugleich bezeichnen:

1. Information und Beratung von Menschen mit Behinderungen sowie ihrer Angehörigen,
2. Auswahl geeigneter Bewerber, verbunden mit der Erstellung eines Leistungs- und Fähigkeitsprofils,
3. Information potenzieller Arbeitgeber über die Möglichkeiten der betrieblichen Integration Behinderter,
4. Akquisition von Arbeitsplätzen auf dem allgemeinen Arbeitsmarkt,
5. Beratung und Unterstützung der Arbeitgeber bei der behinderungsgerechten Gestaltung von Arbeitsplätzen sowie der Arbeitsorganisation auf der Grundlage einer Arbeitsplatzanalyse,
6. Hilfen bei der Einarbeitung am Arbeitsplatz bis hin zu einer befristeten kontinuierlichen Begleitung,
7. Konfliktberatung und Krisenintervention nach allmählicher Rücknahme der begleitenden Unterstützung am Arbeitsplatz.

Grundprinzip dieses Vorgehens ist die Umkehrung des traditionellen Arbeitsansatzes der beruflichen Rehabilitation „Erst Qualifizieren, dann Platzieren". „Methodisch bedeutet dies eine radikale Individualisierung der zu leistenden Unterstützung" (ADLHOCH 1997, 15). Die Einarbeitung am Arbeitsplatz ermöglicht ein hohes Maß an Flexibilität, so dass sich das insbesondere aus überbetrieblichen Ausbildungen ergebende Transferproblem, dass sich Ausbildungskompetenzen nicht ohne weiteres am Arbeitsplatz umsetzen lassen, erst gar nicht stellt. Diese Vorteile beantworten allerdings nicht abschließend die Legitimationsfrage, ob die mit Hilfe der Unterstützten Beschäftigung erfolgte Platzierung nicht immer nur für <u>einen</u> bestimmten Arbeitsplatz gilt, so dass mit Wegfallen desselben auch in der Regel eine Kündigung verbunden ist. Die Legitimation für die der Akquisition zugrundeliegende enge Passung zwischen individuellen Potenzialen und Arbeitsplatzvariablen dürfte einmal mit der Tatsache zu begründen sein, dass als Alternative zur Unterstützten Beschäftigung in den meisten Fällen nur die Werkstatt für Behinderte in Frage kommen dürfte und dass zum anderen im Fall der Wegrationalisierung eines Arbeitsplatzes ein erneuter Akquisitionsversuch unternommen werden kann. Auch wenn dies vielleicht überflüssig ist, sollte dennoch an dieser Stelle bemerkt werden, dass Unterstützte Beschäftigung mit Bezug auf junge Erwachsene mit Behinderungen nur in bestimmten Fällen eine adäquate Alternative darstellt. Es sollte unbestritten bleiben, dass, wenn – auch unter „Vorschaltung" von Förderungslehrgängen – eine Ausbildung – auch die reduzierte nach § 42 BBiG –

möglich ist, diese unbedingt vorzuziehen ist, wobei auch die spezifischen Möglichkeiten der überbetrieblichen Qualifizierung ausgeschöpft werden müssen.

DOOSE ist zuzustimmen, dass Unterstützte Beschäftigung „mehr als eine neue Rehabilitationsmaßnahme (ist). Es ist eine veränderte Sichtweise, die zu einer veränderten Praxis führt“ (1997, 44). Die Bedeutung der Unterstützten Beschäftigung lässt sich nur voll erfassen, wenn sie im Zusammenhang mit der paradigmatischen Entwicklung der Förderung und Gleichstellung von Menschen mit Behinderungen insgesamt gesehen wird. Das neue Leitbild, das in anderen Bereichen der Behindertenarbeit sich bereits stärker durchgesetzt hat als in der beruflichen Eingliederung, lässt sich mit Begriffen wie Normalisierung, Gleichstellung, Kundenorientierung, Erhöhung der Lebensqualität charakterisieren. Es ist stärker als frühere Sichtweisen der individuellen Bedürfnisbefriedigung einerseits und der sozialen Integration andererseits verpflichtet. Integration wird nicht mehr als Fernziel konzipiert, das erst nach Durchlaufen vieler Maßnahmen zu erreichen ist, sondern als ein Mittel der sozialen Teilhabe selbst. Das Grundprinzip der Unterstützten Beschäftigung scheint genau diesem neuen Leitbild zu entsprechen.

3

Bevor in diesem Teil der Ausführungen eine Analyse der Wirkungen und Funktionen der Unterstützten Beschäftigung im Rehabilitations- und Eingliederungssystem versucht wird, soll zunächst auf den angesichts der gegenwärtigen Arbeitsmarktsituation außerordentlich großen Erfolg der IFD hingewiesen werden, der sich mit den Ergebnissen der letzten fünf bis sieben Jahre insgesamt dokumentieren lässt. Dazu hier nur eine Angabe: Von den sieben vom Landschaftsverband Westfalen-Lippe eingerichteten IFD für Schwerbehinderte mit geistigen Beeinträchtigungen wurden in dem Zeitraum von 2 3/4 Jahren (1994-97) insgesamt 700 Personen beraten. Davon wurden 310 in die Betreuung und Vermittlung aufgenommen. Von diesen konnten 120 in ein vertragliches – zumeist unbefristetes – Arbeitsverhältnis auf dem allgemeinen Arbeitsmarkt vermittelt werden (vgl. BARLSEN/ BUNGART/ HOHMEIER/ MAIR 1999).

Ohne hier auf die Probleme des Kriteriums „Vermittlungsquote“ einzugehen, lässt sich die bisherige Arbeit der IFD meines Erachtens insgesamt als erfolgreich charakterisieren. Dieser „Erfolg“ dürfte zuallererst aus den gewissermaßen „natürlichen Vorteilen“ der Unterstützten Beschäftigung resultieren. Diese scheinen mir vor allem in den folgenden Faktoren begründet zu sein:

1. Der Arbeitsansatz der IFD ermöglicht im Hinblick auf die Neigungen und Leistungspotenziale der Bewerber ein hohes Maß an Indivi-

dualisierung sowie im Hinblick auf die Gestaltung des Arbeitsplatzes und die Arbeitsorganisation ein hohes Maß an Flexibilität. Beides dürfte in einer standardisierten, curricular ausgerichteten betrieblichen und insbesondere überbetrieblichen beruflichen Qualifizierung nicht oder nur sehr schwer in gleicher Weise möglich sein.

2. Die IFD operieren in großer Arbeitsmarkt- und Betriebsnähe im unmittelbaren Nahbereich und bedienen sich dabei vielfältiger Akquisitionsstrategien, die in ihrer Flexibilität und vielleicht auch mit dem eingesetzten Zeitaufwand von einem „Amt" aus nicht zu realisieren sind (vgl. SCHNEIDER 1999, 18).

3. Sowohl in der Auswahl geeigneter Bewerber wie in der Einarbeitung am Arbeitsplatz und einer eventuell weiteren Begleitung liegt die Chance, die neben den technischen und leistungsmäßigen Voraussetzungen ebenfalls wichtigen Schlüsselqualifikationen und Sozialkompetenzen zu überprüfen beziehungsweise zu vermitteln. Häufig scheitern Menschen am Arbeitsplatz nicht so sehr wegen behinderungsbedingter Einschränkungen, sondern wegen fehlender sozialer Kompetenzen sowie mangelnder direkter Unterstützung am Arbeitsplatz. In diesem Zusammenhang ist von großer Bedeutung, dass den Betrieben in dem jeweiligen IFD ein ständiger Ansprechpartner in Krisensituationen zur Verfügung steht, der von dem Hintergrund einer unmittelbaren Person- und Betriebskenntnis aus reagieren kann.

4. Gegenwärtig dürften die Erfolge der Unterstützten Beschäftigung nicht zuletzt auch auf den Erfolgsdruck zurückzuführen sein, unter dem neue Einrichtungen mit innovativem Anspruch gemeinhin stehen. Der hier vorliegende „Hawthorne-Effekt" besteht darin, dass sich sowohl die IFD als auch ihre Klienten zur Zeit noch unter der besonderen Beobachtung nicht nur der Träger der Dienste sowie der Arbeitsverwaltungen, sondern durchaus auch einer breiteren Öffentlichkeit erleben. Diese Vermutung führt naturgemäß zu der Frage, ob nicht eine Bedingung des bisherigen Erfolgs darin zu sehen ist, dass bislang in erster Linie die „good risks" platziert wurden und ob der Erfolg zu halten ist, wenn ein gewisser „Abschöpfungseffekt" eingetreten ist. Sollte dies tatsächlich der Fall sein, so ist den IFD zu empfehlen, in stärkerem Umfang als bisher auf die Absolventen von Sonderschulen zuzugehen.

Bedeutung und Funktionen der Unterstützten Beschäftigung liegen darin, dass sie Potenziale zur konzeptionellen und strukturellen Veränderung des vorhandenen Rehabilitations- und Eingliederungssystems in Richtung einer verbesserten Anpassung an schwieriger gewordene Umweltbedingungen enthalten. Diese Potenziale liegen meines Erachtens vor allem

1. in der Überwindung der starren Trennung von beruflicher Qualifizierung und Platzierung,
2. in der Entwicklung von methodischen Strategien insbesondere in der Akquisition von Arbeitsplätzen sowie dem „training on the job" und
3. in Chancen der Kooperation und Vernetzung mit den anderen Elementen des Reha-Systems.

Die Aufhebung der Trennung von beruflicher Förderung und Platzierung auf dem allgemeinen Arbeitsmarkt stellt für eine größere Gruppe von Menschen mit Behinderungen, die für eine (auch reduzierte) Berufsausbildung behinderungsbedingt nicht in Frage kommen oder die aufgrund mangelnder Sozialkompetenz eine anfängliche oder auch längerfristige Begleitung am Arbeitsplatz benötigen, eine neue Chance dar. Diese bedeutet nicht nur eine zusätzliche Wahlmöglichkeit, sondern den Zugang zum allgemeinen Arbeitsmarkt überhaupt, wie er früher nicht vorhanden war.

Die von den IFD im Rahmen ihres spezifischen Arbeitsansatzes inzwischen gewonnenen Erfahrungen sind für die Akquisition von Arbeitsplätzen, die Einarbeitung am Arbeitsplatz sowie für die Nachbetreuung und Krisenintervention von großer methodischer Bedeutung. Vor allem auf methodischer Ebene sind die Forderungen nach Individualisierung und Flexibilisierung aller Maßnahmen konkret umzusetzen. Die Notwendigkeit zur Akquisition, Nachbetreuung und Krisenintervention haben längst andere Institutionen im Reha-System – wie beispielsweise die Berufsbildungswerke – erkannt, nur dürften ihnen gegenwärtig noch sowohl ihre traditionelle Aufgabenstellung wie ihre Struktur die Erfüllung dieser neuen Aufgaben erschweren.

Kooperation und Vernetzung der IFD mit den anderen Institutionen des „organization-set" der beruflichen Rehabilitation sind nicht nur erforderlich, sondern bieten sich geradezu an. Exemplarisch für solche Kooperationen, die insbesondere den ambulanten Sektor im Eingliederungssystem verstärken würden, seien die folgenden genannt:

1. Die Aufstellung des Reha-Plans, die gesamte Organisation der beruflichen Eingliederung sowie deren Finanzierung bleiben hoheitliche Aufgaben der Arbeitsverwaltung. Diese hat aber die Möglichkeit, bestimmte Akquisitions- und Betreuungsaufträge an die IFD zu delegieren (vgl. SCHNEIDER 1999, 18). Ebenso kann sie in ihrer eigenen Vermittlungsarbeit von den methodischen Erfahrungen der Unterstützten Beschäftigung profitieren.

2. Die Kooperationsbeziehungen mit den Werkstätten für Behinderte können in der doppelten Richtung laufen, dass – wie es bereits geschieht – die IFD einerseits die Vermittlung von WfB-Mitarbeitern/innen übernehmen, sie andererseits bestimmte vorbereitende Erprobungs- und Trainingsaufgaben im konkreten Fall den WfB übertragen. Langfristig ist zu erwarten, dass Unterstützte Beschäftigung den Rehabilitationsauftrag der WfB wieder verstärkt ins Bewusstsein rückt.
3. Eine enge phasenspezifische Zusammenarbeit zwischen den IFD und den Psychosozialen Diensten bei den Hauptfürsorgestellen ist notwendig, wenn die berufliche Eingliederung dauerhaft gesichert werden soll. Nur die PSD können die weitere Begleitung nach Abschluss der IFD-Arbeit gewährleisten (vgl. ADLHOCH 1997, 19).

Jede Institution des Rehabilitationssystems hat auch weiterhin ihre genuinen Aufgaben zu erfüllen, wäre aber mit den IFD im Sinne der Verstärkung des ambulanten Sektors zu vernetzen. Die IFD ergänzen und erweitern ein System, das aus relativ autonomen Einzelelementen mit unterschiedlichen Aufgaben und in unterschiedlicher Trägerschaft besteht, um einen phasen- und einrichtungsübergreifenden Ansatz, der auch neue Möglichkeiten der Kooperation und Vernetzung enthält.

In dem Maße, wie sich Konzept und Realisierung der Unterstützten Beschäftigung in das vorhandene Rehasystem einfügen, ist von ihnen ein beträchtlicher Einfluss auf das gesamte System zu erwarten. Dieser Einfluss könnte in Richtung der Individualisierung und Flexibilisierung von Maßnahmen eine hohe Funktionalität aufweisen, die insbesondere an den Schnittstellen Schule – berufliche Qualifizierung und berufliche Qualifizierung – Arbeitsplatz neue Möglichkeiten enthalten würde.

Literatur

ADLHOCH, U.: Stand der Entwicklung und Perspektiven von Intergrationsfachdiensten. impulse – Informationsblatt der BAG Unterstützte Beschäftigung, Nr. 5/6 1997, 15–20.

BARLSEN, J.; BUNGART, J.; HOHMEIER, J.; MAIR, H.: Projekt Integration – eine Untersuchung von Integrationsfachdiensten in Westfalen–Lippe, Abschlussbericht, Münster 1999.

DOOSE, ST.: Stand der Entwicklung und Zukunft von Unterstützter Beschäftigung in Deutschland. impulse – Informationsblatt der BAG Unterstützte Beschäftigung, Nr. 5/6, 1997, 39–44.

HOHMEIER, J.; BARLSEN, J.: Ort und Funktion der unterstützten Beschäftigung im System der beruflichen Eingliederung von Menschen mit Behinderungen. Die Rehabilitation, 36/1997, 244–249.

SCHNEIDER, H.: Integrationsfachdienste aus der Sicht der Bundesanstalt für Arbeit. impulse – Informationsblatt der BAG Unterstützte Beschäftigung, Nr. 14, 1999, 18.

Helmut Mair

Unterstützte Beschäftigung vor dem Hintergrund veränderter Arbeitsmärkte

Die Krise der Arbeitsgesellschaft oder (un-) "schöne neue Arbeitswelt"

Eine idealtypische Stellenbeschreibung dürfte heute ungefähr folgende Eigenschaften beziehungsweise Qualifikationen vom Bewerber fordern:

- gute schulische Zeugnisse (in der Regel „angesehenen" Fach- oder Hochschulabschluss) und weitere Zusatzqualifikationen, insbesondere gute Fremdsprachen- und EDV-Kenntnisse;
- einige Jahre Berufserfahrungen, möglichst bereits in verantwortlichen oder leitenden Positionen;
- Mobilität, Flexibilität und Belastbarkeit sowie Bereitschaft zu Engagement;
- Fähigkeit zur Teamarbeit und Kooperation sowie Durchsetzungs- und Verantwortungsbereitschaft.

Zwar werden in der Regel je nach Stelle und künftigem Aufgabenbereich auch noch zusätzliche fachliche Qualifikationen oder Erfahrungen genannt, aber diese rücken in wachsendem Maß in den Hintergrund; denn entscheidend ist weniger, was der potenzielle Bewerber gelernt *hat*, sondern dass er lernen *kann*. In den Vordergrund rückt also die Frage, ob jemand über Voraussetzungen verfügt und entsprechende Hinweise dafür vorliegen, dass das zu erwarten ist; denn wer genügend lernfähig ist, vermag – jedenfalls sollte er das versprechen – sich die Kenntnisse und Kompetenzen, die gebraucht werden, anzueignen und diese in bestehende Arbeitszusammenhänge so einzubringen, dass diese für den betrieblichen Arbeitsprozess von Nutzen sind.

Solche „unbegrenzt" lernfähigen Bewerber bieten im Prinzip Erfolgsgarantien; denn

- sie gewähren eine weitreichende Option für eine langfristig flexible Verwendbarkeit für ein breites Spektrum von variablen Aufgaben;

- sie reduzieren Aufwand und Risiko bei der passgenauen Einarbeitung in vorhandene und neu anstehende Arbeitsbereiche;
- sie sind selbst ein Faktor für Innovationen, das heißt für die Erschließung neuer Aufgabenfelder und die Entwicklung adäquater neuer Technologien und Kompetenzen;
- sie stellen kaum ein finanzielles Risiko für den Betrieb dar, da sie sich bei Auftragseinbußen oder sonstigen betrieblichen Veränderungen frühzeitig andernorts eine Stelle beziehungsweise Aufgabe suchen und sie finden werden.

Für derartige ideale Bewerber ist der Arbeitsmarkt nach wie vor offen. Sie sind nachgefragt in einer Arbeitsgesellschaft, für die die Produktion von neuem Wissen und die Optimierung seiner Anwendung zunehmend zur entscheidenden Produktivkraft wird. So konstatiert das Institut für Arbeitsmarkt und Berufsforschung (IAB) 1999b – sonst eher ein Vertreter vorsichtiger Arbeitsmarktprognosen – in seiner Studie: „ungebrochener Trend in die Wissensgesellschaft" die wachsende Bedeutung von Wissensproduktion und -aneignung im Arbeitsprozess. Damit verbunden ist eine fortwährende Beschleunigung des Zuwachses von Wissen und seiner Umsetzung, insbesondere in der Entwicklung und Anwendung neuer Technologien und Arbeitsverfahren sowie in der Gestaltung der Arbeitsorganisation.

WILLKE kommt in seiner Studie: „Die Zukunft unserer Arbeit" (1999, 49ff.) sogar zu dem Schluss, dass sich in wachsendem Maße ein „quartiärer Sektor" einer „Informations- und Wissensindustrie" etabliert. Wie zuvor der tertiäre Dienstleistungssektor den sekundären industriellen Fertigungssektor und dieser den primären Sektor (Landwirtschaft, Bergbau) zurückdrängte, so wird nun in wachsendem Maß dieser quartiäre Sektor zum entscheidenden Faktor wirtschaftlichen und gesellschaftlichen Fortschritts. Zwar macht er die anderen nicht überflüssig, aber er gibt diesen Maßgaben vor: was und wie zu produzieren ist, das heißt, welche Art von Nahrungsmitteln, Gütern, Dienstleistungen nachgefragt werden und wie diese unter angemessener Nutzung des aktuellen Wissenstandes herzustellen beziehungsweise bereitzustellen sind.

Dieser Strukturwandel findet nach diesen wie anderen Trendanalysen seinen Niederschlag in zwei weitreichenden Veränderungsprozessen:

A. Es findet eine enorme Beschleunigung fortlaufender Neuerungen statt. Die bisher noch annähernd mit dem Wissensfortschritt synchrone Generationsdynamik – die junge Generation erwirbt sich zusätzlich zum vorhandenen neues Wissen und weitere Kompetenzen, bis sie im fortgeschrittenen Erwachsenenalter die ältere Generation überholt – wird gleichsam überrollt. Der Vorsprung an Kenntnissen und Fertigkeiten selbst hochqualifizierter Erwachsener minimalisiert sich infolge des enormen Fortschrittstempos. Entscheidend wird daher immer mehr, ob jemand – ob jung oder alt – in der Lage ist, Schritt zu halten mit den Veränderungen, also seine Lernfähigkeit. Wer aus welchen Gründen auch immer, ob bereits im Jugendalter oder später, nur schwer und zögernd Zugang zu maßgeblichen Wissensbereichen und Qualifikationsmöglichkeiten findet oder sich neue Kenntnisse und Fertigkeiten nicht mit angemessenem Tempo anzueignen lernt, hat wenig Chancen, Anschluss zu halten und auch später noch aufzuholen; er hinkt, je mehr das Fortschrittstempo wächst, aussichtslos hinterher. So verschärft sich die Gefahr, dass nicht nur eine wachsende Zahl mit zunehmendem Alter, sondern auch ein großer Teil derer, die später, beschwerlicher oder langsamer starten, bereits von Anfang an ausgeschlossen wird. Auch durch längere Lern- und Vorbereitungszeiten lassen sich Rückstände immer weniger aufholen.

B. Es findet eine weitere Ausdifferenzierung der Arbeitsmärkte sowie von entsprechenden Aufgaben- und Anforderungsprofilen statt.

1. Im Zentrum der „Dienstleistungsgesellschaft auf industriellem Nährboden“ (IAB 1999c) stehen zwar nach wie vor wenige marktbeherrschende Produktions- und Dienstleistungsunternehmen. Diese beschäftigen allerdings nur noch einen nach vorliegenden Prognosen weiter schrumpfenden Stamm von hochqualifizierten Arbeitskräften. Ihnen obliegt die Wahrnehmung der Kernaufgaben des jeweiligen Unternehmens: die Planung, Steuerung und Koordinierung der unternehmerischen Tätigkeiten sowie gegebenenfalls die Endfertigung ausgewählter (Marken-) Produkte.

2. Diesen Unternehmenszentren angegliedert sind verschiedene Service- oder Subunternehmen, die zum Teil durch Ausgliederung entstanden sind, zum Teil flexibel auf neue Bedarfe reagieren und zeitnah und passgenau ihre (Dienst-)Leistungen zur Verfügung stellen. Es sind allerdings fakultative Aufträge oder Leistungen (für EDV, Marketing, Design, Herstellung von definierten Teilprodukten), die abgerufen werden. Folglich ist eine permanent flexible und sensibel vorausplanende Anpassung an Bedarfe und potenzielle Aufträge sowie eine gezielte Auftragsakquisition erforderlich. Dieser Arbeitsmarktsektor hat in den letzten Jahren die größte Expansion erfahren und diese schreitet nach allen Prognosen (vgl. IAB 1999c; WEIDIG u.a.1999; WILLKE 1999) unvermindert fort. Es ist der Sektor, der ein Maximum an Lernfähigkeit und Flexibilität, zielführendem Engagement und kooperativen Kompetenzen (s. obige Stellenbeschreibung) erfordert. Zwar werden auch bei (leitenden) Mitarbeitern in Stammbelegschaften ähnliche Qualifikationen zunehmend

unverzichtbar, aber Anpassungsmängel werden hier – außer in strukturellen Krisen – nicht so unmittelbar und unverzüglich offensichtlich.

3. Der expandierenden Nachfrage nach entsprechend qualifizierten und disponierten Arbeitskräften im eben genannten Sektor steht ein schwankender und im langfristigen Trend abnehmender Bedarf im Bereich gering qualifizierter Dienstleistungstätigkeiten gegenüber – es sei denn diese Dienstleistungen würden so billig, dass es für Betriebe und Haushalte zunehmend attraktiv wird, sich diese als zusätzliche Annehmlichkeit zu gönnen.
4. Ebenso schrumpft der Anteil der Erwerbstätigen, die im produzierenden Gewerbe und Handwerk diverse Hilfstätigkeiten verrichten, für die keine besondere betriebsspezifische Einarbeitung erforderlich ist, kontinuierlich weiter.

In den letzten beiden Bereichen (3. u. 4.) werden zudem Aufträge und (Dienstleistungs-) Tätigkeiten in wachsendem Maße delegiert an Leihfirmen, Zeitarbeitskräfte oder (scheinbar) Selbstständige, die je nach temporären und saisonellen Auftragslagen beschäftigt und entlohnt werden, also das Risiko für Auftrags- und Arbeitsschwankungen selbst zu tragen haben.

5. Neben diesen Sektoren finden sich zwar auch noch einige Arbeitsmarktnischen, insbesondere im Bereich staatlicher und öffentlicher Einrichtungen, wo bislang weniger Neuerungsfähigkeit und Flexibilität als Kontinuität und Verlässlichkeit gefragt waren oder in Bereichen, wo außerordentliche (künstlerische, gestalterische, gastronomische etc.) Fähigkeiten, Produkte und Dienstleistungsangebote eine längerfristige Existenz sichern.

Beide Entwicklungen, die Beschleunigung von Veränderungen im Produktions- und Dienstleistungsbereich (A) und die Ausdifferenzierung von Arbeitsmärkten und entsprechenden Beschäftigungsformen (B) gehen einher mit einer rapiden Vermehrung von prekären Arbeitsverhältnissen. Sie steht nach allen Prognosen erst am Anfang. So werden normale Arbeitsverhältnisse (unbefristete Vollzeitstellen mit festem Stundenvolumen) und erst recht eine stete Erwerbsbiographie (mit einer kontinuierlichen Berufskarriere auf der Basis eines einmal erlernten Berufs) zunehmend zur Ausnahme.

BECK (1999, 93ff.) befürchtet oder erwartet (?) gar eine „Brasilianisierung“ unserer Arbeitswelt und Gesellschaft. Immer mehr potenziell Erwerbstätige werden sich mit wechselnden oder sogar mehreren Jobs mit wechselndem Stundenumfang eben dort, wo sich ihnen Arbeit bietet, auf diversen Arbeitsmärkten zu behaupten versuchen. Nur einem kleinen Teil, der in der Regel schon bevorzugte Startbedingungen hatte, wird es gelingen, nach Plan einen – aus traditioneller Sicht – „normalen“ beruflichen Werdegang zu durchlaufen. Er zählt entweder zu dem Kreis der privilegierten Stammkräfte, deren Arbeitsleistung für ein Unternehmen unentbehrlich sind, oder zu der vielseitig gefragten Gruppe der Experten, die den Motor ökonomischen und gesellschaftlichen Fortschritts bilden.

Diese Arbeitsmarktdifferenzierungen spiegeln sich auch wieder in unterschiedlichen sozialen Gruppenmentalitäten und Selbstzuordnungen (Vester 1998, 112 ff.). Probleme haben und machen konsequenter Weise die „Modernisierungsverlierer“: gering qualifizierte (ehemalige) Industriearbeiter „des neuen traditionslosen Arbeitertypus“ und Männer mit fragilen traditionellen (kleinbürgerlichen) Berufs- und Lebensorientierungen. Gerade für Behinderte dürften sich hieraus Probleme ergeben: von den Deklassierungsbedrohten und in deren Milieus werden sie eher abgestoßen und diskriminiert, für die Zugehörigkeit zu den eher erfolgsorientierten gesellschaftlichen Gruppierungen fehlen ihnen oftmals die Voraussetzungen, nämlich Erfolge, entsprechende Leistungsfähigkeit und materielle Ressourcen.

Arbeitsmärkte für Personen mit Behinderungen – Zugangswege und Hürden

Die strukturellen Veränderungen auf dem Arbeitsmarkt bieten zweifelsfrei für Personen mit irgendwelchen Beeinträchtigungen oder Behinderungen nicht gerade günstige Perspektiven. So sinkt die Zahl der Behinderten, die in einem regulären Arbeitsverhältnis stehen, unaufhaltsam und steigt der Anteil der Behinderten, die arbeitslos sind, auch im Vergleich zur Arbeitslosenquote bei den übrigen Erwerbsfähigen stetig an (IAB 1998; Montada 1997; Bundesregierung 1998; Statistisches Bundesamt 1999). Von besonderer Bedeutung hierbei ist zudem, dass ein Großteil (fast 50 %) der Behinderten, die arbeitslos geworden sind, anschließend (meist endgültig) aus dem Erwerbsleben ausscheidet (früh berentet wird, familiale Aufgaben übernimmt), also danach auch nicht mehr als arbeitsuchend gilt. Von denen, die „trotz allem“ weiter arbeitsuchend bleiben, zählt ein großer Teil – ebenfalls ein größerer als bei den übrigen Arbeitslosen – zu den Langzeitarbeitslosen, obwohl sich arbeitslose Behinderte im Hinblick auf ihr berufliches Ausbildungsniveau nicht von den übrigen Arbeitslosen unterscheiden. Das bedeutet: arbeitslose Behinderte schaffen den (Wieder-)Einstieg in ein normales Beschäftigungsverhältnis immer weniger und in wachsendem Maße, insbesondere mit zunehmendem Alter, nicht mehr, jedenfalls noch erheblich schwerer als andere Arbeitslose. Das gilt insbesondere dann, wenn sie – was bei über 60 % der Fall ist – über 50 Jahre oder noch älter sind (Bundesregierung 1998, 70 ff.).

Gerade bei den älteren Behinderten werden kumulativ zwei Prozesse wirksam, die zu ihrem vermehrten Ausschluss aus Erwerbstätigkeit führen:

Sie bleiben zum einen infolge ihres Alters immer mehr hinter der Dynamik der fortlaufenden, oft rapiden Neuerungen im Produktions- und Dienstleistungssektor hinterher (s.o. A.). Ein nicht geringer Teil von ihnen wird nicht zuletzt deshalb, insbesondere wenn manifeste körperliche oder psychosomatische Beschwerden hinzukommen, als behindert definiert und auf diese Weise für potenziell „abgängig" erklärt; vier Fünftel der beschäftigten Behinderten werden erst später, im fortgeschrittenen Alter als behindert anerkannt. So haben ältere Arbeitslose (über 55) mit irgendwelchen gesundheitlichen Einschränkungen oder Behinderungen dann, wenn sie arbeitslos sind, nur noch ausnahmsweise (in weniger als 10 %) eine Chance, wieder einen Einstieg ins Erwerbsleben zu finden; dies gilt fast unabhängig von ihrer früheren Ausbildung (IABa 1999, Blaschke 1998). Einst erworbene Qualifikationen kompensieren immer weniger Alter, gesundheitliche Beeinträchtigungen oder Behinderungen; denn sehr viel entscheidender für eine Neueinstellung sind erwartbare Flexibilität, Mobilität und Lernfähigkeit sowie nicht zuletzt die Bereitschaft zu nicht regulären Beschäftigungsverhältnissen, Arbeitszeiten, Entlohnungsformen etc..

Dies erklärt sich zum anderen auch dadurch, dass der überwiegenden Mehrzahl der Behinderten, die heute erstmals oder erneut Arbeit suchen, nur ein begrenztes Spektrum von Arbeitsplätzen offensteht. Es beschränkt sich meistens und zum Teil fast ausschließlich auf die Sektoren, in denen vorrangig gering qualifizierte Hilfstätigkeiten, sei es im Dienstleistungsbereich oder im produzierenden Gewerbe oder Handwerk, angeboten werden (s.o. B 3 und 4). Abgesehen davon, dass diese Arbeitsmarktsektoren weiter schrumpfen, bieten sie immer weniger langfristig gesicherte und stetige Beschäftigungsverhältnisse und kalkulierbare Perspektiven; denn gerade in diesem Sektor sind die Arbeitskräftenachfragen zu schwankend und infolge fortwährender Umwälzungen (Rationalisierungen, Verlagerungen und Neuorganisierung von Tätigkeitsbereichen) sowie unerbittlicher Konkurrenzen kaum planbar. Kurz: dauerhafte Normalarbeitsverhältnisse für Behinderte zu erreichen, gleicht immer mehr dem Versuch, Sandburgen zu bauen.

So ist insbesondere die Quote der behinderten Beschäftigten bei den privaten Unternehmen weit unter die vorgesehene Marke von 6 % auf 3,5 % gesunken; über Dreiviertel von ihnen beschäftigen (zumeist weit) weniger als 6 % oder keine Behinderten (Bundesregierung 1998, 71).

So haben insbesondere größere industrielle Fertigungsbetriebe, das Baugewerbe, Handel und Banken mit einem noch relativ hohen, aber stark schrumpfenden Anteil an „nachgeordneten" Hilfs- und Zuarbeitstätigkeiten immer weniger Verwendung für behinderte Arbeitskräfte, zumindest nicht im Rahmen eines regulären Arbeitsverhältnisses, und wohl noch weniger für entsprechende Neueinstellungen.

Behinderte Arbeitsuchende, zumal ältere, arbeitsunerfahrene oder (seit längerem) arbeitsentwöhnte, versprechen nicht den Anforderungen zu genügen, die gerade in diesen Arbeitsmarktsektoren an sie gestellt werden, nämlich

- sich ohne allzu großen Aufwand und besondere Unterstützung zügig und selbstständig einzuarbeiten;
- sich problemlos auf wechselnde Aufgaben, Anforderungen, Arbeitszusammenhänge einzustellen und sich hierfür gegebenenfalls weiter zu qualifizieren;
- sich flexibel auf wechselnde Zeiten, Arbeitsabläufe und Arbeitskontexte sowie außergewöhnliche Spitzen und Belastungen einzustellen.

Dies sind jedenfalls die Befürchtungen, die potenzielle Arbeitgeber äußern (INFAS 1999) und die Argumente, die vorgetragen werden, um die Nichteinstellung von behinderten Bewerbern zu begründen (NIEHAUS 1997, 41 ff.; BARLSEN u.a. 1998). Es sind jedoch nicht nur Vorurteile und emotionale Vorbehalte, die folglich nur durch eine entsprechende Aufklärung auszuräumen wären, sondern auch objektive Hemmnisse. Letztere sind nur durch eine verlässlich organisierte Erprobung und Einarbeitung sowie längerfristige Begleitung, die insbesondere bei Krisenfällen schnell reagiert, aufzuwiegen. Dies ist nicht zuletzt auch deshalb erforderlich, weil die Selbsteinschätzung bezüglich der eigenen Leistungsfähigkeit nicht selten – wie vermutlich bei vielen anderen, die keine oder nur ausschnitthafte Berufserfahrungen haben – unrealistisch sind (Niehaus 1997, 46 f.).

Nur in bestimmten Nischen des Arbeitsmarktes sind die Beschäftigungschancen für Behinderte noch annähernd – der Pflichtquote entsprechend – ausreichend oder sogar besser. Hierzu zählen neben den (bis vor kurzem) quasi öffentlichen Unternehmen im Bereich der Energiewirtschaft, Wasserversorgung, Bergbau, vor allem öffentliche Arbeitgeber und Einrichtungen (Bundesregierung 1998, 71 ff.). Jedoch auch hier erzwingen nur eine Reihe von Erlassen und Regelungen einen ausreichenden Anteil von ordentlichen Arbeitsverhältnissen mit Behinderten. Appelle an die „soziale Verantwortung", die von den meisten Arbeitgebern unbestritten anerkannt wird (INFAS 1999), allein reichen auch hier nicht aus.

Gleichwohl zeichnet sich in vagen Konturen ein schmaler, möglicherweise schwer bestimmbarer Arbeitsmarktsektor ab, der auch gegenwärtig Behinderten eine vergleichsweise überproportionale Beschäftigungsmöglichkeit bietet. Eine relativ kleine Minderheit – bei den Kleinbetrieben, die das größte Kontingent stellen, sind es schätzungsweise 10 bis 20 % – beschäftigt fast ein Fünftel aller behinderten Beschäftigten, oft mehr als die Pflichtquote fordert beziehungsweise unabhängig davon; denn Betriebe unter 15 Beschäftigten brauchen ihr ohnehin nicht zu genügen (Bundesregierung 1998, 71). Leider lassen sich über Branchen und Struktur dieser Betriebe sowie über deren Motive nur vorläufige Mutmaßungen anstellen. Es scheinen – wenn öffentliche Einrichtungen unberücksichtigt bleiben – hauptsächlich Kleinst- und kleinere Mittelbetriebe mit weniger als 100 Beschäftigten zu sein, die ihre Waren oder Dienstleistungen nur standortgebunden produzieren beziehungsweise anbieten können und das nur mit einem vergleichsweise hohen Personaleinsatz leisten können. Es sind Fertigungsbetriebe für Kleinteile in geringer Stückzahl, Gärtnereibetriebe, Verpackungsabteilungen, Gastronomien, Büro-, Telefon-, Wachdienste etc., die umfangreiche Routinetätigkeiten beziehungsweise Präsenszeiten erfordern (vgl. ALBRECHT 1997; INFAS 1998; BARLSEN u.a. 1998). Für derartige Tätigkeiten sind möglicherweise noch eher traditionale Fähigkeiten und Arbeitstugenden gefragt sowie nur eine begrenzte Umstellungs- und Lernfähigkeit erforderlich.

Vermutlich dürften die dort Behinderten noch zugänglichen Arbeitsplätze in mancher Hinsicht denen gleichen, die im Rahmen von „Sozialbetrieben" (CHRISTE 1997) oder spezifischen „Selbsthilfe-" oder Integrationsfirmen (SALIJEVIC u.a. 1995) für Behinderte sowie andere schwer vermittelbare Personen geschaffen wurden. Allerdings dominieren hier noch stärker einfache Dienstleistungsangebote sowie Recyclingunternehmen. Dies sind Arbeiten, die sich jedoch in der Regel nur rechnen, wenn die Lohnkosten niedrig beziehungsweise subventioniert werden. Dennoch machen sie für die Gesellschaft, ihre Zukunft und für die Betreffenden Sinn.

Inwiefern besondere Zeit- oder Leiharbeitsfirmen, die Arbeitsuchenden ein Beschäftigungsverhältnis anbieten und sie dann an jeweilige Unternehmen, die entsprechende Arbeitskräfte nachfragen, weiter vermitteln, auch für Behinderte eine Brückenfunktion wahrnehmen können, scheint dagegen noch offen und wohl eher fraglich zu sein. Entscheidend dürfte in jedem Fall sein, dass derartige Firmen anstreben oder ihnen zumindest erlaubt ist, ausgeliehene Arbeitskräfte auch an die ausleihenden Betriebe zu vermitteln. Ebenso wichtig dürfte auch sein, dass solche Zeitarbeitsfirmen ihren Beschäftigten im Einzelfall ausreichend Spielräume bei der Gestaltung und Regelung des Arbeitsverhältnisses (zum Beispiel Freistellungen für externe Qualifizierungsmaßnahmen, der individuellen Belastbarkeit angemessene Arbeitszeiten) einräumen. Insgesamt scheinen solche arbeitsmarktpolitischen Instrumente eher geeignet, wechselnde und kurzfristige Arbeitsbedarfe in solchen Arbeitsmarktsektoren abzudecken, die Behinderten ohnehin wenig zugänglich sind und wo kurzfristige Nachfragen nach jüngeren, belastbaren und flexiblen Arbeitskräften dominieren. Für diese eignen sich solche „Brücken" in den Arbeitsmarkt eher (WINKLER/KNAPPE 1997, 68 ff.).

Dennoch bleibt abschließend festzustellen, trotz verschiedener – leider oft nur räumlich, zeitlich, finanziell begrenzter – Anstrengungen, die Teilhabemöglichkeiten von Behinderten am normalen Erwerbsleben zu gewährleisten, die diesbezüglichen Erfolge werden zunehmend geringer. Die bisherigen Maßnahmen haben allenfalls – es klingt beinahe zynisch – „... bei der schwierigen Arbeitsmarktsituation für Schwerbehinderte ... wesentlich dazu beigetragen, eine noch schlechtere Entwicklung zu verhindern" (Bundesregierung 1998, 74).

Dabei hat das Problem – zumindest nach den offiziell vorliegenden Zahlen, bei denen nur die berücksichtigt werden, die als schwerbehindert und arbeitsuchend anerkannt werden, einen Umfang, dass es lösbar wäre. Es sind gerade mal 60.000 Schwerbehinderte unter 50 (beziehungsweise 100.000 unter 55), für die Arbeit zu finden und notfalls zu schaffen wäre: Für eine Region mit 100.000 Einwohnern wären das im Schnitt gerade mal 100 Behinderte, für die entsprechende Arbeitsmöglichkeiten und entsprechende Unterstützungsangebote zu gewährleisten wären – und sei es nur für eine gewisse Zeit, um so einer endgültigen gesellschaftlichen Ausgrenzung und fortschreitenden Behinderung individueller Entfaltungsmöglichkeiten entgegen zu wirken.

Qualifizierung durch Arbeit - unterstützt durch Integrationsfachdienste

Moderne Gesellschaften, erst recht die, die am Übergang in die „Zweite Moderne" stehen (BECK 1999) muten in wachsendem Maß Übergänge zu. Diese stellen Risiken dar. Dies gilt vor allem dann, wenn die Voraussetzungen, die zu erfüllen sind, um solche Übergänge zu meistern, unklar sind.

Ein solch riskanter Übergang, vielleicht der riskanteste, jedenfalls einer der folgenträchtigsten – ist der Eintritt ins Erwerbsleben, und zwar aus folgenden Gründen:

- Erstens sind die Fähigkeiten und Kenntnisse, die am künftigen Arbeitsplatz gefordert werden, nur begrenzt antizipierbar; das gilt um so mehr als diese sich fortlaufend, zum Teil rapid verändern.
- Zweitens sind die Chancen, Zugang zu einem Arbeitsplatz zu bekommen, in Hinblick auf den Qualifikationen erworben wurden, ungewiss; das gilt erst recht, wenn die „passenden" Arbeitsplätze generell knapp sind.
- Schließlich werden die Fähigkeiten und Interessen, die Entwicklungspotenziale und -barrieren des einzelnen erst im Verlauf praktischer

Erprobungen endgültig manifest; das gilt auch und gerade dann, wenn Behinderungen vorliegen beziehungsweise diagnostiziert wurden.

All das macht es zweckmäßig, ja in vielen Fällen unverzichtbar, derart entscheidende Übergänge, vor allem dann, wenn sie kritisch sind und zu werden drohen, zu „prozessualisieren", so dass die vielfältigen Hürden beim Eintritt ins Erwerbsleben durch zeitliche Entzerrung mit einiger Gewähr zu bewältigen sind, und diesen Initiationsprozess – bei Bedarf auch über mehrere Anläufe – steuernd zu begleiten. Das beinhaltet:

- diesen Prozess schrittweise einzuleiten durch die Organisierung von (gegebenenfalls mehrfachen) Erprobungsmöglichkeiten;
- diesen Prozess zu „entdramatisieren" durch vorgängige Abklärung und gegebenenfalls Abstimmung der Anforderungen und Rahmenbedingungen;
- diesen Prozess aufzugliedern durch Auffächerung der Arbeitsaufgaben und durch Unterstützung bei ihrer sukzessiven Bewältigung, gegebenenfalls unmittelbar am Arbeitsplatz;
- diesen Prozess zu verstetigen durch die präventive Entwicklung und gegebenenfalls verlässliche Anwendung von Krisenbewältigungsstrategien;
- diesen Prozess zu überprüfen durch nachhaltige Vereinbarungen über Rückmeldungen von weiteren Entwicklungen.

Eine solche prozessuale Gestaltung und Begleitung des beruflichen Einstiegs wird vor allem dann erforderlich, wenn die Passung zwischen betrieblichen Leistungsanforderungen und individuellen Leistungsvoraussetzungen auf beiden Seiten, insbesondere aber auf Seiten des Bewerbers nur begrenzte Spielräume bietet und folglich nur unter außergewöhnlichen Voraussetzungen gelingen kann; dann wird entscheidend, ob es gelingt, diesen Prozess zu steuern: durch fortlaufende Zielüberprüfungen, Anpassungen im Vorgehen und gegebenenfalls Korrekturen – möglichst auf beiden Seiten.

Ein solches Vorgehen empfiehlt sich zwar im besonderen für die, deren berufliche Eingliederung aufgrund individueller Beeinträchtigungen oder Behinderungen erschwert und in besonderer Weise gefährdet ist, aber nicht nur für diese. Auch für hochqualifizierte Arbeitskräfte gilt aufgrund der Komplexität der Arbeitsanforderungen und der immensen Beschleunigung des Wissensfortschritts immer mehr, dass „Arbeits- und Lernprozesse in eins zusammenfallen" (WILLKE 1999, 35). Auch bei ihnen müssen – wenn auch möglicherweise auf sehr viel anspruchsvollerem Niveau – Einarbeitungsprozesse als planmäßig gesteuerte Lernprozesse organisiert werden, wenn Betriebe beziehungsweise Branchen entsprechende Nachwuchskräfte haben und diese fördern wollen.

Auch hier hat zumindest im Hinblick auf leitende Positionen und für Nachwuchskräfte in „quartiären" Dienstleistungstätigkeiten ein (Paradigmen-) Wechsel stattgefunden von der „Belehrungs- in die Lerngesellschaft" (BECK, 1999, 57) oder von Konzepten und Formen „reproduktiven Lernens" – in schulischen Einrichtungen – zu solchen „produktiven Lernens" – in Arbeitskontexten – (KIPP 1997, 31). Allerdings zögern noch manche Unternehmen, zu akzeptieren dass sie entsprechend qualifizierte Fachkräfte, auf allen Ebenen, auch auf der mittleren und unteren Ebene nur dann haben können, wenn sie in ihre Qualifizierung investieren.

Gleichwohl gibt es „außerordentliche" Bedingungen, die für Behinderte besonders ausdifferenzierte Organisationsformen Unterstützter Beschäftigung erforderlich machen:

1. Der Mehrzahl von ihnen sind nur Arbeitsplätze in solchen Branchen und Betrieben zugänglich, die ihnen eher prekäre Beschäftigungsperspektiven bieten. Daraus folgt, dass die betrieblichen Investitionen für eine Einarbeitung – für einen Arbeitsplatz, der möglicherweise schon bald wieder wegfällt oder dessen Anforderungen sich radikal verändern – sich logischerweise in Grenzen halten (müssen). Dies ist vor allem dann nicht verwunderlich, wenn der Arbeitsmarkt genügend Reserven an entsprechend verwertbaren Arbeitskräften bietet. Erschwerend hinzu kommt, dass in diesen Beschäftigungssektoren Arbeitsplatzveränderungen von den betroffenen Arbeitnehmern und (schein-) selbstständigen (Klein-) Unternehmern kaum vorhersehbar sind. So können sie solche kaum antizipieren und noch weniger ihnen entgegen steuern. Mehr als anderswo sind die Beschäftigten hier gewissermaßen dem Schicksal der Arbeitsmarktentwicklungen ausgeliefert und sie fühlen sich auch so.

Hieraus ergeben sich zwei Schlussfolgerungen: Einerseits sind die Arbeitsmarktentwicklungen gerade in diesen prekären Sektoren – sollen sich Investitionen für die Einarbeitung (für alle Beteiligten) auch nur annähernd lohnen – soweit als möglich abzuklären und zu vermittelnde Bewerber dementsprechend bei ihren Entscheidungen zu beraten und gegebenenfalls zu lenken. Andererseits ist notgedrungen einzukalkulieren und sind insbesondere die zu Vermittelnden darauf vorzubereiten, dass Arbeitsstellenreduzierungen und -veränderungen eine – eventuell sogar langwierige und mühevolle – Einarbeitung immer wieder überholt machen können. Solches „Scheitern" sollte jedoch nicht dazu führen, aufzugeben und entsprechende Investitionen einzustellen oder den Betroffenen die „Schuld" hierfür zu geben.

Da dauerhafte Arbeitsplätze für die meisten, nicht nur für Behinderte, zumindest in den prekären Sektoren des Arbeitsmarktes zunehmend außer Reichweite geraten, sollten wiederholte Eingliederungsanstrengungen nicht als Misserfolg, sondern als unumgängliche Aufgabe bewertet werden und daher selbstverständlich sein. Nur dann lässt sich auf Dauer deren Bereitschaft und Fähigkeit, am Erwerbsleben und damit an wichtigen Bereichen des gesellschaftlichen Lebens teilzunehmen, aufrecht erhalten (WILLKE 1999, 144 f.). Diese Option zu gewährleisten, nicht dauerhafte Beschäftigung um jeden Preis zu sichern – letzteres dürfte ohnehin für all zu viele nicht erreichbar sein – sollte *das* Ziel sein.

2. Um solche Optionen im Hinblick auf Arbeit für sich wahrzunehmen, sie mit Nachdruck zu verfolgen und – trotz mancher Behinderungen, nicht zuletzt auch durch andere – aufrecht zu erhalten, hierfür benötigen Behinderte punktuelle Unterstützung; denn sie sind, zumindest mehr als andere, in Gefahr, die Chancen, die sich ihnen bieten, und die Reichweite ihrer Entscheidungen, die sie aus nachvollziehbaren subjektiven Gründen treffen, oft nicht ausreichend abschätzen und daher auch bedrohlichen Entwicklungen nicht frühzeitig entgegen steuern zu können.

Es wäre naiv, wenn nicht zynisch, ihnen die alleinige Verantwortung für das Management ihrer beruflichen Karriere sowie jeglicher beruflicher Konflikte und Krisen zuzuweisen; noch dazu dann, wenn diese das Ergebnis unbeeinflussbarer Arbeitsmarktveränderungen sind. Um solchen, ob individuell, betrieblich oder arbeitsmarktbedingten Krisen und Gefährdungen möglichst bereits vorbeugend entgegen zu steuern und sie mit Geschick zu „managen", hierzu bedürfen insbesondere die, die mehr als andere derartigen Schwierigkeiten ausgesetzt sind und deren Problemlösungskompetenzen eingeschränkter sind, besonderer Unterstützung.

Dies gilt insbesondere dann, wenn entsprechende „natürliche" Unterstützungspotenziale oder ausreichend kompetente „Mentoren", die bei Bedarf Orientierungs- und Krisenhilfe leisten können, zumal innerhalb des Betriebes fehlen. Erfahrungsgemäß müssen gerade für Behinderte solche Unterstützungspotenziale oder Mentoren erst noch gefunden und aktiviert werden. Ebenso müssen sie in der Regel lernen, diese angemessen für sich zu nutzen, aber auch nicht überzustrapazieren. In jedem Fall ist zu gewährleisten, dass sie im Bedarfsfall auf verlässlichen Rückhalt und situationsflexible Unterstützung zurückgreifen können.

Derartige Unterstützungsressourcen im Bedarfsfall in Anspruch nehmen zu können, das wird unter den gegenwärtigen und künftigen Arbeitsmarktbedingungen nicht nur für Behinderte eine unverzichtbare Voraussetzung, um dauerhaft am Erwerbsleben teilnehmen zu können. Je mehr der einzelne für seine berufliche Karriereplanung und für Lösungen von Beschäftigungs- und Arbeitsmarktproblemen – auch von solchen, die außerhalb seiner Einflussmöglichkeiten liegen – verantwortlich gemacht wird, um so mehr wird es auch für die meisten anderen zweckdienlich sein, dass sie in Krisen- und Entscheidungssituationen entsprechende Unterstützungsressourcen zur

Verfügung haben, die sie „bemächtigen“ (vgl. CREWE 1994), ihr berufliches Fortkommen selbst aktiv „managen“ zu können. Dies ist nicht nur aus humanen, sondern auch aus sozial- und arbeitsmarktpolitischen Erwägungen opportun.

Literatur

ALBRECHT, H.–J.: Die Eingliederung von Absolventen der Berufsbildungswerke in den Arbeitsmarkt – Ergebnisse einer Längsschnittuntersuchung. In: ELLGER–RÜTTGARDT, S., BLUMENTHAL, W. (Hrsg.): Über die große Schwelle – Junge Menschen mit Behinderungen auf dem Weg von der Schule in Arbeit und Gesellschaft. Ulm 1997.

BARLSEN, J.; BUNGART, J.; HOHMEIER, J.; MAIR, H.: Projekt Integration. Integrationsbegleitung in Arbeit und Beruf für Schwerbehinderte mit geistigen Beeinträchtigungen. Hrsg.: Landschaftsverband Westfalen–Lippe, Münster 1999.

BECK, U.: Modell Bürgerarbeit. In: BECK, U. (Hrsg.): Schöne neue Arbeitswelt: Vision: Weltbürgergesellschaft. Frankfurt/Main, New York 1999.

BLASCHKE, D.: Problemhintergrund der Verbleibs– und Wirkungsforschung bei Behinderten und bei anderen Zielgruppen der Arbeitsmarktpolitik. In: NIEHAUS, M., MONTADA,L. (Hrsg.): Behinderte auf dem Arbeitsmarkt – Wege aus dem Abseits. Frankfurt/Main, New York 1997.

BUNDESMINISTERIUM FÜR ARBEIT UND SOZIALORDNUNG. (Hrsg.): Bestandsanalyse der besonderen Betriebe zur Beschäftigung Schwerbehinderter. (Forschungsbericht 255). o. Jg.

BUNDESREGIERUNG: Vierter Bericht über die Lage der Behinderten und die Entwicklung der Rehabilitation. Herausgegeben vom Bundesministerium für Arbeit und Sozialordnung. Januar 1998.

CREWE, J.: Statt Benachteiligung: Empowerment. Konzeption und Erfahrungen des Projektes "Acting Up" aus Liverpool/ Großbritannien. In: STEINMETZ, B., RIES, H. A., HOMFELDT, H. G. (Hrsg.): Benachteiligte Jugendliche in Europa – Konzepte gegen Jugendarbeitslosigkeit. Opladen 1994.

CHRISTE, G.: Soziale Betriebe – ein arbeitsmarktpolitisches Instrument zur Integration Schwerbehinderter ins Beschäftigungssystem. In: NIEHAUS, M. , MONTADA, L. (Hrsg.) a.a.O. 1997.

IAB: Kann der harte Kern der Arbeitslosigkeit durch einen Niedriglohnsektor aufgelöst werden? Eine Analyse der Arbeitslosen nach Verweildauer und Reintegration. Institut für Arbeitsmarkt– und Berufsforschung der Bundesanstalt für Arbeit. Kurzbericht Nr. 3 1999a.

IAB: Ungebrochener Trend in die Wissensgesellschaft. Aktuelle Analysen aus dem Institut für Arbeitsmarkt– und Berufsforschung der Bundesanstalt für Arbeit. Kurzbericht Nr. 8 1999b.

IAB: Dienstleistungsgesellschaft auf industriellem Nährboden. Aktuelle Analysen aus dem Institut für Arbeitsmarkt– und Berufsforschung der Bundesanstalt für Arbeit. Kurzbericht Nr. 9 1999c.

INFAS: Begleitforschung zum Modellvorhaben Übergänge von der Sonderschule/ WfB in das Erwerbsleben – Betriebsbefragung –. Hrsg.: LANDSCHAFTSVERBAND RHEINLAND, Köln 1998.

KIPP, M.: Neue didaktische Konzeptionen in der Berufspädagogik und ihre Bedeutung für die berufliche Qualifizierung Behinderter und Benachteiligter. In: ELLGER–RÜTTGARDT, S., BLUMENTHAL, W. (Hrsg.): Über die große Schwelle – Junge Menschen mit Behinderungen auf dem Weg von der Schule in Arbeit und Gesellschaft. Ulm 1997.

MONTADA, L.: Behinderungen auf dem Arbeitsmarkt. In: NIEHAUS, M., MONTADA, L.(Hrsg.) a.aO. 1997.

NIEHAUS, M.: Barrieren gegen die Beschäftigung langfristig arbeitsloser Behinderter. In: NIEHAUS, M., MONTADA, L. (Hrsg.) a.a.O. 1997.

SALIJEVIC, M.; BIEHL L.; SCHWARZ, G.: Bestandsanalyse der besonderen Betriebe zur Beschäftigung Schwerbehinderter. Forschungsbericht 255, Hrsg.: Bundesministerium für Arbeit und Sozialordnung o. J. (1995).

STATISTISCHES BUNDESAMT: Erwerbstätigenrechnung des Statistischen Bundesamtes vom 11. Mai 1999.

VESTER, M.: Klassengesellschaft ohne Klassen. Auflösung oder Transformation der industriegesellschaftlichen Sozialstruktur. In: BERGER, P. A., VESTER, M. (Hrsg.): Alte Ungleichheiten – Neue Spaltungen. Opladen 1998.

WEIDIG,I., HOFER, P., WOLFF, H.: Arbeitslandschaft 2010 nach Tätigkeiten und Tätigkeitsniveau. Beiträge der Arbeitsmarkt– und Berufsforschung. Nürnberg 1999.

WILLKE, G.: Die Zukunft unserer Arbeit. Frankfurt/M., New York 1999.

WINKLER, A.; KNAPPE, E.: Start in Deutschland: eine Brücke in reguläre Beschäftigung für arbeitslose Schwerbehinderte? In: NIEHAUS, M., MONTADA, L. (Hrsg.) a.a.O. 1997.

Jörg Barlsen

Unterstützte Beschäftigung und Integrationsfachdienste im Spiegel empirischer Forschung

Einleitung

Mit der am 01.10.2000 in Kraft getretenen Änderung des Schwerbehindertengesetzes wurde die gesetzliche Grundlage für den Auf- und Ausbau eines flächendeckenden Netzes von Integrationsfachdiensten zur Vermittlung und arbeitsbegleitenden Betreuung Schwerbehinderter sowie zur Beratung der Arbeitgeber geschaffen. Nach § 37c Abs.5 SchwbG hat die Bundesanstalt für Arbeit

> *„darauf hinzuwirken, dass Integrationsfachdienste in ausreichender Zahl eingerichtet werden. Sie soll grundsätzlich in jedem Arbeitsamtsbezirk nur einen Integrationsfachdienst eines Trägers oder eines Verbundes verschiedener Träger beauftragen, der berufsbegleitende und psychosoziale Dienste umfasst, trägerübergreifend tätig wird und auch von der regional zuständigen Hauptfürsorgestelle beauftragt ist."*

Der Gesetzgeber reagiert damit auf eine ca. 15-jährige Entwicklung im Bereich der beruflichen Rehabilitation Behinderter, in der die vorhandenen rehabilitativ-kompensatorisch ausgerichteten Qualifizierungsansätze um ein neues Systemelement ergänzt wurden, das den Focus auf die „Schnittstelle" zwischen Rehabilitationseinrichtungen und allgemeinem Arbeitsmarkt legt. Zunächst bezogen sich diese Neuorientierungen ausschließlich auf die berufliche Eingliederung psychisch Kranker. Seit Anfang der neunziger Jahre wurden Fachdienste eingerichtet, deren Zielgruppe Menschen mit geistiger Behinderung sind. Später ergänzte man die Angebote um weitere Dienste für körper- und sinnesbehinderte Menschen. Seit ca. drei bis vier Jahren arbeiten zunehmend mehr Integrationsfachdienste behinderungsübergreifend.

Insbesondere den ersten Fachdiensten stand noch kein in sich geschlossenes und erprobtes Konzept zur Verfügung. Die Arbeit orientierte sich lediglich an der zentralen Idee, dass durch die Individualisierung und Flexibilisierung der angebotenen Maßnahmen die Eingliederungschancen für behinderte

Menschen deutlich zu erhöhen seien. Auch wenn inzwischen Tendenzen der inhaltlichen Vereinheitlichung und theoretischen Reflexion festzustellen sind, sind auch heute die Unterschiede in der Angebotsstruktur sowie der konzeptionellen und inhaltlichen Ausrichtung noch sehr groß. Neben den oben genannten zielgruppenspezifischen Unterschieden variieren die IFD hinsichtlich ihrer Organisationsformen, ihrer Kooperationsstrukturen im System der Behindertenhilfe und – in engem Zusammenhang damit – hinsichtlich ihrer Aufgaben und Handlungsrichtlinien.

Mehrere Dienste haben ihre Arbeit in Erfahrungsberichten dokumentiert, andere wurden und werden durch universitäre und außeruniversitäre Forschungsinstitute wissenschaftlich begleitet, so dass aus verschiedenen Bundesländern Ergebnisse zu deren Arbeitsweise und Effektivität vorliegen. Neben einer Reihe verschiedener Forschungsaufträge zu speziellen Fragen, wie pekuniären Analysen oder der Eignung des Ansatzes für eine bestimmte Zielgruppe, trugen folgende Forschungsaufträge zu einer konzeptionellen Weiterentwicklung der Fachdienstarbeit bei:

- Beschäftigung von Menschen mit geistiger Behinderung auf dem allgemeinen Arbeitsmarkt; im Auftrag des Landeswohlfahrtsverbandes Baden (TROST, SCHÜLLER 1992) – untersucht wurden die Eingliederungsinitiativen zweier Schulen für geistig Behinderte in Donaueschingen und Pforzheim in der Zeit von 1979 bis 1991
- Frauen und Männer mit geistiger Behinderung auf dem allgemeinen Arbeitsmarkt; im Auftrag des Bundesministers für Arbeit und Sozialordnung (SCHÖN 1993) – die Fachhochschule Reutlingen richtete einen Berufsbegleitenden Dienst ein und evaluierte seine Arbeit in der Zeit von 1991 bis 1993
- Integrationsfachdienste für Menschen mit psychischen Behinderungen in Baden-Württemberg; im Auftrag der Landeswohlfahrtsverbände in Baden-Württemberg (TROST 1997) – Begleitforschung von vier IFD in Baden-Württemberg in der Zeit von 1993 bis 1995
- Projekt Integration. Integrationsbegleitung in Arbeit und Beruf für Schwerbehinderte mit geistigen Beeinträchtigungen; im Auftrag des Landschaftsverbandes Westfalen-Lippe (BARLSEN u.a. 1999) – sieben IFD in Westfalen-Lippe wurden in der Zeit von 1994 bis 1998 wissenschaftlich begleitet
- Übergänge von der Sonderschule–WfB in das Erwerbsleben; im Auftrag des Landschaftsverbandes Rheinland (LANDSCHAFTSVERBAND RHEINLAND 2000) – Evaluation der Arbeit von neun Berufsbegleitenden Diensten für Menschen mit geistiger Behinderung und Körperbehinderung im Rheinland in der Zeit von 1995 bis 1999

Zwei weitere Projekte befassen sich im Rahmen umfassenderer Untersuchungen zur beruflichen Eingliederung psychisch behinderter Menschen unter anderem mit IFD:

- Strategien der beruflichen Eingliederung psychisch Behinderter – Wege und Methoden der Vermittlung auf den allgemeinen Arbeitsmarkt; im Auftrag des Bundesministeriums für Arbeit und Sozialordnung (SEYFRIED u.a. 1993)
- Begleitende Hilfen im Arbeitsleben für psychisch Kranke und Behinderte; im Auftrag des Bundesministers für Arbeit und Sozialordnung (REKER u.a. 1996)

Ebenso vielfältig wie die Integrationsfachdienste selbst, sind auch die genannten (Forschungs-)Berichte und Publikationen, so dass eine vergleichende Zusammenfassung der vorliegenden Ergebnisse bislang nur bezüglich einiger weniger zentraler Aspekte, wie zum Beispiel verschiedener quantitativer Angaben zu den Bewerbern oder zu Art und Größe akquirierter Betriebe, möglich ist. Dies ist nicht nur deshalb der Fall, weil sich die einzelnen Berichte im Umfang ihrer Darstellung der Konzepte und Erfahrungen erheblich unterscheiden, sondern auch, weil sie sich an verschiedene Adressaten wenden und dementsprechend unterschiedliche sozialpolitische Interessen und Intentionen verfolgen, die mehr oder weniger verborgen im Hintergrund stehen. Außerdem bezogen sich alle bisherigen Forschungsaufträge auf die Auswertung bestimmter Modellprojekte mit jeweils eigenen spezifischen Arbeitsweisen. Dem trugen die Forschungsinstitute Rechnung, indem sie sich in ihrer Darstellung und Bewertung ebenfalls weitgehend auf diese Arbeitsweisen bezogen und somit mehreren zentralen Punkten verschiedenes Gewicht beimaßen. So diskutieren vor allem die „älteren“ Forschungsberichte die grundsätzliche Effektivität des neuen Unterstützungsangebotes, versuchen die Zielgruppe einzugrenzen und geeignete Betriebe bzw. Arbeitsplätze zu beschreiben. In anderen Publikationen liegt der Schwerpunkt eher auf den Verfahren und Arbeitsweisen der Integrationsfachdienste. Neben Strategien zur Akquisition von Arbeitsplätzen, diagnostischen Instrumenten zur Erhebung der Fähigkeiten und Einschränkungen der Bewerber werden Methoden der Begleitung am Arbeitsplatz evaluiert. Derzeit laufende Forschungsprojekte untersuchen die Organisationsstrukturen der Fachdienste in Abhängigkeit von ihrer Trägerschaft, die Kooperationsbeziehungen mit anderen Institutionen, insbesondere der Arbeitsverwaltung und entwickeln Konzepte zur Qualitätssicherung und -entwicklung.

In Zeiten knapper werdender finanzieller Ressourcen hat die Evaluation innovativer Maßnahmen nicht nur auf die fachliche Diskussion und theoretische Entwicklung, sondern auch auf den damit verbundenen Kostenaspekt zu rekurrieren. Verschiedene Institute legten daher außerdem monetäre Kosten-Nutzen-Analysen vor.

Aufgabe und konzeptionelle Grundlage der Integrationsfachdienste

Gemeinsamer Auftrag aller Integrationsfachdienste ist es, Schwerbehinderten bei der Eingliederung ins Arbeitsleben und anschließenden Stabilisierung ihres Arbeitsplatzes behilflich zu sein. Unabhängig von zielgruppenspezifischen und organisatorischen Unterschieden hat sich dazu bei allen Fachdiensten folgender Eingliederungsprozess in vier Phasen etabliert (vgl. HOHMEIER, BARLSEN 1997):

- Um Informationen über die Einsatzmöglichkeiten ihrer Bewerber zu bekommen, erstellen IFD in einem ersten Schritt ein Fähigkeitsprofil. In Gesprächen mit dem Bewerber selbst, mit früheren Ausbildern und anderen relevanten Personen sowie durch gezielte Arbeitserprobungen werden Informationen über Kompetenzen, Entwicklungsmöglichkeiten und behinderungsbedingte Einschränkungen erhoben. Dabei werden nicht nur die arbeitsbezogenen Fähigkeiten und Einschränkungen im engeren Sinne erfasst, sondern auch die Interessen und Unterstützungspotenziale aus dem (sozialen) Umfeld der Bewerber.
- Parallel zur Rekrutierung der Bewerber werden in einem zweiten Schritt Arbeitsplätze akquiriert und hinsichtlich ihrer Anforderungen an die körperliche, intellektuelle psychische und soziale Leistungsfähigkeit, aber auch im Hinblick auf Modifikationsmöglichkeiten untersucht.
- In einem dritten Schritt wird aus dem Pool der Bewerber ein Klient ausgewählt, dessen Fähigkeiten, Neigungen und Interessen am ehesten den Anforderungen des akquirierten Arbeitsplatzes entsprechen. Einige IFD bevorzugen eine an den Klienten orientiertere Vorgehensweise: Sie erheben das Fähigkeitsprofil eines Bewerbers und suchen anschließend für genau diesen Klienten einen Arbeitsplatz. In den meisten Fällen werden jedoch Fähigkeitsprofile verschiedener Bewerber gesammelt, um einen geeigneten auszuwählen, wenn ein Arbeitsplatz zur Verfügung steht.

  Es folgt das sog. „training on the job“, das heißt die Vorbereitung auf die konkreten Arbeitsanforderungen direkt am Arbeitsplatz. Ein IFD-Mitarbeiter begleitet den Arbeitnehmer in den ersten Tagen oder Wochen und trainiert mit ihm die zu leistenden Arbeitsschritte oder initiiert ein entsprechendes Training. Dem Arbeitgeber und den Kollegen steht er als Berater bei Unsicherheiten im Umgang mit dem neuen Kollegen zur Verfügung und er übernimmt – so weit möglich – alle mit der Neueinstellung verbundenen administrativen Aufgaben (Beantragung von Lohnkostenzuschüssen, technischen Hilfen, etc.)

- In dem Maße, indem der Klient lernt, die geforderten Arbeitstätigkeiten selbstständig und zuverlässig auszuführen, reduziert der IFD im letzten Schritt sukzessive die gebotene Unterstützung und beschränkt sie auf eventuell notwendige Kriseninterventionen.

Die methodische Gestaltung dieses grundlegenden Konzepts variiert in Abhängigkeit von den Rahmenbedingungen der IFD. Ein für die konzeptionelle und inhaltliche Ausrichtung konstitutives Merkmal sind die Zielgruppen:

Insbesondere die älteren Fachdienste arbeiten häufig für bestimmte Personenkreise, die behinderungs- oder institutionsorientiert definiert sein können. Diese verschiedenen Zielgruppen fordern auch unterschiedliche Methoden der Unterstützung. So ist beispielsweise für Menschen mit einer psychischen Behinderung aufgrund bereits vorhandener Arbeitserfahrungen und Vorkenntnisse eine Einarbeitung am Arbeitsplatz durch den IFD nicht unbedingt notwendig (vgl. TROST 1997, 97) und wird die Anwesenheit eines Helfers im Betrieb überdies als stigmatisierend empfunden und nicht selten abgelehnt (vgl. BUNGART u.a. 2000, 34). Der Schwerpunkt der IFD-Arbeit liegt bei diesem Personenkreis eher in der Vorbereitung der Arbeitsaufnahme, das heißt in der Abklärung ihrer Vorstellungen und Bedürfnisse, im Training sozialer Fertigkeiten und in der Unterstützung der Klienten außerhalb des unmittelbaren Arbeitszusammenhangs (TROST 1997, 46). Bei der Eingliederung lernbeeinträchtigter Menschen wird hingegen sowohl in der angelsächsischen Literatur (vgl. zusammenfassend BARLSEN u.a. 1999) als auch in deutschen Forschungsberichten die innerbetriebliche Hilfe, das heißt die regelmäßige Präsenz eines IFD-Mitarbeiters im Betrieb als zentrales Element der Fachdienstarbeit beschrieben (vgl. SCHÖN 1993, 115).

Ob die Anwesenheit externer Arbeitsassistenten tatsächlich stigmatisierend wirkt und ob dies zielgruppenspezifisch variiert, wurde bislang nicht systematisch untersucht. Entsprechende Unterschiede im Unterstützungsbedarf (TROST, a.a.O.; BUNGART u.a., a.a.O) weisen jedoch auf verschiedene Leitbilder bzw. auf ein divergierendes Selbstverständnis der Fachdienste hin, das deren methodische Weiterentwicklung beeinflusst: Konzeptionelle Überlegungen der IFD für lern- und geistig behinderte Bewerber zielen derzeit darauf ab, durch Aufgabenbeschreibungen, Kooperationsvereinbarungen mit und in Abgrenzungen von anderen Institutionen der Behindertenhilfe – insbesondere den Werkstätten für Behinderte und den Berufsbildungswerken – Ort und Funktion der Dienste im System der beruflichen Rehabilitation zu bestimmen (vgl. HOHMEIER, BARLSEN 1997) und die Unterstützung am betrieblichen Arbeitsplatz als innovatives

Element auszubauen und zu professionalisieren (vgl. SCHÜLLER im vorliegenden Band). Die IFD für psychisch behinderte Personen definieren ihre Arbeit hingegen weniger über ergotherapeutische Inhalte, sondern verstehen sich als Beratungsinstanzen, die seltener unmittelbar in den betrieblichen Arbeitszusammenhang eingreifen, sondern parallel dazu Abklärungs- und Unterstützungsfunktionen übernehmen. Entsprechend liegt der Schwerpunkt ihres Weiterbildungsbedarfs im Ausbau ihrer Beratungskompetenz (TROST 1997, 47).

In dem Bestreben, eine flächendeckende Versorgung zu gewährleisten, werden seit einigen Jahren Fachdienste eingerichtet, die behinderungsübergreifend tätig sein sollen (vgl. HOHMEIER im vorliegenden Band). Es bleibt abzuwarten, ob und wie es diesen Diensten gelingt, sich ein methodisches Repertoire zu erarbeiten, das den Bedürfnissen aller Zielgruppen gerecht wird. Erste, sicher nicht zu generalisierende Untersuchungsergebnisse eines laufenden Forschungsprojektes weisen darauf hin, dass in diesen IFD die verschiedenen Personenkreise keinesfalls paritätisch besetzt sind, sondern sich auch diese Dienste in Abhängigkeit von ihrer Trägerschaft und Entstehungsgeschichte auf eine bestimmte Zielgruppe spezialisieren (vgl. BUNGART u.a. 2000).

Weitere, die Arbeit der IFD bestimmende Merkmale sind ihre Trägerschaft und Organisationsstrukturen.

Ebenso heterogen wie die Zielgruppen sind die Träger. Überwiegend handelt es sich um

- Eltern-Selbsthilfeverbände
- Wohlfahrtsverbände
- Bildungswerke
- Sozialpsychiatrische Zentren
- Krankenhäuser oder
- Zusammenschlüsse aus diesen Verbänden.

Zum einen steht die Anbindung der Fachdienste an den allgemeinen Arbeitsmarkt und das örtliche Rehabilitationssystem in engem Zusammenhang mit der Trägerschaft: Die Wohlfahrts- und Elternverbände sowie die Sozialpsychiatrischen Zentren bieten häufig weitere Maßnahmen zur Unterstützung behinderter Menschen – insbesondere deren beruflichen Eingliederung – an und kooperieren mit entsprechenden Einrichtungen. Diese Kontakte und Erfahrungen liefern den IFD bei der Auswahl geeigneter Bewerber nutzbringende Informationen. Die Bildungswerke haben dagegen häufig gute Beziehungen zu Betrieben auf dem allgemeinen Arbeitsmarkt. Dienste in ihrer Trägerschaft können besonders bei der Akquisition von

Arbeitsplätzen auf vorhandene Kooperationsbeziehungen zurückgreifen. Je nach Arbeitsschwerpunkten ihrer Träger haben die IFD somit in ihrer Konzeption unterschiedlichen strukturellen Voraussetzungen Rechnung zu tragen. Während die einen in ihrer Organisation Kooperationsbeziehungen zu entwickeln und etablieren haben, die sowohl die interne Auswahl geeigneter Bewerber und Feststellung ihrer Eignung möglich machen, als auch den Zugang externer Bewerber nicht verhindern und dagegen bei der Akquisition geeigneter Praktikums- und Arbeitsplätze weitgehend unabhängig agieren können, verhält es sich bei den anderen umgekehrt: Bei der Rekrutierung ihrer Klientel sind sie weitgehend auf sich gestellt, bei der Suche nach Arbeitsplätzen haben sie zwar die Möglichkeit, an bereits vorhandene Beziehungen anzuknüpfen, müssen dabei jedoch andere unter Umständen mit den eigenen konkurrierende Interessen des Trägers berücksichtigen.

Zum anderen erfüllen die IFD neben dem eigentlichen Vermittlungsauftrag unterschiedliche weitere Funktionen, die ihre Arbeit beeinflussen (vgl. TROST 1997, 51ff.; SCHÜLLER im vorliegenden Band; BARLSEN u.a. 1999, 70f.). Denn mit dem Aufbau eines IFD ergänzen die Träger nicht nur ihr Dienstleistungsspektrum um eine weitere in sich geschlossene Maßnahme. Die Dienste übernehmen außerdem Innovations- und Korrekturfunktionen, die durch die Träger intendiert sind, um neuen Zielorientierungen in ihrer Arbeit zur Durchsetzung zu verhelfen. So werden bei den Vereinen, die neben dem Fachdienst eine Werkstatt für Behinderte unterhalten, durch die Einrichtung eines IFD Voraussetzungen für konzeptionelle Veränderungen geschaffen: Indem der Fachdienst den WfB-Beschäftigten neue Perspektiven der beruflichen Eingliederung bietet, initiiert und unterstützt er eine zieloffenere Gestaltung von Einarbeitungs- und Qualifizierungsmaßnahmen und fördert die arbeitsmarktnahe Ausrichtung der Unterstützungsangebote (vgl. SCHÜLLER im vorliegenden Band). Eine weitere Innovationsfunktion bezieht sich auf die Binnenstruktur und Aufgabenverteilung innerhalb der Vereine: Die IFD übernehmen mit der Akquisition von Praktikums- und Arbeitsplätzen sowie der Auswahl von Bewerbern zwei Kernaufgaben und entlasten damit andere Abteilungen. Außerdem wirken sie häufig als „Clearing-Instanz". Indem sie Klienten der Einrichtung ermöglichen, sich in Betriebspraktika auf dem allgemeinen Arbeitsmarkt zu erproben, klären sie deren berufliche Perspektiven und schöpfen darüber hinaus Unruhepotenziale innerhalb der Institution ab, da manche Bewerber nach einer solchen Erprobung zufriedener in die Einrichtung zurückkehren (vgl. BARLSEN u.a. 1999, 70f).

Eine dritte Funktion ergibt sich aus dem derzeitigen Strukturwandel der Arbeit (vgl. HEINZ 1995, 71; KÜHLEWIND und BARTH 1993, 19): In den letzten Jahren wurde zunehmend deutlicher, dass es aufgrund steigender Qualifikationsanforderungen auf dem allgemeinen Arbeitsmarkt und damit steigender Ausbildungsanforderungen einerseits immer weniger behinderte

Arbeitsuchende schaffen, eine Ausbildung zu absolvieren, und andererseits formale Qualifikationsnachweise allein kaum noch einen Arbeitsplatz garantieren. Folglich sind insbesondere die Träger, die berufsqualifizierende Maßnahmen in überbetrieblichen Einrichtungen anbieten, wollen sie ihren Rehabilitationsauftrag erfüllen, immer häufiger darauf angewiesen, ihre Angebote so zu ergänzen und umzustrukturieren, dass eine Anbindung an den allgemeinen Arbeitsmarkt gesichert bleibt oder wird. Eine solche sollen IFD gewährleisten, indem sie als eine, wenn nicht als zentrale Schnittstelle zum allgemeinen Arbeitsmarkt fungieren. Durch ihre Unterstützung im Übergang von beruflichen Qualifizierungsmaßnahmen auf den allgemeinen Arbeitsmarkt tragen sie erheblich zu den Eingliederungserfolgen der Rehabilitationseinrichtungen und damit zu deren Bestand bei und leisten zudem durch Rückmeldungen über Anforderungen der Betriebe an ihre Arbeitnehmer einen Beitrag dazu, dass das Reha-System den Anschluss an die sich verändernden Rahmenbedingungen des Arbeitsmarktes hält.

Zusammenfassend ist festzustellen, dass IFD neben der zentralen Aufgabe der Vermittlung Schwerbehinderter auf den allgemeinen Arbeitsmarkt mit einer Fülle weiterer explizit formulierter und impliziter Anforderungen konfrontiert sind, die sie nach wie vor unter hohen Erfolgsdruck setzen. Zwar ist es gelungen, ein gemeinsames Grundkonzept zu etablieren, dessen Handlungsleitlinien Individualisierung und Flexibilisierung sich als effizient erwiesen haben (vgl. TROST/SCHÜLLER 1992; SEYFRIED 1993). Es fehlen jedoch differenziertere Aufgabenbeschreibungen, die die Kompetenzen und Regelungen für die Arbeitsabläufe und -beziehungen bestimmen und die Funktion der IFD im bestehenden Reha-System klären (vgl. LANDSCHAFTSVERBAND RHEINLAND 2000, 156).

Die Klientel

Ein Schwerpunkt fast aller Forschungsprojekte ist es, Kriterien zur Auswahl geeigneter Klienten für die IFD zu erarbeiten. Dazu wurden neben demographischen Angaben Daten zur Behinderung der Bewerber, zu ihrer schulischen und beruflichen Vorbildung sowie zu ihren Arbeitserfahrungen erhoben, so dass differenzierte Beschreibungen der unterstützten Personenkreise vorliegen.

Der unterstützte Personenkreis

In den genannten Publikationen werden die in die Begleitung aufgenommenen Bewerber anhand ähnlicher Variablen beschrieben. Tabelle 1 gibt einen Überblick über die demographischen Daten, den GdB sowie die Schulbildung und beruflichen Vorerfahrungen der unterstützten Personen.

	TROST/ SCHÜLLER 1992	SCHÖN 1993	TROST 1997	BARLSEN u.a. 1999	LANDSCHAFTS-VERBAND RHEINLAND 2000
Zielgruppen	geistig behinderte Personen	lern-/ geistig behinderte Personen	psychisch behinderte Personen	lern-/geistig behinderte Personen	lern-/ geistig / körperbehinderte Personen
n	359	89	300	329	1157
Alter	Ø18-19	Ø 26-35	Ø 20-35	Ø 20-30	Ø 20-29
Geschlecht					
weibl.	40%	42%	43%	38%	36%
männl.	60%	58%	57%	62%	63%
GdB	34% ohne Ausw. Ø 70	22% ohne Ausw. Ø 80	83% ohne Ausw. Ø k.A.	18% ohne Ausw. Ø 75	9% ohne Ausw. Ø k.A.
Schulabschluss					
Hauptschule und höher:	0%	22%	99%	17%	48%
Schule für Lernbehinderte:	0%	61%	1%	46%	k.A.
Schule für geistig Behinderte:	100%	17%	0%	30%	k.A.
Ausbildung					
ja:	0%	19%	85%	15%	27%
nein:	100%	81%	15%	85%	73%
berufl. Status bei Begleitungsbeginn					
WfB:		k.A.	4%	34%	13%
arbeitslos:			74%	33%	35%
berufsvorbereitende Maßnahme:			13%	20%	6%
Schüler:	100%			6%	18%
auf allg. Arbeitsmarkt:			5%	4%	14%
Ausbildung:				1%	6%
Sonstiges:			4%		6%
Arbeitserfahrung in WfB					
ja:		71%	k.A.	33%	17%
nein:	100%	29%		67%	83%
Erfahrung auf dem allg. Arbeitsmarkt					
ja:		62%	90%	30%	k.A.
nein:	100%	38%	10%	70%	

Tab. 1: Unterstützte Personen

Hinsichtlich der Geschlechtsverteilung und des Alters ähnelt sich die Klientel aller untersuchten Fachdienste: Ca. 60 Prozent der begleiteten Personen sind Männer und 40 Prozent Frauen. Die Bewerber wenden sich in der Regel im Alter von 20-30 Jahren an die IFD. Lediglich die Klientel der von TROST/SCHÜLLER beforschten Dienste ist jünger, da diese ausschließlich Absolventen aus Schulen für geistig Behinderte im Übergang Schule-

Beruf unterstützen. Der niedrige Altersdurchschnitt erscheint plausibel: Zum einen werden jüngeren Personen eine größere Veränderungsbereitschaft, mehr Entwicklungspotenziale und Leistungsreserven zugetraut, so dass sie am ehesten von Institutionen wie Werkstätten für Behinderte oder der Arbeitsverwaltung für einen Vermittlungsversuch vorgeschlagen werden; zum anderen ist das Interesse jüngerer Menschen an beruflicher Umorientierung sicherlich größer als bei älteren.

Da die Fachdienste unterschiedliche Zielgruppen begleiten, sind Art und Ausmaß der Behinderungen nur bedingt vergleichbar. Grad der Behinderung und Schulabschluss der Bewerber der IFD für Menschen mit geistigen Beeinträchtigungen lassen jedoch darauf schließen, dass diese Dienste eine hinsichtlich des kognitiven Leistungsniveaus ähnliche Klientel unterstützen. Es handelt sich um Personen im Grenzbereich zwischen Lernbehinderung und geistiger Behinderung, das heißt um relativ leistungsstarke Absolventen der Schule für geistig Behinderte (vgl. TROST/SCHÜLLER 1992, 81) oder „schwache" Lernbehinderte, bei denen die üblichen Qualifizierungsmaßnahmen nicht reichen, um ein dauerhaftes Arbeitsverhältnis auf dem allgemeinen Arbeitsmarkt eingehen zu können (vgl. BARLSEN u.a. 1999 84ff.).

Das kognitive Leistungspotenzial der Bewerber der IFD für psychisch Behinderte ist deutlich höher. Nach TROST (1997, 228) besuchten nur 1,4 Prozent eine Sonderschule und 29 Prozent ein (Fach-) Gymnasium (vgl. auch REKER u.a. 1996, 221). Da nur 17 Prozent einen Schwerbehindertenausweis besitzen – ein Tatbestand, der nicht auf die Schwere der Behinderung, sondern vielmehr auf die Angst vor Stigmatisierung hinweist (vgl. TROST 1997, 78) –, sind vergleichende Aussagen über das Ausmaß der primären Behinderung dieses Personenkreises nicht möglich. TROST stellt fest, dass es sich um eine außerordentlich heterogene Gruppe handelt. „Die Krankheitsdauer, das Alter bei Krankheitsbeginn, die Häufigkeit und Intensität stationärer Behandlung, aber auch die Art und der Verlauf der psychischen Erkrankung differieren erheblich" (1997, 68).

Im Vergleich zur Klientel der IFD für geistig beeinträchtigte Menschen verfügen die Bewerber der Fachdienste für psychisch behinderte Personen häufiger über berufliche Vorerfahrungen auf dem allgemeinen Arbeitsmarkt und ein höheres Qualifikationsniveau: 85 Prozent gelang es, eine Ausbildung zu absolvieren (gegenüber 15-30 Prozent der Bewerber der IFD für Menschen mit geistigen Beeinträchtigungen) und 90 Prozent haben bereits auf dem allgemeinen Arbeitsmarkt gearbeitet (gegenüber 30-62 Prozent der geistig beeinträchtigten Arbeitsuchenden).

Evident ist, dass mit unterschiedlichen Zielgruppen auch verschiedene Problemlagen einhergehen: Die IFD für Menschen mit geistigen Beeinträchtigungen haben es mit einem – zumindest im Hinblick auf die primäre Behinderung – relativ homogenen Personenkreis zu tun, dessen Qualifikationsniveau zwar niedrig ist und der kaum Arbeitserfahrungen auf dem allgemeinen Arbeitsmarkt hat. Andererseits zeichnet er sich durch ein weitgehend konstantes und relativ gut vorhersehbares Leistungsniveau aus. Die Bewerber der Dienste für psychisch behinderte Menschen sind dagegen gut qualifiziert und bringen umfangreichere Arbeitserfahrungen mit. Die Vermittlungsprobleme ergeben sich aus den mit der Behinderung verbundenen kaum vorhersehbaren Leistungseinbrüchen. Andere Zielgruppen konfrontieren die Fachdienste mit weiteren spezifischen Problemen (vgl. KLINKENBUSCH im vorliegenden Band).

Bewerberspezifische Zusammenhänge mit dem Vermittlungserfolg

Neben der Einstellungsbereitschaft der Unternehmen, der Beschaffenheit der Arbeitsplätze und den Unterstützungen durch die Fachdienste können auch verschiedene bewerberspezifische Merkmale den Eingliederungserfolg beeinflussen. Überprüft wurde, ob Art und Ausmaß der Behinderung, die schulische und berufliche Qualifikation sowie die beruflichen Vorerfahrungen einen Einfluss auf die Vermittlungswahrscheinlichkeit hatten.

- TROST und SCHÜLLER (1992, 81) stellen fest, dass es sich bei dem Personenkreis, der auf dem allgemeinen Arbeitsmarkt eingegliedert werden konnte, im Wesentlichen um die kompetenteren und leistungsfähigeren Schülerinnen und Schüler der Schule für geistig Behinderte handelt.
- Ein Vergleich der vom Berufsbegleitenden Dienst Reutlingen insgesamt unterstützten Personen (SCHÖN 1993, 23ff.) mit den tatsächlich vermittelten (ebd., 46) offenbart, dass Bewerber mit einem geringeren GdB, einem höheren Schulabschluss, mit Ausbildungsabschluss und ohne Arbeitserfahrung in einer WfB häufiger auf den allgemeinen Arbeitsmarkt vermittelt werden konnten.
- TROST (1997, 190f.) stellt fest, dass psychisch behinderte Personen mit stabilen Partnerschaften, einem stützenden sozialen Umfeld, wenig familiären Konflikten und überwiegenden Kontakten zu psychisch gesunden Personen häufiger einen Arbeitsplatz fanden als andere. Keinen Einfluss auf die Vermittlung haben die psychiatrische Diagnose, die Dauer der Erkrankung, die Anzahl der Klinikaufenthalte und die Anzahl der vor Begleitungsbeginn eingegangenen Arbeitsverhältnisse.
- Nach BARLSEN u.a. (1999, 99f.) haben Personen mit höheren lebenspraktischen Kompetenzen, mit einem geringeren GdB, mit einem qualifizierteren Schulabschluss, mit einer Ausbildung, mit Berufserfahrungen auf dem allgemeinen Arbeitsmarkt und ohne WfB-Erfahrungen größere Vermittlungschancen als die jeweils anderen.

- Schröder und Steinwede (LANDSCHAFTSVERBAND RHEINLAND 2000, 67ff.) stellen fest, dass Bewerber mit einer geistigen Behinderung häufiger auf den allgemeinen Arbeitsmarkt vermittelt werden als Personen mit einer Körperbehinderung. Außerdem steht der Vermittlungserfolg im Zusammenhang mit der beruflichen Qualifikation: Personen, die betrieblich ausgebildet oder angelernt wurden, haben größere Vermittlungschancen als diejenigen, deren Qualifizierung überbetrieblich erfolgte bzw. diejenigen ohne berufliche Aus- und Weiterbildung. Entgegen den Ergebnissen von BARLSEN u.a. (1999) haben die beruflichen Erfahrungen, die im Rahmen einer WfB-Beschäftigung gesammelt wurden, einen leichten positiven Einfluss auf die Eingliederungschancen. Der Schulabschluss beeinflusst das Vermittlungsergebnis dagegen kaum.

Aufgrund unterschiedlicher Operationalisierungen und verschiedener Ausgangsvoraussetzungen der IFD sind die Ergebnisse – insbesondere im Hinblick auf die Stärke der Zusammenhänge – nur bedingt vergleichbar[1]. Zwei Befunde scheinen sich jedoch durchgängig zu bestätigen:

1. Wie auch andere Untersuchungen zur Arbeitsmarktsituation Schwerbehinderter (FRICK/SADOWSKI 1996; ZINK/DIERY 1996; BMA 1994; BRANDT 1984) belegen, steigt die Vermittlungswahrscheinlichkeit bei vorhandenen Arbeitserfahrungen – insbesondere auf dem allgemeinen Arbeitsmarkt – und mit dem Niveau der beruflichen Qualifikation[2]. Insbesondere die Eingliederung von Schulabsolventen, die in der Regel noch nicht erwerbstätig waren bzw. noch keinerlei berufliche Qualifikationen haben, ist, wie die von TROST/SCHÜLLER (1992) untersuchten Eingliederungsinitiativen eindrucksvoll belegen, zwar durchaus möglich, aber mit einem deutlich höheren Zeitaufwand

[1] Zum Beispiel kann der Widerspruch zwischen den Befunden von Schröder/Steinwede (LANDSCHAFTSVERBAND RHEINLAND 2000) und BARLSEN u.a. (1999) bezüglich des Einflusses der WfB-Erfahrung auf den Eingliederungserfolg auf unterschiedliche berufliche Vorerfahrungen beider Grundgesamtheiten zurückzuführen und nur scheinbar sein. Beide Untersuchungen bestätigten dann, dass zwar Bewerber mit Arbeitserfahrungen auf dem allgemeinen Arbeitsmarkt größere Vermittlungschancen haben als solche mit WfB-Erfahrung. Deren Aussichten, eingegliedert zu werden, sind allerdings wiederum höher als die derjenigen, die gar keine Arbeitserfahrung haben.

[2] Zwar stellt TROST (1997) fest, dass der Vermittlungserfolg in keinem Zusammenhang mit der Anzahl der bereits eingegangenen Arbeitsverhältnisse steht. Da jedoch nicht überprüft wurde, ob das Fehlen jeglicher Arbeitserfahrungen die Eingliederungschancen schmälern, stehen seine Befunde in keinem Widerspruch zu diesem Ergebnis.

verbunden (vgl. KLETT/THIMSEN 1997, 52f.; HOHMEIER 2000, 24). Daraus ist zum einen abzuleiten, dass bei Schulabsolventen vor der Vermittlung auf eine Anlerntätigkeit zunächst zu prüfen ist, ob sie durch eine Ausbildung ihre Arbeitsmarktchancen erhöhen können. Berufliche Qualifikationen sollten möglichst in Betrieben des allgemeinen Arbeitsmarktes erworben werden. Ausbildungen und Förderungslehrgänge in überbetrieblichen Einrichtungen sollten erst dann in Betracht gezogen werden, wenn eine betriebliche Qualifizierung behinderungsbedingt nicht möglich ist. Zum anderen sollte erprobt werden, inwieweit das Modell der Unterstützten Beschäftigung auf betriebliche Ausbildungen übertragbar ist.[3]

2. Mit Ausnahme der von TROST (1997) wird in allen Untersuchungen ein Zusammenhang des Eingliederungserfolges mit dem Ausmaß der Behinderung festgestellt. Die Relationen werden jedoch durchgängig als nur schwach beschrieben. Demnach scheint es zwar gewisse Schwellenwerte zu geben, die übliche Mindestanforderungen an die Arbeitsuchenden markieren und die in der Regel erreicht werden müssen, um eine realistische Chance auf dem allgemeinen Arbeitsmarkt zu haben. Jedoch ist zum einen davon auszugehen, dass diese Schwellenwerte über übliche formale und askriptive Kriterien – wie dem Grad der Behinderung, der schulischen und beruflichen Vorbildung und Vorerfahrung – hinausgehen und differenzierter sind. Zum anderen sind sie, wie die nicht unerhebliche Zahl erfolgreicher Eingliederungen (vermeintlich) schwächerer Bewerber zeigt, in Abhängigkeit von der Arbeitsmarktsituation, der betrieblichen Struktur sowie der Unterstützung durch die Fachdienste in gewissem Grad variabel und beeinflussbar (vgl. LANDSCHAFTSVERBAND RHEINLAND 2000, 70f.). So erscheint es kaum sinnvoll, einen Anspruch auf Unterstützung durch IFD an feste Mindestanforderungen zu knüpfen. Solche generell gültigen Standardanforderungen des allgemeinen Arbeitsmarktes nach dem Prinzip des „kleinsten gemeinsamen Vielfachen" würde die Identifizierung all derjenigen erschweren oder verhindern, deren Fähigkeiten nicht den festgelegten Kriterien entsprechen oder durch sie nicht erfassbar sind, die aber durchaus über spezifische Leistungspotenziale verfügen, die sie bei sorgfältiger Auswahl des Arbeitsplatzes und entsprechender Unterstützung für eine Tätigkeit auf dem allgemeinen Arbeitsmarkt qualifizieren.

---

[3] Derzeit werden in zwei Modellprojekten Konzepte der ambulanten Unterstützung Sehbehinderter (MobiliS, vgl. DENNINGHAUS 2000) und Lernbehinderter (REGINE, vgl. FAßMANN 2000) in betrieblicher Ausbildung erarbeitet. Außerdem bietet die Hamburger Arbeitsassistenz für Menschen mit geistiger Behinderung betriebliche Arbeitstrainingsmaßnahmen an (vgl. SCHÜLLER im vorliegenden Band).

Die Unternehmen

Der Eingliederungserfolg der IFD hängt neben der bedarfsgerechten Unterstützung und den oben genannten Eigenschaften der Bewerber entscheidend von der Einstellungsbereitschaft der Betriebe ab. In den Forschungsprojekten wurde daher geprüft, ob Strukturmerkmale der Unternehmen mit dem Eingliederungserfolg korrespondieren, ob es bestimmte Motive gibt, schwerbehinderte Arbeitnehmer zu beschäftigen und durch welche Maßnahmen die Einstellungsbereitschaft zu erhöhen ist.

Betriebsgrößen, Branchen, und Konjunktur

Schröder und Steinwede (LANDSCHAFTSVERBAND RHEINLAND 2000) sowie BARLSEN u.a. (1999) untersuchen durch einen Vergleich der von den IFD angesprochenen Betriebe mit der Grundgesamtheit aller Unternehmen in den Einzugsgebieten der Fachdienste, ob bereits bei der Vorauswahl der IFD-Mitarbeiter bestimmten Unternehmenstypen Präferenzen eingeräumt werden. Im Bezug auf die Branchen ist dies nicht der Fall: Die angesprochenen Betriebe streuen in beiden Erhebungen relativ breit über die Wirtschaftszweige und entsprechen in ihrer Verteilung mit einer leichten Verzerrung zugunsten der Land- und Forstwirtschaft in etwa den Wirtschaftsstrukturen in den jeweiligen Regionen. Ein etwas anderes Bild ergibt sich hinsichtlich der Größen der kontaktierten Betriebe: Die IFD beider Untersuchungen sprachen zwar überwiegend Klein- und Mittelbetriebe an, verglichen mit der Zahl der existierenden Betriebe sind jedoch die mit mehr als 50 Mitarbeitern deutlich überrepräsentiert (vgl. LANDSCHAFTSVERBAND RHEINLAND 2000, 92f.; BARLSEN u.a. 1999, 111). Da die Unternehmen mit mehr als 100 Mitarbeitern nahezu die Hälfte aller Arbeitsplätze bereitstellen[4], erscheint diese Auswahl durchaus konsequent.

Zum Zusammenhang zwischen Wirtschaftssektoren und Eingliederungserfolg liegen keine eindeutigen Ergebnisse vor: Zwar wird übereinstimmend berichtet, dass die Einstellungsbereitschaft in privatwirtschaftlichen Unternehmen größer ist als im öffentlichen Dienst (vgl. z.B. TROST/SCHÜLLER 1992, 125; SCHÖN 1993, 121), zur Eignung bestimmter Branchen für die Eingliederung behinderter Arbeitsuchender sind die Angaben jedoch widersprüchlich. Während zum Beispiel in Reutlingen die meisten Einstellungen im verarbeitenden Gewerbe erfolgten (vgl. SCHÖN 1993, 123), stellen Schröder und Steinwede (LANDSCHAFTSVERBAND RHEINLAND 2000, 95f.) fest, dass für Menschen mit einer geistigen Behinderung vor allem in der Land- und Forstwirtschaft Beschäftigungs-

4 Quelle: LANDESAMT FÜR DATENVERARBEITUNG UND STATISTIK NRW: Sonderreihe zur Volkszählung 1987 in NRW. Band Nr. 7.1: Arbeitsstätten

möglichkeiten bestehen. TROST und SCHÜLLER (1992, 125) sowie BARLSEN u.a. (1999, 113) ermittelten keine branchenspezifischen Zusammenhänge mit den Eingliederungserfolgen. Auch die Befunde von TROST (1997, 131) liefern keine Hinweise darauf, dass sich die Beschäftigungsmöglichkeiten für psychisch behinderte Arbeitsuchende auf bestimmte Branchen konzentrieren.

Widersprüchlich sind außerdem die Ergebnisse zum Zusammenhang mit der regionalen Arbeitslosenquote als Indikator für die konjunkturelle Lage. Während die Anzahl der Vermittlungen der von Schröder und Steinwede untersuchten Fachdienste nicht mit der Arbeitslosenquote korrespondiert (LANDSCHAFTSVERBAND RHEINLAND 2000, 70), stellen BARLSEN u.a. einen deutlichen Einfluss der allgemeinen Arbeitsmarktsituation auf die Akquisitionserfolge der IFD fest: Eine schlechte konjunkturelle Lage erschwere vor allem den Zugang zu Unternehmen im Vorfeld des eigentlichen Akquisitionsprozesses. In konjunkturschwachen Regionen waren signifikant weniger Personalleiter bereit, der Bitte der IFD-Mitarbeiter um ein persönliches Gespräch nachzukommen (1999, 113).

Eindeutiger sind die Befunde hinsichtlich des Zusammenhangs mit der Betriebsgröße: Alle untersuchten Fachdienste vermitteln ihre Bewerber überwiegend in Kleinbetriebe mit bis zu 50 Mitarbeitern. Schröder und Steinwede (LANDSCHAFTSVERBAND RHEINLAND 2000, 101) stellen fest, dass körper- und geistig behinderte Personen überdurchschnittlich häufig in kleinen Unternehmen beschäftigt sind. Auch nach BARLSEN u.a. (1999, 113) korrespondiert die Einstellungsbereitschaft mit der Unternehmensgröße. Die Zusammenhänge sind jedoch in statistischer Hinsicht nicht signifikant.

Insgesamt liefern die vorliegenden Ergebnisse keinerlei Hinweise, die es sinnvoll erscheinen lassen, bei der Akquisition von Arbeitsplätzen bestimmten Wirtschaftssektoren oder Betriebsgrößen besondere Präferenzen einzuräumen. Vielmehr erscheint es notwendig, die Aktivitäten möglichst auf das gesamte Spektrum vorhandener Arbeitsplatzanbieter auszurichten, um zu vermeiden, dass durch branchenspezifische Rationalisierungen, Auftragseinbußen etc. Vermittlungsengpässe entstehen.

Beschäftigungsmotive

Um Indikatoren für erfolgreiche Zugangswege zu den Unternehmen des allgemeinen Arbeitsmarktes zu gewinnen, wurden Betriebsbefragungen durchgeführt und die Akquisitionsstrategien der IFD-Mitarbeiter analysiert. Es wurde untersucht, aufgrund welcher Motive Betriebe die Zielgruppen der IFD beschäftigen und welche Erfahrungen sie mit ihnen im Arbeitsalltag machen. Im Wesentlichen werden fünf Aspekte benannt, die die Einstellungsbereitschaft fördern bzw. hemmen:

- die Qualifikation des Bewerbers
- die Leistungsfähigkeit des Bewerbers
- personelle Unterstützungen, wie die Leistungen des Fachdienstes
- finanzielle Unterstützungen, insbesondere Lohnkostensubventionen
- soziale Motive

Hinsichtlich der Bedeutung und Gewichtung dieser Aspekte liegen unterschiedliche und zum Teil widersprüchliche Befunde vor:

Die von TROST (1997, 143) befragten Personalleiter benannten Subventionen (74 Prozent der Befragten) und die Leistungen der IFD (54 Prozent) wesentlich häufiger als Voraussetzung für die Beschäftigung psychisch Behinderter als deren Leistungsfähigkeit (39 Prozent). 64 Prozent der befragten Personalleiter nannten außerdem soziale Gründe als Motiv für eine Beschäftigung. TROST und SCHÜLLER (1992, 110ff., 124f.) ermittelten eine umgekehrte Gewichtung: Ihre Arbeitgeberbefragung ergab, dass die Bereitschaft der Betriebe zur Einstellung eines geistig behinderten Menschen weitgehend unabhängig von der Gewährung öffentlicher Zuschüsse war. 83,4 Prozent der befragten Unternehmen gaben an, die Kenntnis bzw. Inanspruchnahme von Unterstützungsleistungen hätte keinen Einfluss auf die Einstellung gehabt. Nur 8,3 Prozent der Befragten begründeten das Zustandekommen des Arbeitsverhältnisses mit der Gewährung finanzieller Unterstützung. Dagegen nannten 83 Prozent ein Gefühl besonderer sozialer Verpflichtung als Einstellungsmotiv und 63 Prozent benannten die Leistungsfähigkeit des jeweiligen Bewerbers als Voraussetzung für eine Beschäftigung.

Nach der Untersuchung von Schröder und Steinwede (LANDSCHAFTSVERBAND RHEINLAND 2000, 112ff.) sind die vier Hautmotive bei gemeinsamer Betrachtung aller befragten Unternehmen etwa gleich relevant. Die Bedeutung der Motive variiert jedoch in Abhängigkeit von Strukturmerkmalen der Unternehmen: Die Eingliederungsinstrumente nach dem Schwerbehindertengesetz sind für privatwirtschaftliche Unternehmen bedeutsamer als für öffentliche Einrichtungen. Außerdem spielen Alimentierungen für mittlere und große Betriebe eine geringere Rolle als für Kleinunternehmen. Die sozialpolitische Verantwortung als Beschäftigungsmotiv betonen in besonderer Weise die Betriebe des öffentlichen Sektors. Die Leistungsfähigkeit des Bewerbers ist vor allem für Unternehmen mit mehr als 100 Beschäftigten ein entscheidendes Kriterium. Auch BARLSEN u.a. (1999, 126ff.) stellen fest, dass finanzielle Leistungen für Kleinbetriebe eine größere Bedeutung haben als für mittelständische Unternehmen, für die wiederum die Leistungsfähigkeit der Bewerber entscheidender ist. Im Unterschied zu den Befunden von Schröder und Steinwede begünstigt das Angebot finanzieller und personeller Unterstützungen auch in Großbetrieben mit mehr als 100 Beschäftigten die Einstellungsbereitschaft.

Während BARLSEN u.a. (ebd.) keine behinderungsspezifischen Unterschiede hinsichtlich der Beschäftigungsmotive feststellen, korrespondieren nach Schröder und Steinwede (ebd.) die Einstellungsgründe mit der Art der Behinderung: Im Unterschied zu Befunden von TROST und SCHÜLLER (1992, 110ff.) ist die Leistungsfähigkeit seltener ein Beweggrund für die Beschäftigung geistig behinderter Personen und das Angebot finanzieller und personeller Unterstützungen für diesen Personenkreis bedeutsamer als bei körperbehinderten Bewerbern.

Die Inkongruenz der Ergebnisse kann einerseits auf methodische Probleme zurückzuführen sein. Andererseits ist die mangelnde Übereinstimmung der Befunde als Beleg für den hohen Individualisierungsgrad der Fachdienstarbeit zu interpretieren. Weder scheint es generelle Zusammenhänge zu geben, die auf besondere Beschäftigungschancen für Menschen mit Behinderungen in bestimmten Arbeitsmarktsektoren deuten, noch existieren einzelne, generell wirksame Motive für die Einstellung Schwerbehinderter. Die IFD versuchen dem Rechnung zu tragen, indem sie ein vielfältiges Methodenrepertoire bereithalten, das ihnen eine flexible Reaktion auf die verschiedenen Bedingungen des jeweiligen Einzelfalls ermöglicht.

Außerdem wird deutlich, dass weder prosoziale Einstellungen noch monetäre Förderprogramme allein als Triebfeder für eine Anstellung wirken. Diese „sekundären" Motive kommen erst dann zum Tragen, wenn eine betriebliche Verwendung überhaupt möglich erscheint. Das ist dann der Fall, wenn erstens eine Neueinstellung auch unter konjunkturellen und ökonomischen Gesichtspunkten Sinn macht und zweitens zumindest eine annähernde Passung zwischen den Fähigkeiten des Bewerbers und den Anforderungen des Arbeitsplatzes in Aussicht gestellt werden kann. Die IFD werben bei den Betrieben konsequenterweise auch damit, ihnen eine Minimierung von Risiken bei der Auswahl und Einarbeitung ihrer Zielgruppen anzubieten, die Betriebe also von Aufgaben zu entlasten, die sie ansonsten in Eigenregie zu organisieren hätten. Denn gefragt ist neben finanziellen Entlastungen vor allem die Gewährleistung einer möglichst reibungslosen Integration in betriebliche Arbeitsabläufe.

Effektivität und Effizienz

Neben dem Auftrag, Bedingungen und Prozesse der Fachdienstarbeit transparent zu machen, war es Aufgabe der Forschungsinstitute, anhand empirischer Daten die Effektivität und Effizienz des neuen Unterstützungsangebots zu beurteilen bzw. entsprechende Bewertungskriterien bereitzustellen.

Dies erfolgte durch die Erhebung von Vermittlungsquoten und die Untersuchung monetärer Kosten-Nutzenaspekte.

Die Vermittlungsquoten

Auch wenn der Erfolg eines IFD nicht allein anhand der Anzahl der Vermittlungen und nur im Kontext seiner jeweiligen regionalen Bedingungen zu beurteilen ist, gilt die Vermittlungsquote übereinstimmend als „härtestes" Erfolgskriterium und werden entsprechende Daten in allen Forschungsberichten dokumentiert. Tabelle 2 sind die Quoten der untersuchten Fachdienste zu entnehmen.

Die Dienste, die Menschen mit geistigen Beeinträchtigungen unterstützen, vermitteln mit 31 Prozent bis 43 Prozent etwa 1/3 aller in die Begleitung aufgenommenen Bewerber. Pro Mitarbeiter und Jahr entspricht dies einem Anteil von drei bis fünf Eingliederungen. Die Quote der IFD, deren Zielgruppe Menschen mit psychischer Behinderung sind, liegt mit 55 Prozent höher. Pro Mitarbeiter und Jahr sind dies ca. zehn Bewerber[5]. Ob die IFD für psychisch Behinderte eine härtere Vorauswahl treffen oder ob ihre Zielgruppe aufgrund der höheren schulischen und beruflichen Qualifikation bzw. umfangreicheren Berufserfahrung (zunächst) bessere Arbeitsmarktchancen hat, ist den vorliegenden Forschungsberichten nicht zu entnehmen. Die Vermittlungen erfolgen jedoch häufiger auf Teilzeitstellen und die Arbeitsverhältnisse werden schneller wieder beendet als die geistig beeinträchtigter Arbeitnehmer (vgl. TROST 1997, 178ff., BARLSEN u.a. 1999, 229).

5 Untersuchungen von SEYFRIED u.a. (1993) und REKER u.a. (1996) bestätigen dieses Ergebnis.

	TROST/ SCHÜLLER 1992	SCHÖN 1993	TROST 1997	BARLSEN u.a. 1999	LANDSCHAFTS-VERBAND RHEINLAND 2000
Zielgruppe	geistig behinderte Personen	lern-/ geistig behinderte Personen	psychisch behinderte Personen	lern-/ geistig behinderte Personen	lern-/ geistig/ körperbehinderte Personen
n	359	89	300	329	1157
Untersuchungszeitraum	1979 bis 1991	1990 bis 1992	1993 bis 1995	1995 bis 1997	1994 bis 1999
Vermittlungen absolut	111	28	164	141	(*) 418
Vermittlungsquote	30,9 %	31,5 %	54,7 %	42,9 %	(**) 36,1 %
Vermittlungen pro Mitarbeiter und Jahr	circa 5	circa 3	circa 10	circa 4	(**) circa 6

* Von diesen Personen waren 171 bereits berufstätig. Ihr Arbeitsplatz war gefährdet, sein Erhalt konnte durch die Dienste gesichert werden.

** Vermittlungen und Arbeitsplatzerhalt

Trotz der relativ übereinstimmenden Ergebnisse hinsichtlich der Vermittlungsquoten gibt es zum Teil erhebliche fachdienstspezifische Unterschiede. Schröder und Steinwede (LANDSCHAFTSVERBAND RHEINLAND 2000, 171) ermitteln Erfolgsquoten von 18 Prozent bis 54 Prozent, BARLSEN u.a. (1997, 44) eruieren im Rahmen einer Kosten-Nutzen-Analyse Vermittlungen von vier bis 15 Bewerbern pro Jahr und Fachdienst[6]. Auf welche Faktoren diese Varianzen zurückzuführen sind, wurde nicht eindeutig festgestellt. Neben strukturellen Voraussetzungen, die die Rekrutierung der Klientel beeinflussen (organisatorische Nähe zu abgebenden Einrichtungen etc.), scheinen die Güte der Kooperationsbeziehungen zu anderen Institutionen und auch die Arbeitsschwerpunkte der Fachdienste Einfluss auf die Vermittlungserfolge zu haben (LANDSCHAFTSVERBAND RHEINLAND 2000, 170ff.).

Zur langfristigen Stabilität der Arbeitsverhältnisse liegen ebenfalls keine Befunde vor. Alle Erhebungen umfassen ein Untersuchungsintervall von maximal drei Jahren – einem Zeitraum, in dem in der Regel Lohnkostensubventionen als Eingliederungshilfe gezahlt werden. In welchem Umfang die Beschäftigungsverhältnisse auch ohne diese finanziellen Unterstützungen aufrechterhalten bleiben, ist nicht geprüft. Es fehlen Längsschnittstudien, die Aufschluss darüber geben, ob durch IFD tatsächlich dauerhafte

6 Während in der zuerst genannten Untersuchung die Anzahl der Mitarbeiter im Untersuchungszeitraum schwankte, waren die personellen und finanziellen Voraussetzungen in zuletzt genannter Erhebung in allen IFD relativ konstant und weitgehend identisch.

Arbeitsverhältnisse angebahnt werden, oder ob sie lediglich kurzfristige Mobilitätsprozesse zwischen dem allgemeinen und dem Sonderarbeitsmarkt initiieren, wiederholte Eingliederungsanstrengungen also eine unumgängliche Aufgabe sind. Entsprechende Untersuchungen lieferten außerdem Hinweise darauf, wie sich die veränderte Arbeitssituation vermittelter Bewerber auf deren außerberufliche Lebenssituation auswirkt. Denkbar ist, dass im Zuge der Loslösung aus der Werkstatt für Behinderte, die neben der Bereitstellung von Arbeitsplätzen in der Regel umfassende Betreuungsfunkionen übernimmt, neue Formen sozialer Unterstützung notwendig werden. Dies hätte auch Einfluss auf die im folgenden diskutierten monetären Kosten-Nutzen-Relationen.

Monetäre Effizienz

In Zeiten knapper Budgets wird die Qualität innovativer Konzepte nicht nur inhaltlich, sondern auch hinsichtlich der monetären Effizienz beurteilt. Insbesondere aus den USA liegen eine Reihe von Untersuchungen vor, die die Kosten-Nutzen-Relationen von Supported-Employment-Programmen analysieren (NAEVE u.a. 1990, NOBLE u.a. 1991; RUSCH u.a. 1993; vgl. zusammenfassend TROST 1997, 192f.). Fast alle Autoren kommen zu dem Schluss, dass nach anfänglichen Mehraufwendungen über einen Zeitraum von zwei bis drei Jahren die Kosten-Nutzen-Bilanz positiv ausfällt: Unterstützte Beschäftigungsverhältnisse sind dann gegenüber den Alternativen, wie der Beschäftigung in Werkstätten für Behinderte, mindestens kostenneutral oder sogar deutlich günstiger.

Auch in Deutschland wurden pekuniäre Effekte der IFD analysiert:

- TROST/SCHÜLLER (1992, 174ff.) und Schön (1993, 185ff.) vergleichen die finanziellen Aufwendungen, die bei der Beschäftigung in Werkstätten für Behinderte entstehen, mit den Kosten der Vermittlung und anschließenden Begleitung durch einen IFD. Die Analysen, die unterschiedliche Modelle finanzieller Unterstützungen berücksichtigen, ergeben, dass die Vermittlung und Unterstützung durch den IFD in jedem Falle günstiger ist. Je nach Umfang der Lohnkostensubvention sind in einem Zeitraum von fünf Jahren Einsparungen von 28.500 DM bis 99.500 DM zu erwarten.
- TROST (1997, 192ff.) vergleicht in einer Modellrechnung für einen fiktiven Einzelfall Kosten für die Betreuung durch den IFD, Aufwendungen für Sozialleistungen als Einkommensgrundlage, Lohnkostenzuschüsse und Nachbetreuungskosten mit den sich aus einer Arbeitstätigkeit ergebenden Einsparungen von Sozialleistungen, Einsparungen durch Reduzierungen der Kosten ambulanter Versorgung und Lohnsteuerzahlungen sowie Sozialabgaben als Einnahmen der Kostenträger. Bei Betrachtung eines Zeitintervalls von zwei Jahren unter der Annahme, dass im Verlaufe dieser Zeit ein

einjähriges Arbeitsverhältnis zustande kommt, stellte er fest, dass die durch IFD unterstützte Arbeitsaufnahme von Menschen mit psychischer Behinderung im ungünstigsten Falle kostenneutral zu erreichen, in der Regel jedoch mit beträchtlichen Einsparungen für öffentliche Haushalte verbunden ist.

- BARLSEN u.a. (1998) kommen zu dem Ergebnis, dass sich die Vermittlung eines Bewerbers mit geistiger Beeinträchtigung durch einen IFD amortisiert, wenn gewährleistet ist, dass das Arbeitsverhältnis für mindestens 2,8 Jahre aufrecht erhalten werden kann. Über die ökonomische Effizienz eines IFD entscheidet nicht ausschließlich die Anzahl seiner Vermittlungen. Sie steht vielmehr im Zusammenhang mit mehreren weiteren Faktoren, wie dem beruflichen Status der Bewerber im Falle der Nichtvermittlung, ihrer Wohnsituation, finanziellen Subventionen, dem Gehalt der unterstützten Arbeitnehmer oder davon, ob die Arbeitgeber eine Ausgleichsabgabe zu entrichten haben.

Die Gültigkeit der Befunde im einzelnen – insbesondere zur Höhe der Einsparungen – wird angezweifelt. Zum einen sei nicht geklärt, welche Variablen in die Berechnungen einzubeziehen sind. So berücksichtigen BEYER u.a. (1996) in einer Untersuchung in Großbritannien, dass durch die Vermittlungen der IFD andere Arbeitnehmer verdrängt werden, die ihrerseits wieder Arbeitslosengeld oder Sozialhilfe beziehen. Wird dieser Effekt als Sekundärfolge einkalkuliert, fällt die Kosten-Nutzen-Bilanz erheblich ungünstiger aus. Kritisiert wird außerdem, dass in die Analysen Parameter einfließen, über deren Werte keine gesicherten Informationen vorliegen. Da bereits minimale Abweichungen dieser Schätzgrößen von den realen Gegebenheiten zu erheblichen Verzerrungen führen können, hätten die Ergebnisse allenfalls die Qualität grober Schätzungen. Es bestehe noch eine zu große Methodenunsicherheit, als dass die Befunde tatsächlich als Grundlage für sozialpolitische Entscheidungen herangezogen werden können (HORIZON-ARBEITSGRUPPE 1995, 196).

Gleichwohl ist aufgrund der hohen Übereinstimmung der Ergebnisse anzunehmen, dass Kosten-Nutzen-Relationen von IFD bei längerfristiger Betrachtung positiv zu bilanzieren oder zumindest neutral sind. Allerdings liefern die vorliegenden Ergebnisse noch keine empirisch gesicherte Grundlage für die Festsetzung von allgemeinverbindlichen Leistungsquoten und Kennziffern.

Resümee

Integrationsfachdienste übernehmen im Rehabilitationssystem eine Schnittstellenfunktion im Sinne eines Case-Managements, die Menschen mit Behinderungen neue Chancen auf berufliche Teilhabe eröffnet. Innovatives und zugleich konstitutives Merkmal dieses neuen Konzepts ist sein hoher Individualisierungsgrad: Weder wurden definitive personenbezogene Merkmale der Bewerber identifiziert, die eine annähernd sichere Prognose des Integrationserfolges erlauben, noch existieren generalisierbare Befunde, die auf besondere Beschäftigungschancen für Menschen mit Behinderungen in bestimmten Arbeitsmarktsektoren deuten. Der Erfolg der IFD erweist sich vielmehr in ihrem Vermögen, in jedem Einzelfall eine möglichst genaue Passung zwischen den Bedürfnissen des einstellenden Unternehmens und denen des Arbeitnehmers herzustellen. Dieser Prozess der Passung beschränkt sich nicht nur auf Leistungsaspekte im engeren Sinne sondern umfasst außerdem alle weiteren (sozialen) Gesichtspunkte, die ein möglichst reibungsloses Zusammenspiel von Arbeitnehmer und -geber ermöglichen. Gerade indem die IFD die Rekrutierung ihrer Klientel nicht ausschließlich auf die herkömmlichen Leistungskategorien stützen, sondern außerdem – wenn nicht vorrangig – darauf achten, ob ein Bewerber in das soziale Gefüge eines Unternehmens passt, gelingt es ihnen, auch schwächere schwerbehinderte Arbeitssuchende auf den allgemeinen Arbeitsmarkt zu vermitteln, die in üblichen curricular ausgerichteten Qualifizierungskonzepten kaum eine Chance hätten. Da die Unterstützung dieser besonders benachteiligten Personen, soweit dies den vorliegenden Kosten-Nutzen-Analysen zu entnehmen ist, auch in monetärer Hinsicht effizient zu sein scheint, ist Frage der Zielgruppen von IFD letztendlich eine politische. Sie impliziert jedoch verschiedene methodische und strukturelle Aspekte.

- Alle Forschungsberichte verweisen auf zielgruppenspezifische Besonderheiten, die im Eingliederungsprozess zu berücksichtigen sind. Neben der Auswahl geeigneter Arbeitsplätze und technischer Hilfen betrifft dies zum Beispiel die Methoden der Einarbeitung und psychosozialen Unterstützung oder die Frequenz der Betriebskontakte. Sollen, wie § 37c Abs. 5 SchwbG. vorsieht, IFD behinderungsübergreifend tätig werden, ist zum einen durch geeignete Maßnahmen sicherzustellen, dass die Fachdienste über entsprechende Kenntnisse verfügen. Dies kann durch eine behinderungsspezifische Binnendifferenzierung oder – wenn eine solche ökonomisch nicht sinnvoll ist – durch den Auf- und Ausbau von Kompetenzzentren erfolgen, die entweder durch die Fachdienstmitarbeiter abrufbare Informationen bereithalten oder selbst im Eingliederungsprozess umschriebene Aufgaben übernehmen. Zum anderen ist dem unterschiedlichen Unterstützungsaufwand durch differenzierte Leistungsentgelte Rechnung zu tragen, denn eine einheitliche Fallpauschale für alle unterstützten Personen förderte die Konzentration der Eingliederungsbemühungen auf die „good risks" der Bewerber.

- Der Grad der Einbindung von Integrationsfachdiensten in den trägerspezifischen Kontext sowohl eigener Dienste als auch der Arbeitsbeziehungen zu anderen Institutionen hat einen erheblichen Einfluss auf die Rekrutierung der Klientel. In dem Maße, in dem die Dienste soweit in das bestehende Reha-System integriert werden, dass sie quasi als „Nachsorgeeinrichtung" für Institutionen arbeiten, die unter einem hohen Vermittlungsdruck stehen, wird es gerade für die behinderten Personen, die keine geeigneten institutionellen Fürsprecher haben, schwierig, unabhängig vom Votum solcher Einrichtungen Unterstützungen bei der Suche nach Arbeit zu erhalten. Dies betrifft vor allem diejenigen, die zwar den Auswahlkriterien standardisierter Verfahren nicht entsprechen, die aber dennoch über spezifische Leistungspotenziale verfügen, welche sie bei sorgfältiger Auswahl des Arbeitsplatzes und geeigneter Unterstützung für eine Tätigkeit auf dem allgemeinen Arbeitsmarkt qualifizieren. Sollen IFD prinzipiell für alle behinderten Personen zugänglich sein, haben sie demnach im Vorfeld der eigentlichen Vermittlung Clearingfunktionen zu übernehmen, die in ihrem Differenzierungsgrad über die der herkömmlichen Zuweisungsdiagnostik hinausgehen. Da diese Abklärung sich nicht an fixen Schwellenwerten orientiert, sondern an konkreten Anforderungen bestimmter Arbeitsplätze, sind den IFD autonome Gestaltungsspielräume sowohl zur Auswahl ihrer Bewerber als auch bei der Akquisition geeigneter Arbeitsplätze und der Gestaltung der Unterstützung am Arbeitsplatz einzuräumen.

- Diese „relative Handlungsautonomie"[7] erfordert andererseits trägerintern wie -extern eine angemessene funktionale Vernetzung mit anderen Institutionen der Behindertenhilfe sowie mit Organisationen des allgemeinen Arbeitsmarktes. Nur durch die Zusammenarbeit mit abgebenden Einrichtungen erhalten die Dienste einen Zugang zu geeigneten Bewerbern sowie notwendige Informationen über deren Leistungspotenziale. Und nur, wenn die Mitarbeiter abgebender Institutionen vom Erfolg eines Eingliederungsversuches überzeugt sind, bieten sie den Bewerbern die notwendige emotionale Unterstützung. Sämtliche Maßnahmen zur Vorbereitung und Einarbeitung sind außerdem nur in Zusammenarbeit mit den Leistungsträgern zu realisieren. Darüber hinaus sind durch eine Kooperation mit anderen Institutionen zur beruflichen Eingliederung Synergieeffekte bei der Akquisition von Arbeitsplätzen zu erzielen. Gleiches gilt für die Zusammenarbeit mit Verbänden und Organisationen des allgemeinen Arbeitsmarktes.

Die effektiven Organisationsstrukturen von IFD bewegen sich demnach auf einem schmalen Grad zwischen Autonomie und Vernetzung. Auch wenn die optimale Balance letztendlich nur von jedem Dienst gesondert in Zusammenarbeit mit den jeweiligen regionalen Institutionen zu erarbeiten ist, erscheint es notwendig, Regelungen für die Arbeitsabläufe und -beziehungen zwischen IFD, ihren Trägern und Kostenträgern zu bestimmen, die die dazu notwendigen Handlungsspielräume sicherstellen. Je besser es gelingt, IFD als eigenständige Institutionen im Rehabilitationssystem zu

[7] Helmut Mair auf der Tagung „Schritt für Schritt" der Arbeitsgemeinschaft der Hauptfürsorgestellen vom 29. bis 31. Mai 2000 in Bonn.

etablieren, desto eher wirken sie einer Abschottung des Rehabilitationssystems zu einem „closed shop", in dem nur noch interne Mobilitätsprozesse möglich sind, entgegen und tragen dazu bei, dass dieses System den Anschluss an die sich verändernden Rahmenbedingungen von Gesellschaft und Arbeitsmarkt hält.

Literatur

BARLSEN, J.; BUNGART, J.; HOHMEIER, J.; MAIR, H.: Projekt Integration – Integrationsbegleitung in Arbeit und Beruf für schwerbehinderte mit geistigen Einschränkungen. Eine Untersuchung von Integrationsfachdiensten in Westfalen–Lippe. Aus der Reihe: Landschaftsverband Westfalen–Lippe (LWL) Hauptfürsorgestelle (Hrsg.): Argument–Sonderbände zum Schwerbehindertenrecht Nr. 5. Münster 1999.

BEYER, S.; GOODERE, L.; KILSBY, M.: The Costs and Benefits of Supported Employment Agencies. Welsh Centre for Learning Disabilities Applied Research Unit. University of Wales. Cardiff 1996.

BRANDT, F.: Behinderte auf dem allgemeinen Arbeitsmarkt. Eine empirische Studie über Beschäftigungschancen und –barrieren für Schwerbehinderte auf dem allgemeinen Arbeitsmarkt. Saarbrücken 1984.

BUNDESMINISTERIUM FÜR ARBEIT UND SOZIALORDNUNG (BMA) (Hrsg.): Die Lage der Behinderten und die Entwicklung der Rehabilitation. Dritter Bericht der Bundesregierung. Bonn 1994.

BUNGART, J.; SUPE, V.; WILLEMS, P.: Qualitätssicherung und Entwicklung in Integrationsfachdiensten. 2. Zwischenbericht. Münster 2000.

DENNINGHAUS, E.: Wohnortnahe berufliche Bildung und Eingliederung Blinder und Sehbehinderter – MobiliS. ibv, 2000, Heft 26.

FAßMANN H.; STEGER R.: REGINE – ein neues Lernortkonzept zur Rehabilitation lernbehinder Jugendlicher – erste Erfahrungen und Folgerungen. Berufliche Rehabilitation, 2000, Heft 4.

FRICK, B.; SADOWSKI, D.: Arbeitsmarktpolitik für Behinderte in Deutschland. In : Zwierlein, E. (Hrsg.): Handbuch Integration und Ausgrenzung. Neuwied Kriftel Berlin 1996.

HEINZ, W.: Arbeit, Beruf und Lebenslauf: eine Einführung in die berufliche Sozialisation (Grundlagentexte Soziologie). Weinheim München 1995.

HOHMEIER, J.; BARLSEN J.: Ort und Funktion der 'unterstützten Beschäftigung' im System der beruflichen Eingliederung von Menschen mit Behinderungen. Die Rehabilitation, 36/1997, Heft 4.

HOHMEIER, J.: Modellprojekt zur beruflichen Eingliederung körper– und mehrfachbehinderter Menschen. Auswertung der wissenschaftlichen Begleitung. In: Landschaftsverband Westfalen–Lippe (LWL) Hauptfürsorgestelle (Hrsg.): Motiviert und Körperbehindert! Gute Arbeit bei passenden Anforderungen. Aus der Reihe: Argument–Sonderbände zum Schwerbehindertenrecht Nr. 6. Münster 1999.

HORIZON–ARBEITSGRUPPE: Unterstützte Beschäftigung. Berlin 1995.

KLETT, F.; THIMSEN, E.: Integrationsfachdienste für Schulabgänger und Schulabgängerinnen. Impulse, 1997 Heft 5/6.

KÜHLEWIND, G.; BARTH, A.: Kreative Arbeitsmarktpolitik auch in der Zukunft notwendig. Die Mitbestimmung, 39/1993.

LANDSCHAFTSVERBAND RHEINLAND (HRSG.): Übergänge von der Sonderschule–WfB in das Erwerbsleben. Köln 2000.

NAEVE, L.; ALLEN, W.; HARDING, F.; SHEA, J.: Costs and Outcomes of Individual Supported Employment Placements by Selected California Department of Rehabilitation Funded Employment Service Providers. Sacramento 1990.

NOBLE, J.H.; CONLEY, R.W.; BANERJEE, S.; GOODMANN, S.: Supported Employment in New York State: A Comparison of Benefits ans Costs. Journal of Disability Policy Studies 2, (1) 1991.

REKER, TH.; EIKELMANN, B.; HAGENBROCK, M.; INHESTER, M.L.; SOGGEBERG, C.; SPANGENBERG, J.; WETHKAMP, B. : Begleitende Hilfen im Arbeitsleben für psychisch Kranke und Behinderte. Forschungsbericht Nr. 257. Hrsg. vom Bundesminister für Arbeit und Sozialordnung. Bonn 1996.

RUSCH F.R.; CONLEY, R.W.; MCCAUUGHRIN, W.B.: Benefit–Costs Analysis of Supported Employment in Illinois. Journal of Rehabilitation, 59/1993.

SCHÖN, E.: Frauen und Männer mit geistiger Behinderung auf dem Allgemeinen Arbeitsmarkt. Hrsg. durch das Bundesministerium für Arbeit und Sozialordnung und den Landeswohlfahrtsverband Württemberg–Hohenzollern. Reutlingen 1993.

SEYFRIED, E.; BÜHLER, A.; GMELIN, A.: Strategien der beruflichen Eingliederung psychisch Behinderter. Wege und Methoden der Vermittlung auf den allgemeinen Arbeitsmarkt. Forschungsbericht Nr. 236. Hrsg. durch den Bundesminister für Arbeit und Sozialordnung. Bonn 1993.

TROST, R.: Integrationsdienste für Menschen mit psychischer Behinderung in Baden–Württemberg. Empirische Untersuchung zur Arbeit der Modellprojekte 'Integrationsdienste' in Baden–Württemberg. Hrsg. durch die Landeswohlfahrts-verbände in Baden–Württemberg 1997.

TROST, R.; SCHÜLLER, S.: Beschäftigung von Menschen mit geistiger Behinderung auf dem allgemeinen Arbeitsmarkt. Hrsg. durch den Landeswohlfahrtsverband Baden. Walldorf 1992.

ZINK, K. J.; DIERY, H.: Die Integration Schwerbehinderter in das Arbeitsleben. In: Zwierlein, E. (Hrsg): Handbuch Integration und Ausgrenzung. Neuwied, Kriftel, Berlin 1996.

Teil 2:

Handlungsfelder und Methoden der Integrationsfachdienste

Michael Schneider

Arbeitsassistenz, Arbeitsplatzassistenz, persönliche Assistenz am Arbeitsplatz für Schwerbehinderte – Begriffsklärungen und Kostenszenarien

Im Zusammenhang mit dem Konzept der Unterstützten Beschäftigung ist häufiger auch von Arbeitsassistenz die Rede. Letztere Unterstützungsform wird manchmal mit der Handlungsform Integrationsfachdienst gleichgesetzt beziehungsweise unter das Arbeitskonzept der Unterstützten Beschäftigung subsumiert. Integrationsfachdienste wie auch Arbeitsassistenz wurden im Jahre 2000 neu in das Schwerbehindertengesetz aufgenommen. Dies trägt gelegentlich zu Missverständnissen, vordergründiger Gleichsetzung und Verwechslung bei. Ein gemeinsamer Hintergrund für diese beiden neuen Systemelemente[1] der begleitenden Hilfe im Arbeitsleben ist der Paradigmenwechsel in der Behindertenpolitik, der sich etwa auch in den Eckpunkten zum Sozialgesetzbuch (SGB) IX der Bundesregierung andeutet. Neben der lang erwarteten Zusammenfassung und Vereinheitlichung des Rehabilitationsrechtes löst vor allem das Recht auf eine selbstbestimmte Lebensgestaltung große Erwartungen insbesondere bei den Menschen mit Behinderungen und deren Interessenvertretungen aus. Bei Leistungsträgern bestehen jedoch auch Befürchtungen. Die angekündigten Regelungen zum Rechtsanspruch auf „die notwendige Arbeitsassistenz" und die „individuellen Wahlfreiheiten" bei der Ausgestaltung von Leistungen zur Rehabilitation/ Teilhabe auf der Grundlage des „persönlichen Budgets" werfen eine Reihe von Fragen auf, die in den bisherigen Regelungsvorschlägen noch nicht präzisiert sind. Mit dem „persönlichen Budget" eröffnet sich auch die Möglichkeit, Sozialleistungen als persönliche Assistenzleistungen nach dem Arbeitgebermodell zu organisieren. Da der Begriff der Assistenz in verschiedenen Zusammenhängen ganz unterschiedlich verstanden wird, soll hier der Versuch einer begrifflichen Klärung unternommen werden. Darüber hinaus sollen auch monetäre Aspekte angesprochen werden.

---

[1] Daneben sind noch die Integrationsfirma und die Integrationsvereinbarung als neue Elemente des novellierten Schwerbehindertengesetzes zu nennen.

Der Begriff Arbeitsassistenz war bislang in gesetzlichen Regelungen nicht vorhanden, es wurde allenfalls von einer Hilfskraft gesprochen (§ 6 Abs. 1 SchwbG). Der Begriff der Assistenz hat aber in der Behindertenhilfe an Bedeutung gewonnen und spielt bei den Diskussionen um gesetzliche Veränderungen im Bereich der Rehabilitation und Eingliederung Behinderter nunmehr eine zentrale Rolle. Er verkörpert gewissermaßen die integrativen Einstellungsänderungen in der Gesellschaft. In Zukunft wird die Arbeitsassistenz im Schwerbehindertengesetz explizit genannt werden und zum Leistungsspektrum der Hauptfürsorgestellen zählen (§ 31 Abs. 3 RefE des Gesetzes zur Bekämpfung der Arbeitslosigkeit Schwerbehinderter – SchwbBAG, Stand 6.4.2000). Die Behindertenverbände erklärten Anfang 2000 in einer Stellungnahme zum SGB IX, dass die „Regelungskomplexe Assistenz und Arbeitgebermodell für Menschen mit Behinderungen von zentraler Bedeutung seien und einer sachgerechten, den individuellen Bedürfnissen gerecht werdenden Lösung bedürfen" (BDH-BUNDESVERBAND et al., 2000, 184). Die neue Handlungsform wurde jedoch an keiner Stelle genauer definiert, in den Gesetzes- und Verordnungsentwürfen wird nur von einer „notwendigen Arbeitsassistenz" gesprochen. Diese Unklarheit korrespondiert mit der Unschärfe in den sonstigen Diskussionen. Oft bleibt unklar, was die jeweiligen Akteure unter dem Begriff Assistenz genau verstehen. Die Arbeitsgemeinschaft der Deutschen Hauptfürsorgestellen wies in einer Stellungnahme zum Referentenentwurf auch darauf hin, dass der Begriff Arbeitsassistenz in Deutschland regional für unterschiedlichste Dinge verwendet wird.

Was ist persönliche Assistenz?

Der Begriff Assistenz ist aus unterschiedlichen Zusammenhängen bekannt. Beim Assistenten handelt es sich um einen Zuarbeiter mit Unterstützungsfunktionen. Der Assistent unterstützt und berät. Er ist in der Regel einem übergeordneten Dienstherrn direkt zugeordnet, welcher das Sagen hat. Beispiele sind der Schiedsrichterassistent, der früher Linienrichter hieß, oder der wissenschaftliche Assistent, welcher als „Adlatus" einem Universitätsprofessor dient. Bei der Assistenz handelt es sich also um eine personenbezogene Dienstleistung, die in ganz unterschiedlichen Zusammenhängen mit verschiedensten Inhalten angeboten werden kann, jedoch typischerweise auf eine konkrete Person orientiert ist. Nicht zuletzt deswegen wurde dem Begriff das Adjektiv „persönlich" beigefügt. Innerhalb der Emanzipations- und Unabhängigkeitsbewegung von Menschen mit Behinderungen hat die Forderung nach persönlicher Assistenz eine Schlüsselstellung eingenommen. Assistenz setzt andere Akzente als Begriffe wie Unterbringung, stationäre Pflege oder auch Betreuung. Dieser Begriff verweist auf einen Paradigmawechsel in der Behindertenhilfe und markiert eine Entwicklung weg vom caritativ-custodialen Paradigma hin zu mehr Autonomie, ein Wechsel der Grundsätze und Handlungsleitlinien hin zu mehr Selbstbestimmung und Unabhängigkeit. Anders als die Begriffe Betreuung und Pflege, welche sich den Vorwurf einer Verobjektivierung der zu betreuenden Person gefallen lassen müssen, setzt der Terminus Assistenz einen Schwerpunkt bei der Person als einem aktiv handelnden Subjekt, welches Art und Ausmaß der Unterstützung selbst bestimmt. Die persönliche Unterstützung gilt als das zentrale Mittel, um Aussonderung zu vermeiden und dem Integrationsleitbild eine größere Gültigkeit zu verschaffen. Im Zuge der Normalisierungsbewegung gewann auch die Forderung nach persönlicher und von der behinderten Person kontrollierter Assistenz eine zentrale Bedeutung. Dabei war jedoch nicht nur an körperliche Pflege, sondern auch an andere Lebensbereiche gedacht.

Der Begriff aus der Sicht der Bewegung "Selbstbestimmt Leben"

Der Begriff „persönliche Assistenz wurde vor allem in der Bewegung „Selbstbestimmt Leben“ geprägt .

Dort wird der Begriff etwa wie folgt definiert:

> „Assistenz ist jede Form der persönlichen Hilfe, die AssistenznehmerInnen in die Lage versetzt, ihr Leben selbstbestimmt zu gestalten. Sie umfasst unter anderem die Bereiche Körperpflege, Haushaltshilfe, Mobilitätshilfe sowie Kommunikationshilfe. In jedem Fall aber soll die persönliche Assistenz von den AssistenznehmerInnen angeleitet, Zeit, Ort und Ablauf von ihnen bestimmt und die Assistenzleistenden von ihnen ausgesucht werden. Im Unterschied zu den vorhandenen Hilfeangeboten beziehungsweise Sozialen Diensten sind bei der persönlichen Assistenz die AssistenznehmerInnen nicht Objekte, an denen die Hilfeleistungen erbracht werden, sondern bestimmen selbst als Subjekte über die gesamte persönliche Assistenz. Zum besseren Verständnis: Persönliche Assistenz ist nicht Betreuung. Unter Betreuung verstehen wir den Zwang, unseren Tagesablauf von anderen bestimmen zu lassen. Wir müssen uns dabei den meist starren sozialen Diensten anpassen. Zeit, Ort und Person sowie die Form der geleisteten Hilfe und Unterstützung können nicht von uns selbst bestimmt werden.“ (BIZEPS – Zentrum für selbstbestimmtes Leben. Wien 1999. Quelle: www.bizeps.at).

H. FREHE benennt sechs Kriterien, die persönliche Assistenz von Pflege unterscheiden:

„Von »persönlicher Assistenz« sprechen wir nur, wenn folgende Kriterien voll erfüllt sind:

1) Personalkompetenz: Assistentinnen und Assistenten selbst auswählen und auch ablehnen zu können – und nicht das Personal des Pflegedienstes oder der Einrichtung akzeptieren zu müssen, sondern auch die Wahl zu haben, eine männliche oder weibliche Pflegekraft einzusetzen.
2) Organisationskompetenz: Einsätze und Zeiten der Hilfen planen zu können – und nicht von dem Einsatzplan des Pflegedienstes oder dem Dienstplan des Heims im Alltag abhängig zu sein.
3) Anleitungskompetenz: Über Form, Art, Umfang und Ablauf der Hilfen im Einzelnen bestimmen zu können – und nicht durch die so genannte Fachkompetenz der Pflegekräfte entmündigt zu werden.
4) Raumkompetenz: Den Ort der Leistungserbringung festlegen zu können – und die Hilfe nicht nur in einem Heim oder innerhalb der Wohnung zu erhalten.
5) Finanzkompetenz: Die Bezahlung der Hilfen kontrollieren – und die korrekte Leistungserbringung auch überprüfen zu können.
6) Differenzierungskompetenz: Die Hilfen nach eigener Entscheidung von verschiedenen Personen oder Anbietern oder aus einer Hand abfordern zu können – und nicht von den Leistungsdefinitionen in Kostensatzvereinbarungen der Anbieter abhängig zu sein.

Diese Kompetenzen sind Optionen, die wahrgenommen werden können. Sie dürfen keinesfalls als Ausschlusskriterium für Menschen missbraucht werden, die sie nicht mehr voll wahrnehmen können oder wollen. Die Berücksichtigung dieser Kriterien bewahrt Behinderten die Würde. Sie ist einer »anständigen Gesellschaft« angemessen." (FREHE, 2000, 241)

Der Fokus der persönlichen Assistenz richtet sich also primär auf den Bereich der alltäglichen und lebenspraktischen Hilfen im privaten Lebensbereich.

Was ist Arbeitsassistenz?

Während sich im angloamerikanischen Raum der Begriff „Supported Employment" (= Unterstützte Beschäftigung) durchgesetzt hat, lassen sich in Deutschland unterschiedliche Termini vorfinden: Arbeitsbegleitung, begleitete Arbeit, Unterstützte Beschäftigung, Arbeitsassistenz, Berufsbegleitung, Psychosoziale Betreuung, Nachsorge, Integrationsbegleitung, Case Managament etc. Sie sollen hier zunächst unter dem Begriff der Arbeitsassistenz zusammengefasst werden. In Bayern, in Österreich und in Rheinland-Pfalz wird Arbeitsassistenz durchgängig als Bezeichnung für das komplette Dienstleistungsangebot der Berufsbegleitenden Dienste und der Integrationsfachdienste verwandt.

Arbeitsassistenz umfasst also alle unmittelbaren und mittelbaren Unterstützungsleistungen und sonstigen Tätigkeiten eines Fachdienstes, die erforderlich sind, um Arbeitsverhältnisse für Menschen mit Behinderungen zu ermöglichen oder zu erhalten und geht damit weit über den oben genannten engen Definitionsbereich von Assistenz als unmittelbare, personenbezogene Dienstleistung hinaus. Unterstützungsleistungen bedeuten also die Eignungs- und Motivabklärung, den Einbezug des Umfeldes, die Suche und Auswahl eines Arbeitsplatzes, die Beratung von betrieblichen Kollegen, denen behinderte Menschen oftmals als Wesen von einem anderen Stern erscheinen, und nicht zuletzt die Bereitstellung von instrumenteller, sozialer und lebenspraktischer Unterstützung, bezogen auf das individuell Notwendige sowie die Vermittlung monetärer Förderung.

Arbeitsassistenz kann sich nicht auf unmittelbare persönliche Hilfe beschränken, sondern ist als breites Unterstützungsmanagement anzulegen. Der Koordination der Dienstleistungen kommt gerade im beruflichen Bereich eine herausragende Bedeutung zu. Arbeitsassistenz muss sich in den Stand setzen, eine dienstübergreifende und auch interdisziplinäre Koordinations- und Disponentenfunktion zu übernehmen. So kann manchmal die persönliche Beziehung zum Klienten und die Beziehungsgestaltung zurücktreten, weil der Unterstützungsvorgang sie nicht unbedingt erfordert. In vielen Fällen kommen Klienten mit den meisten Angelegenheiten alleine zurecht. Oft überlässt der Arbeitsassistent anderen formellen oder informellen Helfern die Durchführung der Unterstützung. Auch agiert der Arbeitsassistent des öfteren als Koordinator im Netzwerk von Dienstleistungen und Diensten. Schließlich hängt es von der Lage im Einzelfall und von situativen Rahmenbedingungen ab, ob der Arbeitsassistent eher als Case-Manager, als Sachwalter, Anleiter, als stützender Begleiter oder als Vermittler in Erscheinung tritt. Oftmals hat er nur Brücken zu schlagen und es geht darum, aus Schnittstellen Nahtstellen zu machen!

Aufgrund zahlreicher Forschungsarbeiten lässt sich bereits weitgehend systematisieren, was Assistenz am Arbeitsplatz ausmacht. Es können vier miteinander verbundene Ebenen unterschieden werden, auf die Assistenz am Arbeitsplatz beziehungsweise im Unternehmen zielt:

- „Emotionale Unterstützungen, das sind alle Handlungen, die dem Mitarbeiter mit Behinderung signalisieren, dass er mit den Personen in seinem

Arbeitsumfeld offen über seine fachlichen und persönlichen Probleme sprechen kann, ohne um seine Wertschätzung fürchten zu müssen.

- Instrumentelle Unterstützungen beziehen sich auf konkrete Hilfen am Arbeitsplatz zur Bewältigung der Arbeitsaufgaben, sei es durch erneutes Erklären, durch Mithilfe bei der Erledigung oder das Abnehmen von Aufgaben bei offensichtlicher Überforderung.

- Informative Unterstützungen sind alle praktisch relevanten Informationen, Ratschläge, Tipps usw., die eine Orientierung im betrieblichen Alltag erleichtern.

- Feedback Unterstützungen umfassen alle Informationen und Handlungen, die für die Selbsteinschätzung, Selbstbewertung und die persönliche Orientierung relevant sind, zum Beispiel Bestätigung oder Kritik." (Nach HOUSE, 1981)

Durch die Erfahrungen zahlreicher Integrationsfachdienste liegt bereits ein umfangreiches Methodeninventar zur Arbeitsassistenz vor. Auch bei einer Analyse der Methoden wird deutlich, dass berufliche Integration kein einmaliger und einseitiger Vorgang ist, sondern ein Prozess, in dem die behinderte Person und ihre neue Umgebung langsam zueinander finden müssen, ein Prozess also, der assimilative und akkommodative Vorgänge umfasst. Zugrunde liegt hier also ein zweiseitiger Integrations- und Rehabilitationsbegriff. Es geht nicht allein darum, den Behinderten an die vorhandene Umwelt anzupassen, in gleichem Maß muss auch die Arbeitswelt den Bedürfnissen und Möglichkeiten des Behinderten entsprechend modifiziert und umgestaltet werden. Ein methodisches Kernstück des Konzeptes, die Unterstützung an einem konkreten Arbeitsplatz wird mit einer Anleihe aus dem Sport illustriert: Job Coaching. Ein Job Coach fungiert als persönlicher Trainer und Berater, mal am Spielfeldrand, mal direkt im Zentrum der Aktivität. Er versucht individuell angemessene Interventionsformen für den begleiteten Menschen zu finden und im Sinne teilnehmender Hilfestellung unaufdringlich anzubieten. Job Coaching kann auch als unterstütztes Lernen beschrieben werden und ist ein methodologisch prägnanter Teilaspekt von Arbeitsassistenz.

Der soziale Charakter der Unterstützungsform „Arbeitsassistenz" gebietet im ganzen Verfahren die Mitwirkung der Beteiligten selber, auch wenn sie als geistig Behinderte ihre Bedürfnisse im Unterschied zum selbstbewussten Rollstuhlfahrer sprachlich nicht immer klar artikulieren können. Dies gilt für die Aufgaben- und Zielbestimmung, die Planung und Disposition, in der Durchführung und Kontrolle und bei der Evaluation also der Überprüfung der Maßnahmen. Gefragt ist ein Helfertypus, der seine Rolle auf der Basis von Gegenseitigkeit, Gleichgestelltheit und Entfaltung von Selbsthilfepotenzialen wahrnimmt und darüber hinaus das Prinzip des Sich-überflüssig-Machens als Ziel und Weg seiner Arbeit ansieht. Auch letzteres mag einen Unterschied zur persönlichen Assistenz markieren, die ja oft einen prothetischen oder kompensatorischen Charakter hat und nicht einfach reduziert oder beendet werden kann.

Persönliche Assistenz am Arbeitsplatz beziehungsweise Arbeitsplatzassistenz

Man sollte also der Klarheit wegen bei den gesetzgeberisch intendierten Unterstützungsleistungen nicht von Arbeitsassistenz, sondern von persönlicher Assistenz am Arbeitsplatz oder – kürzer und griffiger – von Arbeitsplatzassistenz sprechen.

Im Rahmen ihrer Kritik am Referentenentwurf hielten es Vertreter der Hauptfürsorgestellen nicht für angemessen, im betrieblichen Kontext einen individuellen Anspruch auf Assistenz zu etablieren, also das Modell der persönlichen Assistenz in autonomer Regie aus dem privaten Lebensbereich unreflektiert auf die berufliche Situation zu übertragen. Hauptfürsorgestellen wiesen darauf hin, dass im betrieblichen Rahmen die Leistungsmöglichkeiten an Arbeitgeber nach § 27 SchwbAV (Leistungen bei außergewöhnlichen Belastungen, Minderleistungsausgleich und Betreuungsaufwand) sachgerechter seien, weil die Leistungen direkt an den Beschäftigungsbetrieb erfolgten und dieser dadurch explizit eingebunden sei. Sonderfälle ließen sich auch über den bisherigen § 25 SchwbAV (Hilfen in besonderen behinderungsbedingten Lebenslagen) lösen.

Dem hielten die Vertreter von Interessensorganisationen entgegen, dass nur ein individueller Anspruch auf zeitlich nicht limitierte persönliche Assistenz die berufliche Integration von Personen mit besonderer Betroffenheit erlaube. Mit einer Aufnahme der „notwendigen Arbeitsassistenz“ in den Leistungskatalog der begleitenden Hilfen war zu rechnen, hatte doch dieser Punkt unverändert alle bisherigen Irrungen und Wirrungen der Vorentwürfe für ein novelliertes Schwerbehindertenrecht überstanden. Allerdings fehlen bisher seitens des Gesetzgebers jegliche Erläuterungen oder Definitionen. Das dem Begriff Assistenz beigefügte Adjektiv „notwendig“ bleibt vage und wird an keiner Stelle operationalisiert. Zur Vorarbeit an der hierzu vorgesehenen Rechtsverordnung werden Regelungsvorschläge erst noch erarbeitet werden müssen. In diesem Zusammenhang sind folgende offene Fragen zu klären:

- Was ist alles zur persönlichen Assistenz am Arbeitsplatz zu rechnen? Ist sie beschränkt auf Hilfstätigkeiten, etwa Handreichungen wie das Zureichen oder Blättern von Unterlagen, Hilfen bei der Ortsveränderung oder die Unterstützung bei Hygieneverrichtungen am Arbeitsplatz? Sind nur solche prothetischen menschlichen Hilfsleistungen gemeint, die nicht durch technische Vorrichtungen zu ersetzen sind? Wird unter Assistenz in Zukunft auch die

Vorlesekraft beim Blinden oder der Einsatz von Gebärdensprachdolmetschern verstanden? Gehört zur Assistenz am Arbeitsplatz auch die dauerhafte Kompensation von intellektuellen oder psychischen Defiziten durch eine Fachkraft, die nicht nur Hilfstätigkeiten erbringt, sondern deren Qualifikationen auch den eigentlichen Anforderungen des zu assistierenden Arbeitsplatzes entspricht und die auch in der Lage ist, Kerntätigkeiten der geforderten Arbeitsleistungen auszufüllen im Sinne einer substituierenden Leistung?

- In welchem Umfang sind die Kosten zu tragen, unbegrenzt oder geht an einer Deckelung kein Weg vorbei (zum Beispiel 50 oder 70% der Lohn-/Gehaltskosten)? Wenn – wie viele Sachverständige sagen – das Stufenmodell der Pflegeversicherung nicht zu übertragen ist, weil sich der Assistenzbedarf ja nie allein aus der Behinderung, sondern aus dem Wechselspiel zwischen Arbeitsplatzanforderungen einerseits und Fähigkeitsprofil des Betroffenen andererseits ergibt, soll dann ein individuell zu definierendes Budget vorgesehen werden? Wer legt Umfang, Stufe, Deckelung oder Budget nach welchen Kriterien fest?

- Kann eine nach dem Arbeitgebermodell engagierte Hilfskraft mit einem Auftragsverhältnis zur behinderten Person ohne weiteres im betrieblichen Kontext tätig werden? Welchen Status hat dann die Assistenzkraft und wie gestaltet sich ihr Verhältnis zum Beschäftigungsbetrieb? Der assistierende Helfer dürfte ja in der Regel nicht simultan auch einen Arbeitsvertrag vom einstellenden Beschäftigungsbetrieb erhalten. Welche rechtlichen Fragen ergeben sich aus dieser Konstellation? Wie ist mit eventuell auftretenden arbeitsrechtlichen Problemen umzugehen, zum Beispiel mit Haftungsfragen oder Fragen bezüglich der Wahrung von Geschäftsgeheimnissen etc.?

- Oder soll die personenbezogene Dienstleistung „Persönliche Assistenz“ vermittelt über Pflegedienste beziehungsweise Assistenzdienste oder Integrationsfachdienste erbracht werden, die dann einen Leistungsvertrag nicht mit der behinderten Person, sondern mit der Hauptfürsorgestelle abschließen, sowie dies teilweise beim betrieblichen Einsatz von externen Arbeitstrainern nach § 24 SchwbAV (berufliche Weiterbildung) gehandhabt wird?

Im übrigen: Eine Analogie zum Arbeitsplatzassistenten mag man im so genannten Integrationshelfer sehen, der im Kontext der integrativen Beschulung behinderter Schüler erwähnt wird, und um dessen Finanzierung ebenfalls immer wieder gestritten wird.[2]

---

[2] Es sind einige Urteile bekannt, bei denen über den Anspruch und die Kostenübernahme für Helfer (in der Regel Zivildienstleistende) zur schulbegleitenden Betreuung bei integrativer Beschulung entschieden wurde. So besagt zum Beispiel ein Urteil, dass die Bereitstellung und Finanzierung von Integrations-

Von Interessensorganisationen liegen bisher nur wenige Beiträge vor. Der Verein „Selbstbestimmt Leben" fordert in der Auswertung einer Tagung: „Wir fordern die angemessene, unbürokratische und dauerhafte Finanzierung notwendiger Assistenz aus den Mitteln der Ausgleichsabgabe sowie des öffentlichen Dienstes auch bei AB-Maßnahmen. Im einzelnen sind dies:

- volle Finanzierung der Assistenzleistung in abhängigen Arbeitsverhältnissen (keine Honorarkräfte)
- eindeutige Regelung über das Weisungsrecht gegenüber der AssistentInnen,
- eindeutige Beschreibung von Bedarfen am Arbeitsplatz,
- keine Unterscheidung bezüglich der finanziellen Förderung in einer WfB oder auf dem freien Arbeitsmarkt,
- mehr Assistenzstunden für Auszubildende oder Praktikanten, damit diese ihr Ausbildungsziel nicht mit Problemen von Unterversorgung von Assistenzstunden belasten müssen,
- vorläufige Regelungen für behinderte ArbeitnehmerInnen, damit diese ihren Assistenzbedarf erwirken können (FREVERT, 2000). Die Bundesarbeitsgemeinschaft für Unterstützte Beschäftigung als Dachverband von (Profi-)Diensten fordert in einem Diskussionsentwurf etwa zu den Punkten Umfang und Dauer von Arbeitsassistenz, dass die Höhe der Assistenzstunden und die Art der Assistenzleistung sich ausschließlich an den individuellen behinderungsspezifischen Einschränkungen, der Arbeitszeit und dem Tätigkeitsprofil des Arbeitsplatzes zu orientieren habe. Auch die Assistenz auf dem Weg von und zur Arbeit sei unter Arbeitsassistenz zu

---

helfern nach Zustimmung des Schulträgers zu dieser Beschulung eine Aufgabe des Schulträgers darstellt. Mangels Anspruchsgrundlage haben behinderte Schüler in derartigen Fällen jedoch keine rechtliche Möglichkeit, vom Schulträger die Übernahme der aufzuwendenden Kosten zu beanspruchen (VG Arnsberg vom 18.2.1998 in NDV-RD 1998, 129-131). Ein weiteres Urteil bejaht einen Anspruch gegen den Sozialhilfeträger, die Kosten für die Integrationshilfe bei integrativer Beschulung zu übernehmen. Für die Bereitstellung des Integrationshelfers sei nicht vorrangig der Schulträger (hier: Land Hessen) eintrittspflichtig, da das SchulG HE lediglich einen Anspruch auf sonderpädagogische Förderung enthalte und sich die Aufgabe des Schulträgers darauf beschränkt, die für die sonderpädagogische Förderung erforderlichen qualifizierten Lehrpersonen bereitzustellen. Die Ausstattung mit nicht fachlich qualifizierten Personen, deren Aufgaben sich darauf beschränken, behinderten Kindern durch einfache Hilfestellungen und Handreichungen die Teilnahme am Schulunterricht zu ermöglichen, fällt nicht in den Verantwortungsbereich des Schulträgers (VG Frankfurt vom 15.11.1995 in RdLH 1996, Nr. 1, 30(T)).

subsumieren. Der zeitliche Umfang an Assistenz sei als eine Ressource zu betrachten, die in eventuell bestehende Assistenzsysteme mit eingebunden wird. Deshalb könne die Bewilligung nicht an das Vorhandensein einer konkreten Assistenzkraft gebunden werden. Im weiteren beinhalten die Ausführungen auch Forderungen nach Unterstützungsleistungen, die eher als Betreuung oder Arbeitsassistenz im klassischen Sinne einzustufen sind, etwa wenn beispielhaft angeführt wird, dass „die Mitarbeiterin mit sogenannter geistiger Behinderung gegebenenfalls Unterstützung bei der Computerarbeit, beim Erfassen und Verstehen komplexer Abläufe braucht" (DOOSE/SCHULZ, Juli 2000).

Drei Kostenszenarien

Mit den obigen Ausführungen sind noch lange nicht alle Fragen gestellt, geschweige denn Antworten gefunden. Nichts desto trotz werden im folgenden zwei Szenarien beschrieben, welche die möglichen Kosten schätzen. Auf die Frage nach dem Finanzbedarf wurde bisher nicht mit Schätzungen oder Hochrechnungen geantwortet, vielleicht auch aus Angst vor einer Kritik, Wirtschaftlichkeitserwägungen über eine qualitative Werteentscheidung stellen zu wollen. Mit dem folgendem Versuch, Finanzbedarfe zu bestimmen, soll keineswegs dem Primat der Ökonomie das Wort geredet werden beziehungsweise das Recht auf Teilhabe am beruflichen Leben unter einen ökonomischen Vorbehalt gestellt werden. Vielmehr sollen nüchterne Rechnungen zur Planungssicherheit beitragen und eine Analyse erlauben, ob mit den vorhandenen Ressourcen aus der Ausgleichsabgabe Leistungsausweitungen finanziert werden können.

Szenario A

Das Szenario A unterstellt zunächst hypothetisch, dass pro Arbeitsamtsbezirk durchschnittlich 15 Personen auf dauerhafte Assistenz angewiesen sind. Bei dieser Annahme wird davon ausgegangen, dass es sich um körperlich signifikant behinderte Personen handelt, dass sich Assistenz beschränkt auf Hilfstätigkeiten beziehungsweise auf einen Ausgleich für nicht vorhandene manuelle Fähigkeiten und die potenziellen Nutzer bezüglich ihrer geistigen Leistungsfähigkeit prinzipiell für die Tätigkeit auch geeignet sind. Bei diesen 15 Personen wird zugrunde gelegt, dass sie in der Regel nicht vollzeitbeschäftigt sind und im Durchschnitt 30 Wochenstunden arbeiten. Weiterhin wird angenommen, dass die Assistenzleistungen von ambulanten Pflege- oder Assistenzdiensten beziehungsweise vermittelt über Integrationsdienste erbracht werden und dann ein Stundensatz von circa 35,- DM zugrunde gelegt werden muss. Bei 40 Arbeitswochen ergäbe sich ein jährlicher Betrag von 42.000 DM pro Assistenzfall, ein durchschnittlicher Betrag von 630.000 DM pro Arbeitsamtsbereich, ein Betrag von 17 Millionen DM für Bayern und ein Betrag von 126 Millionen DM für Deutschland insgesamt. Falls die Hauptfürsorgestellen alleine für die Arbeitsplatzassistenz zuständig wären, würden circa 20% der Gesamtausgaben aus dem Länderanteil an der Ausgleichsabgabe für diese Leistungsart gebunden.

Szenario B

Das zweite Kostenszenario beruht auf Erfahrungen der HFSt Oberbayern (SZABO 2000). Die HFSt Oberbayern finanziert auf Grundlage von § 25 SchwbAV (Hilfen in besonderen behinderungsbedingten Lebenslagen) derzeit bereits 14 Arbeitsplatzassistenten nach dem so genannten „Arbeitgebermodell", das heißt die Helfer sind beim Schwerbehinderten angestellt. Finanziert wird der Kostensatz, den auch das Sozialamt für solche Leistungen erstattet, nämlich zur Zeit 17,45 DM pro Stunde. Der Stundensatz von 35,- DM aus Szenario A wird als überhöht eingeschätzt, dieser Satz gelte für professionelle Pflegekräfte. Bei der Arbeitsplatzassistenz für Körperbehinderte sei das Laienhelferprinzip anzuwenden, das heißt es werden keine professionellen Pflegekräfte oder Pflegehelfer benötigt, um Handreichungen zu machen, den Rollstuhl zu schieben oder beim Umsetzen ins Kfz behilflich zu sein. Auch die Betroffenen selbst – etwa die Zentren für Selbstbestimmtes Leben (ZSL) – fordern immer wieder Laienhelfer und betonen, dass Pfleger sie nur entmündigen würden. Personen, bei denen das Sozialamt die Notwendigkeit einer Rund-um-die-Uhr-Betreuung festgestellt hat, erhalten die Leistung während ihrer gesamten Arbeitszeit, es ist jedoch – wie bereits in Szenario A ausgeführt – davon auszugehen, dass aufgrund der signifikanten Behinderungen meistens nur eine Teilzeitbeschäftigung möglich ist. Abgezogen wird eine Stunde pro Tag pauschal für Pflegehandlungen (Essen zubereiten und reichen, Toilettengang, Zurechtrücken im Rollstuhl etc.), da die Betroffenen in der Regel dafür Leistungen aus der Pflegeversicherung erhalten. Bei Teilzeitbeschäftigten wird anteilig gekürzt. Bei Personen, die vom Sozialamt nicht als Rund-um-die-Uhr-Betreute anerkannt wurden, richtet sich der Umfang der Hilfeleistung nach dem Bedarf, der im einzelnen begründet und dargestellt werden sollte und dann im Rahmen einer Ermessensentscheidung quantifiziert wird. Für die zuständigen Sachbearbeiter ist es jedoch nicht einfach, sich eine Meinung zu bilden, da viele Schwerbehinderte aus einem gewissen Sicherheitsbedürfnis gerne immer einen Helfer bei sich haben wollen, dieser aber in der Praxis häufig nur untätig herumsitzen würde. Aus diesem Grund bietet die HFSt Oberbayern in Kooperation mit einem Selbsthilfezentrum für Körperbehinderte Beratung zur Arbeits- und Hilfeorganisation sowie Hilfeplanung an. Dabei kann der Behinderte lernen, seinen Arbeitstag möglichst so zu planen, dass er Hilfeleistungen mit zeitlichen Schwerpunkten erhält, zum Beispiel bei Arbeitsbeginn oder Arbeitsende. Szenario A ist wohl auch deswegen eher unrealistisch, weil tatsächlich nicht in jedem Arbeitsamtsbezirk durchschnittlich 15 Personen zu finanzieren sein werden. Erfahrungsgemäß wohnen berufstätige Schwerstbehinderte vor allem in Ballungsräumen. Gründe sind die Nähe des früheren Ausbildungsortes, die Erreichbarkeit von Arbeitsplätzen und Ärzten etc. In ländlichen Regionen sind nur wenige berufstätige Schwerstbehinderte wohnhaft. Unter den 14 oberbayerischen Leistungsfällen sind lediglich vier in der „Provinz" ansässig, der Rest wohnt und arbeitet in München.

Die Kosten für Arbeitsplatzassistenz werden demnach kontrolliert werden, indem das Laienhelferprinzip angewendet wird, das heißt die Erstattungen sich an den Stundensätzen für Laienhilfe statt an denen von ambulanten Pflegediensten orientieren, und eine Deckelung der Hilfeleistung bezüglich anzuerkennender Stundenzahl und hinsichtlich des Verhältnisses der Gehaltskosten des Schwerbehinderten zu den Helferkosten vorgenommen wird.

Rechnet man mit den genannten Größen, geht allerdings von zukünftig zehn Fällen einer Arbeitsplatzsasssistenz pro Arbeitsamtsbezirk aus, so ergeben sich folgende jährliche Beträge: Die Kosten pro Assistenzfall belaufen sich auf 18.000 DM (25 Wochenstunden x 18,- DM/Stunde x 40 Arbeitswochen). Pro Arbeitsamtsbezirk wären dies 180.000 DM, für Bayern 4.86 Millionen DM und für ganz Deutschland 36 Millionen DM.

Szenario C

Dieses Szenario greift einen Vorschlag einer Arbeitsgruppe aus Vertretern verschiedener Hauptfürsorgestellen auf. Danach beinhaltet Arbeitsassistenz einfache Unterstützungsleistungen, die den Behinderten in die Lage versetzen, die arbeitsvertraglich geschuldete Leistung selbst zu erbringen. Die Arbeitsassistenz soll in der Regel durch die behinderte Person selbst angeleitet werden, das heißt sie hat die Organisations- und Anleitungskompetenz.

Konkret wird empfohlen,

- dass die Träger der medizinischen und beruflichen Rehabilitation und der Pflegeversicherung vorrangig leisten sollten,
- dass Leistungen nach § 27SchwbAV, Minderleistungsausgleich und Betreuungsaufwand, welche direkt an Arbeitgeber erbracht werden, vorrangig sein sollten, da damit die natürlichen Unterstützungsressourcen des Betriebes gestützt werden,
- dass der Arbeitgeber seine Zustimmung zur Arbeitsassistenz erteilen muss, da der Assistent nicht im privaten Bereich des Behinderten, sondern im fremden „Hoheitsbereich" eines Arbeitgebers agieren muss, dem eine solche Hilfeleistung allerdings nicht aufgezwungen werden kann,
- dass der behinderte Arbeitnehmer fachlich in der Lage sein sollte, den Kernbereich seiner Arbeitsaufgaben selbstständig zu überblicken und zu erledigen,

- dass ein dauerhafter Unterstützungsbedarf über mindestens sechs Monate hinweg bestehen sollte, also nicht temporärer, sondern dauerhafter Natur ist,
- dass die Leistungen stufenweise gestaffelt sind und je nach Unterstützungsbedarf im Sinne eines persönlichen Budgets etwa in folgender Staffelung erbracht werden: Stufe 1: 500 DM, Stufe 2: 1000 DM, Stufe 3: 1500 DM, Stufe 4: 2000 DM.

Geht man bei diesem Szenario von 20 Förderfällen pro Arbeitsamtsbezirk aus, welche sich auf die oben genannten vier Stufen gleich verteilen, so entstünde ein bundesweiter Finanzierungsbedarf von 60 Millionen DM jährlich.

Literatur

BDH – BUNDESVERBAND FÜR REHABILITATION et al.: Erklärung der Behindertenverbände zu den Eckpunkten für ein SGB IX. Sozialrecht + Praxis (3/2000), 182–184.

BIZEPS – ZENTRUM FÜR SELBSTBESTIMMTES LEBEN, Persönliche Assistenz, Wien 1999; Quelle: www.bizeps.at.

DOOSE, St.; SCHULZ, J.: Diskussionsentwurf zur Begriffsklärung "Arbeitsassistenz" im Zusammenhang mit der Rechtsverordnung nach § 27 Abs. 3a SchwbG. 2 Seiten. Unveröffentlichtes Manuskript, Juli 2000.

FREHE, H.: Selbstbestimmtes Leben Behinderter zwischen Gesundheitsökonomie und Grundrechten. Krankengymnastik – Zeitschrift für Physiotherapeuten, 52. Jg. (2/2000), 238–248.

FREVERT, U.: Beitrag für die Fachtagung der "Interessensvertretung "Selbstbestimmt Leben" in Deutschland – ISL e.V." zur Arbeitsplatzassistenz am 16. Februar 2000 in Mainz unter dem Motto: "Ich suche Arbeit, ich brauche Unterstützung!". Unveröffentlichtes Manuskript, Februar 2000.

HOUSE, J.: Work stress and social support. Reading, Mass.: Addison–Wesley 1981.

SZABO, Marta: Kostenszenario Arbeitsassistenz, Unveröffentliche Mitteilung, April 2000.

SZABO, Marta: Anmerkungen zur Arbeitsassistenz, Unveröffentliches Skript, Juli 2000.

[illegible]

Literatur

[illegible]

Rolf Behncke

Die Akquisition von Arbeitsplätzen im Rahmen der Unterstützten Beschäftigung

Die Akquisition von geeigneten Arbeitsplätzen für Arbeitnehmer/innen mit Behinderung auf dem allgemeinen Arbeitsmarkt ist zweifellos eine Herausforderung. Sie ist mühsam, manchmal auch frustrierend, sicher aber auch interessant. Sie ist ein entscheidender Baustein in der Unterstützten Beschäftigung.

Über die Arbeitsplatzakquisition entsteht der erste Kontakt zu den Betrieben des allgemeinen Arbeitsmarkts – unsere wichtigsten Partner. Mehr noch – die Akquisition von Arbeitsplätzen ist unwillkürlich auch eingebettet in das gesamtgesellschaftliche Anliegen, für Menschen mit Behinderung Möglichkeiten des Zugangs zum allgemeinen Arbeitsmarkt zu eröffnen.

Fachdienstmitarbeiter/innen, die in der Regel einen eher sozialpädagogischen Hintergrund haben, stehen vor einer Materie, die ihnen zumindest ungewohnt und fremd ist. Die vor allen Dingen in den angelsächsischen Handbüchern immer wieder geforderte Abkehr vom Image eines vorwiegend sozialpädagogisch-karitativ ausgerichteten Fachdienstes hin zu einem einer betriebswirtschaftlich ausgerichteten Personal Consulting-Agentur – als Partner der Wirtschaft – erschüttert so manchen sozialpädagogisch ausgebildeten Arbeitsplatzakquisiteur eines Fachdienstes in seinem Selbstverständnis.

Unternehmen im Wandel - Chancen für Menschen mit Behinderung

In der Tat führt das Finden beziehungsweise auch das Schaffen von Arbeitsplätzen in Betrieben des allgemeinen Arbeitsmarktes in einen gesellschaftlichen Bereich, dessen Strukturen, herrschende Gesetzmäßigkeiten und das durch sie bestimmte Denken und Handeln verstanden und akzeptiert werden sollten, will man die berufliche Eingliederung von Arbeitnehmer/innen mit Behinderung erfolgreich bewerkstelligen. Privatwirtschaftlich geführte Unternehmungen (öffentliche aber nicht minder) werden durch unternehmerisches Denken und betriebswirtschaftliches Handeln bestimmt, deren Zielsetzung auf die wirtschaftliche Gewinnerzielung unter marktwirtschaftlichen Konkurrenzbedingungen ausgerichtet ist.

Unternehmen sind aber auch in gesellschaftliche Auseinandersetzungen einbezogen, beeinflussen die Politik und müssen ihrerseits politische Vorgaben beachten. Unternehmenspolitik wird durch die zunehmende Globalisierung der Wirtschaft wie auch durch das Kräfteverhältnis von Arbeitgebern und Arbeitnehmervertretungen bestimmt. Darüber hinaus greifen aber auch zunehmend weitere gesellschaftliche Interessen in das Unternehmensgefüge ein. Stärker wird der Einfluss, der von gesamtgesellschaftlichen Debatten um Demokratisierung, umweltschädliche Produkte, Kinderarbeit, Frauenbenachteiligung ausgeht und zunehmend auch die betrieblichen Binnenverhältnisse erreicht und Unternehmensentscheidungen in allen Bereichen beeinflusst. Nicht zuletzt stellt auch die gleichberechtigte gesellschaftliche Teilhabe von Menschen mit Behinderung, wie sie sich an so einem markanten Punkt wie dem ungehinderten beziehungsweise unterstützten Zugang zur Arbeit manifestiert, dringliche Fragen an die Wirtschaft.

Dieser zunehmende Legitimationsdruck durch allgemeingesellschaftliche Ansprüche verstärkt den ohnehin durch technologischen Wandel, Produktivkraftentwicklung, gesellschaftliche Kräfteverhältnisse, globale Wirtschaftsdaten etc. permanent produzierten Entwicklungsdruck. Unternehmen versuchen diesen Wandel selbst zu gestalten. Zu den derzeit praktizierten innovativen Managementkonzepten gehört sicherlich auch eine verstärkte Hinwendung des Unternehmens zu seinen Mitarbeiter/innen als wertvolle Produktivkraft und Ressource der Innovation. Zunehmend verstärkt werden die Angestellten eines Betriebes in die Organisationsgestaltung und -entwicklung einbezogen. Die verstärkte Partizipation setzt aber auch wiederum eine gleichzeitige Dynamik in der Entwicklung der Unternehmensorganisation und der in ihr tätigen Individuen in Gang. Der Primat der Ökonomie wird keinesfalls außer Kraft gesetzt. Gleichwohl könnte die Inanspruchnahme des menschlichen Potenzials für unternehmerische Zwecke auch Ansatzpunkte für verbesserte Chancen behinderter Arbeitnehmer bieten, Zugang zu den Betrieben zu finden. Mit verstärkter Partizipation aller Unternehmensbeteiligten ist möglicherweise auch ein Wertewandel in den Betrieben verbunden. Der Blick auf die individuellen Stärken wird wichtiger als das Interesse am reibungslosen Funktionieren von Arbeitskraft. Die im Zusammenhang mit Behinderung nach wie vor vorherrschende Defizitsichtweise verliert an Boden gegenüber einem Personalführungsansatz, der sich darum bemüht, den Einsatz von Arbeitkraft entsprechend den jeweiligen Möglichkeiten und Erfordernissen des einzelnen Arbeitnehmers zu organisieren.

Es handelt sich um nicht mehr als den Beginn eines Trends, der zumindest die Chance eröffnet, ökonomische Interessen und soziale Ansprüche näher aneinander heranzuführen. Es ist davon auszugehen, dass sich derartige Trends in der Organisationsentwicklung vorwiegend in sehr großen Unternehmen beziehungsweise verstärkt in größeren Unternehmen herausbilden.

Untersuchungen über die Praxis in Unterstützter Beschäftigung belegen allerdings den Umstand, dass die überwiegende Zahl der Arbeitsplätze eher in kleinen beziehungsweise Kleinstbetrieben akquiriert werden. Die Personalführung dort ist sehr wahrscheinlich noch ein ganzes Stück von den oben beschrieben Tendenzen der Unternehmensorganisation entfernt.

Bezogen auf den oben angesprochenen vermeintlichen Gegensatz, mit dem Mitarbeiter/innen aus Fachdiensten zu kämpfen haben, wenn sie sich der Welt der Wirtschaft nähern, mag das hinsichtlich einer zukünftigen Perspektive bedeuten, dass sich tendenziell Übereinstimmungen der Denk- und Handlungsweise zwischen dem Grundverständnis sozialpädagogischen Handelns und der Personalführung in den Betrieben abzuzeichnen beginnen. „Die Betriebswirtschaftslehre hat bereits wesentliche Methoden und Prinzipien der Sozialarbeit übernommen. [...] Bei der bewussten und selbstorganisierten Personalentwicklung kommen Unternehmen ohne Zuhilfenahme von im Bereich der Sozialarbeit erprobten Techniken und Grundverständnisse aus. Kurz: Wer das Mitarbeiter/innenpersonal angemessen „betreuen" will, kommt an den Praktiken der Sozialarbeit nicht vorbei." (WETZEL 1999) Hier eröffnen sich unter Umständen auch Einwirkungsmöglichkeiten von Fachdiensten der beruflichen Integration, wenn sie im Dialog mit den Betrieben die unternehmerischen Interessen ansprechen.

Sozialmarketing/Öffentlichkeitsarbeit

Die individuelle Akquisition von Arbeitsplätzen auf dem allgemeinen Arbeitsmarkt wird mittlerweile von den Integrationsfachdiensten mehr oder minder systematisch in ein umfassenderes Tätigkeitsfeld eingebettet gesehen, in dem die gesamte strategisch geplante Außenwirkung von Fachdiensten als ein wesentlicher Faktor gilt, um die eigenen (Unternehmens)ziele zu realisieren. In der Wirtschaft wird so etwas gemeinhin Marketing genannt.

Mittlerweile hat sich das Selbstverständnis dieser Fachdienste dahingehend entwickelt, nicht mehr als soziale Einrichtung Menschen mit Behinderung „zu betreuen" und entsprechend bei der Suche nach Arbeitsplätzen gegenüber Firmen als Bittsteller für eine karitative Tat aufzutreten. Die Angebote von Integrationsfachdiensten verstehen sich als Dienstleistungen, die von verschiedenen Kunden nachgefragt werden. Kunden sind dabei

- Menschen mit Behinderung, die eine individuelle Unterstützung bei der beruflichen Eingliederung erwarten

- Betriebe des allgemeinen Arbeitsmarktes, die eine Unterstützung bei der Lösung ihrer Personalprobleme, beziehungsweise ihrer Absicht, Schwerbehinderte zu beschäftigen, erwarten
- Kostenträger der Fachdienste
- die allgemeine Öffentlichkeit.

Mit diesem Dienstleistungsimage versuchen sich die Integrationsfachdienste am Markt zu positionieren. „Integrationsfachdienste haben es als Dienstleistungsanbieter des Non-Profit Bereiches mit einem weiteren – besonders herausfordernden – Kundenfeld zu tun: Sie bieten ihre Dienstleistungen in Unternehmungen des Profit-Bereiches an.

Hieraus ergibt sich für die Marketingaktivitäten der Fachdienste ein zweifacher Balanceakt:
Das Dienstleistungsangebot muss nicht nur den Anforderungen der Menschen mit Behinderung Rechnung tragen, sondern auch den Anforderungen der Unternehmen, die für die Einstellung gewonnen werden sollen.
Integrationsfachdienste bieten mit ihrem Marketing einerseits eine konkrete Dienstleistung und die individuellen Fähigkeiten eines/r Arbeitnehmers/in gegenüber Arbeitgeber/innen an und transportieren zum anderen generelle Aussagen, die die Fähigkeiten und das Image von Menschen mit Behinderung betreffen." (DILEO, LANGTON 1993, 4)

Auch wenn Fachdienste mehr und mehr Ideen, Strategien, Warenästhetik und Sprache aus der Marketingwelt der Wirtschaft übernehmen, um als Partner von den Unternehmen erkannt und anerkannt zu werden, unterscheidet sich das Marketing im Rahmen der Unterstützten Beschäftigung doch von dem von kommerziellen Waren und Dienstleistungen. Gleichzeitig wird mit dem Angebot der Unterstützten Beschäftigung auch ein soziales und allgemeingesellschaftliches Anliegen transportiert, wenn es um die Förderung der Bereitschaft von Unternehmen geht, Menschen mit Behinderung zu beschäftigen. Der Doppelcharakter muss nicht notwendiger Weise zum Nachteil dieses Marketinganliegens werden. Im Gegenteil, angesichts des Umstandes, dass zunehmend Firmen dazu übergehen, sich unterschiedlichen gesellschaftlichen Ansprüchen zu öffnen, besteht berechtigte Hoffnung darauf, dass die Botschaft, Arbeitnehmer/innen mit Behinderung zu beschäftigen, aufgenommen wird. Für viele Firmen ist das gesellschaftspolitische Engagement mittlerweile zur Imagefrage geworden. Selbstverständlich ist die Übernahme gesellschaftlicher Verantwortung in der Firmendarstellung nicht völlig uneigennützig, sondern immer auch Bestandteil unternehmerischer Zielsetzungen, sich Konkurrenzvorteile zu verschaffen.

Umsetzung der Marketingstrategie

Folgt man den Empfehlungen von Unternehmensberatungen, so wird im Zusammenhang mit Marketing in der Regel von einer durchplanten und kohärenten Strategie gesprochen. Integrationsfachdienste werden nur in wenigen Fällen in der Lage sein, derartig systematisch vorzugehen. Überwiegend entwickelt sich die Außenwirkung – insbesondere die auf Firmen des allgemeinen Arbeitsmarktes – in kleinen Schritten und Sprüngen, ist durch Einzelaktionen geprägt und bildet sich erst nach längerer Erfahrung mit Firmenkontakten zu einer fachdienstspezifischen Marketingkultur heraus (was nicht bedeuten soll, dass eine systematische Vorgehensweise angestrebt sein sollte). Marketing von Integrationsfachdiensten ist somit ein permanenter Prozess.

Gleichwohl sollten in die Entwicklung gezielter Außendarstellung einige strukturierende Fragestellungen von vornherein einbezogen werden. DILEO und LANGTON haben dafür einige Vorschläge entwickelt:

- Was ist unsere Botschaft, welches sind unsere Ziele?
- Was bieten wir an?
- Was tun wir zur Zeit?
- Welches sind die Zielgruppen unseres Marketings?
- Welches Bedürfnis haben unsere Zielgruppen und auf welchem Wege können die Zielgruppen erreicht werden?
- Welche Reaktionen und Handlungen erwarten wir von unseren Zielgruppen auf Grund unserer Botschaft?
- Welches sind die Vorzüge und Fähigkeiten der Menschen, die wir repräsentieren?
- Wie positionieren wir uns in der Region?
- Was erwarten unsere Kunden/innen von unserem Produkt/unserer Dienstleistung?
- Wie sind die Arbeitsmarktbedürfnisse und –trends (regional und überregional)?
- Welche Ressourcen und Rahmenbedingungen stehen für unser Marketing und unsere Öffentlichkeitsarbeit zur Verfügung?
- Welche Schwerpunkte und welchen Marketingmix wählen wir im Rahmen unserer Ressourcen?

- Welche Wege nutzen wir, um unseren Fachdienst in der Öffentlichkeit zu präsentieren?

- Wie überprüfen wir die Effektivität und den Erfolg unsers Marketingplanes?
(nach DILEO, LANGTON 1993, 16)

Die durch das Fachdienstmarketing transportierte Botschaft könnte zum einen die allgemeine Aussage haben, dass es für Unternehmen lohnend ist, Menschen mit Behinderung zu beschäftigen. Darüber hinaus sind zwei konkretere Ansätze denkbar:

1. Wir (Integrationsfachdienst) haben ein für Sie (Unternehmen) interessantes Angebot:

   - eine/n motivierte/n, fähige/n Arbeitnehmer/in für einen bestimmten Job

   - ein umfassendes Unterstützungsangebot hinsichtlich der Beratung der Firma und der Einarbeitung von Schwerbehinderten

   - ein passendes Konzept für die finanzielle und technische Förderung der Einstellung

   Wir sind auch noch in zwei oder drei Jahren für Sie ein zuverlässiger Ansprechpartner.

2. Wir (Integrationsfachdienst) sind interessiert an Ihren (Unternehmen) Personalvorstellungen; vielleicht können wir Ihnen ein interessantes Angebot machen.

Von besonderer Wichtigkeit ist der Hinweis, dass die Haltung beziehungsweise die Botschaft der Fachdienste nicht durch Vorwürfe und Schuldzuweisungen geprägt sein sollte, in dem Sinne, dass die Unternehmen für all die Schwierigkeiten verantwortlich sind, mit denen Menschen mit Behinderung konfrontiert sind, wenn sie Arbeit suchen. Es sollte nicht unterstellt werden: „Sie Arbeitgeber sind das Problem!“ sondern „Sie sind grundsätzlich an sinnvollen Lösungen von personellen Problemen interessiert, welche Unterstützung benötigen Sie?“

Die Entwicklung der Außenwirkung eines Fachdienstes, seines Images, ist einerseits darauf angelegt, ein Profil zu erarbeiten, das ihn vor allen Dingen in der Firmenwelt schnell und unverwechselbar identifizierbar macht. Dieses wird auch Cooperate Identity genannt: Dazu gehören

- äußerliche Insignien wie ein Logo,

- eine einheitliche Selbstdarstellung in allen schriftlichen Publikationen, Visitenkarten, Faltblättern etc.
- die Wahrnehmung seiner Arbeitsweise als absolut zuverlässig, schnell und unbürokratisch (in wohltuender Abhebung von einem behördlichen Arbeitsstil, der in der Regel von den Unternehmen mit dem Thema Behinderung in Zusammenhang gebracht wird, Arbeitsamt, Hauptfürsorgestelle ...)
- bestimmte Arbeitsstile (locker und unkonventionell etc.)
- Sprache.

Cooperate Identity erstreckt sich dabei nicht nur auf die Mittel der Darstellung nach Außen, sondern erfasst auch Konzept und Arbeitsweise des Fachdienstes insgesamt. Das bezieht auch die Binnenverhältnisse, Umgang der Mitarbeiter/innen, Personalführung im Fachdienst mit ein. Idee, Handlungsweise und Präsentation sollten stimmig und kohärent sein und von allen Mitarbeiter/innen glaubwürdig vertreten werden. Aus dieser Kohärenz entspringt die Überzeugungskraft, mit der das Fachdienstziel realisiert werden soll. Gerade an dieser Stelle kommt einem die Allgemeingültigkeit des Anliegens – gesellschaftliche Teilhabe von Menschen mit Behinderung – zur Hilfe. Es ist ungleich motivierender für alle Mitarbeiter/innen, hinter dieser Idee zu stehen, als sich mit einem beliebigen kommerziellen Anliegen wie beispielsweise dem Verkauf von Hundefutter zu identifizieren.

Neben der gründlichen Information ist für den gelingenden Transport der Botschaften von Relevanz:

- die Attraktivität des verwendeten Informationsmaterials: kurz, lesbar, das heißt in einer Arbeitgebern verständlichen Sprache (ohne sozialpädagogische Erklärungsversuche), konkret, Vor- und Nachteile benennend.
- die Persönlichkeit des/r Fachdienstmitarbeiters/in: Im Kontakt mit dem Kunden Arbeitgeber wirkt die Botschaft umso überzeugender, je professioneller die Botschaft repräsentiert wird. Dazu gehört zum einen die Kenntnis der Firmen (ihrer Produkte, Dienstleistungen, gegenwärtiger Probleme der Branche etc.). Ebenso wie in der schriftlichen Präsentation, muss im Gesprächskontakt eine dem Kunden adäquate Sprache verwendet werden. Die äußere Erscheinung sollte dem Ambiente des Unternehmens angemessen sein. Entscheidend sind absolute Zuverlässigkeit und Verbindlichkeit, schnelle Reaktion, Bereitschaft zu flexiblen Lösungen etc. Und nicht zuletzt muss der/die Fachdienstmitarbeiter/in in ihrer/ seiner Rolle überzeugend sein, hinter der Sache stehen, in nüchterner Weise auch mitreißend.

Unternehmensbezogene Öffentlichkeitsarbeit

Marketing für das Anliegen der beruflichen Eingliederung von Menschen mit Behinderung im Allgemeinen und hinsichtlich der individuellen Unterstützungsangebote des Fachdienstes im Besonderen bezieht immer auch Elemente ein, die als traditionelle Information zur Öffentlichkeitsarbeit vertraut sind. Derartige Aktivitäten sind in der Regel entweder unspezifisch an die allgemeine Öffentlichkeit gerichtet gedacht oder zu verstehen als direkte Ansprache an die Zielgruppen. In diesem Fall geht es um die Zielgruppe der Arbeitgeber auf dem allgemeinen Arbeitsmarkt.

Die auf Arbeitgeber zugeschnittene Öffentlichkeitsarbeit durch Präsentation der Leistungsfähigkeit von Arbeitnehmer/innen mit Behinderung beziehungsweise des Unterstützungsangebots des Fachdienstes ist bereits ein erster Schritt zur Akquisition von Arbeitsplätzen – auch wenn es in der Regel noch nicht um bestimmte Arbeitgeber oder die Vermittlung von einzelnen Arbeitnehmern/innen geht.

Eine Möglichkeit, Arbeitgeber anzusprechen, ist, sich an die Orte zu begeben, an denen Arbeitgeber in organisierter Weise ohnehin zusammentreffen. Die Gelegenheit, sich persönlich beziehungsweise sein Anliegen im unmittelbaren Gespräch gleich einer ganzen Gruppe von Adressaten zu präsentieren, ist nicht hoch genug einzuschätzen. Solche Orte sind beispielsweise Handwerksobermeisteressen, Treffen regionaler Unternehmervereinigungen, Innungsarbeitskreise bestimmter Branchen, Arbeitskreise junger Unternehmer etc. Für derartige Präsentationsanlässe gilt, was oben schon für Arbeitgeberkontakte allgemein genannt wurde:

Knappe kurze Präsentation; anschaulich mit Beispielen; die unternehmerischen Vorteile herausstellen, ohne die Probleme zu verschweigen; eine Sprache, die dem Unternehmer vertraut ist; schriftliche Informationen und Visitenkarte hinterlassen.

Sinnvoll ist, in kurzem zeitlichen Abstand nach diesem Ereignis telefonisch nachzuhaken.

Das Problem dieser Form von arbeitgeberorientierter Öffentlichkeitsarbeit ist, dass solche Gelegenheiten von Fachdiensten nicht unmittelbar gesteuert werden können. Es ist ziemlich ausgeschlossen, sich zu einem solchen Treffen eigenständig einzuladen. Der Zugang zu den organisierten Strukturen der Arbeitgeber setzt eine mühevolle Kleinarbeit voraus. Dazu gehört die Kooperation mit den Kammern und Innungen. Die Einladung beispielsweise des Öffentlichkeitsreferenten der Handelskammer zu einer Öffentlichkeitsveranstaltung des Fachdienstes kann der erste Schritt zu einer Einladung zu einer Veranstaltung der Handelskammer mit Arbeitgebern sein. Dem Aufbau notwendiger Kontakte dienen auch Veröffentlichungen/kurze Artikel des Fachdienstes in den Presseorganen der Kammern und Innungen.

Eine weitere Möglichkeit, Arbeitgeber in größerem Umfang anzusprechen, sind so genannte Mailings, bei denen gleich eine ganze Gruppe von Arbeitgebern, beispielsweise in einer Region oder in einer bestimmten Branche vom Fachdienst angesprochen werden. Bei einer solchen Aktion liegt die Initiative und die Durchführungsform beim Fachdienst. Allerdings ist eine gewisse Skepsis hinsichtlich des Nutzens angebracht, da einem relativ hohen Kostenaufwand (Porto) unter Umständen nur ein begrenzter Ertrag gegenüber steht. Man kennt aus der eigenen Posteingangsverarbeitung das Bedürfnis, Postwurfsendungen, die nicht einmal persönlich adressiert sind, gleich und umgehend in den Altpapiercontainer zu befördern. Neben der einzuhaltenden Form dieses Schreibens (knapp, präzise und verständlich) ist in jedem Fall sicherzustellen, dass im Vorfeld die richtigen Ansprechpartner (insbesondere bei größeren Firmen) identifiziert werden. Ebenso unumgänglich ist ein direktes Follow-Up unmittelbar nach einem Mailing – Telefonieren, Angebote eines Betriebsbesuches.

Die Hamburger Arbeitsassistenz bereitet beispielsweise ein Mailing vor, bei dem neben dem Schreiben eine eigens gestaltete CD-ROM insbesondere an große Unternehmen geschickt wird, die die Angebote des Fachdienstes visuell aufbereitet und den Unternehmen präsentiert. Dies geschieht vor allen Dingen vor dem Hintergrund, dass eine gesetzliche Änderung der Beschäftigungspflicht zu erwarten ist, die insbesondere größere Betriebe stärker in die Pflicht nimmt. So könnte im Zusammenspiel von einem politischen Anlass mit einem attraktiven Medium der Wegwerfimpuls im Unternehmen vermieden und ein Interesse geweckt werden.

Derartige Öffentlichkeitsarbeit, vor allen Dingen solche, die bestimmte Zielgruppen anspricht, wird von den Fachdiensten in der Regel als eine nachrangige Aufgabe empfunden. Der Mangel an Zeit und vor allen Dingen an finanziellen Ressourcen lassen dies meist nur sporadisch zu. Gleichwohl sind diesbezügliche Bemühungen zu empfehlen. Neben der direkten Akquisition wird auf diese Weise das „Feld", wenn auch sehr kleinschrittig, für das Anliegen des Fachdienstes sensibilisiert.

Zwar können sich bestimmte Zielgruppen auch durch eine allgemeine Öffentlichkeitsarbeit angesprochen fühlen, unter Umständen ist aber die Botschaft so allgemein, dass sich daraus kein unmittelbarer Handlungsimpuls ergibt oder die Medien, über die die Botschaft verbreitet wird, werden nicht eindeutig von einer bestimmten Zielgruppe, beispielsweise den Arbeitgebern wahrgenommen. Zum Beispiel hat die Hamburger Arbeitsassistenz einen 30sekundigen Kinospot produzieren lassen, der im Werbeblock vor den Filmen in Hamburger Kinos für die Beschäftigungsfähigkeit von Menschen mit geistiger Behinderung auf dem allgemeinen Arbeitsmarkt wirbt. Zwar war es die Absicht des Fachdienstes, nicht zuletzt auch Arbeitgeber anzusprechen – die Botschaft des Kinospots war eindeutig – die Resonanz der Arbeitgeber war allerdings nicht sehr hoch. Bedenkt man, dass die Mehrheit der Kinobesucher 20 bis 30 Jahre alt ist – eine Altersgruppe, in der sich kaum Arbeitgeber finden – verwundert das Ergebnis nicht. Gleichwohl unterstreicht die hohe Nachfrage nach Informationen über die Fachdienstangebote, dass die Botschaft als allgemeines Anliegen verstanden worden ist.

Eine ähnlich erfolgreiche Aktion der Hamburger Arbeitsassistenz war das Aushängen von Plakaten in der Stadt Hamburg. Unter dem Motto „Zwei Profis wollen Integration" bildete das Plakat einmal den Exbürgermeister von Dohnanyi und im zweiten Durchlauf die Tagesschausprecherin Dagmar Berghoff jeweils mit einem Menschen mit Behinderung ab. Diese Aktion war an die allgemeine Öffentlichkeit gerichtet. Zwar haben sich auf die Öffentlichkeitsaktion kaum Arbeitgeber gemeldet, eine indirekte Wirkung auf Arbeitgeber war dennoch damit verbunden: Es geschah gar nicht selten, dass Fachdienstmitarbeiter/innen im Rahmen eines Akquistionsgesprächs von Arbeitgebern auf diese Plakate angesprochen wurden, die diese zwar wahrgenommen, aber zunächst nicht als eine Handlungsaufforderung an sich verstanden hatten. Gleichwohl war dieser Gesprächspartner dadurch sensibilisiert worden.

Die Akquisition von Arbeitsplätzen

Die „Besetzung" von Arbeitsplätzen auf dem allgemeinen Arbeitsmarkt wird gemeinhin als ein einfaches und unkompliziertes Verfahren in der Durchführung angesehen:

Ein Unternehmen hat einen Bedarf an Personal für einen bestimmten Arbeitsplatz, für den ein genaues Anforderungsprofil vorliegt, veröffentlicht diesen Bedarf (in der Zeitung, beim Arbeitsamt) und sucht unter den eingehenden Bewerbungen die geeignetste aus. In dieses System müsste sich also die Akquisitionstätigkeit von Integrationsfachdiensten hineinfinden.

Dass diese Tätigkeit sich nicht darauf beschränkt, dass Fachdienstmitarbeiter/innen allmorgendlich die Stelleninserate der regionalen Zeitungen aufschlagen (was sie selbstverständlich auch tun), zwei, drei mehr oder weniger erfolgreiche Telefonate führen und sich dann – leicht frustriert – einer anderen Arbeit zuwenden, soll im Folgenden dargestellt werden. Akquisitionsarbeit setzt strategisch planendes Denken, Kreativität und Einfühlungsvermögen voraus. Denise Bissonette warnt in ihrem inspirierenden Buch „Beyond Traditional Job-Development: The Art of Creating Job Opportunity" (1994) geradezu davor, sich vor einem vermeintlich nach starren Gesetzmäßigkeiten funktionierendem Arbeitsmarkt, der durch die Konkurrenz Vieler um wenige freie Stellen geprägt ist, allzu sehr einschüchtern zu lassen. Hinter dem, was sich uns als Arbeitsmarkt in Stelleninseraten der Zeitungen oder Statistiken des Arbeitsmarktes präsentiert, liegt ein zunächst nicht sichtbarer „versteckter" Arbeitsmarkt, der weitaus mehr Möglichkeiten bietet. Und hinter der unternehmerischen Zweckrationalität in der

Personalpolitik der Betriebe sind es letztendlich Menschen, die Personalentscheidungen treffen. Auf diese stoßen Fachdienstmitarbeiter/innen mit ihrem Anliegen – und Menschen lassen sich überzeugen.

Akquisition – bewerber- oder arbeitgeberorientiert

Integrationsfachdienste verfolgen in der Regel beide Strategien:

- bei der bewerberorientierten Strategie wird für konkrete Bewerber des Fachdienstes bei Unternehmen akquiriert
- bei der arbeitgeberorientierten Strategie werden Unternehmen angesprochen, ohne dass notwendig schon eine konkrete Arbeitsplatzbesetzung beabsichtigt ist

Bewerberorientierte Akquisition

Die bewerberorientierte Vorgehensweise hat ihren Ursprung im Grundverständnis von Supported Employment. Die Forderung „One person at a time" (vgl. NAEVE 1995) spiegelt das Verständnis wider, dass jeder/jede Bewerber/in in seinen/ihren beruflichen Interessen und Fähigkeiten einmalig ist. Für jeden Bewerber ist individuell ein angemessener Arbeitsplatz zu suchen beziehungsweise zu schaffen. Das Postulat der Individualität soll nicht einem „Platzierungsverfahren" geopfert werden, bei dem in anonymer Form nach Grobkriterien Anforderungsprofile von Arbeitsplätzen mit Fähigkeitsprofilen der Bewerber/innen abgeglichen werden. Das Arbeitsamt verfährt nach diesem Muster, bei dem die Masse nicht die geforderte Qualität ersetzen kann. So entstehen „Wartelisten" und „Karteileichen", Bewerber geraten in Vergessenheit, weil die knappen Daten des Fähigkeitsprofils nicht den gewünschten Anforderungen entsprechen. Die Forderung „eine Person zur Zeit" zielt darauf ab, dass individuell für eine konkrete Person ein entsprechender Arbeitsplatz gesucht wird, solange bis ein solcher gefunden ist.

Neben der Tatsache, dass eine derartige Akquisitionsstrategie dem Grundverständnis von Fachdiensten von individueller Vermittlung in hohem Maße entspricht, wird unter Umständen auch das Gespräch mit einem Arbeitgeber einfacher. Es ist im Akquisitionsgespräch für den Arbeitgeber leichter, sich ein Bild von einem Arbeitnehmer zu machen, wenn von den konkreten Möglichkeiten eines bestimmten Bewerbers ausgegangen werden kann. Darüber hinaus würde der Bezug auf die konkreten Fähigkeiten es auch erleichtern, von den formalen Qualifikationen abzukommen, mit denen häufig die Anforderungen einer offenen Stelle beschrieben werden. Die Beschreibung von Arbeitsplätzen in formalen Qualifikationen darf nicht darüber hinwegtäuschen, dass Arbeitgeber doch eher daran interessiert sind, Arbeitskräfte für bestimmte durchzuführende Tätigkeiten einzustellen. Der Bewerber mit Behinderung, gerade aus dem Personenkreis der Menschen mit geistiger Behinderung, wird sehr wahrscheinlich nicht die formale Qualifikation mitbringen, aber er verfügt unter Umständen über die vom Arbeitgeber gewünschten Fähigkeiten.

> *Das Denken in von anerkannten Berufsbildern mit formalen Qualifikationen bestimmten Arbeitsplätzen prägt in hohem Maße die Vorstellung von der „Ausübung eines Berufes". Zwar klagen viele Arbeitgeber, wenn sie einen „teuren" Tischlergesellen auch dafür bezahlen müssen, wenn er standardisierte Tätigkeiten mit vergleichsweise niedrigen Qualifikationsanforderungen wie Schleifen und Streichen durchführt oder Aufräumarbeiten tätigt etc., trotzdem stoßen Fachdienstmitarbeiter/innen häufig auf eine nur begrenzte Bereitschaft, bestimmte Tätigkeiten mit niedrigerem Anforderungsprofil aus der Beschreibung eines Arbeitsplatzes herauszunehmen, um daraus einen eigenständigen Arbeitsplatz zu machen.*
> *In letzter Zeit wird im Zusammenhang mit der Ausbildung von Menschen mit geistiger Behinderung verstärkt über die systematische Vermittlung von Teilqualifikationen nachgedacht beziehungsweise auch bereits modellhaft praktiziert. Diese Anforderungsprofile liegen noch unterhalb jener der sogenannten Helferberufe nach dem Berufsbildungsgesetz und der Handwerksordnung. Auch hier liegt der Focus auf dem Erlernen einer Vielzahl vergleichsweise einfacher Tätigkeiten aus anerkannten Ausbildungsberufen. An dieser Stelle soll diese vom deutschen Berufsbildungssystem geprägte Vorstellung gar nicht weiter bewertet werden. Bezeichnend ist jedoch, dass in Ländern mit einer ganz anderen Tradition der beruflichen Bildung wie beispielsweise den USA auch die Akquisition von Jobs für Menschen mit Behinderung sich viel leichter ablöst von der Suche nach klar beschriebenen Arbeitsplätzen. Job Developer und Arbeitgeber können sich viel schneller über Möglichkeit einiger Tätigkeiten in einem Betrieb, die für behinderte Arbeitsuchende geeignet sind, verständigen, um daraus einen bezahlten Arbeitsplatz zu machen. Daraus erklärt sich zum Teil auch die Faszination, die aus der Unkonventionalität und Leichtigkeit der Empfehlungen, die in einigen amerikanischen Handbüchern zum Thema Marketing und Job Developement nachzulesen sind, entspringt.*

Für die Akquisition bedeutet dies allerdings unter Umständen auch längere Wege, denn es bedarf in der Regel sehr vieler Arbeitgeberkontakte, um den geeigneten Arbeitsplatz zu finden. Zudem könnte der/die Fachdienstmitarbeiter/in in die Situation geraten, bei einem grundsätzlich einstellungsbereiten Arbeitgeber anstelle des gesuchten Arbeitsplatzes einen anderen, mit anderen Anforderungen angeboten zu bekommen, der eine Über- oder Unterforderung für den Bewerber bedeuten würden.

Dann bestehen zwei Möglichkeiten:
Entweder lehnt er/sie das Arbeitgeberangebot dankend ab und lässt unter Umständen beim Arbeitgeber den Eindruck zurück, dass er mit diesem Fachdienst das gleiche erleben muss, wie häufig auch mit den Arbeitsämtern – er bekommt nicht das, was er will. Oder er kann auf eine Warteliste zurückgreifen und dem Arbeitgeber eventuell einen anderen Bewerber vorschlagen.

Arbeitgeberorientierte Akquisition

Damit käme die zweite, die arbeitgeberorganisierte Akquisitionsstrategie zum Zuge. Hier werden Arbeitgeber kontaktiert, ohne dass ein bestimmter Bewerber ins Gespräch gebracht wird. Die mangelnde Konkretion hinsichtlich besonderer Fähigkeiten potenzieller Bewerber erschwert unter Umständen das Gespräch. Andererseits kann es aber den Charakter eines offenen Dienstleistungs- und Beratungsgesprächs annehmen, bei dem der Fachdienstmitarbeiter auf der Grundlage fundierter Informationen mit dem Betrieb sein Personal- und Unterstützungsangebot auf die Anforderungen und Bedingungen des Betriebes abstimmen kann. „Nennen Sie mir Ihr Problem, vielleicht kann ich Ihnen eine Lösung anbieten". Und vielleicht kann vom Fachdienst eine Lösung in Form eines Personalvorschlages angeboten werden. Dies ist um so eher möglich, wenn im Fachdienst eine Reihe von Bewerbungen vorliegen, von denen eine für die in Frage kommende Tätigkeit geeignet erscheint. Es besteht dann allerdings die Gefahr, dass ein Bewerber vorgeschlagen wird, der hinsichtlich seiner Kompetenzen und beruflichen Interessen nur annähernd auf den möglichen Arbeitsplatz passt, seine/ihre persönlichen Vorstellungen von Arbeit sich nicht vollständig realisieren lassen. Unter Umständen werden damit Folgeprobleme im weiteren Verlauf der Eingliederung vorprogrammiert, da auf Grund der unvollständigen Übereinstimmung von Fähigkeits-/Interessenprofil einerseits und Anforderungsprofil andererseits Motivationseinbrüche, Überforderungen etc. auftreten können.

Beide Vorgehensweisen der Akquisition von Arbeitsplätzen sind legitim. Der Fachdienst muss handlungsfähig bleiben und er darf sein Ziel, individuelle Arbeitsmöglichkeiten zu finden beziehungsweise zu schaffen, vor allen Dingen bei Bewerbern/innen mit einem schwächeren Leistungsprofil, nicht aus den Augen verlieren.

Arbeitsplätze finden – Arbeitsplätze schaffen?

Diese Frage stellt sich auf zwei Ebenen:

1. Die traditionelle Arbeitsplatzsuche geht von der Vorstellung aus, dass in den Betrieben Arbeitsplätze bestehen, deren Anforderungsprofile durch

ein festgefügtes und kohärentes Setting von Einzelmerkmalen gekennzeichnet sind. Häufig entsprechen diese einem in Ausbildungsverordnungen festgelegten Berufsbild. Das Konzept der unterstützten Beschäftigung – insbesondere in der von der Integrationsbewegung vorgetragenen Form – vertritt seit jeher die Auffassung, dass entsprechend dem Individualisierungsansatz, der auch die Leistungseinschränkungen der Bewerber/innen mit Behinderung berücksichtigt, derartige angemessene Arbeitsplätze auf dem allgemeinen Arbeitsmarkt gar nicht vorhanden sein können – sie müssen zunächst geschaffen werden.

Unter Umständen kann dieser Anspruch, dieses Interesse, wenn es im Akquisitionsgespräch mit dem Arbeitgeber von Fachdienstmitarbeitern/innen vorgetragen wird, zunächst den Arbeitgeber irritieren. Vielleicht denkt der Arbeitgeber auch noch in Kategorien von klar definierbaren Arbeitsplätzen und nicht, wie weiter oben bereits angenommen, in zu erledigenden Arbeiten, die nicht notwendig bereits unter dem Titel eines Arbeitsplatzes gefasst sind. Vielleicht wird sein ohnehin bestehendes Bedenken hinsichtlich der Einsetzbarkeit von behinderten Arbeitnehmern/innen noch stärker? Unter Umständen können im Gespräch zwischen dem Arbeitgeber und dem Fachdienstmitarbeiter auch Möglichkeiten abgesteckt werden, wie verschiedene Tätigkeiten zu einem Arbeitsplatz zusammengefasst werden können.

> *Ein Beispiel:*
> *Die Hamburger Arbeitsassistenz hat mit einer jungen Frau mit geistiger Behinderung ein Praktikum im Betriebsrestaurant der Deutschen Bank in Hamburg durchgeführt. In der Küche fühlte sich die Praktikantin nicht besonders wohl, die Arbeit an der Spülmaschine war ihr zu eintönig und sie hätte gern mehr Kontakt zu den Besuchern des Restaurants gehabt. Aufgrund des Umstandes, dass die Fachdienstmitarbeiter/innen fast täglich im Betrieb waren, bekamen sie schnell einen Überblick über Strukturen und Arbeitsabläufe im Unternehmen. Neben dem Restaurant wurde noch ein kleines Bistro unterhalten, in dem Kaffee, Süßigkeiten und kleine Snacks verkauft wurden. Die dafür zuständige Mitarbeiterin war durch die Fülle der Aufgaben überfordert. Folge war, dass schmutziges Geschirr häufig nicht abgeräumt wurde, Aschenbecher überfüllt waren, Tische nicht abgewischt, die Süßigkeitenregale nicht regelmäßig nachgefüllt waren. Diese Missstände weisen bereits auf ein mögliches Profil eines bisher nicht existenten Arbeitsplatzes hin. In Absprache mit der Betriebsleitung übernahm die Praktikantin diese Tätigkeiten. Dadurch wurde dieses Bistro wieder zu einem attraktiven und gern besuchten Ort und der Praktikantin wurde die Möglichkeit verschafft, abwechslungsreich zu arbeiten und mit Kunden Kontakt zu haben. Die Praktikantin ist schließlich für diesen neu geschaffenen Arbeitsplatz in ein sozialversicherungspflichtiges Beschäftigungsverhältnis übernommen worden.*

Die Praxis der Fachdienste macht deutlich, dass derartige Eingriffe in Strukturen und Arbeitsabläufe eines Betriebes nicht bereits beim ersten Akquisitionsgespräch und auch nicht nach einer Arbeitsplatzanalyse verhandelt werden können. Dies erfordert vielmehr eine längerfristige Präsenz im Betrieb, um die erforderlichen Einblicke in die Arbeitsabläufe zu gewinnen und vor allen Dingen auch eine Vertrauensbasis unter Vorarbeitern/innen und Kollegen/innen zu schaffen. Grundsätzlich lässt sich an dieser Stelle die These aufstellen, dass weder die berufliche Eingliederung im Ganzen noch die Akquisition als ein Teil mit der reinen Vermittlung abgeschlossen, sondern ein längerfristiger dynamischer Prozess ist.

2. Auf der zweiten Ebene bezwecken Akquisitionsbemühungen, im Kontakt mit Arbeitgebern potenzielle Tätigkeiten, über die im Unternehmen noch gar nicht nachgedacht wurde, zu identifizieren. Denise Bissonette weist dieser Strategie bei der Arbeitsplatzbeschaffung in ihrem bereits zitierten Buch eine eminente Bedeutung zu. Sie empfiehlt Arbeitsplatzakquisiteuren, gegenüber derartigen Trends in der Wirtschaft ein waches Auge zu haben. Sie erwähnt Beispiele, wie die im Zusammenhang mit der Gesundheitswelle entstehenden Fitnesscenter mit vielfältigen zusätzlichen Arbeiten im Reinigungsbereich etc. oder die Ausweitung von Sicherheitsdiensten im Zuge zunehmender Bedrohungsängste in der Bevölkerung. In diesem Zusammenhang ist auch die Hamburger Arbeitsassistenz auf einen Trend gestoßen, der dazu führte, dass in Hamburg verstärkt auf Tankstellen Menschen mit Behinderung eingegliedert werden. Offensichtlich werden die Gewinnmargen auf Tankstellen geringer: Am Benzin wird ohnehin kein Geld verdient, der Verkauf von Süßigkeiten und Getränken bietet mittlerweile auch keine Wettbewerbsvorteile mehr, jede Tankstelle hat jetzt ihr kleines Kaufhaus und die liberalisierten Ladenöffnungszeiten machen den Tankstellen auch zu schaffen. Tankstellen gehen mehr und mehr dazu über, sich im Dienstleistungsangebot Konkurrenzvorteile zu verschaffen. Sauberkeit auf den Tankstellen, hin und wieder eine Wagenpflege, Kundendienstleistungen, wie Luftdruck messen etc., lassen sich nicht, zumindest nicht in größerem Ausmaß ohne Ausweitung des Personals anbieten. Für einige Bewerber der Hamburger Arbeitsassistenz ermöglichen diese – sicherlich sehr anspruchsvollen – Tätigkeiten neue Arbeitsmöglichkeiten in einem gefragten Aufgabenfeld.

Arbeitsplätze zu finden oder Arbeitsplätze zu schaffen, stehen sich nicht als gegensätzliche Strategien gegenüber. Vielmehr können durch eine Erweiterung des Blicks über die vorhandenen in ihren Aufgaben definierten Arbeitsplätze hinaus neue oder weitere Tätigkeitsfelder eruiert werden, die den Bewerbern/innen mit Behinderung sinnvolle Arbeit und dem Arbeitgeber unternehmerische Vorteile verschafft. Das Denken in noch nicht als

Arbeitsplatz definierten Tätigkeitsmöglichkeiten eröffnet noch eine weitere Chance: Einige Fachdienste unterstützen auch Personen, die auf Grund der Schwere ihrer Behinderung ihre Fähigkeiten nur in sehr begrenzten Bereichen haben und deren Leistungsfähigkeit weit unter den Anforderungen eines sozialversicherungspflichtigen Beschäftigungsverhältnisses liegen. Hier würde eine offene Herangehensweise an die Vielfältigkeit der in einem Unternehmen anfallenden Tätigkeiten (innerhalb und außerhalb definierter Arbeitsplätze) auch Beschäftigungsmöglichkeiten für Bewerber/innen aus diesem Personenkreis kreieren helfen. Die Finanzierung, die hier nicht das Thema ist, könnte in Form von Werkstatt-Außenarbeitsplätzen geregelt werden.

Das konkrete Akquisitionsgeschäft

Nichts spricht dagegen, den traditionellen Weg der Arbeitsplatzsuche zu beschreiten, das heißt sich in erster Linie auf die in Zeitungen oder beim Arbeitsamt veröffentlichten offenen Stellen zu melden. Diese Vorgehensweise bietet sich an und wird wahrscheinlich von den allermeisten der Fachdienste der beruflichen Eingliederung verfolgt. Mehrjährige Erfahrungen in diesem Metier belegen allerdings den ungeheuren Aufwand, der damit verbunden ist. Eine statistische Betrachtung der Akquisitionsbemühungen beispielsweise der Hamburger Arbeitsassistenz macht deutlich, dass lediglich fünf Prozent der Unternehmenskontakte in ein unterstütztes Praktikum beziehungsweise Beschäftigungsverhältnis münden.

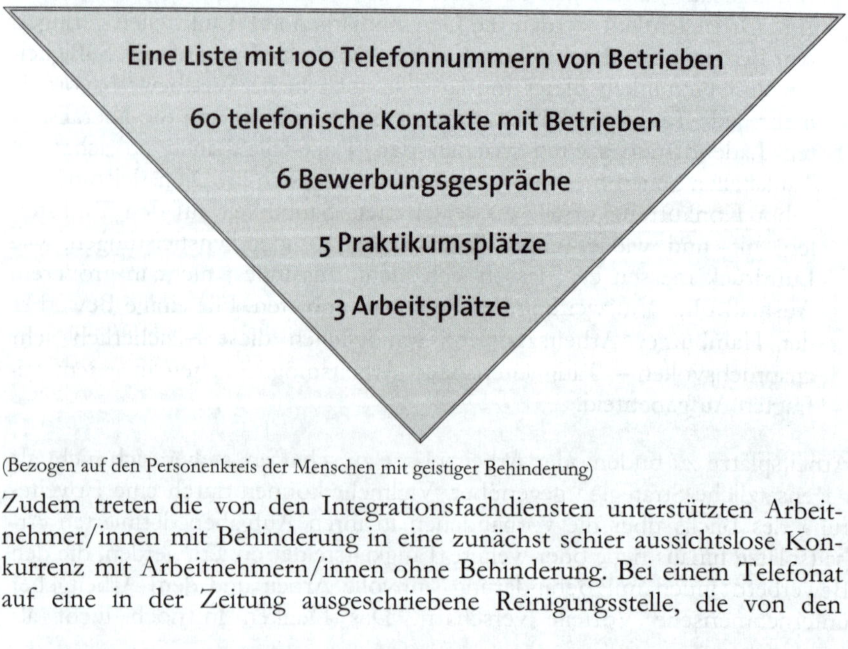

(Bezogen auf den Personenkreis der Menschen mit geistiger Behinderung)

Zudem treten die von den Integrationsfachdiensten unterstützten Arbeitnehmer/innen mit Behinderung in eine zunächst schier aussichtslose Konkurrenz mit Arbeitnehmern/innen ohne Behinderung. Bei einem Telefonat auf eine in der Zeitung ausgeschriebene Reinigungsstelle, die von den

Arbeitszeiten nicht einmal besonders attraktiv wirkte, erfuhr der Fachdienstmitarbeiter, dass sich bereits über 200 Bewerber/innen darauf gemeldet hatten, von denen nach Aussage der Personalleiterin einige am Telefon zumindest „sehr interessant" erschienen. In der Regel wird bei veröffentlichten Personalgesuchen von den Arbeitgebern erwartet, dass eine schnelle Vorstellung und Arbeitsaufnahme erfolgen kann. Es bleibt dann keine Zeit für persönliche Gespräche, Arbeitplatzanalysen und aufwendige Abgleichungen von Fähigkeits- und Anforderungsprofilen. Auf die veröffentlichten Stellenvakanzen melden sich nicht nur jobsuchende Arbeitnehmer/innen, sondern wenigstens in größeren Städten zunehmend Vermittlungsagenturen, die jeweils einen bestimmten in Hinblick auf Arbeit „problematischen" Personenkreis unterstützen (Langzeitarbeitslose, Drogenabhängige etc.)

Wenn man darüber hinaus aus der Statistik erfährt, dass nur 10-20% der Stellenbesetzungen in den Betrieben über die Veröffentlichung von Vakanzen vorgenommen werden, kann es durchaus angebracht sein, sich über andere Kanäle zu den zu besetzenden Stellen Gedanken zu machen (BISSONETTE 1994, 36).

In diesem Zusammenhang wird häufig über den „versteckten Arbeitsmarkt" gesprochen. Man versteht am besten, was damit gemeint ist, wenn man weiß, wie der größte Teil der Stellen besetzt wird:

1. Es wird jemand eingestellt, den der Vorgesetzte kennt. Beispielsweise suchte eine Tee-Verpackungsfirma in Hamburg kürzlich verstärkt Personal, der Vorarbeiter hat dabei intensiv frühere Arbeitskollegen aus einer anderen Firma angesprochen, von der er wusste, dass diese in Konkurs gegangen ist.
2. Es wird jemand eingestellt, der von einem/r Mitarbeiter/in der Firma empfohlen wurde.
3. Es wird zumindest in einigen Branchen auf das Angebot von Zeitarbeitsfirmen zurückgegriffen.
4. Es wird ein Stelleninserat in der Zeitung veröffentlicht.

Von dem Gedanken ausgehend, dass ganz allgemein die meisten offenen Stellen in der Wirtschaft nicht über eine formale Ausschreibung, sondern durch informelle Kontakte besetzt werden, wird versucht, verstärkt auf die unterschiedlichen Netzwerke, in denen sich die beteiligten Akteure befinden, zurückzugreifen um einen angemessenen Arbeitsplatz zu finden.

Dazu gehören die Kontakte des Bewerbers selbst, seiner Familie, seiner Freunde, früherer Lehrer, Nachbarn etc. Als besonders fruchtbar hat es sich erwiesen, Arbeitgeber, mit denen der Fachdienst in der Vergangenheit gut zusammengearbeitet hat, auf vorhandene geschäftliche Kontakte anzusprechen, um im Sinne einer Empfehlung an andere Arbeitgeber weitervermittelt zu werden. Schließlich befindet sich auch der Fachdienst in einem Netzwerk, in dem punktuell zu Unternehmen Kontakte bestehen können, zum Beispiel früherer Arbeitgeber von Fachdienstmitarbeitern, Elternvereine, fachdienstberatende Ausschüsse und Beiräte. Auch die Werkstätten für Behinderte, von denen ein großer Teil der Bewerber/innen zu den Fachdiensten kommt, verfügen über eine Vielzahl von Unternehmenskontakten, die für die Arbeitsplatzakquisition genutzt werden können. Schließlich sind es die vielen Alltagskontakte, bei denen Fachdienstmitarbeiter/innen oder auch die Bewerber/innen und ihre Angehörigen fast zwangsläufig mit potenziellen Arbeitgebern zusammenkommen (der Bäcker oder Supermarkt um die Ecke, die Reinigung, Kindergärten etc.).

Es ist relativ einfach, auf eine in der Zeitung veröffentlichte Stellenvakanz hin in ein Gespräch mit einem Arbeitgeber zu kommen. Es wird sehr konkret über die speziellen Anforderungen beziehungsweise über die Kompetenzen von bestimmten Bewerbern/innen gesprochen. Das Gespräch könnte allerdings relativ schnell zu Ende gehen, weil am Telefon hinsichtlich dieser konkreten Stellenbesetzung der Fachdienstvorschlag aus welchen Gründen auch immer für den Arbeitgeber nicht interessant erscheint. Etwas schwerer fällt es, Arbeitgeber ohne konkreten Stellenbezug zu kontaktieren. Gleichwohl kann es sehr lohnend sein. Es besteht dann die Möglichkeit, Arbeitgeber in allgemeinerer Form auf das Angebot des Fachdienstes anzusprechen um im vertieften Gespräch über die Personalpolitik/Personalbedarfe des Unternehmens mehr zu erfahren und gegebenenfalls von Fachdienstseite für das Unternehmen interessante personelle Vorschläge zu unterbreiten. Unabhängig davon, mit welchem Medium das Unternehmen angesprochen wird (Telefon, Brief etc.) sollte die initiierende Kontaktaufnahme beinhalten:

- eine kurze Darstellung des Dienstes und warum man mit diesem Unternehmen den Kontakt sucht, das heißt die Relevanz dieses Betriebes für das Fachdienstprogramm sowie die eventuellen Vorteile, die das Unternehmen aus einer Kooperation mit dem Fachdienst erzielen könnte;
- eine spezielle Anfrage oder Vereinbarung, die die weitere Kooperation sicherstellen kann, beispielsweise ein persönliches Gespräch, das Zusenden von schriftlichen Informationsmaterialien, ein weiteres Telefongespräch etc.).

Voraussetzung für diese initiierenden Kontakte ist eine vorhergehende Planung, welche Unternehmen in welcher Region für den Integrationsfachdienst beziehungsweise für die von ihm unterstützten Bewerber/innen interessant sein könnten.

Welchen Weg man auch immer einschlägt, es ist wichtig, bei der Ansprache von und im Kontakt mit Unternehmen des allgemeinen Arbeitsmarktes bestimmte formelle und informelle Regeln zu beachten, die erheblichen Einfluss auf Erfolg oder Misserfolg in der Arbeitsplatzakquisition haben. In der Regel werden von den Integrationsfachdiensten folgende Schritte hinsichtlich der Kontaktaufnahme und Kontaktpflege mit den Unternehmen unternommen:

1. Identifikation eines geeigneten Arbeitsplatzes für einen bestimmte/n Arbeitnehmer/in auf dem regionalen Arbeitsmarkt
2. Ein erstes Telefonat („Cold Call") mit potenziellen Arbeitgebern
3. Versendung von schriftlichen Informationsmaterialien
4. Akquisitionsgespräch im Betrieb
5. Vorstellungs-/ Bewerbungsgespräch des/der behinderten Arbeitnehmers/in

Identifikation von geeigneten Arbeitsplätzen

Die Identifikation von geeigneten Arbeitsplätzen setzt eine gewisse Kenntnis der wirtschaftlichen Situation und der allgemeinen Trends in der Region voraus. So ist es zum Beispiel hilfreich zu wissen,

- dass die derzeitige Umsetzung der Pflegeversicherung in den Altenheimen es diesen Einrichtungen schwer macht, zusätzliches Personal im hauswirtschaftlichen Bereich zu beschäftigen,
- dass Gartenbaubetriebe in der Regel Saisonbetriebe sind und dauerhafte Beschäftigungsverhältnisse nur ungern abgeschlossen werden,
- oder dass die Krise in der Bauindustrie große Auswirkungen auf vor- und nachgelagerte Betriebe wie Tischlereien, Schlossereien etc. hat und somit auch die Möglichkeiten der Akquisition bestimmen.

... und vieles andere mehr.

Es gehört geradezu zu den Prinzipien in der Arbeitsweise von Integrationsfachdiensten, individuell und differenziert auf die Erfordernisse und speziellen Interessen von Unternehmen eingehen zu können. In Bezug auf die Unternehmen im regionalen Arbeitsmarkt erfordert dies eine möglichst genaue Kenntnis durchaus unterschiedlicher Bedürfnisse, Wirtschaftstrends bei verschiedenen Branchen, betrieblicher Kulturen, Personalführungen etc. Aus den jeweiligen Erfahrungen und Erkenntnissen mit der Heterogenität des Arbeitsmarktes ergeben sich auch unterschiedliche Strategien und Zugänge zu den Unternehmen. Ein auf Öffentlichkeitswirkung bedachtes

Unternehmen wie ein Vier-Sterne-Hotel wird in anderer Weise angesprochen als ein kleiner Handwerksbetrieb. Während zum Beispiel im ersten Fall sicherlich von Seiten des Unternehmens ein höheres Augenmerk auf Repräsentativität gelegt wird, ist diese für den Handwerksmeister relativ unerheblich, er lässt sich in der Regel eher durch tätigkeitsspezifische Fachkenntnis des/r Fachdienstmitarbeiters/in beeindrucken. In beiden Fällen wären Strategien, die nicht an die Zielgruppen angepasst sind, im hohen Maße kontraproduktiv.

Die Erlangung der entsprechenden Informationen für die Gestaltung der eigenen Öffentlichkeitsarbeit ist bereits auch die Vorbereitung für konkrete Schritte der Akquisition von Arbeitsplätzen.

Im Nachfolgenden sind eine Reihe von Informationsquellen und Zugangsmöglichkeiten zu regionalen Arbeitgebern aufgeführt (vgl. GEBHARDT, PUTZKE 2000):

- Zugang über informelle Kontakte:
  - Kollegen/innen, Bekannte, Verwandte sind hilfreiche Informanten/innen bezüglich konkreter Arbeitgeber, spezieller Branchenkenntnisse etc.
  - dies gilt auch für Kontakte aus dem Freizeitbereich, Sport, Chor, Stammtisch etc.
  - eigene frühere Arbeitgeber
  - das persönliche Konsumumfeld, der Bäcker, der Supermarkt etc.
- Zugang über offizielle Kontakte:
  - Kunden und Lieferanten der eigenen Einrichtung, zum Beispiel der Büroartikellieferant
  - bereits für Arbeits- oder Praktikumsplätze akquirierte Betriebe
  - Schwerbehindertenvertretungen, Betriebsräte
- Zugang über Medien:
  - Presseberichte im regionalen und überregionalen Wirtschaftsteil
  - Stelleninserate in den Tages- und Wochenzeitungen (wobei auch nicht aktuelle oder auf ganz andere Positionen ausgerichtete Stellenanzeigen Aufschlüsse über in einem Betrieb anfallende Tätigkeiten über Expansionstendenzen, etc. geben können)
  - die Zeitschriften der Handwerks- und Handelskammer
  - regionale Wochenblätter häufig mit ausführlichen Firmenportraits

- Branchenverzeichnisse
- Jobbörsen im Internet
- Zugang über Arbeitsamt und Hauptfürsorgestelle:
  - eine gute Beziehung zu diesen Kooperationspartnern
  - der Stellen-Informations-Service des Arbeitsamtes im Internet oder im PC des Arbeitsamtes
- Zugang über das Marketing der Unternehmen:
  - Firmenbroschüren
  - Tage der offenen Tür, Handwerksmessen etc.
  - Betriebslisten, die von der Handwerkskammer und von Innungen sowie den Handelskammern herausgegeben werden.
- Sonstiges:
  - Beiräte von Fachdiensten, in denen Arbeitgeber vertreten sind
  - Unternehmerstammtische
  - Lions- und Rotaryclub
  - Exkursion in Gewerbegebieten
  - Pförtner und sonstiges Personal

Der Blick in die Wirtschaftsseiten der regionalen Tageszeitungen eröffnet Einblicke in die wirtschaftliche Situation einzelner Betriebe und lässt eine Abschätzung potenzieller Stellenausweitung zu. Von den Innungen der Handwerkskammer beispielsweise erfährt man auch Adressen und Ansprechpartner von Ausbildungsbetrieben. Unserer Erfahrung nach sind gerade diese Betriebe, wenn sie nicht überlastet sind, aufgrund ihrer Ausbildungserfahrung aufgeschlossener gegenüber dem Personenkreis behinderter Arbeitnehmer/innen als andere Betriebe.

Der erfolgreichste Weg im Zugang zu einem Unternehmen ist erfahrungsgemäß die Empfehlung eines Geschäftspartners. Auf diese Weise gewonnene Unternehmen haben ausdrücklich mitgeteilt, dass sie sich aufgrund eines Telefonanrufes eines Fachdienstes oder von noch so professionell aufgemachten schriftlichen Materialien kaum der Idee einer unterstützten Beschäftigung geöffnet hätten. Erst der Umstand, dass sie durch einen befreundeten Geschäftspartner auf diese Sache aufmerksam gemacht worden sind, hätte sie von der Sinnhaftigkeit überzeugt.

Auch hier erweist sich wieder einmal, wie wichtig eine langfristige Kooperation zwischen dem Fachdienst und dem Unternehmen beispielsweise durch Anwesenheit von Job Coaches in den Betrieben ist. Das Unternehmen wird also gewissermaßen von der Qualität des Unterstützungsangebotes überzeugt und wird insofern eher bereit sein, Empfehlungen weiterzugeben.

Eine interessante Entwicklung ist in diesem Zusammenhang die organisierte Kooperation von Unternehmen eigens zu dem Zwecke, Betriebe dabei zu unterstützen, schwerbehinderte Arbeitnehmer/innen zu beschäftigen. Besonders bemerkenswert ist hierbei das Beispiel des Employers Forum on Disability in Großbritannien. Dort haben sich 300 der namenhaftesten Unternehmen, zum Teil multinationale Konzerne, zu einem Netz zusammengeschlossen, um Unterstützungsinstrumentarien zu entwickeln und zugänglich zu machen, die alle Informationen und Hilfestellungen umfassen, die Betriebe benötigen, um Arbeitnehmer/innen mit Behinderung zu beschäftigen. Interessant und anregend ist dabei die Unternehmensperspektive, die Menschen mit Behinderung nicht nur als eine bisher noch nicht genügend berücksichtigte Ressource im Sinne einer interessanten Arbeitskraft, sondern auch als potenzielle Kunden für ihre Produkte und Dienstleistungen ansieht und ihnen eine entsprechende vor allen Dingen wirtschaftlich motivierte Aufmerksamkeit entgegen bringt. Hervorzuheben ist, dass diese Initiative ihren Ursprung in besonders sensibilisierten Unternehmen und nicht in von außen beispielsweise vom Staat oder von sozialen Einrichtungen herangetragenen Ansprüchen hatte. Deutlich wird an diesem Beispiel die Wirksamkeit eines Marketingimpulses, in dem sich die Anliegen der Wirtschaft authentisch wiederfinden.

Das erste Telefonat ‚Cold Call'

Ob nun durch eine Empfehlung verwiesen oder im Rahmen einer herkömmlichen Kontaktaufnahme, das Telefongespräch ist in der Regel der erste Kontakt mit dem Unternehmen, das man für ein unterstütztes Beschäftigungsverhältnis gewinnen möchte. Im Prozess der Arbeitsplatzakquisition ist der erste telefonische Kontakt sicherlich der unangenehmste Teil. Da es sich allerdings um den zentralen Zugang zu einem Unternehmen handelt, ist es von Bedeutung, dabei einige Regeln zu beachten:

- Das Telefongespräch muss vorbereitet und konzentriert angegangen werden.
- Dazu gehört die Ausstrahlung einer positiven und optimistischen Grundstimmung.
- Man sollte sich zum Beispiel davor hüten nach zehn frustrierenden Telefongesprächen ein elftes anzuschließen, weil dann zwangsläufig ein resignativer Unterton nicht zu vermeiden ist.

- Wichtig ist eine „natürliche" Sprechweise. Abträglich ist, sich im Vorfeld die Sätze zurechtzulegen, die ausgesprochen werden sollen. Es besteht dann die Gefahr, dass man lange und unverständliche Sätze zwar fließend auswendig gelernt hat, allerdings mit dem Erfolg, dass der Gesprächspartner den vielstufigen Satzgefügen nicht mehr folgen kann.

- Zu vermeiden sind zu schnelles Sprechen, Überfreundlichkeit, zu gestelzte Sprache, zu monotones Sprechen und Nervosität.

- Der Akquisiteur hört sensibel auf das, was der Gesprächspartner an Bedenken und Vorstellungen äußert, und geht darauf ein.

- Indem man über konkrete Personen spricht, erhöht man die Anschaulichkeit und die Verständnismöglichkeiten der Gesprächspartner am Telefon. Man legt den Focus des Gesprächs außerdem zwangsläufig auf deren Fähigkeiten und Möglichkeiten im Bezug auf konkrete Arbeitstätigkeiten, während man andernfalls leicht dazu verleitet wird, abstrakt über Behinderung, Defizite, Beeinträchtigungen und Nachteile zu sprechen (siehe auch „bewerberorientierte Akquisition").

- Nicht jeder Zeitpunkt eignet sich für ein Telefon: zu vermeiden sind Telefonate am Montag Vormittag und am Freitag Nachmittag, weil zu diesen Zeiten in der Regel der Gesprächspartner keine Möglichkeiten hat, sich konzentriert auf das Thema einzulassen. In Gastronomiebetrieben sollte man nicht um die Mittagszeit anrufen, weil in der Regel in dieser Zeit Hauptbetrieb herrscht. Weiß man, dass der Gesprächspartner gerade aus dem Urlaub gekommen ist, sollte man einige Tage mit dem Anruf warten.

- Wichtig ist es, den richtigen Gesprächspartner zu finden, der oder die auch die erforderlichen Entscheidungskompetenzen in Personalfragen hat.

- Oberstes Anliegen des ersten Telefonates ist es nicht so sehr, den Gesprächspartner auf der Stelle zu überzeugen, sondern zu einem persönlichen Gespräch in die Firma eingeladen zu werden. Wer reagiert nicht mit Unwillen, wenn er am Telefon „beschwatzt" wird, ohne Zeit zu haben, sich die Sache in Ruhe zu überlegen.

- Marketinguntersuchungen belegen, dass Frauen in diesen Telefongesprächen erfolgreicher arbeiten.

- Die Zeit zwischen dem ersten Telefonat und dem persönlichen Akquisitionsgespräch in der Firma kann durch geeignete Informationsmaterialien, die über die Angebote des Fachdienstes informieren, überbrückt werden. Dass Aufmachung und Schreibweise dem begrenzten Zeitbudget und dem Interessenhorizont eines Unternehmers angemessen sein sollte, ist selbstverständlich.

- Als sinnvoll hat es sich erwiesen, dem Schreiben Referenzlisten beizulegen, aus dem der Adressat herauslesen kann, mit welchen zum Teil auch ihm bekannten Unternehmen bereits erfolgreich kooperiert wird.

Jede/r Fachdienstmitarbeiter/in überlegt bei einem Akquisitionstelefonat, ob und wie er/sie die Behinderung des/der Bewerbers/in ansprechen soll. Unter Umständen könnte das Gespräch bei Erwähnung früher enden, als wenn er/sie gar nicht über behinderte Bewerber gesprochen hätte. In manchen angelsächsischen Publikationen wird empfohlen, die Behinderung nicht zu erwähnen, weil sich der Fachdienst als professioneller Personaldienstleister verstehen sollte, der qualifizierte Leistung und qualifizierte Arbeitnehmer/innen anbietet und keine caritative Einrichtung ist (MERIT TEAM 1995, 3 ff.). Dies ist sicherlich einfacher, wenn anzunehmen ist, dass die formalen Qualifikationen eines/r behinderten Bewerbers/in mit den Arbeitsplatzanforderungen übereinstimmen. Bei Bewerbern/innen mit stärkeren Beeinträchtigungen, die über die Vermittlung hinaus noch andere Unterstützungsangebote erforderlich machen, ist es vorteilhafter, die Behinderung ins Gespräch zu bringen, selbstverständlich in einer Form, die nicht so sehr die Defizite, sondern eher die besonderen Fähigkeiten in den Vordergrund stellt.

Akquisitionsgespräch im Betrieb

Das Akquisitionsgespräch im Betrieb wird die Entscheidung darüber bringen, ob man eine Firma für das Anliegen der unterstützten Beschäftigung gewinnen kann. Wenn Informationen über die Art des Betriebes, seiner Produkte, der angebotenen Arbeitsplätze, der wirtschaftlichen Situationen, der Betriebskultur vorliegen, kann man als kompetenter Gesprächspartner auftreten. Icebreaker – zum Beispiel die Bezugnahme auf irgendeinen persönlichen Gegenstand im Büro zu Beginn des Gespräches – können die gesamte Gesprächsatmosphäre positiv beeinflussen. Auch die Regelung der Kleiderfrage ist nicht von untergeordneter Bedeutung. In Betrieben mit hohem Anspruch auf eine repräsentative Außendarstellung, wie zum Beispiel Hotels, ist es durchaus angemessen, entsprechend gekleidet zu sein, während in einem kleinen Handwerksbetrieb, in dem einem der Chef im verschmierten Blaumann entgegen tritt, man durchaus in die Situation geraten kann, overdressed zu sein.

Es ist davon auszugehen, dass man nur einen begrenzten Zeitraum zur Verfügung hat, den Gesprächspartner von der Idee einer unterstützten Beschäftigung zu überzeugen. Diese Zeit muss wohl genutzt sein. Wenn es sich um eine bewerberorientierte Akquisition handelt, besteht die Möglichkeit, über konkrete Personen, deren konkrete Arbeitsmöglichkeiten in Hinblick auf konkrete Arbeitsanforderungen zu sprechen. Damit wird das „Behinderungsthema“ stärker in den Hintergrund gedrängt. Trotzdem wird man in der Regel mit Fragen wie zum Beispiel „Was hat er/sie denn eigentlich, wo liegt seine/ihre Behinderung?“ konfrontiert. Geht es um konkrete Personen, ist man in der Regel geneigt, eher über Unterstützungserfordernisse als über Defizite zu sprechen.

Tipps für Akquisitionsgespräche:

- Die gewählte Sprache sollte frei von Redewendungen und Sprachgepflogenheiten sozial-arbeiterischer Herkunft sein und dem Sprachduktus des Unternehmers entsprechen.
- Den größeren Gesprächsanteil sollte der Unternehmer haben. Sorgfältiges Zuhören ist selbstverständlich.
- Es ist vorteilhaft, bekannte Bedenken des Arbeitgebers – ausgesprochen oder nicht – aufzunehmen und lösungsorientiert zu thematisieren (Kündigungsschutz, Leistungsfähigkeit etc.).
- Es hat wenig Sinn, in der Darstellung der Leistungsfähigkeiten und Möglichkeiten zu übertreiben. Die Glaubwürdigkeit steigt mit der realistischen Kenntnisnahme von Problemen und Schwierigkeiten.
- In der Regel unterscheiden sich die Vorstellungen und Beschreibungsweisen hinsichtlich Behinderungen bei Unternehmern nicht sonderlich von dem, was häufig auf der Straße zu hören ist. Der/die Fachdienstmitarbeiter/in sollte sich davor hüten, „besserwisserisch“ zu korrigieren.

Wie bereits erwähnt, sollten die Intention der Vermittlung und der Ton der Gesprächsführung auf die unternehmerischen Interessen und Denkweisen des Arbeitgebers abgestimmt werden. Erfahrungen belegen unzweideutig, dass ein Unternehmer sich in seinen personalpolitischen Entscheidungen vorwiegend von betriebwirtschaftlichen Aspekten seines profitabel zu führenden Unternehmens leiten lässt. In diese Sparte fallen die Argumente des Fachdienstes, die

- die Fähigkeiten, Motivation, Zuverlässigkeit etc. geeigneter Bewerber/innen,
- die Vorarbeiten des Integrationsfachdienstes bei der Erstellung des Fähigkeitsprofils,
- die personelle Assistenz bei der Einarbeitung,
- die langfristige Ansprechbarkeit des Fachdienstes,
- die umfassende Beratung des Arbeitgebers in allen Fragen der Schwerbehinderung,

- die Gestaltung des Arbeitsverhältnisses (vorangeschaltete Praktika, Probearbeitsverhältnis, etc),
- die finanziellen Fördermöglichkeiten,
- die technische Ausstattung des Arbeitsplatzes,
- die Kontakte zu den zuständigen Behörden,
- die Imagevorteile des Betriebes
- etc.

betreffen.

Erfahrungsgemäß können aber bei der Einstellung von behinderten Arbeitnehmern/innen neben der betriebswirtschaftlichen Logik durchaus auch „soziale" Motive eine ausschlaggebende Rolle spielen (persönliche Betroffenheit, nicht nur als Lippenbekenntnisse geäußerte Überzeugung einer gesellschaftlichen Verpflichtung, „etwas für Behinderte zu tun", oder ähnliches). In der Regel ist das Einstellungsinteresse eines Unternehmers häufig durch beide Aspekte motiviert.

Das Gespräch sollte mit einer gemeinsamen Zusammenfassung der Ergebnisse beendet werden. Je nach Verlauf können konkrete Punkte des weiteren Verfahrens besprochen werden, wobei es dem Arbeitsplatzakquisiteurs überlassen ist, den Stand der Entscheidungsreife beim Gesprächspartner herauszuhören. Es hat sich als sinnvoll erwiesen, nach dem Akquisitionsgespräch, ob es nun erfolgreich oder zunächst ohne Ergebnis verlaufen ist, noch einmal schriftlich Kontakt aufzunehmen, um sich für das Gespräch zu bedanken, unter Umständen noch einmal die Gesprächsergebnisse schriftlich zusammenzufassen und zukünftige Perspektiven aufzuzeigen. Ein derartiges professionell und freundlich abgehaltenes Schreiben erhöht die Verbindlichkeit des Kontaktes, es stärkt die Erinnerungsmöglichkeiten des betrieblichen Gesprächspartners. Vor allen Dingen im Rahmen langfristiger Akquisitionskontakte, bei denen ein positives Ergebnis, das heißt ein Arbeitsplatzangebot erst nach mehreren Telefongesprächen und persönlichen Kontakten erreicht werden kann, erweisen sich solche Schreiben als vertrauensbildende Maßnahmen.

Alle Unternehmenskontakte sollten dokumentiert, ein System der Wiedervorlage entwickelt werden, da man häufig von Arbeitgebern auf einen späteren Zeitpunkt verwiesen wird, wenn zum Zeitpunkt des Kontakts keine Stelle vakant ist, gerade besonders viel Stress im Betrieb herrscht, zur Zeit neue Mitarbeiter eingearbeitet werden etc. Häufig dienen derartige Formulierungen dazu, das Gespräch höflich zu beenden, weil eigentlich kein Interesse besteht. Manchmal ist es dennoch lohnend, tatsächlich zum vereinbarten späteren Zeitpunkt wieder Kontakt aufzunehmen. Gleichzeitig vermittelt man dem Arbeitgeber so, dass sein Unternehmen für den Fachdienst interessant ist.

Vorstellung/ Bewerbungsgespräch

Es ist bei Personaleinstellungen üblich, dass Arbeitgeber und zukünftige/r Arbeitnehmer/in ein Vorstellungsgespräch führen. Diese Normalität sollte in der Regel auch der Initiierung eines unterstützten Beschäftigungsverhältnisses unterliegen, selbst wenn in den vorhergehenden Aktivitäten schon viele Vorentscheidungen getroffen sind. Zum einen ist es wichtig für das Selbstverständnis und Selbstbewusstsein des/der zukünftigen Arbeitnehmers/in.

Zum anderen legt der Arbeitgeber üblicher Weise Wert darauf, seine Personalentscheidung auf dem im Bewerbungsgespräch gewonnenen persönlichen Eindruck aufzubauen. In der Regel gehört jedoch das Bewerbungsgespräch nicht zu den Alltagserfahrungen der allermeisten Fachdienstnutzer. Deswegen ist es sinnvoll, das Bewerbungsgespräch mit dem/der zukünftigen Arbeitnehmer/in vorzubereiten. Desgleichen sollte eine Bewerbungsmappe zusammengestellt werden, die zumindest den Lebenslauf des Bewerbers beinhaltet. Zum einen ist das Vorliegen eines Lebenslaufes üblich, zum zweiten bietet ein vorliegender Lebenslauf während des Bewerbungsgespräches für den Arbeitgeber die Möglichkeit, Anhaltspunkte für ein Gespräch zu finden. Folgende Punkte sollten mit dem/der Bewerber/in angesprochen werden:

Bewerbungsgespräch mit Bewerbern/innen vorbereiten:

- Mögliche Fragen, Erwartungen, Themen, die in einem Bewerbungsgespräch angesprochen werden können, sollten im Vorfeld thematisiert werden.
- Dazu gehören auch Rahmenbedingungen wie äußere Erscheinung, zur Verfügung stehende Zeit etc..
- Der/die Bewerber/in sollte zu eigenen Fragen ermuntert werden.
- Der/die Bewerber/innen sollte zum Ausdruck bringen, dass er/sie Interesse an der angebotenen Arbeit hat.
- Der die Bewerber/in sollte Übertreibungen wie auch Unterschätzung der eigenen Fähigkeiten vermeiden.

Gewöhnlich ist bei einem Vorstellungsgespräch zwischen dem Arbeitgeber und dem/r Bewerber/in keine weitere Person anwesend. Auch bei vielen von einem Integrationsfachdienst vorgeschlagenen Bewerbern/innen wird das der Fall sein. Bei Arbeitsuchenden mit geistiger Behinderung ist eher davon auszugehen, dass der/die Fachdienstmitarbeiter/in am Vorstellungsgespräch beteiligt ist. Gerade für Menschen, die zuvor in einer Werkstatt für

Behinderte tätig waren, bedeutet ein Vorstellungsgespräch eine bisher noch nie da gewesene Erfahrung. In der Regel verfügt diese Person nicht über Techniken der Selbstdarstellung, ist unsicher darüber, was in einem Vorstellungsgespräch gesagt werden darf und was nicht, und wird in der überwiegenden Zahl der Fälle noch eingeschüchterter sein als Menschen mit entsprechenden Erfahrungen auf diesem Gebiet. In diesen Fällen ist es sowohl für den/die Bewerber/in als auch für den Arbeitgeber sinnvoll, dass der/die Fachdienstmitarbeiter/in an diesem Gespräch teilnimmt und so interveniert, dass einerseits die Subjektrolle des/r Bewerbers/in gewahrt bleibt, andererseits aber klärende „Übersetzungsarbeit" geleistet werden kann. Beispielsweise sollte, wie hinlänglich bekannt, die Motivation zur Arbeit vom/von der Bewerber/in im Vorstellungsgespräch deutlich signalisiert werden. Wie häufig erleben Fachdienstmitarbeiter/innen aber gerade mit Bewerbern/innen aus den WfB, wie schwer es diesen Personen fällt, ihre Motivation auszudrücken, obwohl sie innerlich „bis in die Haarspitzen" an dieser Arbeit interessiert sind. Der/die Mitarbeiter/in des Fachdienstes kann gegenüber dem irritierten Arbeitgeber dann die Kommunikation des/der Bewerbers/in unterstützen.

Das Vorstellungsgespräch sollte mit konkreten Vereinbarungen beispielsweise hinsichtlich des Beginns des Praktikums/Arbeitsverhältnisses, der Arbeitszeiten, Dienstkleidung etc. enden.

Schlussbemerkung

Es wird zunehmend üblicher, dass Personaldienstleister als Mittler zwischen Unternehmen und Arbeitsuchenden fungieren. Fachdienstmitarbeiter/innen der beruflichen Eingliederung von Menschen mit Behinderung befinden sich mittlerweile in guter Gesellschaft. Neben Zeitarbeits- und Arbeitnehmerüberlassungsfirmen werden immer mehr Vermittlungsagenturen für in der Regel bestimmte „Problem"-gruppen des Arbeitsmarktes tätig. Um so mehr ist es erforderlich, dass Integrationsfachdienste in diesem Feld ihr Profil entwickeln.

Auch wenn die Akquisitionsarbeit von Integrationsfachdiensten durch vielfältige praktische Erfahrungen deutlich professionalisiert wurde, besteht gerade an diesem Punkt ein hoher Fortbildungsbedarf. Um dem Rechnung zu tragen, sollten auch Akquisitionsstrategien aus der Wirtschaft nutzbar gemacht werden. Darüber hinaus ist es jedoch erforderlich, zielgruppenspezifisch eigene Marketing- und Akquisitionsmethoden zu entwickeln.

Literatur

AUTOR MERIT TEAM: The Marketing of Supported Employment. European Journal of Supported Employment and Vocational Training. Volume One, Issue 1, Hempstead, Merit Employment Equity Ltd. 1995.

BEHNCKE, R.: Die Akquisition von Arbeitsplätzen. impulse – Informationsblatt der BAG Unterstützte Beschäftigung, Nr. 3/4 Hamburg 1996.

BISSONETTE, D.: Beyond traditional Job Development. The Art of Creating Job Opportunity. Chatsworth 1994.

DILEO, D.; LAUGHTEN, D.: Get the Marketing Edge! St. Augustin 1993.

GEBHARDT, K.; PUTZKE, S.: Marketing und Arbeitsplatzakquisition – Der Weg zur Beschäftigung. Kursmaterialien Modul 4; Berufsbegleitende Qualifizierung in Unterstützter Beschäftigung. 2. überarbeitete Auflage. Hrsg. von der Bundesarbeitsgemeinschaft für Unterstützte Beschäftigung. Hamburg 2000.

NAEVE, L.: Customer Focused Quality driven Service Management; Vortrag auf der 2. Konferenz der European Union for Suppported Employment EUSE, Dublin 1995.

WETZEL R.: Beratung von Betrieben – Betriebswirtschaftliches Denken. Kursmaterialien Modul 5; Berufsbegleitende Qualifizierung in Unterstützter Beschäftigung. Hrsg. von der Bundesarbeitsgemeinschaft für Unterstützte Beschäftigung. Hamburg 1999.

Jörg Bungart, Susanne Putzke

Einarbeitung am Arbeitsplatz und der Prozess der betrieblichen Integration

Problemaufriss – Einführung in das Thema

Nach erfolgreicher Vermittlung der Bewerberin[1] in ein unterstütztes (Probe–) Arbeitsverhältnis erfolgt eine mehr oder weniger intensive Unterstützung des beruflichen Integrationsprozesses am neuen Arbeitsplatz, denn ohne individuelle und flexible Begleitung verlieren viele Menschen ihren Arbeitsplatz wieder. Dies geschieht nicht etwa, weil die Arbeitnehmerin mit Behinderung den Anforderungen ihres Arbeitsplatzes prinzipiell nicht gewachsen ist, sondern weil sie selbst, ihre Kolleginnen und Arbeitgeberinnen für den erfolgreichen und dauerhaften Erhalt des Arbeitsplatzes und somit für das Gelingen der beruflichen Integration – sowohl unter sozialen als auch ökonomischen Gesichtspunkten – in verschiedenen Bereichen Unterstützung benötigen.

Passgenaue Vermittlung

Ziel aller Vermittlungsbemühungen ist es, die Arbeitnehmerin in ein für sie passendes Arbeitsverhältnis und umgekehrt, dem Unternehmen eine für den Arbeitsplatz passende Arbeitnehmerin zu vermitteln. Das entsprechende ‚Auswahlverfahren' wird in Supported Employment als *Matching* bezeichnet. Aber was heißt ‚passend' in diesem Fall? Eine ‚ideale' Passung zwischen einem Bewerberprofil und einem Arbeitsplatzprofil kommt in der realen Vermittlungspraxis nicht ohne weiteres vor, denn:

- der ‚ideal passende' Arbeitsplatz für eine Bewerberin ist nicht vorhanden,
- die ‚ideal passende' Arbeitnehmerin für einen Arbeitsplatz ist nicht zu finden,

1 Um den Sprachfluss nicht zu beeinträchtigen, werden im vorliegenden Beitrag Pronomina der dritten Person und Personenbezeichnungen ausschließlich in der weiblichen Form verwendet.

- verschiedene Arbeitsplätze kommen für eine Bewerberin in Frage,
- verschiedene Bewerberinnen sind für einen Arbeitsplatz geeignet.

In der Vermittlungspraxis gibt es entsprechend kein einfaches ‚passt' oder ‚passt nicht', sondern eine Vielzahl von Variationen. Der Arbeitsplatz

- ‚passt gut' (zum Beispiel zum Fähigkeitsprofil der Bewerberin),
- ‚passt besser' (zum Beispiel zu den Interessen der Bewerberin),
- ‚passt, wenn ...' (zum Beispiel einige Anforderungen verändert werden können),
- ‚passt, aber ...' (der Arbeitsplatz ist zum Beispiel für die Bewerberin nicht erreichbar).

Eine fehlende ‚Passgenauigkeit' kann sich auf bestimmte Tätigkeiten beziehen oder auch den gesamten Arbeitsbereich betreffen. Sie kann in fachlichen, sozialen oder anderen übergeordneten Qualifikationsmerkmalen liegen (vgl. ‚Konzept Schlüsselqualifikationen'). Eine gute Passung zwischen den betrieblichen Anforderungen und den Kompetenzen der neuen Arbeitnehmerin wird sich erst im Zuge der Einarbeitung am Arbeitsplatz und im Verlauf des betrieblichen Integrationsprozesses entwickeln. Die Unterstützung dieses Passungsprozesses setzt bei der Lernfähigkeit und den Entwicklungspotenzialen der vermittelten Arbeitnehmerin sowie den Unterstützungs- und Integrationspotenzialen im Unternehmen an und nutzt Spielräume, die Arbeitgeberinnen ihrerseits für die Gestaltung ein und desselben Arbeitsplatzes haben (vgl. PUTZKE/KLÜSSENDORF 1999).

Der Ansatz ‚Training–on–the–Job'

Die Phase der Einarbeitung und betrieblichen Integration wurde in ersten internationalen und nationalen Supported-Employment-Konzepten als *Training-on-the-Job* bezeichnet. Der hiermit verbundene Ansatz ‚Erst platzieren, dann qualifizieren' – eine der zentralen Forderungen im US-amerikanischen Rehabilitationsprogramm – stellt den Betrieb als Lernort in den Mittelpunkt der beruflichen Qualifizierung von Menschen mit Behinderung. Vertreterinnen dieses Ansatzes fordern eine Abkehr von der traditionell schrittweisen institutionellen Vorbereitung auf zukünftige berufliche Anforderungen. Sie treten dafür ein, dass

- eine betriebliche Vorbereitungsphase und Ausbildung für Menschen mit Behinderung möglich sein muss,

- außerbetriebliche Vorbereitung oder Ausbildung konsequenter auf die Betriebs- und Arbeitsmarktrealität ausgerichtet sein muss, um Vermittlungschancen zu erhöhen und Übergangsproblematiken zu verringern,
- die zukünftigen Arbeitnehmerinnen im entscheidenden Übergang auf den allgemeinen Arbeitsmarkt nicht auf sich allein gestellt sind,
- der Anspruch auf Rehabilitation auch auf betrieblichen Arbeits- oder Ausbildungsplätzen bestehen muss.

In frühen Konzepten von Supported Employment ging es beim Training-on-the-Job in erster Linie um ein Training der Arbeitsfertigkeiten. Insbesondere in der amerikanischen Literatur sind hierfür in erster Linie verhaltensorientierte Trainingsprogramme zu finden, deren Handlungsanweisungen sich zum Teil wie Bedienungsanleitungen lesen. Hintergrund hierfür ist, dass erste Supported-Employment-Projekte in den USA, ebenso wie die ersten Projekte im europäischen Raum, überwiegend für Menschen mit Lernschwierigkeiten entwickelt wurden. In pädagogischen Konzepten für diese Menschen lag und liegt traditionell der Fokus auf der Vermittlung sogenannter lebenspraktischer Fähigkeiten, auf den persönlichen Bedürfnissen, auf dem Training von Arbeitsfertigkeiten und ‚annehmbarem' Verhalten. Die Aneignung von Wissen, das Begreifen von Zusammenhängen und die Entwicklung sozialer, kommunikativer Kompetenzen wurde und wird für diesen Personenkreis als nicht erforderlich oder gar möglich angesehen. Lerninhalte wurden und werden in kleinste Schritte gegliedert. Die als notwendig erachteten Fähigkeiten oder gewünschten Verhaltensweisen sollen durch ein sich ständig wiederholendes Training und Üben entwickelt werden[3].

Mittlerweile können für das Konzept von Unterstützter Beschäftigung diese Vorstellungen eines *Training-on-the-Job* im Sinne eines bloßen Trainings der Arbeitsfertigkeiten als überholt angesehen werden. Hierzu haben zum einen die Kritik an rein verhaltensorientierten Trainingskonzepten und der zunehmende Einfluss handlungsorientierter Lernkonzepte geführt. Zum anderen haben die Ausweitung des Konzeptes von Supported Employment auf einen erweiterten Personenkreis und vor allem die Erfahrungen aus der Praxis

---

[3] So ist im Rahmen von Unterstützter Beschäftigung eine vor allem in den USA, Großbritannien, (Nord-) Irland und den Niederlanden verbreitete Methode der Arbeitsunterweisung das so genannte ‚Training in Systematic Instruction' (TSI). Es basiert auf dem von Marc Gold in den 70er Jahren in den USA entwickelten Konzept ‚Try Another Way'. Die Grundidee ist – basierend auf einem verhaltensmodifikatorischen Ansatz – auch Menschen mit großen Lernschwierigkeiten ein Lernen in verschiedenen Anforderungssituationen zu ermöglichen (vgl. BARLSEN/BUNGART u.a. 1999, 153f. und PUTZKE/KLÜSSENDORF 1999).

von Unterstützter Beschäftigung und die Ergebnisse zahlreicher Begleitforschungen gezeigt, dass für den erfolgreichen und dauerhaften Erhalt eines Arbeitsplatzes nicht allein die fachlichen Kompetenzen ausschlaggebend sind (vgl. BARLSEN/BUNGART u.a. 1999; SCHÖN 1993; TROST/SCHÜLLER 1992; TROST 1997). Zwar wird eine Arbeitnehmerin – mit oder ohne Behinderung – ohne ein ausreichendes Maß an fachlichen Fähigkeiten, Fertigkeiten und Kenntnissen ihren Arbeitsplatz auf Dauer nicht halten können. Ebenso wichtig dafür sind aber die Entwicklung der für den Arbeitsplatz relevanten Schlüsselqualifikationen sowie das Gelingen der sozialen Integration, das Einfinden und Eingebundensein in die jeweilige Betriebskultur (vgl. HAGENER/DILEO 1993)[4].

Ergebnisse zur Evaluation betrieblicher Integrationsprozesse

Die systematische Evaluation betrieblicher Integrationsprozesse und der damit verbundenen Unterstützungsleistungen steckt – insbesondere in Deutschland – noch weitgehend in den Anfängen. Zwar wurden innerhalb wissenschaftlicher Begleituntersuchungen verschiedene relevante Kriterien einer erfolgreichen Eingliederung auf den allgemeinen Arbeitsmarkt erhoben. Dabei handelt es sich aber vor allem um strukturelle Daten bezogen auf die erfassten Zielgruppen und Betriebe. Eine Erhebung von stärker prozessorientierten Merkmalen, die insbesondere auch die Phasen der Stabilisierung und nachgehenden Begleitung umfasst, fand bisher kaum statt. Im folgenden sollen deshalb, vor allem in Anlehnung an eine Untersuchung von Fachdiensten für lern- und geistig behinderte Menschen in Westfalen-Lippe (‚Projekt Integration'), zentrale Ergebnisse dargestellt werden, die den Prozess der betrieblichen Integration aus empirischer Sicht näher beschreiben (vgl. BARLSEN/BUNGART u.a. 1999, 152ff.).

In der Evaluation von ‚Projekt Integration' konnte die besondere Schlüsselstellung betrieblicher Praktika – zu 71% Vollzeitpraktika – nachgewiesen werden. 82% der Vermittelten absolvierten in jenem Betrieb ein Praktikum, mit dem sie dann auch einen Arbeitsvertrag abschlossen. Dabei scheint das erste Praktikum einen zentralen Platz im Prozess der Passung von Anforderungen und Fähigkeiten einzunehmen, da es zum einen die im Vorfeld erhobenen Profile maßgeblich ergänzt und differenziert. Zum anderen kann am Ende der praktischen Erprobung eine relativ sichere Aussage darüber getroffen werden, ob a) eine betriebliche Integration erfolgversprechend erscheint beziehungsweise b) weitere Praktika die Chancen einer Vermittlung

---

[4] Ein Unternehmen ist nach WETZEL als eigenständiges Kultursystem zu verstehen, das auf eigene Normen und Werte aufbaut und deren unternehmensspezifische Vorstellungs-, Orientierungs- und Handlungsmuster für neue Mitarbeiter nicht ohne weiteres wahrnehmbar beziehungsweise verstehbar sind (vgl. 1999, 36ff.).

auf den allgemeinen Arbeitsmarkt erhöhen. Dies setzt allerdings voraus, dass Praktika, die sowohl diagnostische als auch qualifizierende Funktionen erfüllen, mit möglichst konkreten Zielsetzungen gestartet sowie intensiv begleitet und ausgewertet werden. Innerhalb der Praktika stand die Bewältigung von Problemen bei der ‚Arbeitsausführung' (66%) und der ‚sozialen Integration' (44%) im Vordergrund, allerdings wurden in circa jedem vierten Praktikum auch die Bereiche ‚kognitive Kompetenz' (26%) und ‚Gesundheit' (23%) genannt. Die Ergebnisse lassen vermuten, dass die Art der Probleme für den Eingliederungserfolg weniger bedeutsam ist. Ausschlaggebend scheint eher zu sein, dass Probleme von den Beteiligten rechtzeitig erkannt und benannt werden und auf sie frühzeitig reagiert wird. So waren an der Begleitung und Einarbeitung im Betrieb in 62% der Praktika Betriebsangehörige direkt beteiligt. Die Fachdienstmitarbeiterinnen übernahmen dann schwerpunktmäßig die Einarbeitung (in 38% der Praktika), wenn eine umfangreichere Form der Anleitung, wie die ‚Mitarbeit am Arbeitsplatz', notwendig erschien oder wenn aufgrund von Veränderungen der Arbeitsplatzanforderungen eine erneute Einarbeitung im weiteren Verlauf erforderlich wurde. Die zentrale Bedeutung der mittleren betrieblichen Leitungsebene und der Einbindung unterstützter Arbeitnehmerinnen in ein Team sowie in einen gleichmäßigen und übersichtlichen Arbeitsrhythmus konnte anhand einer Fallanalyse beispielhaft aufgezeigt werden[5].

Der Prozess der Passung beinhaltet unter den Begriffen ‚Arbeitsplatzanpassungen' und ‚innerbetriebliche Unterstützungen' unter Umständen auch Veränderungen auf Seiten der Arbeitsanforderungen. Arbeitsplatzanpassungen wurden bei 45% der unterstützten Arbeitnehmerinnen vorgenommen und fanden sich in allen Arbeitsbereichen unabhängig von der Betriebsgröße wieder. Diese Anpassungen stellten in der Regel Reduzierungen der Arbeitsanforderungen dar und betrafen überwiegend Änderungen der Arbeitsinhalte (44%): Zum einen erfolgte eine Zusammensetzung des Tätigkeitsfeldes aus verschiedenen (einfachen) Tätigkeiten. Zum anderen bezogen sich die Änderungen auf die Auslagerung überfordernder Tätigkeiten, wobei – aufgrund der Zielgruppe – erwartungsgemäß vor allem Tätigkeiten mit höheren kognitiven Anforderungen betroffen waren. Innerbetriebliche

---

5 Auch TROST (1997, 209 u. 147) beschreibt in seiner Untersuchung von Fachdiensten für Menschen mit psychischer Behinderung, dass 80% der befragten Arbeitgeberinnen die Notwendigkeit zunächst unverbindlicher betrieblicher Erprobungsmaßnahmen betonen. Ein direktes Arbeitstraining ist allerdings weniger erforderlich, wichtiger ist die Auseinandersetzung der Arbeitsuchenden mit ihrer Rolle als Arbeitnehmerin und den sozialen Anforderungen im Betrieb. Außerdem wird vor der betrieblichen Erprobung eine umfassende Beratungsphase als besonderes relevant angesehen, so dass insgesamt eine ‚gestufte Kombination' mehrerer vorbereitender Maßnahmen empfohlen wird (ebd. 95ff.).

Unterstützungen wurden für 60% der unterstützten Arbeitnehmerinnen vor allem zur Verrichtung der Arbeit vereinbart (68%), hauptsächlich mit einzelnen Kolleginnen (31%) oder dem direkten Vorgesetzten (43%).

Von den Fachdienstmitarbeiterinnen wurden auch Unterstützungen aus dem sozialen Umfeld der Bewerberinnen ermittelt und initiiert. Mit 65% der angesprochenen Personen konnten entsprechende Vereinbarungen für die Phase der Suche nach einem Arbeitsplatz getroffen werden. Die emotionalen, instrumentellen und orientierenden Hilfen wurden zu relativ gleichen Anteilen von Personen aus dem privaten Umfeld, vor allem aus der Herkunftsfamilie (38%), und von professionellen Helferinnenn, vor allem aus dem betreuten Wohnen (21%), geleistet. Am häufigsten wurden instrumentelle Hilfen (41%) und zwar im Bereich Arbeit (25%) und im privaten Alltag (16%) vereinbart. Dadurch konnten die Integrationsberaterinnen in wichtigen Bereichen entlastet und die betrieblichen Maßnahmen durch flankierende Hilfen wesentlich unterstützt werden. Von besonderer Relevanz ist das Ergebnis, dass Bewerberinnen, deren Bezugspersonen im sozialen Umfeld positive Erwartungen zum Integrationserfolg äußerten, signifikant häufiger unter den Vermittelten waren.

Ist der von den Integrationsberaterinnen geleistete Unterstützungsaufwand im Praktikum besonders hoch, so nimmt er nach Abschluss eines Arbeitsvertrages sowohl außer- als auch innerbetrieblich sukzessive ab. Trotzdem kann auch dann eine relative Nähe zum Betrieb von entscheidender Bedeutung sein, um unter anderem einen erneuten Einarbeitungsbedarf, zum Beispiel aufgrund der von einigen Betrieben mittelfristig erwarteten Erweiterung des Tätigkeitsspektrums, oder auch um Krisensituationen rechtzeitig wahrzunehmen und darauf reagieren zu können. Umfangreichere Krisen traten im Verlauf der betrieblichen Integration bei 37% der unterstützten Arbeitnehmerinnen auf. Die Art der Krisen verdeutlicht, dass zum einen die soziale Eingliederung im Betrieb nicht in jedem Fall gleichzeitig mit der Einarbeitung in die Tätigkeit abgeschlossen war. Zum anderen zeigt sie, dass die Veränderungen im Bereich Arbeit, die mit der Vermittlung auf den allgemeinen Arbeitsmarkt verbunden sind, sich auch negativ auf Gesundheit und private Lebenssituation mancher Arbeitnehmerin auswirken können, wodurch unter Umständen der dauerhafte Integrationserfolg gefährdet ist. Außerdem stellten die Integrationsberaterinnen fest, dass sich die unterstützten Arbeitnehmerinnen durch gleichzeitige Umorientierungen in den Bereichen Arbeit und Wohnen oftmals überforderten. Zwar boten die Fachkräfte nur ausnahmsweise selbst Unterstützungen im privaten Lebensbereich an. Sie kooperierten in diesem Aufgabenfeld aber eng mit zuständigen Einrichtungen (vor allem des betreuten Wohnens), und sie übernahmen innerhalb dieses Kooperationsnetzwerkes – bezogen auf das Thema Arbeit – zunehmend die Funktion einer ‚Schnittstelle'.

Lernort Arbeitsplatz - Schlüsselqualifikationen und Handlungsorientierung

Im folgenden werden die Grundzüge der Konzepte ‚Lernort Arbeitsplatz', ‚Schlüsselqualifikationen' und ‚Handlungsorientierung' dargestellt und geprüft, inwieweit sie für den Bereich der Unterstützten Beschäftigung nutzbar gemacht werden können.

Das Konzept ‚Lernort Arbeitsplatz'

Aufgrund des zentralen Prinzips ‚Erst platzieren, dann qualifizieren' im Konzept der Unterstützten Beschäftigung rückt der ‚Lernort Arbeitsplatz beziehungsweise Betrieb' in den Mittelpunkt der Betrachtung. Dabei ist von einem Prozess der wechselseitigen und fortlaufenden Annäherung von Anforderungs- und Fähigkeitsprofilen auszugehen (‚Prozess der Passung'), der sich insbesondere auf die Phasen der Einarbeitung und Stabilisierung, aber auch die der nachgehenden betrieblichen Begleitung (zum Beispiel bei Modifikationen von Arbeitsanforderungen oder zur Kriseninterventionen) erstreckt. Es ist festzustellen, dass der Lernort Arbeitsplatz – unter anderem unter den Stichworten ‚arbeitsplatznahe Weiterbildung', ‚arbeitsimmanentes Lernen' oder ‚lernförderliche Arbeitsstrukturen' – (wieder) zunehmend Gegenstand von Veröffentlichungen zur beruflichen Bildung ist, ohne dass diese sich in der Regel direkt auf behinderte Arbeitnehmerinnen beziehen[6]. Bemerkenswert, wenn auch in Fachkreisen sicherlich nicht erstaunlich, ist dabei die Tatsache, dass entsprechende Qualifizierungsentwürfe ebenfalls auf dem Hintergrund der bereits für Menschen mit Behinderungen beschriebenen Transferproblematik entstanden. Ausgangspunkt der theoretischen und konzeptionellen Überlegungen zum Lernort Arbeitsplatz ist die sowohl in der sozialwissenschaftlichen Forschung als auch in der Berufsbildungspraxis prinzipiell unbestrittene Annahme, dass vielfältige Beziehungen zwischen Arbeiten und Lernen bestehen. Dabei wird zwischen funktionalem beziehungsweise informellem Lernen (Lernpotenziale liegen im Arbeitsprozess selbst) und intentionalem Lernen (didaktisch initiierte Lernprozesse) unterschieden (vgl. SEVERING 1994, 15; HACKER 1998, 755ff.).

WITZGALL (1993, 10) weist darauf hin, dass der steigende Stellenwert des Lernortes Arbeitsplatz unter anderem daran zu erkennen ist, dass der

6 MÜNCH (1990, 147) beschreibt, dass er gemeinsam mit KATH bereits 1973 einen ersten Versuch (allerdings im Rahmen des Dualen Ausbildungssystems) unternahm, eine „Phänomenologie und Theorie des Arbeitsplatzes als Lernort zu entwickeln". Aktuellere Publikationen zu dem Thema sind zum Beispiel FRANKE 1984; MÜNCH 1990; DEHNBOSTEL 1992; KLUMP/WITZGALL 1993; SEVERING 1994 oder DEHNBOSTEL u.a. 1996.

Hauptausschuss des Bundesinstituts für Berufsbildung (BBIB) 1992 eine ‚Empfehlung zur Förderung des beruflichen Lernens am Arbeitsplatz' verabschiedete. Darin wird das Lernen am Arbeitsplatz gerade auch für jene Personen als erfolgversprechend bezeichnet, die mit schulischen Lernformen wie Kursen und Lehrgängen eher Schwierigkeiten haben. Als Gründe für die wachsende Relevanz des Lernortes Arbeitsplatz gibt WITZGALL folgende Entwicklungen an (ebd., 11ff.):

1. Veränderung der Arbeits- und Lernanforderungen, wie zum Beispiel die zunehmende Bedeutung von Schlüsselqualifikationen (siehe unten).
2. Veränderte Einstellungen zur Arbeit und zur beruflichen Bildung: Bildungsangebote haben – im Sinne eines konkreten Verwertungszusammenhangs – verstärkt die Arbeitspraxis und –erfahrung zu berücksichtigen.
3. Defizite des arbeitsplatzfernen Lernens: trotz anerkannt guter Grundqualifizierungsmaßnahmen kann das arbeitsplatzunspezifisch und arbeitsplatzfern Gelernte nicht ohne eine anschließende Phase des Lernens am Arbeitsplatz umgesetzt werden.

Zur näheren Bestimmung der Relevanz des Lernens am Arbeitsplatz kommt nach WITZGALL (1993, 10), unter Hinweis auf eine Veröffentlichung von LUCZAK/ VOLPERT (1987), der Arbeitswissenschaft eine zentrale Funktion zu: „Arbeitswissenschaft ist die Systematik, Ordnung und Gestaltung der technischen, organisatorischen und sozialen Bedingungen von Arbeitsprozessen mit dem Ziel, dass die arbeitenden Menschen in produktiven und effizienten Arbeitsprozessen

- schädigungslose, ausführbare, erträgliche und beeinträchtigungsfreie Arbeitsbedingungen vorfinden,
- Standards sozialer Angemessenheit nach Arbeitsinhalt, Arbeitsaufgabe, Arbeitsumgebung sowie Entlohnung und Kooperation erfüllt sehen,
- Handlungsspielräume entfalten, Fähigkeiten erwerben und in Kooperation mit anderen ihre Persönlichkeit erhalten und weiterentwickeln können" (ebd., 59).

Es muss kaum erwähnt werden, dass der hier skizzierte Zustand – ungeachtet verschiedener Forschungen und Projekte zur ‚Humanisierung der Arbeitswelt'[7] – zumindest in seiner Gesamtheit eher einem Ideal als der

[7] Gleichlautender Name eines ehemaligen Forschungs- und Entwicklungsprogramms der Bundesregierung von 1974 bis 1989, seit 1990 abgelöst durch das Programm ‚Arbeit und Technik'. Ziele des Programms sind a) Schutz der

Wirklichkeit in vielen Betrieben entspricht. Dabei ist festzuhalten, dass (Erwerbs-) Arbeit neben ihren strukturierenden, materiell absichernden und persönlichkeitsfördernden Aspekten auch gesundheitsgefährdende (physische und psychische) Elemente beinhalten und somit (chronische) Krankheit oder Behinderung mit bewirken kann.

Insgesamt steht die Berufs- und Betriebspädagogik in Deutschland nach SEVERING (1994, 16ff. u. 50ff.) aber noch weitgehend am Anfang einer wissenschaftlichen und theoretischen Fundierung eines Konzeptes Lernen im Arbeitsprozess, wobei unter anderem noch folgende Bereiche zu untersuchen sind:

- Didaktische Qualität von Arbeitsplätzen.
- Praktische Entwicklung und Erprobung von Trainingsverfahren zur Optimierung kognitiver Operationen, insbesondere bei komplexen Arbeitstätigkeiten sowie zur Erweiterung kognitiver Trainingsverfahren um emotionale und motivationale Aspekte.
- Persönlichkeitsentwicklung durch Lernen am Arbeitsplatz.
- Zusammenhang und Wechselwirkung formeller beziehungsweise seminaristischer einerseits und informeller beziehungsweise arbeitsplatznaher Lernprozesse andererseits.

MÜNCH (1990, 143ff.) verweist auf die lange Tradition der engen Verbindung von Lernen und Arbeiten vom mittelalterlichen Handwerk bis zur heutigen Zeit. Dabei macht er deutlich, dass der Lernort Arbeitsplatz durch Arbeitsteilung und -zerlegung sowie Mechanisierung (Stichworte ‚Taylorisierung' und ‚Industrialisierung') in der Vergangenheit zwar an Bedeutung verloren hat und heute eher das Prinzip der ‚Pluralität der Lernorte' gültig ist. Trotzdem nimmt das Lernen am Arbeitsplatz noch immer einen besonderen Stellenwert ein, da sich berufliche Kompetenzen im wesentlichen im Arbeitsprozess entwickeln. Als zentrales Merkmal für den Lernort Arbeitsplatz gilt das „Lernen in der Ernstsituation verantwortlichen Handelns in Produktion und Dienstleistung" (ebd., 144). Man verspricht sich davon insbesondere „eine sinnstiftende Funktion [...], die sich positiv auf die Motivation des Lernenden auswirken kann [und, d. Verf.] man kann außerdem von einer höheren Transferwirkung des Gelernten ausgehen und der besonderen Aktualität des vermittelten Wissens" (DEBENER/SIEHLMANN 1992, 275). Darüber hinaus werden für eine stärkere Nutzung des Lernortes

---

Gesundheit durch Abbau und Abwehr gefährdender Belastungen und b) Menschen gerechte Gestaltung von Arbeit und Technik. Aktuell erfolgt eine Überarbeitung des Programms.

Arbeitsplatz unter anderem folgende Aspekte als vorteilhaft angesehen (vgl. ebd., 273ff. und SEVERING 1994, 42ff. u. 60ff.):

- der Lernerfolg wird unmittelbar mit dem Arbeitsergebnis sichtbar,
- direktes (praktisches) Anknüpfen an persönliche Erfahrungen und Kompetenzen,
- Entwicklung von Kommunikations- und Kooperationsfähigkeit,
- Förderung des Verständnisses für betriebswirtschaftliche Zweckrationalitäten,
- Aufbau handlungsrelevanter Wissensstrukturen,
- Vermittlung sozialen Wissens,
- Vermittlung realistischer Entscheidungskriterien,
- Entwicklung von Handlungsstrategien sowie
- Integration der einzelnen Teilsysteme (Wahrnehmung, Gedächtnis, Denken, Motivation und Motorik) und Teilfunktionen (zum Beispiel Orientierung über die Situation, Planung, Tätigkeit und Bewertung des Handlungsverlaufs und -ergebnisses) der Handlungsperson.

Es sind somit relativ hohe und vielfältige Erwartungen an das Konzept Lernort Arbeitsplatz gebunden, wobei SEVERING (1994, 34ff. u. 58ff.) darauf hinweist, dass es durchaus kritische Positionen gibt, die hinterfragen, ob beziehungsweise inwieweit eine Verknüpfung von Arbeiten und Lernen im Betrieb tatsächlich möglich ist. Zwar sieht man auf der einen Seite dort erweiterte Lernchancen, wo ‚Enttaylorisierung' und Hierarchieabbau (zum Beispiel durch Gruppenkonzepte der Arbeitsorganisation) umgesetzt werden. Auf der anderen Seite wird aber angeführt, dass Lernprozesse durch zunehmend komplexer und undurchschaubarer beschaffene Arbeitsabläufe sowie eine steigende Spezialisierung eher eingeschränkt werden. Außerdem ist zu fragen, inwieweit die wirtschaftlichen Notwendigkeiten in den Betrieben (zum Beispiel termingerechte Produktion) eine (gezielte) Gestaltung von Lernprozessen überhaupt zulassen. Insgesamt ist daher – gerade auch im Zusammenhang mit Unterstützter Beschäftigung und der damit oftmals verbundenen Besetzung relativ ‚einfacher' Tätigkeiten – davon auszugehen, dass lernförderliche Arbeitsstrukturen nicht unbedingt von vornherein gegeben, sondern im einzelnen Betrieb zu erkennen und wenn möglich zu gestalten sind.

Lernförderliche Arbeitsstrukturen

Wie lassen sich nun ‚lernförderliche Arbeitsstrukturen' beschreiben und inwieweit können sie für den Bereich Unterstützte Beschäftigung nutzbar gemacht werden? In Anlehnung an WITZGALL (1993, 13f.) lässt sich der Lernort Arbeitsplatz anhand von vier Kerndimensionen charakterisieren:

1. *Lerntätigkeit:* Gestaltung und Entwicklung von Lernvoraussetzungen und Lernmöglichkeiten am Arbeitsplatz.
2. *Arbeitstätigkeit:* Gestaltung und Strukturierung von Arbeitsprozessen unter Beachtung von situations- und prozessimmanenten Lernchancen beziehungsweise Lernhindernissen.
3. *Fremdgestaltung:* Betriebliche Vorgaben der Arbeitsorganisation, Arbeitsinhalte und Arbeitsstruktur.
4. *Selbstgestaltung:* Möglichkeiten und Chancen zur eigenen Gestaltung der Arbeitsorganisation, Arbeitsinhalte und Arbeitsstruktur.

Die genannten Dimensionen eignen sich auch im Rahmen von Unterstützter Beschäftigung zur Systematisierung von Strategien der betrieblichen Integration. Sie können von der Integrationsberaterin (beziehungsweise dem Job Coach) als ein grundlegendes Orientierungsraster zur Analyse und Gestaltung betrieblicher Arbeitsprozesse und Rahmenbedingungen herangezogen werden. Dabei ist innerhalb des Systems ‚Betrieb' von Wechselwirkungen zwischen den genannten Dimensionen auszugehen, wobei nach WITZGALL lernförderliche Arbeitsstrukturen allgemein dann vorhanden sind, „wenn die in einem soziotechnischen Arbeitssystem gegebenen Konstellationen einen beidseitigen Übergang

- von der Arbeitstätigkeit zur Lerntätigkeit (und vice versa)
- von der Fremdgestaltung zur Selbstgestaltung (und vice versa)

mindestens zulassen, wenn nicht sogar erfordern" (1993, 14). Neben diesen grundlegenden Voraussetzungen können, in Anlehnung an Ausführungen von SEVERING für den Bereich ‚Weiterbildung' (1994, 184f.) und FRANKE für den Bereich ‚Ausbildung' (1984, 45ff.), folgende Kriterien für lernförderliche Bedingungen am Arbeitsplatz zusammengefasst werden:

- *Motorische Anforderungen:* Komplexe, sich ändernde und bewusst kontrollierbare Bewegungsanforderungen statt repetitiver Tätigkeiten, schematisch ablaufend.
- *Kognitive Anforderungen (Problemhaltigkeit):* Notwendigkeit von Handlungsplanung und Koordination von Teilzielen statt Tätigkeiten ohne problemlösende Aufgabenstellungen.

- *Handlungsspielraum:* Varianten der Arbeitserledigung (zumindest teilweise) freigestellt; selbstständige Definition von Zielen, Aufgaben und Abläufen statt starrer und festgelegter Arbeitsprozesse sowie abgestufter betrieblicher Hierarchien.

- *Zeitabhängigkeit:* Möglichkeit der flexiblen Zeiteinteilung statt zu enger Zeitvorgaben und kurzer Arbeitstakte (Fließfertigung).

- *Funktionsvielfalt:* Wechselnde Funktionen am Arbeitsplatz sowie Einheit von Planungs-, Ausführungs- und Kontrollaufgaben statt Ausführung immer gleicher Tätigkeiten in stark zergliederten Arbeitsprozessen.

- *Interaktionsfelder:* Kooperative und kommunikative Arbeitsprozesse statt isolierter Arbeitsplätze.

- *Tätigkeitsstruktur:* Sequentielle Aufgabenerledigung statt unstrukturierter Anforderungen oder oft zu unterbrechender Arbeitserledigung.

- *Arbeitsumgebung:* Ruhige, belastungsfreie beziehungsweise -arme Arbeitsplätze statt hoher physischer und psychischer Belastungen.

- *Didaktische Potenziale:* Arbeitsprozess nachvollziehbar und anschaulich, Rückmeldung der Ergebnisse statt Arbeitsablauf nicht transparent und verborgen.

- *Lernmittel:* Lern- und Informationsmittel (zum Beispiel Arbeitshinweise, Anleitungen) am Arbeitsplatz verfügbar.

- *Lehrpersonal:* Trainerin und Anleiterin pädagogisch geschult beziehungsweise erfahren und ansprechbar.

- *Lernortkombinationen:* Neben dem Arbeitsplatz sind auch andere, kooperierende Lernorte verfügbar[8].

---

[8] Einige Integrationsfachdienste bieten außerbetriebliche Seminare für Arbeitsuchende an, in denen neben einem Erfahrungsaustausch unter anderem auch spezifische Themen aus der Arbeitswelt angesprochen werden (vgl. BARLSEN/BUNGART u.a. 1999, 55f. u. 156f.). Generell ist eine Finanzierung von inner- und außerbetrieblichen Weiterbildungsmaßnahmen für Schwerbehinderte nach § 24 Schwerbehinderten-Ausgleichsabgabeverordnung möglich ('Hilfen zur Teilnahme an Maßnahmen zur Erhaltung und Erweiterung beruflicher Kenntnisse und Fertigkeiten'). SEVERING merkt zur Frage der Lernorte an: „Die Notwendigkeit verschiedener Lernorte wird lerntheoretisch mit den jeweils spezifischen Funktionen im Prozess des beruflichen Lernens begründet. [...]. Durch die Kombination verschiedener Lernorte soll eine Vermittlung unterschiedlicher Lernprozesse und Lernerfahrungen im Zusammenhang des beruflichen Lernens ermöglicht werden. Für die Berufsausbildung [und Weiterbildung, d. Verf.] kann es demnach keinen optimalen Lernort geben; es geht vielmehr um die Frage, wo eine geforderte Qualifikation am besten vermittelt

Die Frage, ob die oben genannten Merkmale eine vollständige Liste lernförderlicher betrieblicher Bedingungen darstellen, kann hier nicht beantwortet werden (vgl. HACKER 1998, 756ff. u. 806ff.). Außerdem beschreiben DEBENER und SIEHLMANN (1992, 276), dass Rahmenbedingungen wie zum Beispiel Betriebsklima, Organisationsstruktur und technologischer Stand ebenfalls das Lernen am Arbeitsplatz beeinflussen[9]. Die genannten Merkmale sind aber aufgrund ihrer relativen Bandbreite für die Integrationsberaterin insofern hilfreich, da sie – auf dem Hintergrund der oben genannten vier Kerndimensionen – zur näheren Analyse betrieblicher Lern- und Arbeitsbedingungen herangezogen werden können. Aufbauend auf dieser Analyse ist anschließend eine gezieltere Bestimmung von Gestaltungspotenzialen sowohl auf Seiten des Nutzers (Fähigkeiten) als auch des Betriebes (Anforderungen) möglich.

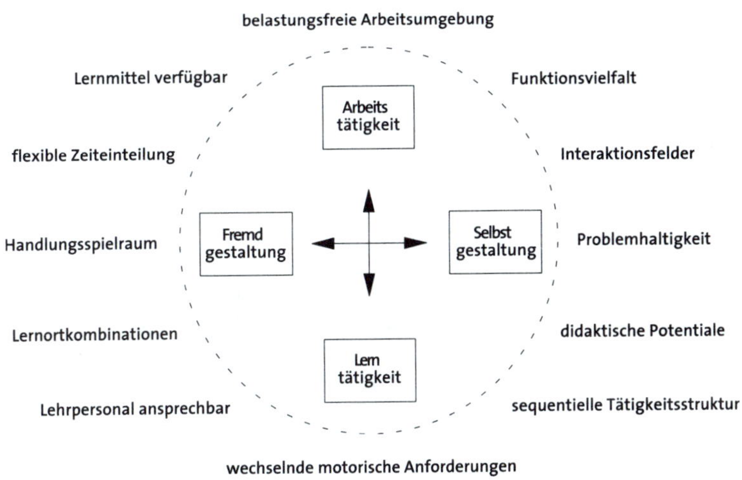

Abb. 1: Analyseraster zur Untersuchung und Gestaltung lernförderlicher Arbeitsstrukturen

werden kann“ (1994, 38f.; vgl. DEHNBOSTEL u.a. 1996). Dazu ist anzumerken, dass im Rahmen von Unterstützter Beschäftigung Fragen der beruflichen Weiterbildung und Lernortkombinationen bisher kaum thematisiert wurden.

9 Auch im Rahmen von Unterstützter Beschäftigung weisen praktische Erfahrungen und empirische Untersuchungen gleichermaßen darauf hin, dass für eine erfolgreiche betriebliche Eingliederung behinderter Arbeitnehmerinnen übereinstimmend eine klare und übersichtliche Betriebsorganisation und Arbeitsplatzstruktur sowie ein akzeptierendes Betriebsklima angeführt werden (vgl. BUNGART 1997, 63). SCHÖN folgert in diesem Zusammenhang, dass ein „Mehr an horizontalen Arbeitsbeziehungen [...] und eine Trennung von personeller Anleitung am Arbeitslatz und Personalführung, Spannungsfelder eher in gegenseitige Lernprozesse umwandeln können“ (1993, 138).

Lernförderliche Arbeitsstrukturen sind zwar eher auf Arbeitsplätzen mit höheren Anforderungsprofilen – zumindest in ihrer Gesamtheit – vorzufinden (vgl. BERGMANN 1993, 23ff.; PACK 1993; HACKER 1998, 249ff.). Dies bedeutet aber nicht, dass sie teilweise nicht auch in sog. Anlerntätigkeiten, wie sie im Rahmen von Unterstützter Beschäftigung oftmals besetzt werden, anzutreffen beziehungsweise zu gestalten sind. Aufgabe der Integrationsberaterin ist daher, entsprechende Bedingungen im Arbeitsprozess zu erkunden und für die Strategien zur betrieblichen Integration zu nutzen, unabhängig davon, wie eng und intensiv sie selbst in den betrieblichen Integrationsprozess eingebunden ist. Es ist sicherlich unbestritten, dass dabei die jeweiligen beruflichen Kompetenzen, Wünsche und Interessen sowie die spezifischen Lern- und Entwicklungsvoraussetzungen der Arbeitsuchenden zu beachten sind. So ist zum Beispiel die Frage nach lernförderlichen kognitiven Anforderungen nicht allgemein, sondern immer nur individuell zu beantworten, wobei sowohl (extreme) Unter- als auch (extreme) Überforderungen zu vermeiden sind. Insgesamt ist – unter Bezug auf lernpsychologische Untersuchungen – davon auszugehen, „dass das Qualifizierungspotenzial einer Arbeitstätigkeit vom Verhältnis der (meist kognitiven) Arbeitsanforderungen zu den bereits erworbenen Qualifikationen abhängt" (SEVERING 1994, 170).

Didaktisch–methodische Grundlagen

Im Rahmen didaktisch-methodischer Überlegungen zu Konzepten des Lernens beziehungsweise Qualifizierens am Arbeitsplatz – und auf der Basis der Kritik an rein verhaltensorientiert ausgerichteten Trainingsmethoden – stehen überwiegend die Ansätze ‚Schlüsselqualifikationen' und ‚Handlungsorientierung' im Zentrum einschlägiger Diskussionen und vielfach erprobter Modelle. Entsprechende Konzepte – die für den Bereich Unterstützte Beschäftigung bisher kaum differenziert dargelegt worden sind[10] – basieren auf der Auffassung vom Menschen als einem zur Selbstregulation fähigen Wesen und der Orientierung an den Stärken der einzelnen Person, das heißt vor allem an ihrer Lern- und Entwicklungsfähigkeit (vgl. BERGMANN 1993, 20). Dabei ist das Kriterium für die Auswahl solcher Konzepte „die pragmatische Frage nach dem Beitrag der jeweiligen Theorie zur

[10] Konzepte zu Schlüsselqualifikationen und Handlungsorientierung wurden in anderen Bereichen der (vor-) beruflichen Rehabilitation zum Teil bereits entwickelt: Vergleiche beispielhaft zum Bereich Berufsbildungswerk ARBEITSGRUPPE HOLOS 1991, zum Bereich Berufsförderungswerk FISCHER 1999; zum Bereich Förderungslehrgänge DOERFERT/ BLEH 1993, zum Bereich Werkstatt für Behinderte BRACKHANE u.a. 1990 und zum Bereich berufsvorbereitender Unterricht (Schule für Körperbehinderte) BARLSEN/ BUNGART/CÁRDENAS/KLINKENBUSCH 1995 und 1997.

pädagogischen Gestaltung des Verhältnisses von Lernen und Arbeiten im Betrieb“ (SEVERING 1994, 67).

Das Konzept ‚Schlüsselqualifikationen'

Seinen Ursprung hat der Begriff ‚Schlüsselqualifikation' in der beruflichen Bildung und wurde von MERTENS (1974) in die Diskussion eingeführt. Hintergrund war die Bestimmung und Vermittlung fachübergreifender Ziele beziehungsweise Qualifikationen, welche, unabhängig von Veränderungen spezieller beruflicher Kenntnisse und Fertigkeiten, überdauernder Art sein sollten. Ausgangspunkt dieser Überlegungen waren somit pragmatische und wirtschaftliche Interessen. Die Auszubildenden beziehungsweise Arbeitnehmerinnen sollten befähigt werden, sich an einen (zu erwartenden) stetigen Wandel in der Arbeitswelt weitgehend selbstständig anzupassen. Oberstes Ziel ist daher das selbstständige Handeln, das heißt der Erwerb von Handlungskompetenz. Ein Katalog von Schlüsselqualifikationen ist immer wieder zu überprüfen, da diese einem zeitbedingten Wandel unterliegen können. Heute besteht aber noch immer Uneinigkeit darüber, welche einzelnen Fertigkeiten den Schlüsselqualifikationen zuzuordnen und wie diese zu kategorisieren sind. Häufig kritisiert wird außerdem – trotz verschiedener Systematisierungsversuche – die mangelnde Trennschärfe und Allgemeinheit der dabei verwendeten Begriffe. Dennoch werden die Schlüsselqualifikationen weitgehend übereinstimmend unterteilt nach (vgl. KOCH 1992; REETZ 1989 a/b; MINNAMEIER 1997, 7f.):

- *Fachkompetenz:* Fähigkeit zum Erlernen von Fertigkeiten und Kenntnissen in einzelnen Arbeits- und Tätigkeitsfeldern; unter anderem Zuverlässigkeit, Genauigkeit und Ausdauer.
- *Methodenkompetenz:* zum Beispiel Fähigkeit zum selbstständigen Planen, Ausführen und Kontrollieren sowie Aneignen der dazu erforderlichen Informationen; Problemlösefähigkeit.
- *Sozialkompetenz:* Fähigkeit zur Zusammenarbeit und zum Umgang mit anderen, wie zum Beispiel Team-, Kooperations-, Kommunikations- und Kritikfähigkeit sowie Flexibilität.

Dieses Verständnis des Begriffs der Schlüsselqualifikationen liegt den weiteren Ausführungen zugrunde, wobei zu beachten ist, dass die genannten Kompetenzbereiche nicht nebeneinander bestehen, sondern hinsichtlich ihrer Zusammenhänge und Wechselwirkungen zu betrachten sind. Erst aus diesem Zusammenspiel lässt sich Handlungskompetenz entwickeln:

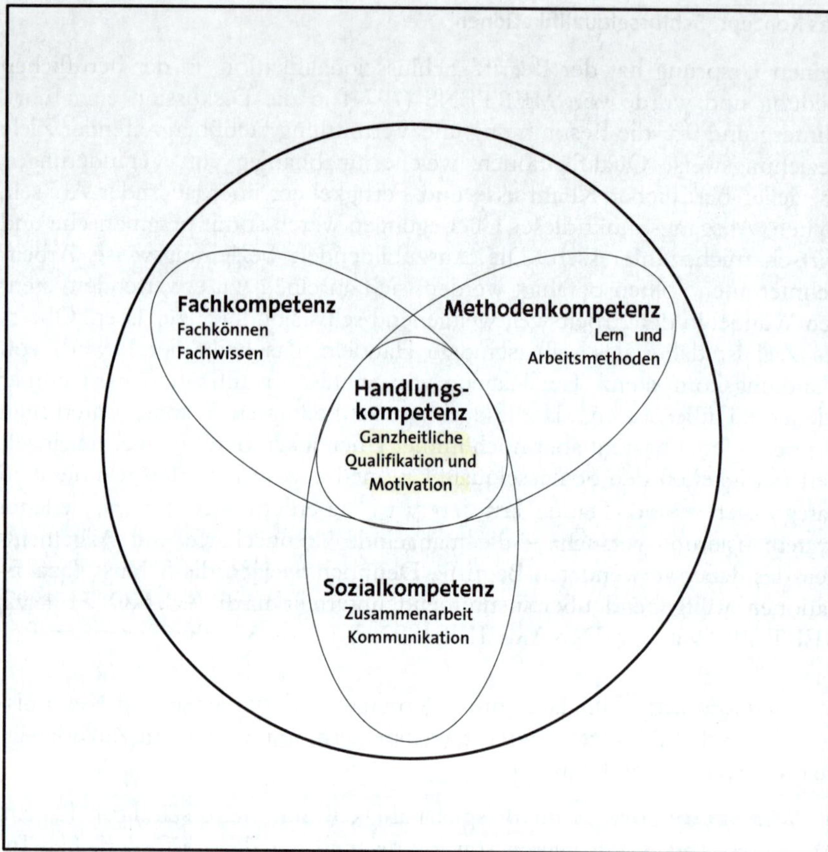

Abb. 2: Schlüsselqualifikationen und Handlungskompetenz (nach BUTSCH u.a. 1991, 41)

Der Begriff der Schlüsselqualifikation geht über den traditionellen Begriff der ‚Arbeitstugenden' hinaus, wobei KOCH auf seine grundlegende Bedeutung verweist: „Im Prinzip bezeichnen Schlüsselqualifikationen nichts anderes als die im Subjekt schlummernden allgemeinen Voraussetzungen von Denken und Tun. Auf unterschiedlichen Abstraktionsebenen fasst der Begriff die affektiven, kognitiven und sensumotorischen Fähigkeiten zusammen, die jeder Handlung inhärent sein müssen, sofern sie bewusste zielgerichtete Tätigkeit ist" (1992, 31).

Die Diskussion um Schlüsselqualifikationen wurde von Anfang an kontrovers geführt. Kritische Stimmen warnen davor, „eine schlüssel-qualifizierte Persönlichkeit zu idealisieren, deren wesentliche Eigenschaft darin besteht, jeder akuten Anforderung gerecht werden zu können" (SEVERING 1994, 74). Hintergrund solcher Idealisierungen könnte ein betrieblicher und arbeitsmarktpolitischer Bedarf beziehungsweise Wunsch nach universeller Einsetzbarkeit sein, wodurch erhebliche Weiterbildungsleistungen einzusparen wären. GEIßLER merkt dazu an: „Man investiert ins Humankapital im Sinne optimaler wirtschaftlicher Verwertung von Qualifikationsanstrengungen [...]. Es geht auch bei der betrieblichen Bildungsarbeit letztendlich [...] nicht primär um Bildung, es geht um Rendite" (Thesendiskussion ARNOLD–GEIßLER 1995, 29). ARNOLD hält dem entgegen, „dass es nicht nur einen Gegensatz, sondern auch eine Konvergenz zwischen betrieblichem Nutzen und individueller Bildung gibt" und führt aus, dass „nicht Anpassung an Technik und statische Arbeitsorganisation [...] Kennzeichen der Fabrik der Zukunft [ist, d. Verf.], sondern deren Gestaltung" (Thesendiskussion ARNOLD–GEIßLER 1995, 28).

Insgesamt wird – trotz des Fehlens einer einheitlichen ‚Theorie der Schlüsselqualifikationen' und unter Beachtung der genannten Kritikpunkte – hervorgehoben, dass durch das Konzept Schlüsselqualifikationen der Bildungsaspekt im allgemeinen und die Persönlichkeitsbildung im speziellen stärker in den Vordergrund betrieblicher Qualifizierung getreten sind (vgl. SEVERING 1994, 76; HACKER 1998, 772ff.). Dazu tragen die Methoden- und Sozialkompetenz sicherlich im besonderen Maße bei: „Die fachliche Qualifikation darf auch in Zukunft nicht vernachlässigt werden. Aber die Bereiche Methoden- und Sozialkompetenz werden relativ zur Fachkompetenz an Bedeutung gewinnen. Vor allem werden sie systematischer als bisher gefördert werden müssen. [...]. Methoden- und Sozialkompetenz bilden den Kern der Schlüsselqualifikationen" (MANNESMANN-DEMAG 1988, 11). Dabei gilt, dass Schlüsselqualifikationen nicht isoliert, sondern nur in der Fachpraxis und zwar möglichst in ganzheitlichen (Problem-) Situationen (mit den Phasen: Planen-Ausführen-Kontrollieren) zu vermitteln sind, das heißt sie sind anhand spezifischer Anforderungen im Arbeitsprozess zu konkretisieren.

Für die Ausbildung individueller und situationsadäquater Handlungskompetenz der Arbeitsuchenden im betrieblichen Alltag ist es daher im Bereich Unterstützter Beschäftigung von Bedeutung, dass die Integrationsberaterin nicht nur das Besondere beziehungsweise Aufgabenspezifische, sondern auch das Gemeinsame beziehungsweise Übergeordnete der jeweiligen (Einzel-) Tätigkeiten herausarbeitet (vgl. LAUR-ERNST 1983, 188f.). Die Anforderungsprofile sind deshalb auch daraufhin zu untersuchen, inwieweit

a) übergeordnete Qualifikationsmerkmale in ihnen enthalten sind beziehungsweise

b) übergeordnete Qualifikationsmerkmale an ihnen erlernt werden können.

Außerdem sind die Fähigkeitsprofile derart zu gestalten, dass sie möglichst differenzierte Aussagen über die jeweilige Ausprägung verschiedener fachübergreifender Qualifikationen enthalten. Aufbauend auf einem Profilvergleich ist dann eine gezielte Vermittlung beziehungsweise Aneignung entsprechender Kompetenzen möglich. Dabei wird davon ausgegangen, dass Schlüsselqualifikationen wie zum Beispiel selbstständiges Planen, Ausführen und Kontrollieren nicht nur auf Arbeitsplätzen mit relativ hohen Anforderungen, sondern auch bei so genannten Anlerntätigkeiten, das heißt in Arbeitssituationen unterschiedlicher Komplexitätsgrade, prinzipiell erforderlich sind (vgl. KOCH 1992, 92f.)[11]. Eine gewisse Ausnahme hiervon bilden Arbeits(teil-)prozesse, die der einzelne bereits als Routinetätigkeit ausführen kann und bei denen somit zumindest planerische Elemente nicht (mehr) direkt notwendig sind (vgl. HACKER 1998, 185).

Das Konzept ‚Handlungsorientierung'

KOCH (1992, 96) weist darauf hin, dass zur Vermittlung von Schlüsselqualifikationen ganzheitliche Methoden einzusetzen sind, die die fachlichen Inhalte der jeweiligen Tätigkeit in übergeordnete sachliche wie methodische Zusammenhänge einordnen und somit zu selbstständigem Handeln anregen. Entsprechende Konzepte berufen sich im allgemeinen auf handlungstheoretische Begründungen. Diese lehnen sich vor allem an die östliche Tätigkeitspsychologie (Leontjew, Wygotski, Galperin, Rubinstein), die westliche Entwicklungs- und Kognitionspsychologie mit ihrer Kritik an den Reiz-Reaktions-Modellen des Behaviorismus (Miller, Galanter, Pribham, Piaget, Aebli, Bruner) sowie die Motivationspsychologie (Heckhausen) an (vgl. FISCHER 1999, 75ff.). Dabei hat vor allem HACKER, insbesondere seit Beginn der siebziger Jahre, die verschiedenen Ansätze im Rahmen seiner Ausführungen zur Arbeitspsychologie unter dem Begriff ‚psychische Regulation von Arbeitstätigkeiten' zusammengeführt und weiterentwickelt (‚Theorie der Handlungsregulation')[12].

Danach wird die Arbeitstätigkeit als funktionelle Einheit motivationaler, willentlicher, kognitiver (wahrnehmen, speichern, abrufen) und motorischer Vorgänge verstanden (vgl. 1998, 63).

---

[11] Verschiedene Forschungs- und Erfahrungsberichte zur Unterstützten Beschäftigung bestätigen diese Annahme. Genannt werden zum Beispiel: selbstständiges Handeln, angemessenes Sozialverhalten, Zuverlässigkeit, Pünktlichkeit, Flexibilität und ‚Mitdenken-Können' (vgl. zum Beispiel SCHÖN 1993, 137; BUNGART 1997, 63; LANDSCHAFTSVERBAND WESTFALEN-LIPPE 1997, 34).

[12] Dabei sind Tätigkeiten auf drei Ebenen zu betrachten: Individuum, Gruppe und Organisation (ebd., 48).

Ohne hier die handlungstheoretischen Annahmen in ihrer Breite diskutieren zu können, sollen grundlegende Überlegungen in Anlehnung an das Konzept der ‚psychischen Handlungsregulation' von HACKER (1998) als Voraussetzung für das weitere Verständnis kurz skizziert werden[13]: Handeln wird als Prozess verstanden, durch den die Person auf ihre Umgebung einwirkt, wobei sich einzelne Handlungen (kleinste Einheiten von Tätigkeiten) immer als Teile größerer Handlungsgefüge bestimmen lassen. Dabei ist Handeln sowohl hierarchisch beziehungsweise heterarchisch (Ober- und Unterziele)[14] als auch sequentiell (Phasenabfolge) organisiert. Es wird davon ausgegangen, dass Arbeitstätigkeiten typischerweise willentlich-zielgerichtet und damit bewusste beziehungsweise bewusstseinsfähige Tätigkeiten sind, obwohl in ihnen Vorgänge enthalten sein können, die eher unmittelbar beziehungsweise ungerichtet wirken. Dabei sind einzelne Handlungen durch ihre jeweiligen (Teil-) Ziele, das heißt (Zwischen-) Ergebnisse, voneinander abgrenzbar. Für die Steuerung von Handlungen sind – neben motivationalen Aspekten[15] – gedankliche Pläne zu bilden, da angenommen wird, dass sowohl eine planerische Vorbereitung beziehungsweise Vorwegnahme (vor allem des Ergebnisses, aber auch des Handlungsablaufes und seiner relevanten Bedingungen) als auch die gedankliche Begleitung der Tätigkeit die praktische Ausführung optimiert[16].

---

13 Siehe auch: SEVERING 1994, 79ff.; VOLPERT 1980; OESTERREICH 1981.

14 In hierarchischen Anordnungen bestimmen übergeordnete Komponenten die untergeordneten Elemente. In heterarchischen Ordnungen bestehen (gleichwertige) Wechselwirkungen zwischen ihnen (relativ selbstständige Einheiten), weshalb derartige Anordnungen mehreren gleichartigen Zielen dienen können (ebd., 216 u. 221).

15 Dabei sind nach HACKER unter arbeitsgestalterischen Gesichtspunkten vor allem zwei Sachverhalte zu berücksichtigen, die zueinander in Wechselwirkung stehen: a) „die motivierenden Wirkungen (Motivationspotenziale) objektiver Tätigkeitsmerkmale einschließlich der Ausführungsbedingungen auf die Effektivität der Arbeit und auf Aktivitäten, die zur Persönlichkeitsentwicklung beitragen", sowie b) „die Bedürfnisse (Wünsche, Wertvorstellungen) der Arbeitenden gegenüber den konkreten Arbeitsprozessen" (ebd., 306f.).

16 HACKER beschreibt, dass die Handlungsregulation grundsätzlich auf drei Ebenen abläuft (ebd., 244): a) automatisierte Ebene, das heißt nicht bewußtseinsfähige Routinen und Bewegungsentwürfe; b) perzeptiv-begriffliche Ebene, das heißt bewußtseinsfähige Urteils- und Klassifikationsprozesse und c) intellektuelle Ebene, das heißt bewußtseinspflichtige kognitive Analyse- und Synthesevorgänge.

Durch die gedankliche Begleitung der Tätigkeit – im Sinne einer stetigen Kontrolle des gesamten Ablaufs bis zum Ende von Handlungsprozessen – werden fortlaufende Rückkoppelungen zwischen (Teil-) Zielen (Soll-Zustand) und einzelnen Handlungen, das heißt (Zwischen-) Ergebnissen (Ist-Zustand) aktiviert. Dies ermöglicht unter anderem auch Änderungen im Handlungsablauf, wobei es bei komplexen Prozessen notwendig ist, dass (Teil-) Ziele oder einzelne Handlungen zeitweise zurückgestellt werden können[17]. Durch ein derart reflexives Vorgehen werden grundlegende, das heißt von der konkreten Handlung mehr und mehr unabhängige, abstrakte (gedankliche) Operationen aufgebaut beziehungsweise weiterentwickelt (Aufbau übergeordneter Handlungsmuster)[18], wodurch Tätigkeiten im allgemeinen zunehmend effektiver zu steuern sind[19]. Handlungsorientierung ist somit nicht zu verwechseln mit rein praktischem Arbeiten, sondern meint stets, „dass praktisches Tun, Reflexion, Begriffsbildung und fachbezogene Erkenntnisgewinnung miteinander verzahnt werden“ (KLIPPERT 1991, 7).

In Anlehnung an die skizzierten theoretischen Grundlagen kann bei der Bewältigung von Aufgaben (zum Beispiel Aufträgen) beziehungsweise innerhalb von Handlungsprozessen vereinfachend nachstehende Phasenabfolge (‚Modell der vollständigen Tätigkeit‘) beschrieben werden (vgl. HACKER 1999, 54, 174 u. 249ff.; KOCH/SELKA 1991, 69ff.)[20].

---

17 Gewisse Gedächtnisleistungen sind somit elementare Voraussetzung zur Tätigkeitsregulation (ebd., 221).

18 HACKER verwendet hier den Begriff ‚tätigkeitsleitende beziehungsweise operative Abbildsysteme‘ (ebd., 186ff.).

19 HACKER merkt dazu an: „Aus dem reflexiven Bezug auf die eigene Tätigkeit entstehen wichtige Aspekte des Selbstbewusstseins der Individuen“ (ebd., 59).

20 Das Modell differenziert damit die bereits unter dem Begriff ‚Schlüsselqualifikationen‘ angesprochene Ganzheitlichkeit von Handlungsprozessen mit den Komponenten Planen-Ausführen-Kontrollieren.

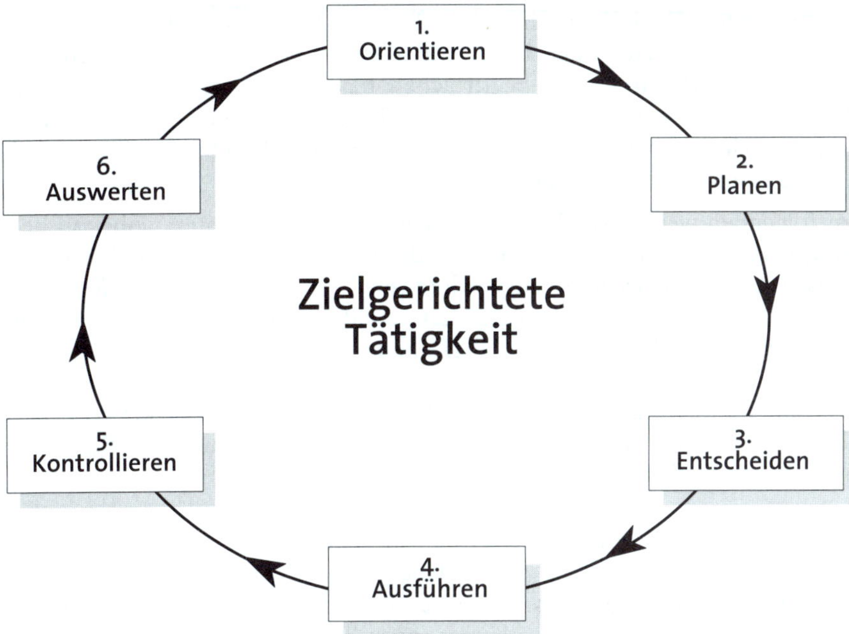

Abb. 3: Modell der vollständigen Tätigkeit[21]

Aufgrund von Aufträgen oder Aufgabenstellungen sind Ziele vorgegeben beziehungsweise können (je nach Handlungsspielraum) eigenständig aufgestellt werden, wodurch die Arbeitstätigkeit als ganzes ausgerichtet wird (zielgerichtete Tätigkeit). Dabei ist der ‚Sinngehalt' (oder Verwertungszusammenhang) der Tätigkeit – auch aufgrund individueller sowie gesellschaftlicher Werte und Normen – an dem sich anschließenden Aufbau des Handelns entscheidend beteiligt und sollte daher anhand der Aufgabenstellung erkennbar beziehungsweise vermittelbar sein (HACKER 1998, 62 u. 585). In diesem Zusammenhang ist zu beachten, dass „Arbeitsteilung und -kombination [...] nicht nur Anforderungsvielfalt und Tätigkeitsspielraum [bestimmen, d. Verf.], sondern auch, ob und welche Anforderungen an die Kooperation [zum Beispiel Teamarbeit, d. Verf.] und die tätigkeitsbezogene Kommunikation entstehen" (ebd., 139). Dabei ist darauf hinzuweisen, dass ‚Sprache' bei der psychischen Regulation von Arbeitstätigkeiten insgesamt

21 Neben den genannten Phasenkomponenten sind vollständige Tätigkeiten vor allem gekennzeichnet durch: a) ausreichende Tätigkeitsanforderungen, die die vorhandenen Qualifikationen des Arbeitnehmers beachten, erhalten und erweitern sowie zumindest zum Teil intrinsische Motivationspotenziale; b) Kooperations- und Lernmöglichkeiten und c) Handlungsspielraum (vgl. HACKER 1998, 252f.; vgl. ‚lernförderliche Arbeitsstrukturen').

eine besondere Funktion erfüllt (ebd., 25ff. u. 747ff.). Es wird davon ausgegangen, dass ‚innere' oder laute Verbalisierungen von Handlungen der Bewusstmachung, das heißt begrifflichen Fassung relevanter Sachverhalte dienen und damit zu einem tieferen Verständnis von Arbeitsprozessen führen. Verbalisierungen – in Form von Fragen oder Beschreibungen – sind daher in allen Phasen nutzbar[22].

Im folgenden werden die Phasenelemente einzeln betrachtet, wobei zu berücksichtigen ist, dass es sich um eine idealtypische Abfolge handelt. Da die Phasen eher heterarchisch angeordnet sind, ist nicht nur von Wechselwirkungen zwischen ihnen auszugehen, sondern auch von einer gewissen Parallelität (zum Beispiel bei neuen Teiltätigkeiten, die sich aus dem aktuellen Handeln heraus notwendiger Weise ergeben) beziehungsweise ‚Verzahnung' einzelner oder mehrerer Elemente, in Abhängigkeit von der Komplexität der Tätigkeit. Das Modell eignet sich daher auch zur Beschreibung von Teiltätigkeiten:

1. Orientieren: Eine Orientierung erfolgt in erster Linie über die Aufgabenstellung (Auftrag), die dabei zu erzielenden (Zwischen-) Ergebnisse (Ziele) sowie die Ausführungsmöglichkeiten und –bedingungen. Insgesamt findet somit eine hinreichende Sammlung notwendiger Informationen zur Ausübung der Tätigkeit statt. Wichtig ist daher eine eindeutige Formulierung der Aufgabe. Grundlegende Anforderungen in dieser Phase sind zum Beispiel Auffassungs- und Vorstellungsvermögen sowie das Herstellen des Bezugs zu bereits bekannten Inhalten und bestehenden Kompetenzen. Unterstützungen können zum Beispiel bei der Informationsbeschaffung oder zur Vergegenwärtigung von (Zwischen-) Ergebnissen geleistet werden.

2. Planen: Zentral ist hier die konkrete Ableitung (Vorwegnahme) von (zumindest vorläufigen, je nach Komplexität eher noch allgemeineren) Teilzielen und Handlungsschritten. Der Arbeitsweg ist in seiner (logischen beziehungsweise sinnvollen) Abfolge (weitestgehend) festzulegen, wobei auch mögliche Varianten bedacht und bestimmt werden können. Dabei sind notwendige Arbeitsmittel, zu beachtende Ausführungs- beziehungsweise Bedienungshinweise sowie erforderliche Kooperationen mit Kollegen beziehungsweise Abteilungen oder auch der Zeitaufwand pro Arbeitsschritt zu berücksichtigen. Eine wichtige Anforderung in dieser Phase ist – neben dem

22 HÖPFNER (1993, 117) berichtet, dass sich in der Praxis das ‚laute Sprechen' jedoch als schwierig erweist, da es sehr auffällig ist und somit in der Regel abgelehnt wird. Er berichtet jedoch vom erfolgreichen Einüben ‚inneren Sprechens' bei Personen, die die steuernde Funktion von Sprache zu wenig nutzten.

Vorstellungsvermögen – die Arbeits- beziehungsweise Handlungsplanung (Problemlösefähigkeit).

Zur Unterstützung können unter anderem schriftlich (und/oder bildlich) fixierte Arbeitspläne erstellt werden, die zum Beispiel folgende Aspekte beinhalten:

Arbeitsschritte	Arbeitsmittel	Ausführungshinweise	Kooperationen	Zeitaufwand

Abb. 4: Arbeitsplan

3. Entscheiden: Nach der Planung ist letztendlich eine Entscheidung über das konkrete und zweckmäßige Vorgehen zu treffen. Sollten hierbei noch relevante Kenntnislücken bestehen, sind diese weitestgehend zu schließen. Liegen mehrere Ausführungsvarianten (je nach Handlungsspielraum) vor, können als Entscheidungskriterien sowohl das Verhältnis von Aufwand und Nutzen, als auch von Anforderungen und eigener Leistungsfähigkeit herangezogen werden. Eventuell ist hier auch eine Abstimmung mit beteiligten Kolleginnen notwendig. Wichtige Anforderungen sind neben der Fähigkeit zur Bildung und Beachtung von Entscheidungskriterien somit auch sozialkommunikative Kompetenzen (zum Beispiel Kritik geben beziehungsweise empfangen), die insbesondere bei Gruppen- beziehungsweise Teamarbeit auch im weiteren relevant sind. Unterstützungen können zum Beispiel bei der Bildung und Nutzung von Entscheidungskriterien sowie dem Umgang mit Kritik gegeben werden.

4. Ausführen: Hier geht es um die Umsetzung der geplanten Arbeitsschritte, das heißt erforderlich ist – neben manuellen Fertigkeiten – insbesondere eine handlungsbegleitende Rückkoppelung zwischen Planung (Soll-Zustand) und Ausführung (Ist-Zustand). Dies beinhaltet kontrollierende Prozesse, die somit nicht ausschließlich in der nächsten Phase, sondern prinzipiell während des gesamten Handlungsablaufes notwendig sind. Wichtig ist auch der verantwortliche Umgang mit den eingesetzten Arbeitsmitteln. Daneben sind bei der praktischen Ausführung insbesondere Sorgfalt beziehungsweise Genauigkeit, Ausdauer und Zuverlässigkeit gefordert. Unterstützungen können zum Beispiel bei der motorischen Koordination oder den Soll-Ist-Vergleichen (Aufstellen und Beachten von Vergleichskriterien) erfolgen.

5. Kontrollieren: Es wurde bereits erwähnt, dass das Kontrollieren in Form von Rückkoppelungen eine stetige Anforderung innerhalb der Handlungsregulation ist und deshalb nicht ausschließlich einer einzelnen Phase zuzuordnen ist. Hier soll jedoch im engeren Sinne die Kontrolle von Zwischen- beziehungsweise Endprodukten angesprochen sein. Dabei kann eine Orientierung anhand vorgegebener Maßstäbe aufgrund der Aufgabenstellung und/oder von in der Planungsphase festgelegten Erfolgskriterien (zum Beispiel im Rahmen von Zielbestimmungen) stattfinden. Das Kontrollieren kann eine Gegenüberstellung von Selbst- und Fremdbewertung beinhalten, so dass eine vertiefende Sicht auf die Beurteilungsprozesse möglich ist. Eine wichtige Anforderung ist somit die kritische Kontrolle von Ergebnissen, wobei Unterstützungen beim Erstellen beziehungsweise Anwenden von Beurteilungsmaßstäben stattfinden könnten.

6. Auswerten: Dieser Aspekt ist eng mit der vorangehenden Phase verknüpft. Er erfüllt insofern eine eigenständige Funktion, da insbesondere die Einarbeitung in neue beziehungsweise ungewohnte Tätigkeiten mit einer Auswertung des gesamten Handlungsablaufes abgeschlossen werden sollte. Daher ist zu prüfen, welche Tätigkeitsanteile bereits hinreichend beherrscht werden und welche noch nicht, wobei in letzterem Fall die Gründe zu erkunden sowie zu analysieren sind. Auch hier ist eine Gegenüberstellung von Selbst- und Fremdbeurteilung möglich. Eine Auswertung ist natürlich auch bezogen auf Teilprozesse denkbar und unter Umständen sinnvoll. Wichtige Anforderungen sind wiederum kritische Kontrolle (gezielte Fehlersuche), sowie sozial-kommunikative Kompetenzen. Eine Unterstützung könnte durch eine Veranschaulichung der Beurteilungsprozesse erfolgen.

Die beschriebenen Phasen sind prinzipiell ebenso Bestandteil von Anlerntätigkeiten, wenn auch (wahrscheinlich) auf einem einfacheren Niveau. Insbesondere bei der Einarbeitung sind die spezifischen Anforderungen in den einzelnen Phasen zuerst einmal neu zu bewältigen. Sollte die Tätigkeit jedoch auf Dauer (aufgrund fehlenden Gestaltungsspielraumes) weitgehend routiniert auszuführen sein, ist schließlich zu prüfen, ob damit ständige Unterforderungen einhergehen und deshalb mittel- beziehungsweise langfristig die Motivation der Arbeitnehmerin und damit auch die Produktivität zurückgeht. In diesem Fall sollten entsprechende Umstrukturierungen der Tätigkeit (vgl. ‚lernförderliche Arbeitsstrukturen') beziehungsweise ein Wechsel in Betracht gezogen werden. Letztendlich sind diese Fragen aber nur individuell zu klären, da – wie bereits erwähnt – das Anforderungs- beziehungsweise Lernpotenzial der Tätigkeit (neben betrieblichen Bedingungen) auch vom Qualifikationsprofil der Arbeitnehmerin abhängig ist. Außerdem sind die jeweiligen Interessen und Wünsche der Arbeitnehmerinnen zu beachten, da unter Umständen eine stark routinierte Tätigkeit durchaus den Bedürfnissen einzelner Personen entsprechen kann.

Das ‚Modell der vollständigen Tätigkeit' ist aufgrund des strukturierten Aufbaus geeignet, Prozesse der betrieblichen Einarbeitung und Weiterbildung sowohl zu analysieren als auch zu gestalten. Die Anleitung beziehungsweise Unterweisung der Arbeitnehmerin ist dabei anhand der verschiedenen Phasen vorzunehmen. Aus diesem Grund sollte die Integrationsberaterin (oder betriebliche Anleiterin) – vor allem durch Beobachtung am Arbeitsplatz – prüfen, inwieweit sich die einzelnen Phasenelemente in der Arbeitstätigkeit wiederfinden und inwiefern die Arbeitnehmerin die damit verbundenen Anforderungen beherrscht. Aufbauend auf den damit – sowohl von Anleiterin als auch Arbeitnehmerin – erworbenen Kenntnissen von bestehenden und noch zu erlernenden Kompetenzen kann anschließend der spezifische Anleitungsbedarf ermittelt werden, so dass entsprechende Unterstützungen in Art und Umfang gezielt einzusetzen sind. Dabei ist insbesondere ein reflexives Vorgehen der Arbeitnehmerin hervorzuheben. Die Intensität der Anleitung ist letztendlich abhängig vom jeweiligen Grad der Passung zwischen Anforderungen und Fähigkeiten, den betrieblichen Bedingungen (zum Beispiel lernförderliche Arbeitsstrukturen) sowie den individuellen Lern- und Entwicklungsvoraussetzungen der Arbeitnehmerin.

Obwohl HACKER die „unaufhebbare Einheit von kognitiven und motivationalen einschließlich emotionalen Vorgängen" (1998, 56) betont, kritisiert FISCHER (1999, 203) die weitgehend geringe Beachtung affektiver Grundlagen, die keinen unmittelbaren Bezug zur konkreten Arbeitstätigkeit haben. In Anlehnung an die Affektlogik von CIOMPI (1997) weist FISCHER (1999, 231ff.) – insbesondere für den Personenkreis psychisch erkrankter Menschen – auf die Bedeutung emotionaler Aspekte innerhalb beruflicher Rehabilitationskonzepte hin. Emotionen wie zum Beispiel Ängste oder Unsicherheiten können aber nicht nur bei psychisch erkrankten Personen die betriebliche Integration gefährden. Anzunehmen ist, dass Arbeitsuchende oftmals zumindest unsicher im Hinblick auf ihre neuen beruflichen Perspektiven sowie die damit verbundenen Anforderungen sind. Daneben können sich auch nach erfolgreicher Vermittlung (zum Beispiel bei Tätigkeitsveränderungen) vergleichbare Befürchtungen erneut einstellen. Insgesamt werden in affektlogischen Konzepten enge Beziehungen zwischen Fühlen und Denken angenommen (ebd., 237f.), wobei Affekte unter anderem:

- Denken beschleunigen (zum Beispiel Euphorie) oder verlangsamen (zum Beispiel Niedergeschlagenheit),
- Aufmerksamkeit und Wahrnehmung steuern,
- Zugänge zum Gedächtnis bestimmen,
- Sinneseindrücke filtern und kanalisieren sowie
- die Hierarchie des Denkens bestimmen können.

In der folgenden Übersicht sollen – ohne Anspruch auf Vollständigkeit – unter Berücksichtigung affektlogischer Bezüge abschließend die zentralen Kriterien beziehungsweise Prinzipien einer an handlungstheoretischen Modellen orientierten Einarbeitung (beziehungsweise Weiterbildung) zusammengefasst werden. Sie bieten damit – neben dem ‚Modell der vollständigen

‚Tätigkeit' – eine Orientierungshilfe zur Bestimmung und Gestaltung handlungsorientierten Vorgehens am Arbeitsplatz.

Oberstes Ziel ist dabei die Entwicklung von Handlungskompetenz:

Kriterien und Prinzipien einer handlungsorientierten Einarbeitung (und Weiterbildung) am Arbeitsplatz	
• zielgerichtete Tätigkeit (Produktorientierung)	• Berücksichtigung individueller Motive, Werte und Normen
• Ganzheitlichkeit: Planen-Ausführen-Kontrollieren	• Möglichkeit zur Kooperation und Kommunikation
• Verständlichkeit und Eindeutigkeit der Aufgabenstellung	• schrittweises Aneignen komplexer Sachverhalte
• objektiver und subjektiver Sinngehalt beziehungsweise Verwertungszusammenhang	• Orientierung an den individuellen Stärken
• transparenter und strukturierter Handlungsablauf	• Berücksichtigung individueller Lern- und Entwicklungsvoraussetzungen (zum Beispiel Lerntempo)
• Rückkoppelungen durch (fortlaufenden) Soll-Ist-Vergleich	• Verbalisierung von Handlungsprozessen
• Reflexivität in Handlungsprozessen	• individuelle Arbeits- und Lernhilfen
• Einheit von Denken, Fühlen und Handeln	• Anregungspotenziale für selbstständiges Handeln
	• lernförderliches Arbeitsklima

Abb. 5: Kriterien und Prinzipien handlungsorientierten Vorgehens im Betrieb

Ein handlungsorientiertes Vorgehen bei der betrieblichen Einarbeitung bedeutet nicht, traditionelle Methoden der Arbeitsunterweisung, wie zum Beispiel die 4-Stufen-Methode oder das analytische Unterweisungsverfahren (vgl. REFA 1991, 137ff.), von vorne herein auszuschließen. Da unter dem Begriff ‚Handlungsorientierung' verschiedene methodische Ansätze zusammengefasst sind (vgl. SEVERING 1994, 111ff.), kann es zum Beispiel in Abhängigkeit von spezifischen Zielsetzungen sinnvoll sein, auch traditionelle Verfahren einzubeziehen. Letztendlich ist das Ausmaß handlungsorientierten Vorgehens wesentlich von den üblichen betrieblichen Anleitungsmethoden und der Bereitschaft des Betriebes abhängig, entsprechende Gestaltungsspielräume zu gewähren. Insgesamt ist somit die oft angeführte beziehungsweise beschworene ‚Methodenvielfalt' gefordert, wobei handlungsorientierte Strategien aufgrund ihrer Vielfalt und Variabilität sicherlich grundlegende Voraussetzungen für die Initiierung von betrieblichen Arbeits-, Lern- und Bildungsprozessen bieten (vgl. FISCHER 1999, 251). Zur Umsetzung handlungsorientierter Konzepte sind schließlich – neben den beschriebenen Aspekten – Rolle und Funktion der dabei anleitenden beziehungsweise begleitenden Personen zentral. Darauf wird bei der folgenden Darstellung von ‚Coaching-Konzepten' näher eingegangen.

(Job-) Coaching - Ein Konzept aus der Personalentwicklung[23]

Die (externe) personelle Unterstützung am Arbeitsplatz wird im Konzept von Supported Employment *Job-Coaching* genannt. Supported Employment hat sich in den USA als ein auf die Grundrechte bezogener Ansatz entwickelt. Nicht caritative Intentionen, sondern die gleichberechtigte Teilhabe von Menschen mit Behinderung an allen gesellschaftlichen Lebensbereichen sind Ausgangspunkt für die entstandenen Konzepte. Entsprechend wurde für die Entwicklung des Konzeptes von Supported Employment auf Ansätze zurückgegriffen, die in den gesellschaftlichen Lebensbereichen ‚normaler Weise' vorzufinden sind. So lag es nahe, die Unterstützung von Menschen mit Behinderung in regulären Arbeitsverhältnissen als Job-Coaching zu bezeichnen. Der Begriff *Coaching* hat in den USA eine bis ins letzte Jahrhundert zurück reichende Tradition. So wurden Personen, die an Universitäten andere auf Prüfungen, spezielle Aufgaben oder sportliche Wettbewerbe vorbereiteten, als ‚Coach' bezeichnet. Besondere Popularität und Anerkennung hat der Begriff Coaching im Sport. Hier bedeutet Coaching die Beratung, Betreuung und Motivierung von Leistungsportlerinnen vor und während des Wettkampfes. Besonders aber wurde mit der Bezeichnung Job-Coaching in Supported Employment ein unternehmensorientierter Trend aufgegriffen, der sich in den 80er Jahren in der Personalentwicklung von Unternehmen durchsetzte. Hier wurde Coaching zunächst als entwicklungsorientiertes Führen von Mitarbeiterinnen durch Vorgesetzte verstanden, das zum einen auf die Verbesserung der fachlichen Kompetenz, der Motivation und der Leistungen der Mitarbeiterinnen ausgerichtet ist, zum anderen die Integration neuer Mitarbeiterinnen in das Unternehmen erleichtert und diese mit den Werten, Normen und Ritualen des Unternehmens vertraut machen soll. Coaching im Sinne entwicklungsfördernder Maßnahmen ist heute in den USA in 50% der Unternehmen fester Bestandteil im Konzept der Personalentwicklung (vgl. RAUEN 1996).

---

23 Eine ausführliche Darstellung der Entwicklung und des Verständnisses von ‚Job-Coaching' in Unterstützter Beschäftigung ist nachzulesen in PUTZKE/KLÜSSENDORF 1999.

Im deutschsprachigen Raum wird der Begriff Job-Coaching eher in Verbindung gebracht mit einem besonderen Unterstützungsbedarf von Menschen mit Lernschwierigkeiten am Arbeitsplatz, denn mit einem unternehmensorientierten Coaching-Begriff. Dies liegt zum einen daran, dass Coaching sich in der Bundesrepublik weitestgehend zu einer organisationsexternen Beratungsdienstleistung für einzelne Managerinnen in Spitzenpositionen entwickelt hat. Zwar finden Coaching-Konzepte inzwischen auch Anwendung auf mittlere Positionsebenen (zum Beispiel Meisterinnen in gewerblichen Bereichen) und es sind vielfältige Coaching-Variationen (internes und externes Coaching, Einzel- und Gruppencoaching, Systemcoaching etc.) entstanden. Eine Entwicklung wie in den USA ist jedoch nicht zu verzeichnen.

Eckpunkte des Job–Coachings in Unterstützter Beschäftigung

Das verbreitete Verständnis von Job-Coaching als ein Konzept für Menschen mit Lernschwierigkeiten basiert auf der Entwicklung von Supported-Employment-Projekten. Erste europäische Vorbilder, wie zum Beispiel das Open Road Projekt in Irland, arbeiteten mit ehrenamtlichen Unterstützerinnen (Rentnerinnen, Hausfrauen etc.) die das Job-Coaching am Arbeitsplatz übernahmen. Konzepte dieser Art sind heute vor dem Hintergrund zu betrachten, dass es sich hier um erste Pilotprojekte handelt, deren Zielsetzung es war, ein neues Konzept zu etablieren. Die Initiatorinnen dieser Projekte sind in der Anfangsphase stets auf wenig Akzeptanz gestoßen und mussten oftmals fehlende Finanzierungsmöglichkeiten zum Beispiel durch ehrenamtliche Arbeit ergänzen. Des weiteren gingen erste Ansätze von Supported Employment davon aus, betriebliche Integration von Menschen mit Behinderung ließe sich in erster Linie durch hundertprozentige Arbeitsleistungen herstellen. Entsprechend wurde die Rolle eines externen Job-Coaches unter anderem in der Kompensation möglicher Leistungsminderung gesehen. Diese Vorstellung aus der Anfangsphase von Unterstützter Beschäftigung hat sich in der Praxis nicht beziehungsweise nur bedingt bestätigt. Weder in der aktuellen Literatur noch in der Praxis auf nationaler und internationaler Ebene wird heute der Ansatz vertreten, Arbeitsleistungen von Arbeitnehmerinnen mit Behinderung durch den Einsatz externer Job-Coaches auf hundert Prozent zu ergänzen. Erfolgreiche berufliche Integration ist nicht an 100%iger Arbeitsleistung zu messen oder durch sie zu garantieren.

Das aktuelle Verständnis von *Job-Coaching* – im Sinne einer Unterstützung und Beratung des betrieblichen Integrationsprozesses – knüpft an Coaching-Konzepte an, die sich in der Personalentwicklung etabliert haben.

In Anlehnung an diese Konzepte lassen sich für das Job-Coaching in Unterstützter Beschäftigung folgende Eckpunkte zusammenfassen:

- Coaching ist ein personenzentrierter Beratungs- und Unterstützungsprozess,
- im Vordergrund steht die berufliche Rolle und Entwicklung der Arbeitnehmerin,
- Coaching-Maßnahmen bieten Hilfe bei der Einführung in das neue Unternehmen und bei der Verbesserung der Leistungsfähigkeit, der Erweiterung beziehungsweise Flexibilisierung der Handlungskompetenzen,
- Coaching-Maßnahmen stehen im konkreten Bezug zur Unternehmenswirklichkeit, das heißt bestehende Organisationsstrukturen werden akzeptiert, auch rein (betriebs-) wirtschaftliche Leistungsziele werden verfolgt,
- Coaching ist keine rein situationsbezogene Maßnahme (zum Beispiel Krisenintervention), sondern wirkt auch präventiv auf Prozesse ein, die zu Problemen führen können und unterstützt positiv verlaufende Prozesse, um diese zu fördern und zu stabilisieren,
- die Bearbeitung von Problemen erfolgt zielorientiert,
- persönliche Bereiche der unterstützten Personen werden einbezogen, sofern diese den beruflichen Bereich beeinflussen, das heißt auch, dass unter Umständen das private Umfeld einbezogen wird,
- Coaching ist nicht auf schwerwiegende psychische Probleme ausgerichtet, das heißt hier wird auf andere Dienstleistungsanbieter verwiesen,
- Ziel des Coachings ist die Hilfe zur Selbsthilfe und zur Selbstverantwortung,
- Inhalte und Ablauf des Coachings werden gemeinsam von den Beteiligten festgelegt,
- Coaching verlangt psychologische, pädagogische und betriebswirtschaftliche Kenntnisse, um die Beteiligten fundiert unterstützen zu können.

Anforderungen an die Integrationsberaterin und ihre Rolle

Gerade zu Beginn eines unterstützten Arbeitsverhältnisses kommen der Integrationsberaterin beziehungsweise dem Job-Coach unterschiedliche Rollen und Funktionen zu. Sie berät und unterstützt sowohl die vermittelte Arbeitnehmerin als auch das Unternehmen und dessen Mitarbeiterinnen und gegebenenfalls Personen aus dem sozialen Umfeld der Arbeitnehmerin.

Sie ist für alle am Integrationsprozess Beteiligten die zentrale Ansprechpartnerin, die zwischen den unterschiedlichen Erwartungen, Motiven, Hoffnungen, Interessen, Leistungsvorstellungen und Wertmaßstäben vermittelt und moderiert (vgl. HAMBURGER ARBEITSASSISTENZ 1995). In der Einarbeitungsphase übernimmt sie neben der Moderations- und Mittlerrolle bei Bedarf und beruflicher Fachkompetenz auch die Rolle der Anleiterin. Um den Beteiligten adäquate und die jeweils notwendige Unterstützung anbieten zu können, muss die Integrationsberaterin

- die Betriebskultur und betriebliche Sensibilitäten erfassen,
- betriebliche Anforderungen und Erwartungen konkretisieren,
- Diskrepanzen zwischen betrieblichen Anforderungen und individuellen Fähigkeiten analysieren,
- auf Unterstützungsbedarf der Arbeitnehmerin und der betrieblichen Mitarbeiterinnen reagieren,
- Gestaltungsmöglichkeiten des Arbeitsplatzes und Veränderungsmöglichkeiten der Arbeitsanforderungen identifizieren,
- Unsicherheiten und Berührungsängste von Kolleginnen wahrnehmen,
- erste betriebliche Unterstützungspersonen gewinnen,
- Prioritäten für die Unterstützung setzen können.

Insbesondere in der ersten Phase der betrieblichen Integration hat die Integrationsberaterin für alle Beteiligten eine starke Vorbildfunktion, zum Beispiel bezogen auf den Umgang und die Kommunikation miteinander oder auch in der Art der Anleitung. Im Verhältnis zur unterstützten Arbeitnehmerin, zu Vorgesetzten und Kolleginnen muss sie eine angemessene Balance finden – oder den Spagat schaffen – zwischen

- Partnerschaftlichkeit und professioneller Distanz,
- Präsenz und Wachheit, gleichzeitig aber zurückhaltend im ‚Hintergrund' agieren,
- notwendiger Unterstützung und Vermeidung einer ‚Sonderrolle' der Arbeitnehmerin,
- Rückenstärkung für die unterstützte Arbeitnehmerin und die Vertretung betrieblicher Erfordernisse und Erwartungen.

Die Fachdienstmitarbeiterin wird in dieser Phase sowohl das Fähigkeitsprofil der Arbeitnehmerin als auch das Anforderungsprofil des Arbeitsplatzes immer mehr ausdifferenzieren, um den erforderlichen Unterstützungs-

und Qualifizierungsbedarf zu konkretisieren und gemeinsam mit der Arbeitnehmerin und dem Betrieb Unterstützungs-, Einarbeitungs- und Qualifizierungspläne zu entwickeln.

Handlungsebenen und Inhalte des Job–Coachings

Im Mittelpunkt der Unterstützung des beruflichen Integrationsprozesses stehen die vermittelte Arbeitnehmerin, das einstellende Unternehmen und dessen Mitarbeiterinnen. Sofern es für einen positiven Verlauf des Integrationsprozesses erforderlich ist, wird das private Umfeld der Arbeitnehmerin einbezogen.

Unterstützte Arbeitnehmerin

Die vermittelte Arbeitnehmerin wird von der Integrationsberaterin unterstützt, ihre Fähigkeiten und Kompetenzen so einzusetzen und zu erweitern, wie es der neue Arbeitsplatz erfordert. Dies kann je nach individuellen Erfordernissen folgende Unterstützung beinhalten:

- Unterstützung bei der Orientierung am Arbeitsplatz (räumlich, zeitlich, organisatorisch, strukturell),
- Unterstützung bei der (Weiter-) Entwicklung fachlicher Kompetenzen (auch: betriebliche Standards, Sorgfalt, Arbeitstempo),
- Unterstützung bei der (Weiter-) Entwicklung sozialer Kompetenzen, zum Beispiel Einfinden in Betriebskulturen, Umgang mit Kolleginnen und Hierarchien, Erweiterung der Kommunikationsfähigkeit,
- Unterstützung bei der (Weiter-) Entwicklung anderer übergeordneter Fähigkeiten wie zum Beispiel Pünktlichkeit, Regelmäßigkeit, Ausdauer, Flexibilität, Eigenverantwortlichkeit, Kritikfähigkeit,
- Unterstützung bei der Erweiterung des Handlungsrepertoires, der Wahrnehmungs- und Beurteilungskompetenzen etc.,
- Psycho-soziale Beratung und Unterstützung im Umgang mit Krisen und Konfliktsituationen am Arbeitsplatz (auch: Motivationseinbrüche und ähnliches),
- Beratung und Unterstützung bei Problemen im privaten Bereich, die Auswirkungen auf die Leistungen am Arbeitsplatz haben.

Die Beratung und Unterstützung zielt dabei auf Hilfe zur Selbsthilfe, das heißt die Fähigkeiten und Potenziale der unterstützten Arbeitnehmerin als

Expertin in eigener Sache sollen aktiviert und gefördert werden. Die Integrationsberaterin

- bietet keine fertigen Lösungen, sondern sucht gemeinsam mit der Arbeitnehmerin Wege, wie mit schwierigen Situationen oder mit (neuen) Anforderungen umgegangen werden kann,
- fördert die Fähigkeiten der Arbeitnehmerin zur Selbstreflexion, zum Beispiel durch Auseinandersetzung mit (problematischen) Interaktions- und Kommunikationssituationen, der beruflichen Rolle etc.,
- unterstützt die Arbeitnehmerin bei der Erweiterung ihrer Bewältigungsstrategien, zum Beispiel in Stress- oder Konfliktsituationen, im Umgang mit Leistungs- oder Motivationsblockaden, und
- fördert die Fähigkeiten der unterstützten Arbeitnehmerin, sich selbst Hilfe zu organisieren, zum Beispiel personell durch Kolleginnen oder durch Wissen, wo sie etwas nachlesen kann.

Unterstützung des Unternehmens

Allein die Bereitschaft eines Unternehmens, eine Arbeitnehmerin mit Behinderung einzustellen, ist kein Garant für einen erfolgreichen betrieblichen Integrationsprozess. Betriebliche Ansprechpersonen müssen gewonnen werden, betriebliche Mitarbeiterinnen sind ebenfalls für Unterstützungsaufgaben zu qualifizieren. (Verdeckte) Ansprüche und Erwartungen, aber auch Unsicherheiten und stereotype Vorstellungen sind zu thematisieren und gegebenenfalls zu modifizieren (vgl. HAMBURGER ARBEITSASSISTENZ 1995, 75). Dabei beziehen sich die Beratungs- und Unterstützungsleistungen im Unternehmen nicht nur auf die Führungs- und Entscheidungsebene, sondern auch auf die Vorgesetzten und Kolleginnen. Sie sind darauf ausgerichtet, die betrieblichen Integrationspotenziale zu fördern, kollegiale Unterstützung zu nutzen und weiterzuentwickeln, Veränderungsmöglichkeiten der Arbeitsplatzanforderungen aufzuzeigen, Bedürfnisse und Entwicklungsmöglichkeiten der Arbeitnehmerin transparent zu machen sowie die betriebliche Akzeptanz zu fördern. Ziel ist, dass die Integration der neuen Arbeitnehmerin für das Unternehmen sowohl unter ökonomischen als auch sozialen Gesichtspunkten gelingen kann. Dabei kann die Unterstützung durch den Fachdienst entsprechend den Erfordernissen im jeweiligen Unternehmen folgendes beinhalten:

- Informationen und Beratung über finanzielle Zuschüsse, Möglichkeiten der Arbeitsplatzausstattung und ähnliches,
- Hilfe bei der Abwicklung verschiedener Anträge, auch die Herstellung der Kontakte zu den entsprechenden Trägern der beruflichen Reha-

bilitation, wie zum Beispiel den Beraterinnen des Arbeitsamtes oder der (Haupt-) Fürsorgestelle,

- Beratung und Unterstützung in der Einarbeitungsphase, zum Beispiel durch Erstellen von Einarbeitungs- und Qualifizierungsplänen, personelle Unterstützung bei der Einarbeitung,
- Beratung von Kolleginnen und Vorgesetzten zum Beispiel bei der Anleitung,
- Beratung und Unterstützung bei der sinnvollen Gestaltung der Arbeitsplatzanforderungen, um durch ‚Passgenauigkeit' von Anforderungen und Fähigkeiten für beide Seiten zufriedenstellende Arbeitsleistungen zu erzielen sowie Über- und Unterforderung zu vermeiden,
- Beratung und Unterstützung bei der Erweiterung der betrieblichen Integrationspotenziale zum Beispiel durch den Aufbau unternehmensinterner Unterstützungsstrukturen oder die Identifizierung, Einbeziehung und Beratung betrieblicher Unterstützungspersonen etc.,
- regelmäßige Kontakte zum Betrieb,
- schnelle und unbürokratische Beratung und Unterstützung in Konflikt- und Krisensituationen,
- gegebenenfalls Unterstützung für eine konfliktarme Beendigung des Arbeitsverhältnisses bei unüberwindbaren Problemen.

Einbeziehung des privaten Umfeldes

Der Übergang auf den allgemeinen Arbeitsmarkt ist für die Arbeitnehmerin in der Regel mit Veränderung der privaten Lebenssituation verbunden. Umgekehrt können sich private Umstände auf den Prozess der beruflichen Integration auswirken. Die Integrationsberaterin kann dementsprechend den privaten Bereich der Arbeitnehmerin nicht ignorieren und muss bei Bedarf entsprechende Unterstützung anbieten und gegebenenfalls andere Anbieterinnen von Hilfen und Beratung hinzuziehen. Auf Partnerschaften, Familien, Wohngruppenalltag etc. kann die neue Arbeitssituation der vermittelten Arbeitnehmerin Auswirkungen haben, die möglicherweise zu Konflikten führen. Damit diese Auswirkungen sich nicht kontraproduktiv auf den Integrationsprozess auswirken, kann es notwendig sein, die entsprechenden Personen in das Beratungs- und Unterstützungskonzept einzubeziehen. Konfliktsituationen im privaten Umfeld durch die Arbeitsaufnahme können zum Beispiel entstehen, wenn

- die Aufnahme eines neuen Arbeitsverhältnisses zu Statusverlusten oder starken Veränderungen des Tagesablaufs bei Familienmitgliedern oder der Partnerin führen,

- die vermittelte Arbeitnehmerin vor der Arbeitsaufnahme in ihrer Familie zentrale Hausarbeiten oder auch Pflege von Familienangehörigen übernommen hat,
- die Arbeitsaufnahme der Arbeitnehmerin weder mit der Arbeitsorganisation noch mit den bisherigen Tages-, Wochen- und Jahresabläufen der Wohngruppe in Übereinstimmung zu bringen zu sein scheint,
- der Arbeitnehmerin die Berufstätigkeit auf dem allgemeinen Arbeitsmarkt nicht zugetraut wird und Eltern, Freundinnen oder andere Bezugspersonen sie nicht unterstützen,
- durch den Wechsel auf den allgemeinen Arbeitsmarkt soziale Kontakte verloren gehen,
- die neuen Arbeitszeiten mit der bisherigen Freizeitgestaltung kollidieren,
- durch die Arbeitsaufnahme das Selbstbewusstsein und die Selbstständigkeit auch in privaten Bereichen wachsen und dies zu Irritationen bei oder auch zu Konflikten mit der Partnerin, den Eltern, Freundinnen oder anderen Bezugspersonen führt.

Planung und Ansatzpunkte der individuellen Unterstützung[24]

Die Integration am Arbeitsplatz nach erfolgreicher Vermittlung ist ein dynamischer und kontinuierlicher Prozess, der nicht in allen Schritten vorher festgelegt beziehungsweise planbar ist. Innerhalb des betrieblichen Integrationsprozesses gibt es Widerstände zu überwinden, Unvorhergesehenes zu bewältigen und wechselnde Bedingungen zu berücksichtigen. Dies erfordert von den Beteiligten, das eigene Handeln flexibel zu gestalten und auf die jeweilige Situation anzupassen. Idealtypisch lässt sich dieser Prozess in vier Phasen gliedern: a) Vorbereitungsphase, b) Orientierungs- und Einarbeitungsphase, c) Stabilisierungsphase, d) Phase der nachgehenden Begleitung. Diese Phasen gehen ineinander über und variieren hinsichtlich der Intensität und Dauer sowie der inhaltlichen Schwerpunkte.

Ausgangspunkt für die Planung der Unterstützung sind zunächst die Bereiche, in denen die betrieblichen Anforderungen mit den Kompetenzen der Arbeitnehmerin nicht übereinstimmen. Dies kann insbesondere in der Einarbeitungsphase mehrere Bereiche betreffen. Entsprechend ist es sinnvoll, zunächst Schwerpunkte zu setzen. Die Entscheidung, welche Priori-

24 Eine ausführliche Darstellung zur Unterstützung in betrieblichen Integrationsprozessen ist nachzulesen in PUTZKE/KLÜSSENDORF 1999.

täten und Ziele (kurz-, mittel- oder langfristig) zum jeweiligen Zeitpunkt gesetzt werden, hängt davon ab,

- wo die gravierendsten, aber auch die geringsten Diskrepanzen zwischen Anforderungen und Kompetenzen liegen,
- wo die Prioritäten des Betriebes hinsichtlich seiner Anforderungen und Erwartungen liegen,
- welche Bedeutung die Anforderung im Gesamtarbeitsablauf hat,
- welche Anforderungshürde für die Arbeitnehmerin am leichtesten zu überwinden oder zu verändern ist,
- welche vorhandenen Kompetenzen der Arbeitnehmerin genutzt werden können,
- wo besonders leicht – beziehungsweise eher schwer – Unterstützung von Kolleginnen zu entwickeln oder wo diese unter Umständen bereits vorhanden ist.

Auswahl geeigneter Unterstützungsstrategien

Um eine Passung zwischen den betrieblichen Anforderungen und den Kompetenzen der Arbeitnehmerin zu erreichen, können verschiedene Strategien verfolgt werden:

1. Aneignung der für den Arbeitsplatz relevanten fachlichen, sozialen und methodischen Kompetenzen (Qualifizierung der Arbeitnehmerin),
2. Anpassung und Gestaltung der Arbeitsanforderung entsprechend der individuellen Fähigkeiten, Arbeitsplatzadaptierung
3. Entwicklung ‚einfacher Hilfsmittel', um die Bewältigung der gestellten Anforderungen zu erleichtern,
4. Entwicklung und Förderung der kollegialen Unterstützung.

Die Entscheidung für die jeweilige Unterstützungsstrategie ist zum einen abhängig von den individuellen Voraussetzungen der Arbeitnehmerin (Fähigkeiten, Lernmöglichkeiten und ähnliches), den betrieblichen Gestaltungsmöglichkeiten und Integrationspotenzialen sowie letztendlich davon, wie die soziale Integration im Betrieb gelingt und sich die kollegiale Unterstützung entwickelt. In der Praxis hat es sich als sinnvoll erwiesen, die Unterstützungsstrategien miteinander zu kombinieren.

Die jeweiligen Unterstützungsmaßnahmen sollten so gewählt werden, dass sie

- die Arbeitnehmerin nicht stigmatisieren,
- auf die Fähigkeiten und Lernvoraussetzungen der Arbeitnehmerin zugeschnitten sind,
- betriebliche Strukturen berücksichtigen,
- ohne großen Aufwand umzusetzen sind,
- der Arbeitnehmerin tatsächlich helfen und ihre Selbstständigkeit fördern,
- auch nützlich für andere Kolleginnen sein können,
- Kolleginnen und Vorgesetzte mit einbeziehen und
- die betriebliche Integration nicht verhindern.

Darüber hinaus ist es notwendig, die jeweiligen Ursachen, die zu Diskrepanzen zwischen den betrieblichen Anforderungen und den Kompetenzen der Arbeitnehmerin führen, zu berücksichtigen. So kann beispielsweise eine rein symptomorientierte Vorgehensweise, bei der die Konzentrationsfähigkeit der Arbeitnehmerin durch entsprechende Übungen gefördert werden soll, durchaus sinnvoll sein. Sie greift aber zu kurz, wenn vorher nicht hinterfragt wird, worin das Konzentrationsproblem am Arbeitsplatz eigentlich liegt, wann es auftritt, welche Bedingungen die Konzentrationsfähigkeit der Arbeitnehmerin fördern (zum Beispiel weniger Störungen) oder wie sich die Anforderungen an die Konzentrationsfähigkeit verändern lassen. Eine solche an den Ursachen orientierte Vorgehensweise muss grundsätzlich der Auswahl der Unterstützungsstrategien vorgeschaltet sein.

Qualifizierung der Arbeitnehmerin

Die Arbeitnehmerin bringt aufgrund ihrer bisherigen privaten, schulischen und beruflichen Lebenserfahrungen vielseitige fachliche, soziale und methodische Kompetenzen mit, die für den Arbeitsplatz relevant sind und Anknüpfungspunkte für die Qualifizierung bieten. Nicht alle dieser Kompetenzen sind allerdings zum Zeitpunkt der Arbeitsaufnahme noch verfügbar, aktuell oder ohne weiteres zu transferieren, da zum Beispiel

- bestimmte Fähigkeiten über einen längeren Zeitraum nicht benötigt und sie daher ‚verlernt' wurden,
- die außerbetrieblich angeeigneten Kompetenzen bisher noch nicht unter realen Bedingungen am Arbeitsplatz angewendet werden konnten,

- im Betrieb mit anderen (neuen) Technologien gearbeitet wird, mit denen zum Beispiel ältere Arbeitnehmerinnen in ihrer bisherigen Berufstätigkeit nicht konfrontiert waren,
- in der Ausbildung oder der Berufstätigkeit erworbene Fähigkeiten und Kenntnisse veraltet und somit in der Praxis nur noch bedingt aktuell sind,
- der Arbeitsplatz in einem ausbildungsfremden Berufsfeld gefunden wurde,
- durch immer neu entstehende Arbeitsfelder Tätigkeiten anfallen, welche neue Kompetenzen erfordern, die in der Ausbildung oder bisherigen Berufstätigkeit nicht benötigt wurden.

So bieten beispielsweise die durch die eigenständige (private) Haushaltsführung angeeigneten hauswirtschaftlichen Kompetenzen eine gute Basis für einen Arbeitsplatz als Stationshilfe in der Kranken- oder Altenpflege. Unterschiede und andere (neue) Anforderungen sind allerdings in bezug auf die Arbeitsausführung (Standard, Strukturierung, Arbeitstempo) sowie auf fachlich übergeordnete Kompetenzen (Teamfähigkeit, Kommunikationsfähigkeit, Umgang mit Kundinnen) zu erwarten. Entsprechend ist es erforderlich, dass die Arbeitnehmerin ihre Kompetenzen bezogen auf die Anforderungen des Arbeitsplatzes aktualisiert, erweitert beziehungsweise sich neue Fähigkeiten, Fertigkeiten und Kenntnisse in der Auseinandersetzung mit den realen (Arbeits-) Anforderungen aneignet.

Insbesondere Arbeitnehmerinnen, die sich in ihrem bisherigen schulischen und beruflichen Sozialisationsprozess entsprechende Kompetenzen nur unzureichend aneignen konnten, benötigen hierfür Unterstützung durch die Kolleginnen und/oder Integrationsberaterin. So können beispielsweise in der überbetrieblichen Ausbildung oder in der Werkstatt für Behinderte in einigen Situationen bestimmte Schlüsselqualifikationen sinnvoll gewesen sein.

Eine vergleichbare Situation am Arbeitsplatz kann aber genau die gegensätzliche Schlüsselqualifikationen erfordern. Hierzu ein Beispiel:

> *Herr K. war über acht Jahre Mitarbeiter einer Werkstatt für Behinderte. Hier gab es in der Abteilung Montage/Verpackung nicht immer ausreichend Aufträge, so dass es für Herrn K. sinnvoll war, zu lernen, nach getaner Arbeit still und ruhig auf seinem Platz sitzen zu bleiben und zu warten, bis der Gruppenleiter ihm neue Arbeit zuteilte. An seinem neuen Arbeitsplatz hat er diese erlernte (und zuvor notwendige) Schlüsselqualifikation ‚Geduld' beibehalten. Die aktuelle betriebliche Realität fordert aber von ihm, selbstständig die nächste Arbeit zu beginnen.*

Da sich Schlüsselqualifikationen weniger konkret beobachten und durch direkte Anleitung fördern lassen (zum Beispiel Flexibilität lässt sich nur bedingt durch *Vormachen* und *Erklären* erlernen), ist es einmal mehr erforderlich, dass die Arbeitnehmerin die an sie gestellte Anforderung begreifen kann. Dies kann durch Schaffung des Problembewusstseins und durch das Erkennen der Notwendigkeit, dass eine Verhaltensänderung erforderlich ist, erreicht werden. Kolleginnen und Vorgesetzte erkennen in der Regel zunächst nicht, dass Kompetenzen wie Flexibilität, Selbstständigkeit, Teamfähigkeit erlernbar sind, sondern sehen diese häufig als Persönlichkeitsmerkmale, die man entweder hat oder nicht und interpretieren sie schlimmstenfalls als nicht vorhandene Leistungsbereitschaft. Dies führt nicht selten zu Konfliktsituationen. Aufgabe der Integrationsberaterin ist es daher, auf diese Einstellungen der Kolleginnen und Vorgesetzten einzuwirken und ihnen Unterstützungsmöglichkeiten aufzuzeigen. Voraussetzung für die Aneignung der für den Arbeitsplatz benötigten Kompetenzen ist daher (vgl. ‚Konzept Handlungsorientierung') die Förderung der Selbststeuerung von Lernprozessen und zwar

- durch die Berücksichtigung der individuellen Lernvoraussetzung,
- durch die Schaffung von Bedingungen, welche die Entwicklung der Fähigkeiten zulassen (zum Beispiel klarer Aufgabenbereich, Übungssituationen, Möglichkeiten der Selbstkontrolle),
- dadurch, dass die Arbeitnehmerin immer wieder ihre Arbeitsabläufe (gedanklich) plant, sich die erforderlichen Informationen einholt, noch nicht vorhandene Fähigkeiten übt, die Arbeiten selbst ausführt und die Ergebnisse kontrolliert,
- durch kontinuierliches Ausprobieren und Reflektieren der gemachten Erfahrungen.

Entsprechend den individuellen Lernvoraussetzungen, den jeweiligen Lernfeldern, den betrieblichen Anforderungen sowie den Unterstützungsbedarfen der Arbeitnehmerin beziehungsweise ihrer Kolleginnen, die die Anleitung übernehmen, ist es erforderlich, dass die Fachdienstmitarbeiterin über eine Vielzahl an Methoden und Strategien zur Erweiterung der Fähigkeiten und Förderung des Lernens verfügt.

Anpassungs- und Gestaltungsmöglichkeiten der Arbeitsanforderungen

Um Diskrepanzen zwischen arbeitsplatzbezogenen Anforderungen und individuellen Kompetenzen der Arbeitnehmerin zu verringern und für alle Seiten zufriedenstellende Arbeitsleistungen zu erreichen, sollten die Veränderungs- und Gestaltungsmöglichkeiten der Arbeitsanforderungen berücksichtigt und genutzt werden. Hiermit sind an dieser Stelle nicht Arbeitsplatzgestaltungen im Sinne von technischen oder ergonomischen

Anpassungen für Menschen mit einer Sinnes- oder Körperbehinderung gemeint, sondern Anpassungs- und Gestaltungsmöglichkeiten durch:

- Job-Stripping, (Herauslösen von Tätigkeiten, Umstrukturierung des Arbeitsbereiches),
- Job-Carving (Hinzuziehen geeigneter weiterer Tätigkeiten),
- Anpassung der Anforderungen auf der sozialen Ebene (zum Beispiel Gestaltung der Zusammenarbeit),
- Arbeitsplatzerfindung (Neustrukurierung, Zusammenziehen verschiedener Tätigkeiten zu einem geeigneten Arbeitsbereich),
- Gestaltung der Arbeitsumgebung,
- Veränderung von Arbeitszeit- oder Pausenregelung.

Dabei sind die Möglichkeiten der Anpassung und Veränderung der betrieblichen Anforderungen an die Fähigkeiten und Kompetenzen der unterstützten Arbeitnehmerin abhängig von dem jeweiligen Arbeitsplatz sowie der Arbeitsorganisation und den Kooperationsstrukturen im Unternehmen (vgl. ‚lernförderliche Arbeitsstrukturen').

Es folgt ein Beispiel zur Arbeitsplatzgestaltung durch *Job-Carving* und *Veränderung der Arbeitszeiten*:

> *Eine unterstützte Arbeitnehmerin ist im Rahmen eines einjährigen ambulanten Arbeitstrainings als Helferin in einem Gastronomiebetrieb tätig. Zu ihren Aufgaben gehören zum Beispiel Vorbereitungen für das Frühstücksbüffet, Zubereitung von Vor- und Süßspeisen, Vorbereitung von Gemüse, Gewürzen etc. für die Köchinnen, Auffüllen der Getränkevorräte etc. im Gaststättenbereich, Bedienung der Spülmaschine etc. Die Arbeitnehmerin hat sich sehr gut in den Arbeitsbereich eingearbeitet, kann nach neun Monaten viele Arbeiten selbstständig und eigenverantwortlich ausführen, fühlt sich im sozialen Klima des Betriebes sehr wohl, passt bestens zum Team und zur ‚alternativen' Betriebskultur und möchte unbedingt nach Ablauf des Arbeitstrainings weiter in diesem Betrieb arbeiten. Drei Monate vor Ende des Arbeitstrainings ist ein Gespräch mit allen Beteiligten geplant, in dem es um Übernahmemöglichkeiten in dem Betrieb gehen soll. Die Fachdienstmitarbeiterin weiß, dass über die positive Entwicklung hinaus folgende Kriterien die Entscheidung des Betriebes für eine Übernahme beeinflussen werden:*
>
> - *Der unterstützten Arbeitnehmerin bereitet es Schwierigkeiten, über einen vollen Arbeitstag die geforderte Konzentration, das Durchhaltevermögen etc. aufzubringen.*

- *Der augenblickliche Arbeitsbereich wird nicht ausreichen, um unter ökonomischen Gesichtspunkten eine Vollzeitbeschäftigung zu rechtfertigen.*

Die Fachdienstmitarbeiterin bespricht daher im Vorfeld mit der Arbeitnehmerin diese für die Übernahme kritischen Punkte, um zu klären, ob die Arbeitnehmerin grundsätzlich bereit wäre, auch Teilzeit zu arbeiten, und ob sie sich vorstellen kann, weitere Arbeiten über ihren bisherigen Aufgabenbereich hinaus zu übernehmen (zum Beispiel Reinigungsbereich im zum Betrieb gehörenden Hotel oder im Bereich ‚Wäsche'). Als im folgenden Gespräch die kritischen Punkte für die Übernahme genannt werden, kann die Arbeitnehmerin – mit Unterstützung der Fachdienstmitarbeiterin – Vorschläge in Bezug auf die Arbeitszeiten und Erweiterungsmöglichkeiten des Arbeitsbereiches machen. Diese Anregungen werden von betrieblicher Seite als sehr hilfreich für die Entscheidung empfunden, und in den nächsten Wochen wird gemeinsam ein Arbeitsbereich für 30 Wochenstunden entwickelt. Der bisherige Arbeitsbereich wird durch den Bereich ‚Küchenwäsche' (Handtücher, Schürzen, Jacken und Hosen der Köchinnen) erweitert, welcher bislang außer Haus gegeben wurde.

Entwicklung einfacher Hilfsmittel

Insbesondere bei komplexeren Tätigkeiten kann es für die Arbeitnehmerin – über die Einarbeitungsphase hinaus – hilfreich sein, wenn ihr einfache Hilfsmittel zur Verfügung gestellt werden, die ihr die Bewältigung der Arbeitsanforderungen erleichtern. Diese Hilfen können von der Integrationsberaterin, der unterstützten Arbeitnehmerin und/oder den Kolleginnen entwickelt werden. Notwendig dafür ist ein gutes Gespür, eine gute Analysefähigkeit bezüglich des Anforderungscharakters der Tätigkeiten sowie eine gewisse Kreativität. Durch die Entwicklung einfacher Hilfsmittel lassen sich

- Arbeitsanforderungen vereinfachen und erleichtern,
- Lernhürden abbauen (Unterstützung von Merkfähigkeit, Lese-/Schreibfähigkeit)
- Möglichkeiten der Selbstkontrolle schaffen,
- Selbstständigkeit fördern,
- personelle Unterstützungsbedarfe verringern.

Die Möglichkeiten der Unterstützung durch die Entwicklung einfacher Hilfsmittel sind sehr vielseitig und häufig ohne größeren Kostenaufwand umzusetzen. Das folgende Beispiel soll für die Analyse des jeweiligen Anforderungscharakters sensibilisieren und Anregungen sowie Ideen für die Entwicklung von einfachen – aber effektiven – Hilfsmitteln geben:

> *Ein Aufgabenbereich einer Praktikantin in einer Berufsgenossenschaft mit 800 Mitarbeiterinnen ist die Ausgabe von Büromaterialien. Zu bestimmten Öffnungszeiten können die Mitarbeiterinnen im Materiallager benötigte Büromaterialien abholen. Dafür legen sie der Praktikantin ein Ausgabeformular vor, in das sie eingetragen haben, was sie benötigen. Das Büromaterial (von Büroklammern über Aktendeckel bis zum Locher) befindet sich in einer Vielzahl von geschlossenen Schränken und ist nicht gerade übersichtlich strukturiert. Dies ist für den Überblick und einen schnellen Zugriff nicht gerade förderlich. Die Suche nach dem jeweiligen Material ist für die Praktikantin sehr aufwendig und für die Mitarbeiterinnen entstehen somit längere Wartezeiten. Dies wiederum macht die Praktikantin sehr nervös, wodurch sich die ‚Suche' nach den gewünschten Materialien weniger effektiv gestaltet. Im konkreten Fall beschriftete die Fachdienstmitarbeiterin alle Schränke mit Ziffern und erstellte eine alphabetische Liste über alle vorhandenen Materialien, in der hinter jedem Materialposten die Ziffer des Schrankes aufgeführt wurde, in dem sich das Material befand. Mit Hilfe dieser Liste und den Ziffern an den Lagerschränken konnte die Praktikantin den Mitarbeiterinnen sehr viel gelassener und effektiver die gewünschten Materialien aushändigen.*

Unterstützung durch Kolleginnen

Kollegiale Unterstützung hilft neuen Arbeitnehmerinnen – mit oder ohne Behinderung – nicht nur, die Anforderungen des neuen Arbeitsplatzes zu bewältigen und die soziale Integration zu fördern, sondern gibt der Arbeitnehmerin das Gefühl, als Kollegin anerkannt und wertgeschätzt zu sein und ist somit für sie eine unschätzbare Stärkung für den betrieblichen Integrationsprozess. SEYFRIED u.a. (1993, 204) unterscheiden in Anlehnung an HOUSE (1981) vier miteinander verbundene Ebenen der kollegialen Unterstützung: emotionale, instrumentelle, informative und Feedback Unterstützung. Um die Unterstützungspotenziale, die in dem jeweiligen Unternehmen vorhanden sind, für die Unterstützung der Arbeitnehmerin zu aktivieren und zu erweitern, ist es notwendig, Kolleginnen und Vorgesetzte von Anfang an aktiv in unterschiedlichen Rollen einzubeziehen:

- *als Expertinnen,* die über die fachlichen Kompetenzen verfügen, die Besonderheiten des Betriebes und seine Kultur kennen,
- *als Mentorinnen,* eine Rolle, die sie auch bei anderen (neuen) Kolleginnen übernehmen,

- *als Partnerinnen* bei Problemlösungen, denn sie kennen betriebsübliche Lösungswege bei auftretenden Problemen.

Um kollegiale Unterstützung zu gewinnen und zu fördern, ist es wichtig, dass die Integrationsberaterin selbst die Akzeptanz im jeweiligen Unternehmen und bei dessen Mitarbeiterinnen findet, den ‚richtigen' Umgangston für die unterschiedlichen betrieblichen Ansprechpersonen trifft, die Kompetenzen der Mitarbeiterinnen im Unternehmen anerkennt und sich in den unterschiedlichen betrieblichen Hierarchiestufen bewegen kann. Sie kann die Entwicklung kollegialer Unterstützung aktiv fördern, indem sie

- Interesse an der Arbeit der betrieblichen Mitarbeiterinnen zeigt,
- die Kompetenz und Fachlichkeit der Mitarbeiterinnen hervorhebt und betont,
- Brücken zwischen der unterstützten Arbeitnehmerin und Kolleginnen herstellt,
- für alle transparent macht, worum es gehen soll,
- Gespräche mit und zwischen den Beteiligten initiiert (zum Beispiel Auswertungsgespräche zum Praktikums- oder Einarbeitungsverlauf),
- Verständnis für Erwartungen und Kritik der Mitarbeiterinnen zeigt,
- problematische Situationen oder schlechte Stimmungen auch einfach mal nur ‚aushält',
- Mitarbeiterinnen ermutigt, Unterstützung anzubieten oder auch Kritik zu äußern,
- Vorgesetzten und Kolleginnen ein positives Feedback gibt,
- an betriebliche Mitarbeiterinnen Verantwortung abgibt (zum Beispiel durch Einbeziehung bei der Entwicklung von Problemlösungen),
- Vorgesetzten und Kolleginnen Unterstützungsangebote macht (zum Beispiel Mitarbeiterbesprechungen mit vorzubereiten),
- nicht nur ‚Arbeitsgespräche' führt, sondern auch mal ‚ein paar private Worte' wechselt,
- auch mal ‚mit anpackt', wenn es eng wird,
- betrieblichen Unterstützerinnen viel Lob und Anerkennung zukommen lässt.

In der Praxis hat sich gezeigt, dass es günstig ist, im Betrieb ein Netzwerk von Unterstützerinnen aufzubauen, um die Unterstützung auf verschiedene ‚Schultern' zu verteilen und somit Überforderungssituationen einzelner

Kolleginnen zu vermeiden. Die Unterstützerinnen können dabei verschiedene Funktionen haben (fachliche Anleitung, Ansprechperson bei Problemen und ähnliches). Je nach Struktur des Arbeitsplatzes, Größe des Betriebes, aber auch abhängig vom jeweiligen Betriebsklima und von der Arbeitsbelastung sind unterschiedliche Unterstützungspotenziale durch Kolleginnen und Vorgesetzte gegeben.

Auswertung und Reflexion des Unterstützungsprozesses

Um den Beteiligten die von ihnen erwartete und für sie angemessene Unterstützung und Rückmeldung anbieten zu können, ist es notwendig, die Entwicklungen des betrieblichen Integrationsprozesses regelmäßig zu reflektieren, die angebotene Unterstützung auf ihre Ergebnisse hin zu überprüfen, die Leistungen der Arbeitnehmerin anhand entwickelter Kriterien zu dokumentieren und gemeinsam mit den beteiligten Parteien zu beurteilen. Hierfür gibt es unterschiedliche Möglichkeiten:

- regelmäßige Reflexions- und Beurteilungsgespräche mit den Beteiligten (gemeinsam oder auch einzeln, nicht nur auf Leitungsebene, sondern auch mit Kolleginnen und Vorgesetzten),
- Rückmeldesysteme etablieren (über Veränderungen, Leistungserwartungen, die tatsächlichen Arbeitsleistungen, die Arbeitssituation, das Betriebsklima, die Veränderungen im Betrieb, die Arbeitszufriedenheit und den Umgang mit Konfliktsituationen und ähnliches),
- regelmäßige Beobachtung und Beurteilung der Entwicklung der Arbeitnehmerin am Arbeitsplatz, zum Beispiel Leistungsbemessung,
- Vergleich der Arbeitsfähigkeiten und -leistungen der unterstützten Arbeitnehmerin mit denen der anderen Mitarbeiterinnen im Betrieb,
- Dokumentation von Entwicklungsverläufen,
- Protokolle der Gespräche zur Planung der individuellen Unterstützung, der Auswertungs- und Reflexionsgespräche und ähnliches,
- Selbst- und Fremdeinschätzung in schriftlicher Form.

Außerdem wird der Unterstützungsprozess immer wieder daraufhin überprüft, ob

- die gewählten Unterstützungsstrategien geeignet und erfolgreich waren oder verändert werden müssen,
- die Inhalte und Schwerpunkte der Unterstützung richtig gewählt wurden oder verändert werden müssen,

- die (Teil-) Ziele der Unterstützung erreicht werden konnten,
- (weiterhin) Abweichungen zwischen den Anforderungen und Kompetenzen bestehen,
- Entwicklungen stattgefunden haben und wie sich diese gestalten,
- und welche Unterstützungen weiterhin beziehungsweise als nächstes notwendig sind.

Ebenso wird es im Verlauf des Integrationsprozesses immer wieder unvorhergesehene und neue Entwicklungen geben, die es notwendig machen, einmal gemachte Pläne zu verändern und neue Wege zu gehen.

Mögliche Problembereiche im betrieblichen Integrationsprozess

Abschließend sollen einzelne Problembereiche, die in der Praxis der Fachdienstarbeit immer wieder auftauchen, zusammenfassend skizziert werden:

Fachliche Anleitung durch Vorgesetzte und Kolleginnen

Erfahrungen in der Praxis zeigen, dass bei betrieblichen Mitarbeiterinnen (insbesondere im Bereich von *Anlerntätigkeiten*) häufig die Auffassung vorherrscht, dass man die Arbeit durch Beobachtung anderer lernt und sie dann einfach selber ausübt. Sie erklären daher neuen Mitarbeiterinnen die Arbeit kurz oder machen sie ein-, zweimal vor und lassen die neue Mitarbeiterin dann selber ‚ran'. Gegebenenfalls wird dies bei Bedarf wiederholt. Diese traditionelle Methode der Arbeitsunterweisung nach dem Ansatz *Vormachen – Nachmachen* stellt hohe Anforderungen an die zu unterweisende Person. Vielen neuen Arbeitnehmerinnen gelingt es trotzdem, auch komplexe Anforderungen durch Beobachtungen, einige wenige Erläuterungen oder kurzes Vormachen zu erfassen. Andere Arbeitnehmerinnen ohne oder mit Behinderung sind mit dieser Form der Anleitung häufig überfordert. Es ist zu beachten, dass betriebliche Mitarbeiterinnen, denen die Einarbeitung neuer Kolleginnen übertragen wird, häufig ‚Profis' in ihrem Arbeitsbereich sind und daher unter Umständen vergessen haben, welche Anforderungen die Tätigkeiten an neue Mitarbeiterinnen stellen oder auch welche Informationen jemand haben muss, um die Anforderungen verstehen und ausüben zu können. Dies ist insbesondere für jene neue Mitarbeiterinnen problematisch, die zum Beispiel aufgrund ihrer bisherigen Lebens- und Lernerfahrung denken, es läge wieder mal an ihnen, dass sie nichts verstehen und sich deshalb oft nicht trauen, noch einmal nachzufragen.

Unterstützungsbedarfe erkennen und anbieten

Um Unterstützung in schwierigen Situationen anbieten zu können, ist es für Vorgesetzte und Kolleginnen notwendig, überhaupt zu erkennen, wann die Arbeitnehmerin ihre Unterstützung benötigt und zu wissen, welche

Unterstützung hilfreich ist. Menschen mit oder ohne Behinderung reagieren unterschiedlich auf Überforderungs- und Problemsituationen. Die Kolleginnen benötigen daher von der unterstützten Arbeitnehmerin Informationen, wie sie bei ihr Überforderung oder Probleme erkennen können und welche Formen der Unterstützung – durch wen und in welchem Umfang – in den jeweiligen Situationen hilfreich sind: Möchte sie zum Beispiel lieber in Ruhe gelassen werden? Hilft es ihr, wenn sie weiß, wen sie in schwierigen Situationen ansprechen kann? Sollen ihr (bestimmte) Kolleginnen von sich aus Hilfe anbieten? Die Kolleginnen beziehungsweise Vorgesetzten, die die Arbeitnehmerin unterstützen, benötigen von der Integrationsberaterin Ideen, Anregungen, Strategien, sowie gemeinsame Gespräche über Erfahrungen und gegebenenfalls Vorbilder für (andere) Möglichkeiten der Unterstützung.

Verständnis für (noch) nicht vorhandene Kompetenzen

Unzureichende Arbeitsleistungen oder fehlende Schlüsselqualifikationen werden von Kolleginnen und Vorgesetzten in der Praxis häufig als ein ‚Nicht-Wollen' interpretiert, während sich dahinter in der Regel ein ‚Nicht-Verstehen' oder ‚(Noch-) Nicht-Können' verbirgt. Es ist daher notwendig, betriebliche Mitarbeiterinnen für mögliche (Leistungs-) Einschränkungen, Schwankungen oder auch ‚originelle' Verhaltensweisen zu sensibilisieren und bei ihnen dafür die notwendige Akzeptanz und Toleranz zu schaffen.

Veränderung der betrieblichen Anforderungen

In der Praxis hat sich gezeigt, dass sich die betrieblichen Erwartungen an die Fähigkeiten und Arbeitsleistungen der unterstützten Arbeitnehmerin im Laufe der Beschäftigung verschieben. War zu Beginn des Arbeitsverhältnisses eine relativ hohe Toleranz bezüglich der qualitativen und quantitativen Leistungen, des Unterstützungsbedarfs oder auch der Fehlerquote zu verzeichnen, verändert sich dies häufig nach einem gewissen Zeitraum. Das geschieht zum Beispiel, weil Kolleginnen und Vorgesetzte vergessen, wie die Ausgangssituation war, sie keinen Zusammenhang mit den behinderungsbedingten Einschränkungen sehen, die Geduld verlieren oder denken, jetzt habe man aber genug Zeit gegeben. Auch betriebliche Strukturen, Arbeitsabläufe und Arbeitsaufkommen sind nicht statisch. Veränderungen in diesem Bereich können den Integrationsprozess beeinflussen. Es ist daher sinnvoll, frühzeitig ein System zu entwickeln, das zum Beispiel Rückmeldungen hinsichtlich der Leistungserwartungen, der tatsächlichen Arbeitsleistungen, der Arbeitssituation, des Betriebsklimas, der Veränderungen im Betrieb, der Arbeitszufriedenheit und des Umgangs mit Konfliktsituationen und ähnliches gibt, um mögliche Problemfelder und Krisen rechtzeitig zu erkennen und im Bedarfsfall intervenieren zu können.

Betriebliche Problembeschreibungen

Problembeschreibungen durch Arbeitgeberinnen, Vorgesetzte oder Kolleginnen geben nicht immer direkten Aufschluss darüber, worin die eigentlichen Probleme genau liegen. Sie beschreiben diese eher auf einer sehr allgemeinen subjektiven Wahrnehmungsebene. Es ist daher erforderlich, dass die Integrationsberaterin die Ausgangssituation hinter der jeweiligen Problembeschreibung erfasst, indem sie herausfindet, welche Erwartungen damit verbunden sind und welche Anforderungen sich daraus für die Arbeitnehmerin ergeben. Insbesondere hat die Integrationsberaterin zu ermitteln, welche möglichen Hintergründe oder Ursachen zu den beschriebenen Problemen geführt haben können. In der Praxis zeigt sich häufig, dass sich hinter der Kritik an den Arbeitsleistungen der Arbeitnehmerin Ursachen verbergen wie beispielsweise

- allgemein erhöhtes Arbeitsaufkommen,
- Umstrukturierung der Arbeitsbereiche (zum Beispiel durch Fluktuation),
- Arbeiten bleiben liegen, weil zum Beispiel eine neue Mitarbeiterin nicht im gleichen Umfang wie die vorherige Kollegin Arbeiten ‚wegschafft',
- die Erwartungen an die Leistungsfähigkeit der unterstützten Arbeitnehmerin sind gestiegen,
- von der unterstützten Arbeitnehmerin wird unausgesprochen erwartet, dass sie nach einer gewissen ‚Schonfrist' während der Einarbeitungsphase auch Tätigkeiten an den Schnittstellen zu anderen Arbeitsbereichen übernimmt,
- die unterstützte Arbeitnehmerin ist mit ihrem bisherigen Arbeitsbereich nicht mehr ausgelastet, aber keiner mag dies so direkt sagen.

Ebenfalls können sich hinter der Kritik auch andere Probleme oder Unzufriedenheiten verbergen, die zu diesem Zeitpunkt nicht präzise benannt beziehungsweise nur ungern oder schwer geäußert werden können oder manchmal auch nichts direkt mit dem beschriebenen Problem zu tun haben. Um das eigentliche Problem zu erfassen und adäquate Unterstützung anbieten zu können, ist es deshalb erforderlich, die Problembeschreibung durch Fragen und/oder Beobachtungen näher zu analysieren.

Hierzu ein Beispiel:

Eine durchaus häufige Problembeschreibung seitens der Vorgesetzten und Kolleginnen ist zum Beispiel: „Frau L. macht ausschließlich die ihr zugeteilte Arbeit, nichts darüber hinaus.“ Hinter dieser Problembeschreibung könnte die Erwartung stecken, dass die Arbeitnehmerin auch Arbeiten machen soll, die zum Beispiel offensichtlich (bisher) nicht zu ihrem Aufgabenbereich gehören, oder die ihr nicht ausdrücklich zugeteilt werden (können), weil es sich beispielsweise um Tätigkeiten handelt, die sich nicht eindeutig einem bestimmten Arbeitsbereich zuordnen lassen (Überschneidungen von Aufgabenbereichen und ähnliches). Die Beantwortung folgender Fragen kann dann näheren Aufschluss über die möglichen Hintergründe geben:

Fragen und Beobachtungen

Betriebliches Umfeld

- *Welche Arbeiten sollen nach Erwartungen des Betriebes konkret über den eigentlichen Arbeitsbereich hinaus gemacht werden?*
- *Wann sollen beziehungsweise können diese Arbeiten gemacht werden (zum Beispiel bei Bedarf, in Spitzenzeiten)?*
- *Gibt es Indikatoren, an denen zu erkennen ist, wann welche Arbeiten zusätzlich getan werden müssen?*
- *Machen andere Mitarbeiterinnen auch Arbeiten über ihren Aufgabenbereich hinaus?*
- *Muss für die zusätzlichen Arbeiten von der eigentlichen Arbeitsstruktur abgewichen werden, weil sie zum Beispiel zwischendurch erledigt werden müssen?*
- *Welcher Zeitaufwand ist nach betrieblichen Vorstellungen für die genannten Arbeiten erforderlich?*
- *Gehört es eher zur Betriebskultur, nur die zugeteilten Arbeiten zu erledigen?*
- *Stehen diese ‚zusätzlichen‘ Arbeiten mit dem eigentlichen Aufgabenbereich in Zusammenhang?*

Unterstützte Arbeitnehmerin

- *Weiß die Arbeitnehmerin, dass sie zusätzliche Arbeiten machen soll, hat sie eine eigene Vorstellung davon, welche Arbeiten dies sind?*
- *Wie ist die Arbeitnehmerin durch ihr übliches Aufgabenfeld ausgelastet?*
- *Hat die Arbeitnehmerin zeitliche Kapazitäten, um weitere Arbeiten zu machen?*
- *Macht die Arbeitnehmerin bereits Arbeiten über ihren Aufgabenbereich hinaus?*
- *Kann die Arbeitnehmerin erkennen, wann sie zusätzliche Arbeiten machen könnte beziehungsweise soll?*
- *Wie beurteilt die Arbeitnehmerin selbst die Erwartung, zusätzliche Arbeiten machen zu sollen?*
- *Verfügt die Arbeitnehmerin über die erforderlichen fachlichen und übergeordneten Kompetenzen, um die zusätzlichen Arbeiten zu machen?*
- *Gibt es von Seiten der Arbeitnehmerin Gründe, die zusätzlichen Arbeiten nicht zu machen (kein eigenes Zutrauen, auf feste Arbeitsstruktur angewiesen oder ähnliches)?*

Literatur

ARBEITSGRUPPE HOLOS: Materialien zur Berufsvorbereitung und Grundausbildung im Bereich Holz. Lingen 1991.

BARLSEN, J.; BUNGART, J.; CÁRDENAS, B.; KLINKENBUSCH, A. : Vorbereitung des Übergangs körperbehinderter Jugendlicher von der Schule ins Arbeitsleben. Forschungsbericht Nr. 248. Hrsg. vom Bundesminister für Arbeit und Sozialordnung. Bonn 1995.

BARLSEN, J.; BUNGART, J.; CÁRDENAS, B.; KLINKENBUSCH, A.: Körperbehinderte Jugendliche zwischen Werkstatt für Behinderte und Ausbildung – Ein Konzept zur Vorbereitung auf und Begleitung in das Arbeitsleben an einer Schule für Körperbehinderte. In: ELLGER–RÜTTGARDT, S.; BLUMENTHAL, W. (Hrsg.): Über die große Schwelle. (S. 191–214). Ulm 1997.

BARLSEN, J.; BUNGART, J.; HOHMEIER, J.; MAIR, H.: Integrationsbegleitung in Arbeit und Beruf für Schwerbehinderte mit geistigen Beeinträchtigungen. Hrsg. durch den Landschaftsverband Westfalen–Lippe. Münster 1999.

BERGMANN, B.: Lernförderliche Arbeitsgestaltung – eine arbeitspsychologische Konzeption. In: KLUMP, W.; WITZGALL, E. (Hrsg.): Lernförderliche Arbeitsstrukturen. (S. 19–35). Dortmund 1993.

BRACKHANE, R.; FRANKE, M.; PROSCHE, R.; WESTPHAL–BINDER, I.: Lernwege zur beruflichen Bildung. Materialien für den Arbeitstrainingsbereich in Werkstätten für Behinderte. Detmold 1990.

BUNGART, J.: "Unterstützte Beschäftigung" von Menschen mit geistigen Beeinträchtigungen in der Bundesrepublik – ein Vergleich. Gemeinsam leben. 2/1997, 59–64.

BUTSCH, W.; GAIRING, F.; PETERßEN, W. H.; RIEDL, A.: Ausbildung im Wandel: Konsequenzen für Selbstverständnis und Aufgabe des Ausbilders. Weinheim 1991.

CIOMPI, L.: Die emotionalen Grundlagen des Denkens. Entwurf einer fraktalen Affektlogik. Göttingen 1997.

DEBENER, S.; SIEHLMANN, G.: Lernorientiertes Arbeiten – arbeitsorientiertes Lernen. In: DEHNBOSTEL, P. (Hrsg.): Lernen für die Zukunft durch verstärktes Lernen am Arbeitsplatz. (S. 273–284). Berlin/ Bonn 1992.

DEHNBOSTEL, P. (Hrsg.): Lernen für die Zukunft durch verstärktes Lernen am Arbeitsplatz. Berlin/ Bonn 1992.

DEHNBOSTEL, P.; HOLZ, H.; NOVAK, H. (Hrsg.): Neue Lernorte und Lernortkombinationen – Erfahrungen und Erkenntnisse aus dezentralen Berufsbildungskonzepten. Berlin/ Bonn 1996.

DOERFERT, H.; BLEH, C.: Berufliche Qualifizierung von schwer lernbehinderten Jugendlichen in den Berufsfeldern Metalltechnik und Ernährung und Hauswirtschaft/Gesundheit. Herausgegeben vom Bundesministerium für Bildung und Wissenschaft. Bonn 1993.

FISCHER, T.: Lernen mit seelisch behinderten Erwachsenen in der Beruflichen Rehabilitation. Frankfurt am Main 1999.

FRANKE, G.: Analyse der Bedingungen des Lernens am Arbeitsplatz. Berufliche Bildung in Wissenschaft und Praxis. 2/1984, 45–49.

HACKER, W.: Allgemeine Arbeitspsychologie. Bern 1998.

HAGENER, D.; DILEO, D.: Working Together: Workplace Culture, Supported Employment, and Persons with Disabilities. 1993.

HAMBURGER ARBEITSASSISTENZ: Arbeitsbegleitung – Training–on–the–Job und langfristige Betreuung. In: HORIZON–ARBEITSGRUPPE: Unterstützte Beschäftigung. Handbuch zur Arbeitsweise von Integrationsfachdiensten für Menschen mit geistiger Behinderung. (S. 65–112). Hamburg 1995.

HÖPFNER, H.-D.: Selbstinstruktion für das Lernen im Arbeitsprozess. In: KLUMP, W.; WITZGALL, E. (Hrsg.): Lernförderliche Arbeitsstrukturen. (S. 113–120). Dortmund 1993.

KLIPPERT, H.: Handlungsorientiertes Lehren und Lernen in der Schule. arbeiten+lernen/Wirtschaft, Nr. 4 (1991).

KLUMP, W.; WITZGALL, E. (Hrsg.): Lernförderliche Arbeitsstrukturen. Dortmund 1993.

KOCH, CH.: Muss ein Mensch denn alles können? Berlin/ Bonn 1992. Herausgegeben vom Bundesinstitut für Berufsbildung. Der Generalsekretär.

KOCH, J.; SELKA, R.: Leittexte – ein Weg zu selbständigem Lernen. Teilnehmer–Unterlagen. Berlin/ Bonn, 2. völlig überarb. Auflage 1991. Herausgegeben vom Bundesinstitut für Berufsbildung. Der Generalsekretär.

LANDSCHAFTSVERBAND WESTFALEN–LIPPE (LWL) / HAUPTFÜRSORGESTELLE: Ich hab' noch eine Menge Zukunft vor mir! Aus der Schriftenreihe: Schwerbehinderte im Arbeitsleben. Heft Nr. 27. Münster 1997.

LAUR–ERNST, U.: Zur Vermittlung berufsübergreifender Qualifikationen. Oder: Warum und wie erlernt man abstraktes Denken? Berufliche Bildung in Wissenschaft und Praxis. 6/1983, 187–190.

LUCZAK, H.; VOLPERT, W.: Arbeitswissenschaft. Kerndefinition – Gegenstandskatalog – Forschungsgebiete. Eschborn 1987.

MANNESMANN–DEMAG: Vermittlung von Schlüsselqualifikationen in der Ausbildung. Duisburg 1988.

MERTENS, D.: Schlüsselqualifikationen. Thesen zur Schulung für eine moderne Gesellschaft. Mitteilungen aus der Arbeitsmarkt– und Berufsforschung, 7. Jg. (1974), H. 1, 36–43. Wiederabdruck in: KEIM, H.; WOLLENWEBER, H. (Hrsg.): Realschule und moderne Arbeitswelt. Köln 1992.

MINNAMEIER, G.: Die unerschlossenen Schlüsselqualifikationen und das Elend des Konstruktivismus. Zeitschrift für Berufs– und Wirtschaftspädagogik. Heft 1 (1997), 1-29.

MÜNCH, J.: Lernen am Arbeitsplatz – Bedeutung innerhalb der betrieblichen Weiterbildung. In: SCHLAFFKE, W.; WEISS, R. (Hrsg.): Tendenzen betrieblicher Weiterbildung. (S. 141-176). Köln 1990.

OESTEREICH, R.: Handlungsregulation und Kontrolle. München, Wien, Baltimore 1981.

PACK, J.: Lern– und qualifikationsförderliche Gestaltung von Arbeitsstrukturen in der Serienmontage. In: KLUMP, W.; WITZGALL, E. (Hrsg.): Lernförderliche Arbeitsstrukturen. (S. 73–112). Dortmund 1993.

PUTZKE, S.; KLÜSSENDORF, A.: Qualifizierung – Lernen am Arbeitsplatz. Modul 6 der Berufsbegleitenden Qualifizierung in Unterstützter Beschäftigung. Bundesarbeitsgemeinschaft für Unterstützte Beschäftigung (Hrsg.). Hamburg 1999.

RAUEN, CH.: Coaching – Bestandsaufnahme eines neuen Personalentwicklungskonzeptes. Diplomarbeit. Osnabrück 1996.

REETZ, L.: Zum Konzept der Schlüsselqualifikationen in der Berufsbildung (Teil I). Berufsbildung in Wissenschaft und Praxis (BWP) 5/1989a. Herausgegeben vom Bundesinstitut für Berufsbildung Berlin.

REETZ, L.: Zum Konzept der Schlüsselqualifikationen in der Berufsbildung (Teil II). Berufsbildung in Wissenschaft und Praxis (BWP) 6/1989b. Herausgegeben vom Bundesinstitut für Berufsbildung Berlin.

REFA – VERBAND FÜR ARBEITSSTUDIEN UND BETRIEBSORGANISATION e.V. (Hrsg.): Methodenlehre der Betriebsorganisation, Band II: Arbeitspädagogik. München, 3. Aufl., 1991.

SCHÖN, E.: Frauen und Männer mit geistiger Behinderung auf dem Allgemeinen Arbeitsmarkt. Hrsg. durch das Bundesministerium für Arbeit und Sozialordnung und den Landeswohlfahrtsverband Württemberg–Hohenzollern. Reutlingen 1993.

SEVERING, E.: Arbeitsplatznahe Weiterbildung. Berlin 1994.

SEYFRIED, E.; BÜHLER, A.; GMELIN, A.: Strategien der beruflichen Eingliederung psychisch Behinderter. Wege und Methoden der Vermittlung auf den allgemeinen Arbeitsmarkt. Bundesministerium für Arbeit und Sozialordnung (Hrsg.). Berlin 1993.

Thesendiskussion ARNOLD – GEIẞLER: Schlüsselqualifikationen. berufsbildung. Heft 33 (1995), 28–31.

TROST, R.; SCHÜLLER, S.: Beschäftigung von Menschen mit geistiger Behinderung auf dem allgemeinen Arbeitsmarkt. Hrsg. durch den Landeswohlfahrtsverband Baden. Walldorf 1992.

TROST, R.: Integrationsdienste für Menschen mit psychischer Behinderung in Baden-Württemberg. Hrsg. durch die Landeswohlfahrtsverbände in Baden–Württemberg. Tübingen 1997.

VOLPERT, W. (Hrsg.): Beiträge zur Psychologischen Handlungstheorie. Bern 1980.

WETZEL, R.: Beratung von Betrieben – Betriebswirtschaftliches Denken und Arbeitsplatzanalyse. Modul 5 der Berufsbegleitenden Qualifizierung in Unterstützter Beschäftigung. Bundesarbeitsgemeinschaft für Unterstützte Beschäftigung (Hrsg.). Hamburg 1999.

WITZGALL, E.: Lernförderliche Arbeitsstrukturen – Einführung in die Thematik. In: KLUMP, W.; WITZGALL, E. (Hrsg.): Lernförderliche Arbeitsstrukturen. (S. 9–18). Dortmund 1993.

Annette Klinkenbusch

Die Praxis der beruflichen Vermittlung von körper- und mehrfachbehinderten jungen Arbeitsuchenden durch Unterstützte Beschäftigung

Unterstützte Beschäftigung für Menschen mit Körper- und Mehrfachbehinderungen

Die Sonderschule für Körperbehinderte in Münster nahm Veränderungen in der Schülerpopulation zum Anlass, der Frage einer neuen pädagogischen Konzeption der schulisch-beruflichen Vorbereitung körperbehinderter Sonderschulabgänger nachzugehen. Daraus ging ein Forschungsprojekt hervor, das von 1990 bis 1994 zum Thema „Vorbereitung des Übergangs körperbehinderter Sonderschüler von der Schule ins Arbeitsleben" an der obigen Schule durchgeführt wurde. Die Forschung ergab, dass erhebliche Defizite in der beruflichen und sozialen Rehabilitation körperbehinderter Schulabsolventen vorliegen. Ein besonderer Handlungsbedarf im Übergang Schule – Beruf wurde insbesondere für die Jugendlichen festgestellt, die neben ihrer Körperbehinderung noch eine Lernbeeinträchtigung aufweisen (1). Da im Rahmen des Forschungsprojektes jedoch nur in einem Zeitraum von einem Jahr erste Erfahrungen mit dem Konzept der „Unterstützen Beschäftigung" gesammelt werden konnten, sollten diese weiter ausgebaut werden, um Aussagen über die Art der Unterstützung von Körper- und Mehrfachbehinderten zu erhalten. Die inhaltliche Ausrichtung auf diese Zielgruppe sollte Möglichkeiten und Wege aufzeigen, wie eine Verbesserung ihrer beruflichen Eingliederung erreicht werden kann.

Ausgangssituation für den Integrationsfachdienst (IFD)

Der IFD wurde zur Fortsetzung der im Forschungsprojekt eingeleiteten Arbeit von 1995 bis 1998 als Modellprojekt des Landschaftsverbandes Westfalen-Lippe und im Rahmen des EU-Horizon-Programms finanziert und arbeitet seit 1999 ausschließlich mit Mitteln der Ausgleichsabgabe (2 u.3).

Junge Körperbehinderte ohne Berufsausbildung und/oder mit Leistungseinschränkungen zählen zu der Gruppe von Jugendlichen, die der Bundesanstalt für Arbeit als „schwer vermittelbar" gelten und mit besonderen Förderinstrumentarien in Arbeitsverhältnissen vermittelt werden. Entsprechend der Vielschichtigkeit der Beeinträchtigungen ist es erforderlich, eine individuell angepasste Betreuung sowie Begleitung einzuleiten und durchzuführen, die maßnahmeübergreifend und kontinuierlich zu arbeiten hat. Konkret können nach Vorgabe durch den Landschaftsverband Westfalen-Lippe junge Körperbehinderte betreut werden, die

- an der Sonderschule für Körperbehinderte oder an anderen Sonderschulen beschult wurden,
- nach betrieblichen Möglichkeiten zur beruflichen Eingliederung suchen,
- eine berufsvorbereitende Maßnahme oder eine Ausbildung in einem Berufsbildungswerk absolviert haben,
- aktuell arbeitslos sind und Probleme bei der Arbeitsplatzsuche haben,
- aus der Werkstatt für Behinderte in den allgemeinen Arbeitsmarkt wechseln wollen.

Der IFD setzt also jeweils dort an, wo ein professioneller Kontakt zur Unterstützung gesucht wird.

Die Zielgruppe

Die große Mehrzahl der körper- und mehrfachbehinderten jungen Leuten, die an den IFD herantreten, weist eine hohe Motivation auf, sich mittels Arbeit in die Gesellschaft zu integrieren. Sie erheben den Anspruch auf eine Arbeit, die ihren Leistungsmöglichkeiten entspricht. Im betrieblichen Alltag beeindrucken sie durch Zuverlässigkeit, Genauigkeit und die Kompensation ihrer körperlichen Einschränkungen. Die eigene reale Einschätzung ihrer Leistungen kann sich allerdings erst im betrieblichen Alltag entwickeln. Dies ist besonders der Fall, wenn die Sozialisation ausschließlich in Sondereinrichtungen und im behüteten familiären Umfeld erfolgt ist. Sie gehen ohne Vorbehalte in betriebliche Sozialstrukturen hinein, erfahren aber die Notwendigkeit, sich aus ihrer oft internalisierten Sonderrolle hinauszubegeben. Das durch menschliche Unzulänglichkeiten geprägte, unregelmäßige, manchmal nicht planbare soziale Miteinander im betrieblichen Alltag will gelernt sein. Ihre oftmals ausgeprägte gute aktive Sprache erleichtert die Kommunikation und die Reflexion der eigenen Erfahrungen. Selbst bei leichten Sprachfehlern zeigen sie aber oft große Zurückhaltung vor dem Umgang mit dem Telefon.

Die Körperbehinderung bewirkt im Falle einer hirnorganischen Verursachung vielfach eine Funktionsbeeinträchtigung, die nur zum Teil mit Hilfsmitteln oder durch selbst erlernte Bewegungsmuster kompensiert werden kann. Treten daneben auch noch hochgradige Sehschwierigkeiten oder ein eingeschränktes Gesichtsfeld auf, ist die Mobilität grundsätzlich eingeschränkt. Bei Rollstuhlfahrern/innen, die auf einen Transport zum Arbeitsplatz angewiesen sind, reduziert sich zusätzlich das Einzugsgebiet eines potenziellen Betriebes erheblich. In der Erarbeitung eines umfassenden Eignungsprofils ist deshalb die Feststellung erforderlich, welche Beeinträchtigungen sich aus der Behinderung ergeben und wie sich diese auf Arbeitsvollzüge auswirken.

Neben der Körperbehinderung haben die meisten der vom IFD betreuten Personen zusätzlich eine Lernbehinderung. Dies bedeutet, dass entweder keine Ausbildung mehr erreichbar ist oder nur eine reduzierte Ausbildung gemäß § 48 BBiG (4).

Für die Lebenssituation der meisten von IFD betreuten jungen Körperbehinderten ist charakteristisch, dass sie im familiären Haushalt leben und eine hohe Unterstützung durch die Familie erfahren. Altersentsprechende Kompetenzen werden durch Überbehütung oftmals gebremst oder sehr verspätet zugelassen. Während junge Männer trotzdem mehr Eigenständigkeit in ihrer Freizeit entwickeln können, leben körperbehinderte junge Frauen behüteter und zeigen sich deshalb ängstlicher und unerfahrener in der offenen Kontaktaufnahme und Einbindung. Sie suchen eher nach einer Möglichkeit, sich durch eigenständiges oder betreutes Wohnen von den Eltern zu lösen.

Je komplexer die Beeinträchtigungen für den einzelnen sind, umso notwendiger wird die Herausarbeitung seiner/ihrer individuellen Stärken und Entwicklungspotenziale unter dem Gesichtspunkt beruflicher und alltagsrelevanter Notwendigkeiten und Anforderungen. Insgesamt ist festzustellen, dass sich körper- und mehrfachbehinderte junge Menschen mit ihrer gesamten Persönlichkeit und all ihren individuellen Besonderheiten in den Prozess der beruflichen und gesellschaftlichen Standortsuche hinein begeben. Sie wollen ernst genommen werden, durch Selbsterfahrungen lernen und durch ihren eigenen beruflichen Weg gehen. Der IFD versteht sich daher als Ansprechpartner, der gemäß dem Normalisierungsprinzip dem einzelnen Behinderten die Hilfe gibt, die er/sie zur Realisierung seiner/ihrer beruflichen und sozialen Einbindung in unserer Gesellschaft benötigt und selbst auch sucht.

Unterstützte Beschäftigung

Der IFD für Körperbehinderte in Münster greift in seiner Arbeit auf das Konzept der Unterstützten Beschäftigung zurück. Dieses fußt auf den folgenden Leitbildern:

- Achtung der menschlichen Würde,
- Recht auf Einnahme einer aktiven Rolle in der Gesellschaft,
- Recht auf Entwicklung zwischenmenschlicher Beziehungen und gleichberechtigter Teilnahme am sozialen Leben und
- Freiheit der Wahl in allen Lebenslagen.

Für die konzeptionelle Umsetzung dieser Leitbilder heißt das, von einem lebenslangen Lernprozess auszugehen, der institutionelle Festschreibungen ausschließt (5). Die Person, die Beratung, Hilfe und Betreuung einfordert, tritt als Subjekt in einen offenen Prozess mit dem IFD ein und handelt mit ihm Ziele und das Ausmaß an Unterstützungen aus. Ausgangspunkt ist der jeweilige aktuelle Status des jungen Menschen.

Allgemeine methodische Schritte

Der IFD trifft Körperbehinderte in drei verschiedenen Ausgangssituationen:

- als Sonderschulabgänger, die das Anliegen einer offenen beruflichen Orientierung und einer Nutzung auch von betrieblichen Maßnahmen zur beruflichen Vorbereitung haben,
- als arbeitsuchende Körperbehinderte mit und ohne berufliche Qualifizierung mit dem Anliegen, eine ihren Kompetenzen und Beeinträchtigungen angepasste Arbeitsstelle zu finden,
- als körperbehinderter Mitarbeiter einer Werkstatt für Behinderte mit dem Anliegen einer angepassten Arbeitsaufnahme auf dem allgemeinen Arbeitsmarkt.

Trotz dieser unterschiedlichen Ausgangssituation ist das methodische Vorgehen doch weitgehend gleich und lässt sich analog zum Verständnis von Unterstützter Beschäftigung wie folgt beschreiben:

- Phase der Kontaktaufnahme:
  sie dient der grundsätzlichen Erstinformation, klärt die Zuständigkeit des IFD, gibt Anregungen mit auf den Weg, leitet an andere Institutionen weiter und klärt das weitere Vorgehen;

- Phase des gezielten Kennenlernens:
  sie dient der Erarbeitung eines Profils, bestehend aus den Wünschen, Interessen, Stärken, Vorerfahrungen und Einschränkungen des Bewerbers, lässt aber eine Überprüfung und gegebenenfalls Überarbeitung der Bewerbungsunterlagen zu, ermöglicht erste Absprachen und Aufgabe zur weiteren zielorientierten Planung;
- Phase der Vorbereitung einer Maßnahme/Arbeitsaufnahme:
  sie beinhaltet eine gezielte Akquise oder eine gezielte Suche nach geeigneten Maßnahmen, vermittelt erste Informationen zum Bewerber an den Arbeitgeber und erfasst die Anforderungen des Arbeitsplatzes differenziert, sie ermöglicht eine Begleitung zum Vorstellungsgespräch, stielt ein Praktikum ein, regelt die Anleitung und auch formale Voraussetzungen mit den jeweils involvierten Kostenträgern;
- Phase der Begleitung:
  sie beinhaltet gemäß vorheriger Absprachen den betrieblichen Kontakt, um dem Anleiter wie auch dem Arbeitnehmer bedarfsgerecht zur Verfügung zu stehen, erarbeitet konkrete Hilfen, beobachtet den Prozess der Einarbeitung aufmerksam, reflektiert in gemeinsamen Gesprächen den Arbeitsverlauf und informiert frühzeitig über Förderangebote bei einer eventuellen Übernahme des behinderten Arbeitnehmers;
- Phase der Absicherung nach der Einarbeitung:
  sie beinhaltet eine bedarfsabhängige Begleitung des betrieblichen Geschehens über die Probezeit hinaus, um Überforderungen frühzeitig zu erkennen und Hilfen zur Entlastung und damit zur Sicherung des Arbeitsverhältnisses aufzubauen.

Die Unterstützte Beschäftigung bedeutet somit ein systematisches Vorgehen, eine individuelle Hilfeleistung und eine Vermittlung zwischen allen Beteiligten.

Methodisch-relevante Erfahrungen mit körper- und mehrfachbehinderten Arbeitsuchenden

Die vom IFD in der beruflichen Beratung und Vermittlung entwickelten methodischen Schritte bewähren sich auch bei der Zielgruppe junger Körperbehinderter. Dennoch lassen sich Besonderheiten aufzeigen, die mit ihren individuellen Bedingungen im Zusammenhang stehen. Diese sollen im Folgenden beschrieben werden:

- Bewerbung
  Es zeigt sich, dass der Erfolg der Akquise eines Arbeitsplatzes größer ist, wenn die Stellensuche unabhängig von aktuellen Stellenangeboten erfolgt, also personenbezogen Kontakt zu Betrieben aufgenommen wird.

Der Konkurrenz bei Stellenangeboten sind die vom IFD vertretenen behinderten Arbeitsuchenden trotz formalem Qualifizierungsabschluss meistens nicht gewachsen und sie erhalten somit auch keine Chance zur persönlichen Vorstellung. Konkret: aus der Verpflichtung zur Benennung der Schwerbehinderung wird eine Benachteiligung in einem vorausgehenden schriftlichen Bewerbungsverfahren. Daher ist es günstiger, wenn einer schriftlichen Bewerbung ein Kontakt zum Arbeitgeber durch den IFD vorausgeht.

- Praktikum
  Für körperbehinderte Arbeitsuchende, die ihre Sozialisationserfahrungen vor allem in schulischen und berufsqualifizierenden Sondersystemen (sie stellen die weitaus größte Gruppe derjenigen dar, die vom IFD unterstützt werden) gemacht haben, nimmt das betriebliche Praktikum einen zentralen Stellenwert ein. Es lässt aufgrund der engen Begleitung durch den IFD verlässliche Rückschlüsse auf die Kompetenzen der Bewerber zu, bietet eine konkrete Erprobung der Anforderungen am Arbeitsplatz, baut durch die tägliche Erfahrung am Arbeitsplatz Vorurteile bei den Kollegen ab beziehungsweise lässt die Bereitschaft zur Einbindung eines behinderten Kollegen wachsen. Die arbeitsbezogene gemeinsame Auswertung des Praktikums eröffnet dem Arbeitsuchenden die Möglichkeit einer Angleichung von Selbst- und Fremdwahrnehmung. Das Praktikum stellt auf diese Weise oft die Brücke zur Arbeitsaufnahme dar.

- Passung des Arbeitsplatzes
  Je komplexer die Beeinträchtigungen eines Bewerbers sind, umso genauer müssen die Anforderungen eines Arbeitsplatzes erfasst werden, um zu einer Passung zu gelangen. Auch unter diesem Aspekt erweist sich das Praktikum als effektives Instrument, um die Passung zu überprüfen und gegebenenfalls weitere Veränderungen und Hilfen herauszuarbeiten. Die erforderlichen Unterstützungen können sowohl technische Hilfsmittel, veränderte Arbeitsinhalte und die Strukturierung der Arbeitsschritte als auch eine Arbeitszeitverkürzung beinhalten.

- Betriebliche Qualifizierung
  In Fällen von Langzeitarbeitslosigkeit und fehlender Berufspraxis erweisen sich betriebliche Qualifizierungsmaßnahmen bis zu einem Jahr als unbedingt notwendig, um über das Learning-on-the-Job-Prinzip einzusteigen. Neben der fachlichen Leistungssteigerung gewinnt der behinderte Arbeitnehmer zunehmend an Selbstwertgefühl und an Sicherheit im betrieblichen Umfeld. Hier bietet der IFD eine sozialpädagogische und betriebliche Begleitung an.

- Begleitung am Arbeitsplatz
  Auch nach einer vertraglichen Arbeitsaufnahme hat sich eine bedarfsorientierte Begleitung am Arbeitsplatz als notwendig erwiesen, um das

Arbeitsverhältnis abzusichern. In der Praxis zeigt es sich oftmals, dass der kollegiale Umgang im Betrieb, die Art der Kommunikation und Unsicherheit auf beiden Seiten den IFD als Vermittler erfordern. Sein Vorteil ist zudem, dass er betrieblich bekannt ist. Neben gemeinsamen Gesprächen im Betrieb sind teils auch Einzelgespräche mit dem behinderten Arbeitnehmer zur Problembearbeitung notwendig. Auch der Faktor der Dauerbelastung verursacht zum Teil eine erneute Modifizierung der Arbeitsplatzanforderungen, eine Veränderung des Stundenumfangs, eine erneute Anleitung der Anleiter, den Einsatz eines job coach. Die generelle Verlangsamung der Bewegungsabläufe von Körper- und Mehrfachbehinderten wirkt sich im beruflichen Alltag aus und bedeutet im privaten und sozialen Alltag des Arbeitnehmers aber auch, mit wesentlich erhöhtem Zeitaufwand kalkulieren zu müssen.

- job coach
  Der Einsatz von außerbetrieblichen job coaches zum Training von Arbeitsabläufen am Arbeitsplatz erwies sich bislang als wenig erfolgreich. Die Arbeitsuchenden, die mit einer beruflichen (Teil-) Qualifikation einen Arbeitsplatz einnehmen, benötigen eher eine betriebsspezifische Einarbeitung, die durch einen betrieblichen Anleiter unmittelbarer und fachlich kompetenter geleistet werden kann. Durch die Einbindung eines betrieblichen Kollegen in die Phase der Einarbeitung wird auch eine Beziehungsebene geschaffen, die eine soziale Einbindung des behinderten Kollegen begünstigt. Die Aufgabe des IFD ist es, den betrieblichen Anleiter sowohl für behinderungsbedingte Beeinträchtigungen zu sensibilisieren als ihm auch methodische Hilfen bei seiner fachlichen Anleitung zu geben. Die körperbehinderten Arbeitnehmer erleben diese Form der Unterstützung am Arbeitsplatz als adäquat und würden zum Teil ein konzeptionell vorgegebenes job coaching ablehnen, da sie es als überzogen und diskriminierend empfinden.

- Langzeitarbeitslosigkeit
  Die meisten Körperbehinderten, die als Arbeitslose an den IFD herantreten, sind Langzeitarbeitslose. Je länger die Arbeitslosigkeit besteht, umso mehr wird dieser Faktor zu einem zusätzlichen Nachteil. Die Kopplung einer überbetrieblichen Qualifizierung in Sondersystemen mit anschließender Arbeitslosigkeit entwertet nicht nur schnell die erworbenen Qualifikationsabschlüsse (insbesondere im sich ständig verändernden Arbeitsfeld der Bürokommunikation), sie erschwert auch zunehmend wegen fehlender Vorerfahrungen die Einbindung in ein offenes Arbeitssystem. Mit der Dauer der Arbeitslosigkeit nimmt zudem die positive Einstellung zu eigenen beruflichen Kompetenzen ab.

- Qualifizierung als Bürokraft
  Der IFD betreut zunehmend Schwerbehinderte, die mit einer Qualifizierung als Bürokraft (eine Ausbildung gemäß § 48 BBiG, die meistens in

einem Berufsbildungswerk absolviert wurde) an den allgemeinen Arbeitsmarkt herantreten. Viele dieser Bürokräfte erhalten keine Resonanz auf ihre eigenen, oft vielzähligen schriftlichen Bewerbungen. Ihnen fehlt vielfach jegliche Information, wie sie sich mit höheren Chancen auf Betriebe zubewegen können. Ihre Vermittlung stellt sich deshalb als sehr schwierig dar.

Insgesamt ist festzuhalten, dass die Akquise eines Praktikums oder eines Arbeitsplatzes in hohem Maße von der Sensibilisierung und Aufklärung der Betriebe über das Profil und die Einschränkungen des Bewerbers abhängt. Während der IFD primär betriebliche Anleiter zur Einarbeitung am Arbeitsplatz nutzt, ist die Begleitung dieses Prozesses zum Teil auch über ein Jahr hinaus notwendig, um die Dauerbelastung und die soziale Einbindung in den betrieblichen Alltag sicherzustellen.

Vorliegende Erfahrungen

Übergang Schule–Beruf

Der IFD kooperiert seit Beginn mit der ortsansässigen Sonderschule für Körperbehinderte in Münster. Er offeriert sich in jeder Abgangsklasse, um die Phasen der beruflichen Orientierung und Berufsfindung zu unterstützen. Das frühzeitige Kennenlernen der Abgangsschüler/innen, die Begleitung der Praktika, die Beobachtung der Schüler/innen im Unterricht, der Aufbau von Einzelkontakten mit den Eltern und dem Schüler wie auch die gemeinsamen Berufsfindungsgespräche sind inzwischen zu einem Bestandteil in der Kooperation zwischen abgebender Schule und aufnehmendem IFD geworden. Nach der Präsentation des IFD im Rahmen der Elternsprechtage der Abgangsklasse suchen die Eltern zunehmend Einzelgespräche mit dem IFD.

Welche Ziele verfolgt der IFD in der Phase der schulischen Berufsvorbereitung? Einmal sollen die Schüler/innen, die aufgrund ihrer Lernbehinderung keine formale Ausbildung erreichen können, mit der Möglichkeit einer betrieblichen Arbeitsaufnahme konfrontiert werden. Dazu dienen betriebliche Schulpraktika, die der IFD durchführt, begleitet und auswertet. Das unmittelbare Erleben des betrieblichen Alltags soll Lernprozesse anregen und den Schülern in ihrer Berufsfindungsphase konkrete Anhaltspunkte liefern. Der IFD greift in dieser Phase den Standpunkt der Schülerin/des Schülers beziehungsweise der Eltern auf und leitet durch Praktika eine weitere Abklärung beruflicher Möglichkeiten ein. Die im Praktikum gewonnenen Informationen verschaffen dem IFD eine gute Basis, um im Einvernehmen mit dem Reha-Berater ein betriebliches und auch wohnortnahes Angebot zur beruflichen Vorbereitung nach der Schulentlassung zu entwickeln. Der Schüler selbst sowie seine Eltern sollen in dieser Phase mit konkreten Lernzielen in die Verantwortung genommen werden, die sich besonders auf die

Einübung von Alltagskompetenzen beziehen und in der betrieblichen Berufsvorbereitung abverlangt werden (zum Beispiel: Wie fahre ich mit öffentlichen Verkehrsmitteln? Wie hole ich mir Hilfe? Welche Regeln muss ich im Betrieb beachten? Halte ich es aus, eine gewisse Zeit allein meine Arbeit/ Aufgabe weiter zu führen?). Zum anderen sollen die Schüler, bei denen eine Ausbildung möglich erscheint, mit einer betrieblichen Ausbildung einschließlich ambulanter Unterstützung konfrontiert werden. Dabei soll nicht der finanziell günstigere Aspekt der betrieblichen Ausbildung das Maß der Beurteilung sein, vielmehr soll dem Jugendlichen ein offenes betriebliches Umfeld gezeigt werden, das seinen persönlichen Voraussetzungen entspricht.

Ausgehend von den beruflichen Vorstellungen der Schüler und Eltern werden zunehmend mehr lokale Möglichkeiten der beruflichen Vorbereitung und/oder Orientierung genutzt. So mündete zum Beispiel eine Schülerin, die ein Angebot in einem BBW ablehnte, in den Besuch des Berufsgrundschuljahres in einer Schule, die sie per Bahn erreichen konnte. Danach ging sie zwar in eine überbetriebliche Ausbildung, die dann allerdings für sie auch täglich erreichbar war.

Der Ansatz einer individuell ausgerichteten betrieblichen Berufsausbildung wurde konkretisiert und eröffnete die stärkere Nutzung lokaler Angebote auch für körper- und mehrfachbehinderte Sonderschulabgänger/innen. Dabei zeigte sich, dass für eine betriebliche Berufsvorbereitung die Persönlichkeitsentwicklung, die Motivation und eine gewisse Selbstständigkeit entscheidender sind als die körperliche Beeinträchtigung. Bei Rollstuhlfahrern bietet das lokale betriebliche Angebot zur beruflichen Vorbereitung eher die Chance der selbstständigen Erreichbarkeit des Betriebes und damit auch der Förderung von Alltagskompetenzen und Eigenständigkeit. Die Begleitung einzelner Sonderschulabgänger über verschiedene Maßnahmen hinweg ist zwar unterschiedlich intensiv, lässt jedoch die kontinuierliche Verfolgung der beruflichen Entwicklung zu und erleichtert aufgrund einer bereits vorhandenen Vertrauensbasis die Auswertung und weitere Planung. Aus der Einmündung von Schülern in betriebliche Praktika und Berufsvorbereitungen sind einerseits reguläre Arbeitsverträge hervorgegangen, andererseits konnten einzelne körperbehinderte Jugendliche aufgrund der selbst erlebten betrieblichen Erfahrung zu der Überzeugung gelangen, dass eine Einbindung in den beschützten Arbeitsplatz einer WfB vorerst der geeignetere Schritt ist.

Ein Fallbeispiel soll den Weg des Übergangs von der Schule in die erste betriebliche Maßnahme verdeutlichen:
Susanne, eine Schülerin der Schule für Körperbehinderte in Münster, wird mit 18 Jahren im Sommer 1999 aus der Schule entlassen. Sie ist in Folge eines Geburtsfehlers körperbehindert. Sie kann kurze Strecken am Rollator gehen, ansonsten ist sie auf einen Rollstuhl angewiesen. Ihre Grobmotorik

ist verlangsamt, ihre Feinmotorik leicht beeinträchtigt. Das abstrakte Denken fällt ihr schwer. Sie bringt sich aktiv in Gespräche ein, bezieht Position, lässt breite Alltagserfahrungen erkennen und zeigt sich einfühlsam. Ihr Wunsch und der ihrer Eltern besteht darin, die Chance einer Berufsvorbereitung außerhalb der WfB zu bekommen. Über den Klassenlehrer der SfK wurde der IFD bereits zwei Jahre vor der Schulentlassung in die Überlegungen zur beruflichen Eingliederung einbezogen. Susanne absolvierte ein Schulpraktikum im Bürobereich einer WfB und ein zweites in der geologischen Abteilung des Naturkundemuseums.

Während sich Susanne im ersten Praktikum überfordert fühlte, waren die Erfahrungen im zweiten Praktikum für sie eher positiv. Sie musste nach Vorlagen aus Gips und Ton modellieren. Wenngleich der Tätigkeitsbereich beruflich nicht unmittelbar für sie zu nutzen war, so wurde doch deutlich, dass Susanne sich schnell und adäquat in ein neues Umfeld integrieren kann. Die tägliche Arbeitszeit musste auf 7 Stunden reduziert werden. Nach dem Test beim Arbeitsamt wurden ihre beruflichen Perspektiven zunächst unterschiedlich beurteilt: das Arbeitsamt schlug einen Förderlehrgang oder ein Arbeitstraining in einer WfB vor; die Schule sah aufgrund der schwachen kognitiven Leistungen keine Chance für den ersten Arbeitsmarkt, bot aber Schulverlängerung und weitere Praktika an, um die Berufsschulpflicht abzudecken. Die Eltern standen der WfB nicht grundsätzlich ablehnend gegenüber, wollten aber andere Wege ausprobieren und wehrten sich entsprechend gegen die Ausschließlichkeit einer Arbeitsaufnahme in der WfB. Der IFD schlug eine überbetriebliche Qualifizierung im Bürobereich unterhalb der formalen Ausbildung vor, welches es allerdings nur in Bayern, also wohnortfern, gibt. Susanne erlebte in dieser Situation die Ungewissheit als so belastend, dass sie schließlich bereit war, in die WfB zu gehen.

Nach einer ersten gemeinsamen Beratung mit dem IFD wurde entschieden, dass Susanne ein Jahr Schulverlängerung in Anspruch nehmen wird. Das weitere Schuljahr sollte dazu genutzt werden, um nach einem zusätzlichen betrieblichen Praktikum zu suchen und die Möglichkeit einer betrieblichen Berufsvorbereitung abzuklären. Der IFD führte gemeinsam mit dem Berufsberater ein erstes Gespräch mit einer WfB, um deren Bereitschaft zu einem einjährigen Förderlehrgang im Pforten- beziehungsweise im Bürobereich zu klären. Der Betrieb machte die Entscheidung über einen Förderlehrgang von der Erfahrung mit Susanne in einem Schulpraktikum abhängig. Der IFD bereitete das Praktikum im Bürobereich der WfB vor, begleitete es und wertete es gemeinsam mit Susanne, Lehrer, Eltern und Arbeitsamt aus.

In der WfB hatte Susanne Daten in Masken am PC einzugeben, Telefonate anzunehmen und nach Diktaphon zu schreiben. Sie wurde als ausdauernd, motiviert und interessiert beurteilt. Sie ließ sich anleiten, suchte nach Lösungen und verfolgte konsequent eine Aufgabe auch ohne Anwesenheit der

Anleiterin konsequent. Zwar wurden auch ihre begrenzte Flexibilität, ihre Verlangsamung und ein Konzentrationsabfall in den letzten Nachmittagsstunden deutlich, insgesamt überzeugte Susanne jedoch durch ihre Motivation, ihre sozialen Kompetenzen und ihre für den Pfortenbereich notwendige Kommunikationsfähigkeit.

Susanne selbst bewertete nach dem Praktikum in der WfB ihre Chancen für eine betriebliche Berufsvorbereitung höher als die unmittelbare Sicherheit einer Beschäftigung in der WfB. Sie äußerte den Wunsch, eine Berufsvorbereitung im Rahmen eines Förderlehrgangs innerhalb der Verwaltung und des Pfortenbereichs der WfB zu machen. Daran lässt sich eine Entwicklung ihrer Persönlichkeit ablesen, die es zu unterstützen gilt. Susanne ist mit dem Ergebnis des Praktikums sehr zufrieden. Sie sieht für sich eine Chance, sich selbst mit den Aufgaben im Pforten-/Bürobereich zu fördern, konkret zu erproben, was für sie lernbar und leistbar ist. Die Sozialpädagogin der Werkstatt übernahm die Betreuung und Anleitung, die Arbeitszeit wurde von 8 bis 15 Uhr reduziert, der Transport zur Praktikumsstelle erfolgte per Taxi.

Die betriebliche Berufsvorbereitung kann für Susanne bis zu zwei Jahren genutzt werden, um sie intensiv in ein auf sie zugeschnittenes Aufgabenfeld im Pfortenbereich einzuarbeiten.

Übergang vom Berufsbildungswerk / Überbetrieblicher Ausbildung in den Beruf

Die größte Gruppe der Körperbehinderten, die an den IFD herantreten, steht am Ende einer überbetrieblichen Maßnahme in einem Berufsbildungswerk oder hat diese bereits dort abgeschlossen und ist arbeitslos. Der IFD versucht mit dem Aufbau einer engmaschigen Kooperation mit berufsqualifizierenden, abgebenden Bildungseinrichtungen, den Übergang zugunsten einer passenden Vermittlung aktiv zu nutzen.

Der IFD bietet dazu eine maßnahmeübergreifende Begleitung, um den jeweils nächsten Schritt im Rahmen des rehabilitativen Verlaufes frühzeitig abzuklären, einzustielen und/ oder zu delegieren. Grundlage dafür ist die Schaffung eines kooperativen Netzes mit abgebenden Institutionen wie Sonderschule und Berufsbildungswerk und anderen aufnehmenden ortsnahen Institutionen wie Bildungsträger, Betrieben oder WfB. Konkret bedeutet das, dass der IFD bei der Suche nach dem individuell passenden Angebot neue informative Kontakte knüpft, zum Beispiel eine berufsvorbereitende betriebliche Maßnahme über ein Praktikum vorbereitet, mit dem Reha-Berater die Maßnahme auslotet und eine Fallübergabe mit dem jeweiligen Bildungsträger durchführt. Zwischen dem IFD und dem Bildungsträger wird ein kontinuierlicher Informationsaustausch praktiziert mit dem Ziel, frühzeitig zum Ende der Maßnahme die Fallübernahme erneut durchzuführen. Geht aus der Maßnahme ein Übernahmeangebot hervor, bietet der IFD sowohl dem körperbehinderten Arbeitnehmer als auch dem Arbeitgeber eine bedarfsabhängige Begleitung am Arbeitsplatz zur Absicherung des Arbeitsverhältnisses. Bei fehlendem Übernahmeangebot erarbeitet der IFD neue Ziele mit dem betroffenen Arbeitsuchenden.

Der Übergang von einem Berufsbildungswerk (BBW) in die Arbeit stellt sich für viele Körperbehinderte selten als nahtlos heraus. Mittlerweile treten aufgrund des Bekanntheitsgrades des IFD zunehmend mehr Körperbehinderte an ihn heran, die nach ihrer Qualifizierungsphase im BBW nur kurzzeitig betrieblich tätig waren oder noch gar keine betriebliche Praxis vorweisen können. Die fehlende Berufspraxis ist oftmals erschwerend mit Langzeitarbeitslosigkeit und ihren psychosozialen Nebenerscheinungen gekoppelt. Bei dieser Ausgangssituation dient die Kooperation mit dem abgebenden BBW der Erarbeitung eines differenzierten Leistungsbildes.

In anderen Fällen nutzt der IFD die gewachsenen Kontakte zum BBW, um bei vorhandenen Stellenangeboten geeignete Bewerber zu finden. So ergab sich bei einer „Kaltakquise" das Stellenangebot für eine Bürokraft, wofür der IFD aktuell keinen geeigneten Bewerber hatte. Die Kenntnisse über die Anforderungen am Arbeitsplatz erleichterten eine gezielte Bewerbernachfrage im BBW. Das Ergebnis war ein nahtloser Übergang nach dem Qualifizierungsabschluss als Bürokraft bis hin zur Arbeitsaufnahme und Arbeitsvertrag aufgrund erfolgreichen Einstiegs über eine Praktikumsphase im selben Betrieb. Eine gelungene Kooperation!

Vereinzelt kommen auch Übergänge von anderen beruflichen Bildungsträgern zum Tragen, wenn es um eine Zweitausbildung oder um eine Umschulung und weitere Qualifizierung geht. Bei einzelnen waren die beruflichen Ersterfahrungen erfolglos, andere können aufgrund eines Unfalles ihren Erstberuf nicht weiter ausführen und müssen sich zusätzlich mit ihrem veränderten Leistungsvermögen auseinandersetzen. Je stärker ein Körperbehinderter seine Erfahrungen und sein verändertes Sein annehmen kann, umso eher kann eine gezielte Akquise eines neuen Arbeitsbereiches für ihn erfolgen.

Ein Beispiel verdeutlicht die eigene berufliche Entwicklung über zwar negative, aber fassbare Erfahrungen und die weitere Ausrichtung auf die eigenen Interessen und Stärken.

Frau B. ist 26 Jahre alt und hat ein verkürztes Bein. Ihre Ausbildung als Bekleidungsnäherin nach § 48 BBiG erwies sich für sie im betrieblichen Alltag als nicht umsetzbar. Sie war dem zeitlichen Druck und der komplexen Aufgabenstellung in den kleinen Nähbetrieben, in die sie vermittelt worden war, nicht gewachsen. Die Mutter trat zum Ende der Zweitausbildung als Sozialhelferin mit der Bitte an den IFD heran, bei der Suche nach einem geeigneten Arbeitsfeld behilflich zu sein, um weitere Überforderungen am Arbeitsplatz zu vermeiden. Gleichzeitig wurden die Lernprobleme thematisiert, die bis dato neben der Körperbehinderung nicht berücksichtigt worden waren, im theoretischen Ausbildungsteil aber sichtbar wurden. Dem IFD ging es im Folgenden darum, das Ausmaß der Lernprobleme zu erfassen und über ein Praktikum während der letzten Ausbildungsphase die praktischen Stärken zu erfahren. Frau B. bestand die theoretische Prüfung nicht. Aus dem Praktikum ging für den IFD aber eine hohe Übereinstimmung zwischen Motivation, Kompetenzen und Anforderungen im Arbeitsbereich hervor. Der IFD veranlasste im Einvernehmen mit Frau B. eine Anerkennung der Lernprobleme zur Erhöhung des GdB auf 50%, um damit besondere Hilfen zur beruflichen Eingliederung nutzen zu können. Frau B. überzeugte mit ihrer positiven Grundhaltung im Umgang mit alten Menschen, ihrer Motivation und Zuverlässigkeit und wurde nach einer weiteren Probephase unbefristet übernommen. Der IFD erarbeitete mit der Station konkrete Aufgaben im Bereich der kleinen Pflege und der Teeküchenarbeit, leitete den betrieblichen Anleiter an und begleitete die weitere Einarbeitung.

In der folgenden Zeit standen zwei Lernziele im Vordergrund: Zum einen sollte Frau B. lernen, berufliche Belange konkret gegenüber dem Anleiter zu benennen, anstatt alle Nachfragen höflich zu bejahen, unabhängig von der eigentlichen Befindlichkeit. Zum anderen sollte Frau B. die Anforderungen und Wünsche im privaten Umfeld des betreuten Wohnens mit ihrem beruflichen Alltag in Einklang bringen lernen. Der IFD begleitete die berufliche Entwicklung und kooperierte mit den Pädagogen des betreuten Wohnens. Im zweiten Jahr der Anstellung reagierte Frau B. mit häufigeren Krankmeldungen auf Überforderung. Nach der gemeinsamen Reflexion beantragte der IFD für Frau B. eine Stundenreduzierung von acht auf sechs Stunden täglich. Gleichzeitig wurde Frau B. bei der Suche einer ausgleichenden Freizeitaktivität unterstützt. Die Arbeitsleistung stabilisierte sich, dennoch klagte Frau B. teilweise über Rückenprobleme. Der IFD führte eine Beobachtung der Arbeitsabläufe durch, um Ansätze zur Entlastung durch Veränderung der Organisation oder durch den Einsatz von Hilfsmitteln zu klären. Der Einsatz eines Stehstuhles und eines Tablettwagens wird derzeit erprobt. Gleichzeitig sucht der IFD eine Unterstützung durch den behandelnden Orthopäden bezüglich einer Gewährung von Krankengymnastik, die Frau B. derzeit nicht alleine durchzusetzen vermag. Insgesamt ist weiterhin auf Seiten des Betriebes und auch bei Frau B. eine hohe berufliche Zufriedenheit vorhanden. Die notwendigen Hilfen haben zu einer Erhaltung des Arbeitsverhältnisses geführt.

Ein anderes Beispiel eines jungen Mannes, der in der Pubertät aus seinem bisherigen Leben herausgerissen wird, macht deutlich, dass die bereits gut gelungene Annahme seiner veränderten Leistungsmöglichkeiten in keiner Weise im Widerspruch steht zu dem Vertrauen und der Sicherheit um unveränderte Stärken. Gleichzeitig beinhaltet das Beispiel die Möglichkeit einer konstruktiven Kombination zwischen Betrieb und BBW.

Karl war bereits seit einem Jahr nach Schulabschluss mit FOS 12 an der Waldorfschule, als er über private Kontakte an den IFD herantrat. Dem Vorschlag des Arbeitsamtes zu einer überbetrieblichen Berufsvorbereitung weit entfernt von seinem Wohnumfeld wollte er nicht nachgehen. Er suchte noch nach lokalen Alternativen. Karl ist bedingt durch ein Schädel-Hirn-Trauma in seiner Fein- und Grobmotorik verlangsamt. Bei komplexen Anforderungen braucht er Strukturierungs- und Planungshilfen und er kann nicht zeitgleich den Unterrichtsstoff akustisch verfolgen und sich Notizen machen. Er hat jedoch eine hohe Alltagskompetenz, ist sehr sprachgewandt und sozial gut eingebunden. Karl ist auf den ÖPNV angewiesen. Beim IFD suchte Karl Unterstützung bei dem Zugang zu Ausbildungsbetrieben. Der IFD vereinbarte mit ihm einen konkreten Aufgabenkatalog, um einerseits seine Eigenverantwortung einzufordern, andererseits darüber seine Alltagskompetenzen zu erfahren. In Zusammenarbeit (IFD – Karl – Arbeitsamt) wurde eine betriebliche Möglichkeit angedacht. Nachdem der IFD einen Ausbildungsbetrieb im bürokaufmännischen Bereich akquirieren konnte, der auch per Bahn erreichbar ist, erfolgte eine weitere Reflexions- und Planungsphase gemeinsam mit dem Arbeitsamt. Das Ergebnis war, dass Karl mittels eines betrieblichen Förderlehrganges im Ausbildungsbetrieb überprüfen konnte, ob eine betriebliche Ausbildung leistbar ist. Zeitgleich wurde mit und über das Arbeitsamt die berufliche Beschulung im Berufsbildungswerk des Kreises vereinbart, um damit den besonderen Lernvoraussetzungen Karls besser gerecht zu werden. Die Maßnahme wurde über einen Bildungsträger begleitet, der auch die sozialpädagogische Betreuung stellen sollte. Aus diesem Grund gab der IFD Karl an den Bildungsträger ab. Karl selbst war insgesamt mit diesem beruflichen Angebot sehr zufrieden. Aus dem betrieblichen Förderlehrgang wurde Karl in die betriebliche Ausbildung als Bürokraft übernommen. Der Berufsschulunterricht erfolgt weiterhin im BBW. Die Ausbildung wird durch ausbildungsbegleitende Hilfe gestützt und verläuft erfolgreich.

Dieses Beispiel macht deutlich, dass eine offene und flexible Nutzung von bestehenden beruflichen und rehabilitativen Angeboten dem Einzelnen die Chance des betrieblichen Lernens unter besonderen Bedingungen ermöglicht und erweitert. Der junge Mann sieht sich in seinem Streben nach einer betrieblichen Ausbildung gut unterstützt. Er hat eine hohe Lern- und Arbeitsmotivation und seine Arbeitsergebnisse sind zufriedenstellend.

Der IFD stellt sich also an den beiden Nahtstellen ‚Übergang Schule-Beruf' und ‚Übergang Qualifizierung-Arbeitsaufnahme' als Kooperationspartner zur Verfügung. Die Intensität der Kontakte ist abhängig vom jeweiligen Auftrag. Ein kontinuierlicher Kontakt trägt jedoch dazu bei, die Beziehungsebene und vertraute Basis zu erhalten. Seitens der betroffenen

Körperbehinderten wird die Beibehaltung der Kontakte als positiv erlebt und gibt ihnen das Gefühl, bei Bedarf den IFD in Anspruch nehmen zu können.

Übergang aus einer Werkstatt für Behinderte in einen Betrieb

Der IFD soll ebenfalls den Körperbehinderten zur Verfügung stehen, die aktuell in einer WfB arbeiten, die jedoch einen Wechsel in den allgemeinen Arbeitsmarkt für sich erproben und nutzen wollen.

Diese Erfahrungen mit Körperbehinderten aus der Phase des Überganges von der Werkstatt für Behinderte in den allgemeinen Arbeitsmarkt waren und sind bis dato rudimentär. Obwohl sich der IFD bei allen im Einzugsgebiet vorhandenen Werkstätten vorgestellt hat, wurde dieser selten durch den Sozialdienst der WFB in Anspruch genommen. Einige WfB-Mitarbeiter traten eigenständig an den IFD heran, mit der Bitte um Unterstützung zur Vermittlung in den allgemeinen Arbeitsmarkt. Trotz der wenigen Erfahrungen lassen sich fördernde beziehungsweise hemmende Aspekte benennen:

- Unterstützt die WfB den Wunsch des behinderten Mitarbeiters hinsichtlich eines beruflichen Wechsels, erweist sich die zu entwickelnde Planung und Umsetzung zur Hinführung in den allgemeinen Arbeitsmarkt als gut realisierbar. Bereits im Umfeld der WfB lassen sich gesteigerte Anforderungen an den Bewerber sinnvoll auf den nächsten Schritt des betrieblichen Praktikums einbinden. Das zeitliche Ausmaß des betrieblichen Praktikums im Rahmen des WfB-Status ist variabel aushandelbar und lässt die Tür zur Rückkehr in die WfB noch offen. Der Austausch zwischen IFD, Gruppenleiter, Sozialdienst und Bewerber hat unter diesen Voraussetzungen eine konstruktive und kooperative Ebene zum Nutzen des Bewerbers.
- Steht die WfB dem Wunsch nach Veränderung skeptisch bis ablehnend gegenüber, erfordert es von dem Bewerber eine enorme Kraft, im Alleingang diesem Wunsch nachzugehen. Unter diesen Voraussetzungen steht der IFD vor der Aufgabe, die WfB als kooperierenden Partner zu gewinnen. Gemäß dem Vorsatz, den Auftrag des Bewerbers ernst zu nehmen, erarbeitet der IFD mit dem Bewerber gemeinsam die Möglichkeiten und Grenzen. Das Ziel der Vermittelbarkeit, das auch zugleich den Weg bildet, ist noch offen. Sollte es nicht erreicht werden, so liegen dem Bewerber aber selbst erlebte betriebliche Erfahrungen zugrunde. Und diese Chance sollte er haben.
- Leben Mitarbeiter einer WfB noch bei den Eltern und artikulieren sie den Wunsch zur beruflichen Veränderung, so zeigt sich die Einstellung der Eltern als ausschlaggebend für den weiteren Verlauf. Gegen die Position der Eltern ist ein Wechsel nicht erreichbar. Der Blick der Eltern auf

eine langfristige Absicherung ihres Sohnes/ihrer Tochter ist aktuell nur in einer WfB gegeben. Die Risiken des allgemeinen Arbeitsmarktes sind nicht zu leugnen.

Die bisher nur wenigen Übergänge Körperbehinderter aus der WfB in den allgemeinen Arbeitsmarkt lassen sich grundsätzlich maximieren. Dazu könnten seitens des IFD für die Mitarbeiter einer WfB interne Bildungsangebote zum Thema Arbeit angeboten werden. Auch ein institutionalisierter Austausch zwischen Sozialdienst, Gruppenleitern einer WfB und dem IFD kann zu einem erhöhten Übergang von Körperbehinderten in den allgemeinen Arbeitsmarkt führen.

Arbeitsplätze für Körper- und Mehrfachbehinderte

Die erfolgreiche Arbeit eines IFD kann sich nur über eine enge Verknüpfung mit Betrieben entwickeln. Dieses Prinzip gilt auch und gerade bei der Vermittlung der hier behandelten Zielgruppe. Es ist unumgänglich, sich ein engmaschiges Netz von potenziellen Betrieben, betrieblichen Ansprech- und anderen Kooperationspartnern aufzubauen, auf das in der konkreten Vermittlung eines Körperbehinderten zurückgegriffen werden kann. Der Aufbau dieses Netzwerkes ist zeitaufwendig und mühsam. Die Bereitschaft eines Betriebes, sich die Mitarbeit eines körperbehinderten Arbeitnehmers vorstellen zu können, muss mit seriösen und konkreten Aussagen zu Leistungspotenzialen und Einschränkungen durch die Körperbehinderung begegnet werden. Auch wenn einige Arbeitsfelder für Körperbehinderte zunächst aufgrund zu hoher körperlicher Belastbarkeit ungeeignet erscheinen, birgt eine offene, wenig gefilterte Anfrage bei Betrieben auch die Chance, neue Bereiche oder Nischenplätze zu gewinnen.

Die bisherigen Erfahrungen in der Akquise von Arbeitsplätzen für körper- und mehrfachbehinderte Arbeitsuchende zeigen eine Dominanz von Arbeitsstellen im Dienstleistungsbereich, der in der Wirtschaftsstruktur Münster über 75% der Arbeitsverhältnisse abdeckt. (6) Während in Büroarbeitsfeldern vorwiegend qualifizierte Körperbehinderte vermittelt werden, bleiben für Körperbehinderte ohne Ausbildung nur Anlerntätigkeiten, die mit eingrenzbarer körperlicher Belastbarkeit einhergehen.

Hier ein Überblick über die bisherigen Arbeitsfelder:

Büroarbeitsplätze: Dateneingabe, telefonische Kundenbetreuung, Posteingang, Schreibarbeit nach Vorlage, Archivarbeit, Datenverwaltung mit Excel, Patienteneingabe und Rechnungen nach Vorlage.

Altenheim: Stationsküche, Hilfe beim Essen, kleine Altenpflege.

Krankenhaus: Topfspüle.

Wohnheim: Putzen der Gemeinschaftsräume.

Großküche: Spülstraße und Gemüse schneiden.

Tankstelle: Kassierer.

Trödelhändler: Verpacken und sortieren.

Waldorfschule: Außenanlagen pflegen, Hilfe im Gemüsegarten, Werkstattpflege und Hilfen bei Veranstaltungen.

Handwerk: Sägen und schmirgeln von Holzspielzeug.

Schilder- und Stempelherstellung: Zuschneiden von Kleinteilen, Texteingabe nach Vorlage in Schneidemaschine, Kleben, vorbohren.

Boutique: Sortieren und Verkauf von Altkleidern.

Trotz der Ähnlichkeit vieler Arbeitsfelder ist die Leistbarkeit nur aufgrund der individuell zugeschnittenen Teilaufgaben und der betrieblichen Bedingungen insgesamt gewährleistet. Die Erfahrungen zeigen, kleine und mittlere Betriebe lassen sich eher auf die Möglichkeit eines individuell zugeschnittenen Arbeitsplatzes ein, sehen eher den einzelnen Arbeitnehmer und verknüpfen betriebliche Aspekte mit sozialer Verantwortung. Zwar sind alle Arbeiten mit einer Zeitkomponente versehen, es geht jedoch nie um Akkord oder um Fließbandtätigkeiten. Der Einzelarbeitsplatz oder ein eher teamorientiertes Miteinander kommt dem leistbaren Arbeitsrhythmus Körperbehinderter eher entgegen. Die Mehrzahl der vermittelten Arbeitnehmer arbeiten mit reduzierter Stundenzahl und können so besser die Dauerbelastung am Arbeitsplatz mit den physischen und psychosozialen Auswirkungen ihrer Körperbehinderung in Einklang bringen.

Neue telegestützte Heimarbeitsplätze wurden im Einzelfall angedacht, scheiterten jedoch in beiden Fällen aus dem Blickwinkel der nichtmobilen Betroffenen aufgrund zu geringer betrieblicher Einbindung und damit einher gehender vermehrter sozialer Isolation. Aus Sicht des Arbeitgebers wurden die Heimarbeitsplätze aufgrund einer nicht gewährleisteten Dauersubventionierung bei potenziell reduzierter Leistung abgelehnt.

Problematisch sind die Auswirkungen der ‚schlanken Verwaltung' in öffentlichen Institutionen und sozialen Einrichtungen sowie auch die budgetabhängige Personalplanung. Leistbare, reale Arbeitsfelder, die über ein betriebliches Praktikum erkennbar wurden, entwickeln sich nicht zu regulären, versicherungspflichtigen Arbeitsangeboten. Infolgedessen werden die Arbeitsmöglichkeiten für nichtbehinderte Arbeitnehmer sowohl in öffentlichen als auch in sozialen und kirchlichen Verwaltungen/ Einrichtungen beschnitten. Die Budgetplanung in einzelnen Abteilungen lässt keinen finanziellen Rahmen für eine zusätzliche Stelle trotz hoher Anschubfinanzierung durch das Arbeitsamt.

Solange kein alternatives Stellenangebot vorliegt, bietet eine Beschäftigung mit 14 Wochenstunden im Rahmen von 630 DM manchmal eine sinnvolle

Überbrückung, um sowohl gerade im Bürobereich in der betrieblichen Praxis zu verbleiben als auch die demotivierende Isolation durch Arbeitslosigkeit zu vermeiden.

Die Ausschöpfung der Arbeitsangebote mit jungen Berufseinsteigern bewirkt natürlich, dass diese Arbeitsverhältnisse auf mittlere bis lange Sicht hin erst einmal besetzt sind. Die Angebote innerhalb des räumlichen Umfeldes des IFD werden also enger, beziehungsweise es wird noch intensiver bezogen auf Arbeitsaufwand und Zeitbudget eine Akquise von neuen Stellen zu erfolgen haben.

Dennoch ist es möglich und machbar, Arbeitsplätze aufzuspüren, zu modifizieren und zu installieren.

Unterstützung körperbehinderter, junger Frauen

Bereits seit der Projektphase des IFD wurde der Frage nachgegangen, inwieweit körperbehinderte, junge Frauen aufgrund rollenspezifischer Sozialisation eine spezifische Unterstützung benötigen, um ihre beruflichen und privaten Vorstellungen realisieren zu können.

Der IFD hat über die Jahre annähernd zu gleichen Anteilen mit Frauen und Männern zusammengearbeitet. Die Erfahrungen mit körperbehinderten jungen Frauen unterscheiden sich weniger darin, welche beruflichen Qualifikationen vorhanden sind oder welche Arbeitsfelder Interessen geleitet eingenommen werden. Bei Männern und Frauen stehen die Branchen der Bürotätigkeiten oder Dienstleistungen in sozialen Einrichtungen im Vordergrund. Während körperbehinderte Männer eher ganztägig arbeiten und auch bei offensichtlicher Überbelastung nur widerstrebend reduziert arbeiten, nehmen die meisten körperbehinderten Frauen Teilzeitstellen in Anspruch. Diese stehen für sie auch im Einklang mit ihrer Leistbarkeit. Sie sind zum Teil aber auch durch das jeweils begrenzte Arbeitsaufkommen begründet. Unterschiede in der Lohneinstufung bei vergleichbaren Tätigkeiten lassen sich nicht erkennen, da die meisten Vermittlungen über Lohnkostensubventionierung seitens des Arbeitsamtes zustande kommen und daher den gleichen Kriterien unterliegen. Unterschiede lassen sich eher hinsichtlich des Freizeitverhaltens und der Wohnsituation ausmachen. Leben körperbehinderte junge Frauen in ihrer Ursprungsfamilie, sind ihre Kontakte im Vergleich zu denen der Männer eher auf die Familie reduziert. Die Überbehütung hält körperbehinderte junge Frauen oftmals in einer kindlichen, aber auch geschlechtsspezifischen Rolle. Gesa Rünker spricht von einem widersprüchlichen Verhalten vieler Eltern gegenüber ihrer behinderten Tochter, die einerseits eine nicht selbstbestimmte Berufstätigkeit als Absicherung verstehen, andererseits ihre Tochter als geschlechtliches Neutrum sehen, um sie vor Enttäuschung zu schützen. (7) Das heißt ohne die Rücksprache mit den Eltern werden unabhängig vom Alter keine eigenen Entscheidungen getroffen oder ermöglicht. Es mangelt oft an dem Selbstbewusstsein, Entscheidungen alleine zu treffen. Falls eigene Außenkontakte und Aktivitäten gelebt werden, so beziehen sie sich primär auf die Teilnahme an festen Gruppen, weniger auf offene Freizeitangebote wie Kino, Konzerte, Disco oder Kneipe. Andererseits zeigen körperbehinderte junge Frauen aber eine größere Alltagskompetenz in der persönlichen Versorgung.

Den Führerschein und damit die Erhöhung der Mobilität streben Frauen nur vereinzelt an. Männer hingegen erwerben ihn, sobald es behinderungsbedingt möglich erscheint.

Einzelne Frauen haben gegen den Willen ihrer Eltern das selbstständige Wohnen für sich erkämpft. Sie haben keine Probleme in der täglichen Versorgung und Führung ihres Haushaltes, obwohl diese Alltagsorganisation mühsamer und zeitaufwendiger ist als bei nicht Körperbehinderten. Ihnen fehlt aber besonders dann eine soziale Anbindung, wenn sie arbeitslos sind, das Wohnumfeld kaum erreichbare Angebote zur Freizeitgestaltung bereit hält oder auch abends aus Unsicherheit eine öffentliche Mobilität gemieden wird. Hier sind Angebote zur sozialen Vernetzung unabdingbar.

Die Frauen, die eine Partnerschaft leben, realisieren ihre privaten Perspektiven und Wünsche einschließlich dem Wunsch, ein Kind haben zu wollen.

Insgesamt lassen die Aussagen aus der Praxis erkennen, dass die berufliche Eingliederung von körper- und mehrfachbehinderten jungen Leuten gekennzeichnet ist durch einen hohen Individualisierungsgrad. Dementsprechend ist es notwendig, die Individualität des Bewerbers bezüglich seiner Stärken und Einschränkungen offensiv gegenüber Arbeitgebern einzubringen, die Arbeitgeber selbst zu sensibilisieren und bei der Ausgestaltung des Arbeitsplatzes dem Betrieb zur Seite zu stehen. Die Betriebe schätzen in dem Prozess der Eingliederung die unbürokratische Hilfe und Inanspruchnahme des IFD als effektiven Service.

Nur zum Teil besteht neben den arbeitsplatzbezogenen Aktivitäten seitens des IFD auch die Notwendigkeit, sozialpädagogisch begleitend tätig zu sein, da mit zunehmender Qualifizierung und zunehmendem Alter auch der Bedarf diesbezüglich abnimmt, beziehungsweise der IFD explizit in seiner Funktion als Vermittlungshelfer angefragt wird.

Ein umfassendes, auf den Unterstützungsbedarf des Einzelnen abgestimmtes Angebot an Hilfen muss dennoch zur Disposition stehen, um eine berufliche Eingliederung einzuleiten und abzusichern.

Aus der gelungenen beruflichen Eingliederung ergibt sich für den Einzelnen auch die Grundlage und Zielperspektive zum selbstständigen Wohnen beziehungsweise zur bewussten Suche nach einer von den Eltern unabhängigen Wohnmöglichkeit. Hier fehlen noch Angebote, die einerseits eine weitgehende Eigenständigkeit im Wohnen beinhalten, andererseits reduzierte Hilfen in der Haushaltsführung, Freizeitgestaltung oder in der Pflege stellen.

Es ist erkennbar, dass eine individuell ausgerichtete Suche nach geeigneten Qualifizierungs- und Arbeitsmöglichkeiten zu vorzeigbaren Ergebnissen führt und somit den legitimen eigenen Vorstellungen und den Leistungspotenzialen von körper- und mehrfachbehinderten jungen Leuten Rechnung trägt.

Das Leitbild der Normalisierung fordert den IFD immer wieder heraus, in Zusammenarbeit mit dem körperbehinderten, jungen Menschen den Prozess seiner beruflichen Eingliederung zu gestalten. Das Ergebnis kann einmal sein, einen betrieblichen Arbeitsplatz als persönlich definierten Zielort erreichen zu wollen, es führt für einzelne aber durchaus auch zu der Erfahrung, sich vorerst nicht im allgemeinen Arbeitsmarkt einbinden zu können. Letzteres führt aber ebenfalls zur persönlichen, beruflichen Standortfindung. Wichtig ist und bleibt die Chance, diese Standortgewinnung selbst erarbeiten und gewinnen zu können. Dieses Lebensprinzip darf auch Körperbehinderten nicht vorenthalten werden. Gesa Rünker macht in ihrem Artikel deutlich, dass sich Enttäuschungen und Verletzungen in keiner Biographie vermeiden lassen. Daher soll zu einer offensiven Berufsplanung ermutigt werden und gleichwohl sollte das Selbstbewusstsein gestärkt werden, so RÜNKER (s. Netzwerk: Nicht ohne uns).

Die individuelle berufliche Eingliederung bei Körper- und Mehrfachbehinderten zeigt sich im Prozessverlauf oft mühsam. Sie fordert alle im Reha-Prozess Beteiligten zur kreativen Ausschöpfung vorhandener Instrumente und zu deren Weiterentwicklung heraus. Das Ziel einer gelungenen beruflichen Eingliederung, die mit einer Zufriedenheit seitens des behinderten Arbeitnehmers einher geht, ist erstrebenswert und sinnvoll.

Resümee

Der IFD orientiert sich in seiner Arbeit an dem Subjekt, an dem Behinderten als Individuum. Diese Ausrichtung hat sowohl die Haltung des IFD selbst als auch die Arbeitsweise und die Ergebnisse geprägt. Werden für den einzelnen Körper- und Mehrfachbehinderten die beruflichen Lern- und Arbeitsfelder weitgehend auf seine Kapazitäten abgestimmt, so ist das Ziel der beruflichen Realisierung im betrieblichen Umfeld zu realisieren.

Gilt das Recht der freien Berufs- und Arbeitswahl für alle Bundesbürger, so heißt das für den Transfer auf berufliche Angebote für körperbehinderte Arbeitsuchende,

- dass körperbehinderten Sonderschulabgängern eine betriebliche Berufsvorbereitung mit sozialpädagogischer Begleitung angeboten wird,

- dass die in der betrieblichen Berufsvorbereitung notwendige intensive Arbeitsplatzausstattung gewährt wird,
- dass einfache Büroarbeitsplätze im Rahmen der betrieblichen Berufsvorbereitung durch den Einsatz von job coaches fachlich angeleitet und mit angepasster Software versehen werden müssen,
- dass für Sonderschulabgänger lokale Angebote zur überbetrieblichen beruflichen Vorbereitung- und Qualifizierung eröffnet werden,
- dass die betriebliche Erstausbildung für Behinderte ausgebaut wird durch die Kopplung mit kleinen Lerngruppen im Berufsschulunterricht,
- dass die Vermittlung beruflicher Teilqualifikationen forciert wird, die an den Fähigkeiten des Behinderten anknüpfen,
- dass über ein individuelles Budget die Wahl des Arbeitsplatzes ermöglicht wird,
- dass eine dauerhafte betriebliche Unterstützung bei Minderleistung die Eingliederung ins allgemeine Arbeitsleben aufrechterhält,
- dass längere betriebliche Qualifikationsphasen zur beruflichen Wiedereingliederung notwendig sind,
- dass der öffentliche Dienst außerplanmäßige Stellen für schwerbehinderte, leistungsreduziert arbeitende Mitarbeiter schafft,
- dass institutionelle Interessen nicht die Interessen des behinderten Arbeitsuchenden unterwandern.

In unserer Gesellschaft möchten Jugendliche und Erwachsene grundsätzlich an der Erwerbsarbeit als einem lebensbestimmenden Element partizipieren. Die Tatsache einer Behinderung liefert weder ein ethisches noch ein sachliches Argument, um eine selbstbestimmte Teilhabe an unserer Gesellschaft in Frage zu stellen. Eine humane und solidarische Gesellschaft muss sich daran messen lassen, welche Rechte, Brücken, Angebote und Förderungen sie für diese Teilhabe anbietet.

Literatur

BUNDESANSTALT FÜR ARBEIT: Arbeitsamt Münster: Presseinformation 46/ 2000.

BUNDESANSTALT FÜR ARBEIT: Behinderte Jugendliche vor der Berufswahl. Bonn 1993.

BUNDESMINISTERIUM FÜR ARBEIT UND SOZIALORDNUNG (Hrsg.): Vorbereitung des Übergangs körperbehinderter Jugendlicher in Arbeit und Beruf. Bonn 1995.

HELIOS: Supported Employment. Report 1994–1996.

HORIZON: T.I.D.E., report 1998/ 1999.

LWL–HAUPTFÜRSORGESTELLE: Motiviert und körperbehindert! Sonderheft, Münster. 5/ 2000.

RÜNKER, G.: Mädchen mit Behinderungen. In: Netzwerk von Frauen und Mädchen mit Behinderungen: Nicht ohne uns. Münster 2000.

Jörg Bungart, Volker Supe und Peter Willems

Modulsystem umfassendes Qualitätsmanagement (MuQ) für Integrationsfachdienste

1 Einleitung

Das Thema ‚Qualität' bzw. ‚Qualitätsmanagement' ist derzeit eines der meist diskutierten Themen in der sozialen Arbeit und gewinnt somit auch für die Arbeit von Integrationsfachdiensten (IFD) zunehmend an Bedeutung. Hierbei gilt es, möglichst aktiv die in der Qualitätsdebatte liegenden Chancen wie zum Beispiel die Möglichkeit einer transparenten Darstellung der Leistungen der Fachdienste nach außen oder die weitere Professionalisierung der eigenen Arbeit wahrzunehmen, um so einer allein unter Kostengesichtspunkten geführten Qualitätsdiskussion vorzubeugen.

Die folgenden Überlegungen stützen sich auf Erfahrungen und Ergebnisse, die im Rahmen des Modellprojektes ‚Qualitätssicherung und -entwicklung in Integrationsfachdiensten' gewonnen wurden, welches von der Forschungsstelle ‚Unterstützte Beschäftigung' der Universität Münster wissenschaftlich begleitet wurde (Leitung Prof. Dr. H. MAIR und Prof. Dr. J. HOHMEIER)[1]. Aufgabe dieses Forschungs- und Modellvorhabens war es, ein System des Qualitätsmanagements für Integrationsfachdienste zu entwickeln und dessen Umsetzung zu erproben. Im ersten Projektjahr wurden durch Ex-

---

[1] Das genannte Modellprojekt wurde im Auftrag des Ministeriums für Arbeit, Soziales, Stadtentwicklung, Kultur und Sport des Landes Nordrhein-Westfalen und der Landschaftsverbände Rheinland und Westfalen-Lippe durchgeführt. Das Projekt wurde anteilig gefördert aus Mitteln der Europäischen Union, Gemeinschaftsinitiative Beschäftigung, Unterbereich HORIZON. Die Laufzeit des Projektes war der Zeitraum vom 1.1.1998-31.12.2000. Zu den Projektteilnehmern zählten drei IFD für geistig und Lernbehinderte, drei IFD für psychisch Behinderte, vier IFD, die behinderungsübergreifend arbeiten, und ein IFD für Blinde und Sehbehinderte. An dieser Stelle sei den beteiligten Fachkräften ausdrücklich für Ihre Mitarbeit gedankt. Erste Produkte des Modellprojektes wurden in zwei Zwischenberichten und einem Materialband veröffentlicht. Eine Veröffentlichung der Endprodukte (unter anderem ein fachdienstübergreifendes QM-Handbuch) ist vorgesehen.

pertenbefragungen Qualitätskriterien für die Arbeit von Integrationsfachdiensten ermittelt. Als Experten galten in diesem Zusammenhang alle am Eingliederungsprozess beteiligten Personen, die als Nutzer, Vertreter eines Betriebes, professionelle Mitarbeiter oder Kooperationspartner bereits Erfahrungen in der Zusammenarbeit mit einem IFD gemacht haben. Aufbauend auf diese Qualitätskriterien wurden in den elf am Projekt beteiligten Integrationsfachdiensten sogenannte Arbeitsstandards fachdienstspezifisch entwickelt und deren Umsetzung erprobt. Die Vorstellung und Erläuterung der Idee der Arbeitsstandards und die Darstellung ihrer Einbettung in ein Modulsystem zum umfassenden Qualitätsmanagementsystem (MuQ) für IFD stehen im Mittelpunkt der anschließenden Ausführungen. Zuvor sollen aber einige grundsätzliche Anforderungen an ein Qualitätsmanagementsystem für IFD formuliert werden.

2 Anforderungen an ein Qualitätsmanagementsystem für IFD

Ein Qualitätsmanagementsystem muss bestimmten Anforderungen genügen, um tatsächlich zu einer Verbesserung der Qualität der Arbeit von Integrationsfachdiensten führen zu können. Nachfolgend werden einige Punkte genannt, die beim Aufbau und der Implementation eines solchen Systems beachtet werden sollten[2].

Inhaltliche und methodische Fokussierung

Die Diskussion zu Fragen des Qualitätsmanagements in der sozialen Arbeit sollte sich nicht in der reinen Übertragung betriebswirtschaftlicher Modelle und Denkweisen erschöpfen, sondern versuchen, diese Modelle mit den eigenen fachlichen Traditionen zu verbinden. In Begriffen wie Fachlichkeit, Professionalität und methodischem Arbeiten lassen sich gute Anknüpfungspunkte für eine Beschäftigung mit qualitätsrelevanten Fragestellungen finden. Im Gegensatz zu eher verfahrensorientierten und formalen Regelungen im Rahmen betriebswirtschaftlicher Qualitätssysteme, deren Fokus sich stärker auf die Festlegung von Zuständigkeiten und Prüfverfahren richtet (zum Beispiel DIN ISO 9000ff.), liegt in sozialpädagogischen Zusammenhängen der Schwerpunkt auf der inhaltlichen Bestimmung von Merkmalen ‚guter Arbeit' und ihrer Umsetzung in der Praxis. Im Mittelpunkt einer solchen Diskussion steht die Reflexion über die Ausgestaltung des eigenen Einrichtungs- und Arbeitskonzepts sowie die Gestaltung der alltäglichen Arbeitspraxis. Derartige Überlegungen nehmen ihren Ausgangspunkt in der Frage nach den angestrebten Zielen der eigenen Arbeit und stehen in der Regel in

---

2 Die Liste lehnt sich zum Teil an eine Aufstellung von Gütekriterien für Verfahren der Qualitätssicherung in der sozialen Rehabilitation Behinderter an, die SCHWARTE/OBERSTE-UFER (1997, 79ff.) verfasst haben.

Zusammenhang mit spezifischen normativen Grundlagen. Im Rahmen der Behindertenarbeit sind hier beispielsweise das Normalisierungsprinzip und der Begriff der Lebensqualität zu nennen (vgl. METZLER/ WACKER 1997, 46f.). Zu Beginn der Entwicklung eines Qualitätsmanagementsystems in IFD sollte also ausdrücklich eine fachliche Diskussion zu Zielen und zur inhaltlich-methodischen Ausgestaltung der Fachdienstarbeit geführt werden.

Hinreichende Operationalisierung der Aussagen

Festlegungen zur fachlichen Ausgestaltung der eigenen Arbeit bleiben beliebig und unverbindlich, wenn sie nicht handlungsleitend für die Praxis wirken können und grundsätzlich kontrollierbar sind. Sie müssen also hinreichend präzise formuliert sein und Maßgaben für einzelne Arbeitsschritte enthalten. Aussagen zur Verwirklichung des Zieles der Arbeitsmarktnähe sollten beispielsweise Angaben zu konkreten Vorgehensweisen einschließen (zum Beispiel zu Verfahren der Kontaktaufnahme und -pflege) und wenn sinnvoll auch Zielgrößen bestimmen (beispielsweise Zahl der angestrebten Kontaktaufnahmen in einem Zeitraum).

Multiperspektivischer Ansatz

Im Rahmen der Qualitätssicherung und -entwicklung in IFD sollten die Erwartungen aller betroffenen Gruppen (wie Nutzer, Betriebe, Angehörige, Leistungsträger, kooperierende Einrichtungen) berücksichtigt werden (vgl. Kap. 3.2.3 ‚Kunden'-Orientierung). Dieses gilt sowohl für die Festlegung von Zielen und Vorgehensweisen der Fachdienstarbeit als auch für die Erhebung der Zufriedenheit der ‚Kunden' mit den erbrachten Dienstleistungen. Den Fachdienstmitarbeitern kommt hierbei auch die Aufgabe zu, zwischen möglicherweise differierenden Interessen einen Ausgleich zu suchen.

Mehrdimensionalität

Die Qualität der Arbeit eines Fachdienstes lässt sich nicht durch einen einzigen Indikator zur Erfolgsmessung wie zum Beispiel die Vermittlungsquote abbilden, da sie durch eine Vielzahl von Aspekten bestimmt wird. Zur Gewährleistung einer umfassenden Qualitätssicherung und -entwicklung sollten die einzelnen Arbeitsfelder wie Aufnahme, Akquise, betriebliche Integration etc. jeweils hinsichtlich ihrer fachlichen Ausgestaltung beschrieben und durch Indikatoren abgedeckt sein. Hierbei sind jeweils auch die in der Fachdiskussion gebräuchlichen Qualitätsdimensionen (wie Struktur-, Prozess- und Ergebnisqualität) zu berücksichtigen.

Eignung zur Selbstevaluation

Externe Qualitätskontrollen allein können eine kontinuierliche Qualitätsentwicklung in den IFD nicht sicherstellen. Die Qualität sozialer Arbeit zeigt sich in der täglichen Arbeitspraxis der Fachkräfte. „Ihnen die Möglichkeit zur systematischen Reflexion, Dokumentation und Auswertung des eigenen beruflichen Handels zu geben, ist Grundvoraussetzung jeder Qualitätssicherung" (SCHWARTE/OBERSTE-UFER 1997, 80). Instrumente der Qualitätsüberprüfung sollten daher für einen praxisnahen Einsatz durch die Mitarbeiter geeignet sein und im günstigsten Fall von den Fachkräften auch selbst entwickelt werden.

Kontinuität der Anwendung

Qualitätsmanagement sollte als kontinuierliche Aufgabe gesehen werden und sich für einen Einsatz im Arbeitsalltag eignen. Für IFD heißt das: Qualitätssicherung und -entwicklung ist kein einmaliges Projekt, kein zeitlich befristetes und einmaliges Unternehmen, sondern eine regelmäßige und zum Bestanderhalt der Einrichtung notwendige Aufgabe.

Flexible Anwendbarkeit

Eine weitere Besonderheit von Qualitätsmanagement in IFD ergibt sich aus der in der Regel geringen Größe der Fachdienste. Sie stellen zumeist relativ kleine Organisationseinheiten mit wenigen Mitarbeitern dar und sind in recht unterschiedlicher Weise mit der Gesamtorganisation ihrer Träger verbunden. Das Ausmaß der Trägeranbindung kann in Abhängigkeit von der Aufbau- und Ablauforganisation von einer in räumlicher Distanz ausgeübten Fach- und Dienstaufsicht durch den Träger bis hin zu einer engen räumlichen und fachlichen Vernetzung des IFD mit der bestehenden Trägerstruktur reichen. Ein Qualitätsmanagementsystem für IFD sollte in der Lage sein, auch vor dem Hintergrund unterschiedlicher Organisationsstrukturen Anknüpfungspunkte für die Etablierung von Qualitätssicherung und -entwicklung in den IFD zu bieten.

Insgesamt haben die beschriebenen Anforderungen an ein Qualitätsmanagementsystem für Integrationsfachdienste das gemeinsame Ziel, die Umsetzung und Anwendung von Qualitätssicherung und -entwicklung in der Praxis sicherzustellen und zu gewährleisten, so dass diese Anwendung auch Einfluss auf die Qualität der Arbeit nehmen kann.

3 Modulsystem umfassendes Qualitätsmanagement (MuQ)

3.1 Einführung

Nachfolgend wird das von der Forschungsstelle ‚Unterstützte Beschäftigung' im Rahmen des beschriebenen Modellprojektes und unter Mitarbeit der beteiligten Fachdienste entwickelte Qualitätsmanagementmodell vorgestellt. Dieses Modell besteht aus mehreren Modulen, die im weiteren Verlauf detailliert erläutert werden.

Der Begriff umfassendes Qualitätsmanagement deutet an, dass das Modell in der Tradition so genannter Total-Quality-Management Ansätze (TQM) steht (vgl. zum Beispiel ZINK 1995). Qualitätsmanagement bezieht sich hiernach nicht nur auf die Überprüfung der Arbeitsergebnisse *(Ergebnisqualität)*, sondern betrifft den gesamten Integrationsfachdienst. Es werden sowohl die Arbeitsprozesse *(Prozessqualität)* und die dahinterstehenden Rahmenbedingungen und Organisationsstrukturen *(Strukturqualität)* mit in den Blick genommen als auch nach Möglichkeit die Interessen aller am Integrationsprozess beteiligten Gruppen berücksichtigt. Ein umfassendes Qualitätsmanagementsystem kann zudem nur in Gänze verwirklicht werden, wenn sowohl die Leitungs- bzw. Trägerebene als auch die Mitarbeiter eines Fachdienstes das Vorgehen unterstützen und an der Verwirklichung mitarbeiten.

Wie das nachstehende Schaubild ‚Modulsystem umfassendes Qualitätsmanagement (MUQ) für Integrationsfachdienste' zeigt, besteht das Modulsystem aus mehreren Elementen, nämlich aus

- ‚Basismodulen',
- ‚Arbeitsstandardmodulen',
- ‚Rahmenmodulen', sowie dem Modul
- ‚Audit, externe Beratung und Evaluation'.

Alle diese Elemente zusammen bilden das *Modulsystem umfassendes Qualitätsmanagement (MuQ)*. Es ist zwar möglich, nur einzelne Module zu realisieren, allerdings ginge dadurch die innere Geschlossenheit des Ansatzes verloren: Beispielsweise ließen sich Arbeitsstandardmodule erarbeiten, ohne dass vorher eine Leitbildentwicklung durchgeführt wurde. In diesem Falle würde jedoch keine systematische Sammlung und Entwicklung von Werten und Normen, die die alltägliche Arbeit leiten sollen, erfolgen.

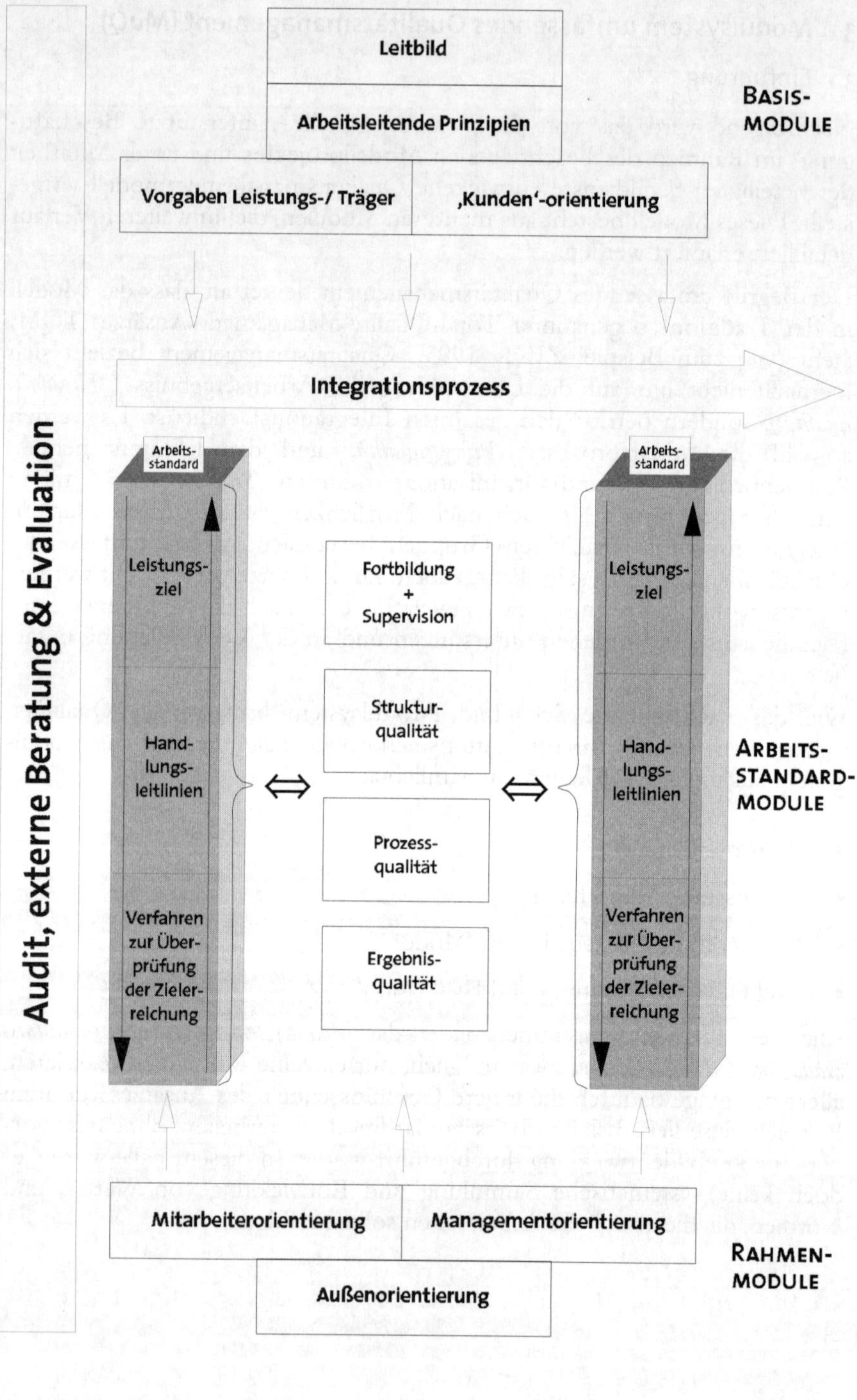
Leitbild
Arbeitsleitende Prinzipien
BASIS-MODULE
Vorgaben Leistungs-/ Träger
‚Kunden'-orientierung
Integrationsprozess
Audit, externe Beratung & Evaluation
Arbeits-standard
Leistungs-ziel
Hand-lungs-leitlinien
Verfahren zur Über-prüfung der Zieler-reichung
Fortbildung + Supervision
Struktur-qualität
Prozess-qualität
Ergebnis-qualität
Arbeits-standard
Leistungs-ziel
Hand-lungs-leitlinien
Verfahren zur Über-prüfung der Zieler-reichung
ARBEITS-STANDARD-MODULE
Mitarbeiterorientierung
Managementorientierung
Außenorientierung
RAHMEN-MODULE

3.2 Basismodule

Unter dem Begriff ‚Basismodule' werden im vorliegenden Qualitätsmanagementansatz die Module ‚Leitbild', ‚arbeitsleitende Prinzipien', ‚Vorgaben Leistungs-/Träger' und ‚Kundenorientierung' zusammengefasst. Sie alle formulieren grundlegende Vorgaben und Orientierungspunkte für die Ausgestaltung der eigenen Arbeit und damit auch für deren Qualitätssicherung und -entwicklung. Eine Beschäftigung mit diesen Elementen sollte daher am Anfang eines Qualitätsmanagementprozesses stehen.

3.2.1 Leitbild

Ein Leitbild beinhaltet die Darstellung von übergeordneten Werten und Zielen einer Einrichtung. Es stellt einen verbindlichen Orientierungsrahmen für alle Mitarbeiter eines Trägers oder Dienstes dar und kann somit als ‚Basis' für die weiteren Module im Rahmen des Qualitätsentwicklungsprozesses angesehen werden. Im Kern besteht ein Leitbild aus einer speziellen Ethik, die sich in der Geschichte der Träger von Fachdiensten entwickelt hat und den aktuellen Stand der Grundwerte der Einrichtung ausdrückt. Hierzu gehören zum Beispiel Werte wie Normalisierung, Integration und Selbstbestimmung. Solche im Leitbild verankerten Inhalte werden in der allgemeinen Qualitätsdiskussion auch mit dem Begriff der *‚ethischen Qualität'* bezeichnet.

Ein Leitbild hat im Rahmen des Qualitätsmanagements neben den genannten Aspekten noch weitere, darunter auch *steuernde Funktionen.* Erstens wird das Profil der Einrichtung geschärft, wobei auch die eigenen Besonderheiten in Abgrenzung zu anderen Anbietern deutlich werden sollen. Daneben soll das Leitbild zweitens dazu dienen, Mitarbeiter zu motivieren und sie enger an die Einrichtung zu binden. Drittens finden sich im Leitbild Vorgaben für den organisatorischen Rahmen eines Dienstes, zum Beispiel in Bezug auf die Arbeitsorganisation oder die Verteilung von Verantwortlichkeiten. Schließlich werden viertens mit dem Leitbild richtungsweisende Kriterien für alle fachlichen Strukturen und Prozesse geschaffen.

Folgende Aspekte können *Bestandteile von Leitbildern* sein (vgl. MAELICKE 1998, 483f. und GRAF 1996, 43f.):

- Grundlagen (zum Beispiel Informationen über die Entstehungsgeschichte und die sozialpolitischen Positionen der Einrichtung; Festlegung der Zielgruppe)
- Selbstverständnis und Grundsätze (zum Beispiel Kundennähe; hohe Fachlichkeit)
- Führungskonzept (zum Beispiel Management durch Zielvereinbarungen)

- gegebenenfalls Aufbau- und Ablauforganisation (zum Beispiel Angaben über Zuständigkeiten; Informationen zu Angeboten etc.)

An der *Erarbeitung von Leitbildern* sollten alle Mitarbeiter und Trägervertreter beteiligt sein. Dieser Prozess sollte über einen längeren Zeitraum angelegt und gegebenenfalls von einer externen Moderation begleitet werden. Zu Beginn stehen meist Fragen der aktuellen Selbsteinschätzung im Vordergrund, anschließen können sich regelmäßige Veranstaltungen zum Thema ‚Weiterentwicklung des Leitbildes'. Ziel des Prozesses sollten durch alle Beteiligten gemeinsam getragene inhaltliche Entscheidungen und Formulierungen sein.

3.2.2 Arbeitsleitende Prinzipien

Das Modul ‚Arbeitsleitende Prinzipien' stellt eine Konkretisierung der im Leitbild formulierten Grundsätze dar. Dabei findet eine Konzentration auf die *Art und Weise der Zusammenarbeit mit den zentralen Zielgruppen* (Nutzer und Betriebe) statt. Während im Modul ‚Leitbild' die dort getroffenen Aussagen in den Bereichen Grundlagen, Selbstverständnis und Grundsätze sich meist in abstrakt normativer Form bewegen, soll bei den arbeitsleitenden Prinzipien eine Annäherung an die Abläufe im Arbeitsalltag hergestellt werden. Dabei sollte jedoch vermieden werden, bereits detaillierte Handlungsbeschreibungen zu formulieren. Die arbeitsleitenden Prinzipien liegen somit ‚zwischen' den eher normativ-abstrakten Inhalten des Leitbildes und den konkreten Verfahrenshinweisen (vgl. hierzu Kap. 3.3 ‚Arbeitsstandardmodule'). Sie sollten allgemein akzeptierte *fachliche Richtlinien* beinhalten: Hierzu zählt zum Beispiel die Absicht, den Unterstützten bei ihrer Verselbstständigung zur Seite zu stehen. Die letzte Aussage zeigt, dass die Ebene der abstrakten Werte verlassen wurde (zum Beispiel: ‚Normalisierung'), aber der Bereich der konkreten Tätigkeiten noch nicht erreicht ist (zum Beispiel: ‚Mobilitätstraining'). Bei der Zusammenstellung dieser Prinzipien sollte darauf geachtet werden, dass die Inhalte prägnant sind und die Anzahl überschaubar ist.

Die *Erarbeitung von arbeitsleitenden Prinzipien* kann ebenfalls in (gegebenenfalls extern zu moderierenden) Seminaren erfolgen und an eine Reflexion des Arbeitsalltags und fachlicher Grundlagen anknüpfen. Eine andere Möglichkeit besteht darin, verschiedene Personengruppen, die bereits intensivere Erfahrung mit dem Arbeitsbereich ‚Berufliche Integration' haben, nach übergreifenden Prinzipien zu befragen und Gemeinsamkeiten herauszuarbeiten. Im Rahmen des Forschungsprojektes der Universität Münster wurde diese Möglichkeit verfolgt: Anhand von 22 qualitativen Interviews mit Nutzern, Fachdienstmitarbeitern, Vertretern von Hauptfürsorgestellen und anderen sowie einer schriftlichen Befragung von 188 Experten wurden – neben anderen Aspekten (vgl. den Exkurs ‚Umfrage zu Qualitätskriterien in der Arbeit von Integrationsfachdiensten') – zwei detaillierte Zusammenstellungen von arbeitsleitenden Prinzipien für die Arbeit mit Nutzern und Betrieben erstellt. Diese Aussagen wurden im Rahmen eines Workshops von den teilnehmenden Fachdienstmitarbeitern und Vertretern der (Leistungs-) Träger diskutiert und auf insgesamt 13 Aussagen verdichtet, die im weiteren Verlauf des Qualitätsentwicklungsprozesses immer wieder herangezogen werden.

Festzuhalten ist, dass arbeitsleitende Prinzipien und Leitbild gemeinsam einen Orientierungsrahmen für die alltägliche Fachdienstarbeit bilden[3]. Sie haben gleichsam eine ‚Korrektivfunktion' für die weiteren Schritte im Rahmen des Qualitätsentwicklungsprozesses: Die zu entwickelnden Leistungsziele und Handlungsleitlinien müssen an den Vorgaben ausgerichtet sein und dürfen nicht grundlegend von ihnen abweichen.

3.2.3 ‚Kunden'-Orientierung[4]

Die Herstellung von ‚Kunden'-Orientierung im Rahmen des umfassenden Qualitätsmanagements bedeutet – allgemein formuliert –, die Strukturen und Tätigkeiten der Fachdienstarbeit an den Erwartungen und Bedürfnissen derjenigen Personen zu orientieren, die Angebote des Dienstes nutzen oder mit ihm kooperieren.

Die Klärung, was Kundenorientierung bedeutet und wie sie verwirklicht werden kann, soll beispielhaft anhand der zentralen Kundengruppen Nutzer und Betriebe weiterentwickelt werden. *Kundenorientierung im engeren Sinne* heißt, Strukturen und Tätigkeiten der Fachdienstarbeit so zu planen und durchzuführen, dass die Interessen und Bedürfnisse der Nutzer und Betriebe angemessen berücksichtigt werden. Es soll dabei sichergestellt werden, dass Nutzer und Betriebe auf die Gestaltung des Angebotes des Integrationsfachdienstes Einfluss nehmen können. Einfluss kann dabei auf folgende Arten ausgeübt werden:

a) durch die Einflussnahme auf die Gestaltung der Leistungen
b) durch die Bewertung der erbrachten Leistungen.

---

[3] In anderen Ansätzen zum Qualitätsmanagement werden die beiden Module oft zusammengefasst (in der Regel als Leitbild). Dabei werden auch die Bezeichnungen ‚Konzeptions'- oder ‚Konzeptqualität' verwendet.

[4] Die Verwendung des Begriffs ‚Kunde' im sozialen Dienstleistungsbereich ist umstritten. Während in der gewerblichen Wirtschaft ein Kunde beispielsweise meist die Möglichkeit hat, zwischen verschiedenen Produkten und Anbietern zu wählen, trifft dies im sozialen Bereich in der Regel nicht zu. Die Stärke des Kundenbegriffs liegt allerdings darin, dass er die Erfassung nicht nur der direkten Leistungsempfänger (Nutzer und Betriebe) ermöglicht, sondern in einem umfassenderen Verständnis auch Leistungsträger, Kollegen und externe Kooperationspartner beinhaltet, weswegen er hier verwendet wird.

Die *Einflussnahme auf die Gestaltung der Leistungen* kann zum Beispiel so aussehen, dass Nutzer besonderen Wert darauf legen, dass die Angebote auf ihre spezifische Behinderung hin angepasst werden oder für die Dauer der Begleitung personelle Kontinuität gewährleistet ist. Betriebe wünschen beispielsweise über die Behinderung der einzustellenden Nutzer umfassend informiert zu werden oder in Krisen umgehend und flexibel Hilfe angeboten zu bekommen.

Will man sicherstellen, dass die beteiligten Kunden auf die Gestaltung der Angebote des Fachdienstes Einfluss nehmen können, so setzt dies voraus, dass der Fachdienst Wege zur *Erschließung von Kundeninteressen* entwickelt. Hierzu zählen zum Beispiel Befragungen der Betroffenen oder das ‚Sich-Hinein-Versetzen' in deren Wünsche.

Exkurs: Umfrage zu Qualitätskriterien für die Arbeit von Integrationsfachdiensten

Im vorliegenden Modellprojekt wurden zu Beginn mündliche und schriftliche Befragungen verschiedener am Integrationsprozess beteiligter Akteure oder ‚Kunden' (zum Beispiel Nutzer und deren Angehörige, Fachdienstmitarbeiter, Vertreter aus Betrieben, abgebenden Einrichtungen, Arbeitsämtern, Trägern und Leistungsträgern) durchgeführt und ausgewertet (vgl. BARLSEN/BUNGART/SUPE/WILLEMS 1999, 49ff.). Die Befragung verschiedener Akteure soll es ermöglichen, unterschiedliche ‚Kundenerwartungen' zu identifizieren und eine Auseinandersetzung damit im weiteren Qualitätssicherungs- und -entwicklungsprozess zu fördern. Erhoben wurden vor allem Aussagen, die – aufgrund der Erfahrungen der Befragten – eine fachlich qualifizierte und erfolgreiche Arbeit von Fachdiensten beschreiben (Qualitätskriterien ‚guter' Praxis) und sich zum einen auf grundlegende Prinzipien in der Arbeit mit Nutzern und Betrieben (als zentrale ‚Adressaten' eines Fachdienstes) sowie zum anderen auf einzelne Arbeitsbereiche oder Kernprozesse beziehen. Neben den konkreten Erfahrungen der Fachdienstmitarbeiter sowie den spezifischen Erwartungen der Trägervertreter und Leistungsträger innerhalb des Modellprojektes, stellen die erhobenen Qualitätskriterien somit eine empirisch fundierte Basis für die Entwicklung von Arbeitsstandards dar. Eine solche Erhebung von ‚Kundenerwartungen' und ‚guter' Praxis ist natürlich auch in kleinerem Umfang, das heißt bezogen auf das jeweilige Umfeld eines Fachdienstes, möglich. Ein Vorteil kann darin liegen, dass dadurch spezifische Erwartungen regionaler ‚Kunden' und Kooperationspartner erhoben werden, die dann in die Entwicklung von Qualitätsmanagementinstrumenten einfließen können.

Die Ergebnisse der Befragung können aufgrund ihrer Komplexität hier nur exemplarisch dargestellt werden: Als zentrale Erwartungen an die Fachdienstarbeit nannten die befragten Kunden den Aufbau von persönlichen Beziehungen und individueller Begleitung. Überragende Bedeutung wird auch der Passung zwischen den Fähigkeiten der Bewerber und den Anforderungen des Arbeitsplatzes beigemessen. Weiterhin wird – speziell von der Betriebsseite aus – die Kenntnis von Strukturen und Abläufen in der Wirtschaft genannt. Sind die Kundeninteressen einmal erhoben, so heißt das nicht, dass dem Aspekt der Kundenorientierung damit Genüge getan wäre. Die Erwartungen müssen bei der Entwicklung von Qualitätsmanagementinstrumenten mit einfließen, insbesondere bei der Entwicklung von Arbeitsstandards.

Als weiteres Element von Kundenorientierung kann auch die *Bewertung der erbrachten Leistungen* durch Nutzer und Betriebe angesehen werden, die der Fachdienstmitarbeiter in der Regel anhand persönlicher und ‚üblicher' Gesprächssituationen erfahren sollte (vgl. Kap. 3.3.4). Denkbar sind darüber hinaus Seminare mit Nutzern, in denen diese die Möglichkeit bekommen, ihre Erfahrungen mit der Begleitung deutlich zu machen (etwa hinsichtlich ihrer Zufriedenheit mit den erreichten Erfolgen oder hinsichtlich der Beziehungsgestaltung zwischen Fachkräften und Nutzern). Diese Seminare müssen auf die spezifischen Bedürfnisse der unterschiedlichen Behindertengruppen hin konzipiert werden. Die Auswertung der verschiedenen Bewertungsverfahren gibt schließlich Hinweise auf weitere Kundenerwartungen.

Kundenorientierung beinhaltet wie gezeigt innerhalb des umfassenden Qualitätsmanagements für Integrationsfachdienste viele Dimensionen. Dabei sollte bedacht werden, dass jeder Dienst die Einbeziehung ‚seiner' Nutzer, Betriebe, Kollegen, Leistungsträger u.a. individuell planen muss, was auch von den eigenen zur Verfügung stehenden Ressourcen abhängt. Nicht zuletzt sollte bedacht werden, dass die Fachdienstmitarbeiter oftmals in der Gefahr sind, ‚zwischen alle Stühle' zu geraten und es für den Verlauf von Integrationsprozessen entscheidend sein wird, inwieweit sie die unterschiedlichen Interessen gegeneinander abwägen, berücksichtigen und ausbalancieren können.

3.2.4 Vorgaben der Leistungsträger und Träger

Als eine Kundengruppe wurden bereits die Leistungsträger von Integrationsfachdiensten identifiziert. Im Zuge ihrer Mittelvergabe an die Fachdienste und aufgrund der gesetzlichen Grundlagen setzen sie bestimmte fachliche Rahmenbedingungen, die die Träger der Dienste und die Fachkräfte bei ihrer Arbeit berücksichtigen müssen. Hierzu einige Beispiele:

- Eine bestimmte Zielgruppe soll angesprochen werden.
- Die Unterstützungsarbeit soll bestimmte Kernprozesse enthalten (zum Beispiel Akquisition von Arbeitsplätzen, Begleitung von Nutzern am Arbeitsplatz, Beratung von Betrieben u.a.).

- Das Personal der Fachdienste soll bestimmte fachliche Qualifikationen aufweisen.
- Mit den im Einzelfall relevanten Institutionen soll eng kooperiert werden.
- Dokumentationssysteme zur Beschreibung der Fallarbeit sollen installiert und verwendet werden.
- An Fortbildungsangeboten soll teilgenommen werden.

Träger und Fachdienste müssen sicherstellen, dass diese und weitere Vorgaben der Leistungsträger erfüllt werden. Um dies dauerhaft zu gewährleisten, ist es in der Praxis üblich, von Anfang an regelmäßige Koordinierungstreffen zu planen und durchzuführen, in denen Fragen zu Inhalten und zur Umsetzung der Vorgaben schnell aufgegriffen und geklärt werden können. Aber nicht nur die Leistungsträger stellen Vorgaben für die Fachdienstarbeit auf, auch vom Träger des Dienstes können Leitlinien formuliert werden. Beispiele hierzu sind:

- Grundsätzliche Vorgaben des Trägers zur Gestaltung der Arbeit sollen eingehalten werden (zum Beispiel Leitbilder, Konzeptionen o.ä.).
- Trägervertreter sollen regelmäßig über Inhalte der Fachdienstarbeit unterrichtet werden.
- Für den Fall, dass der Integrationsfachdienst Nutzer aus anderen Maßnahmen des Trägers übernimmt, sollen die beteiligten Fachkräfte noch vor der eigentlichen Übergabe zu Fallbesprechungen zusammenkommen. Gleichzeitig sollen die Nutzer frühzeitig über die Veränderung in der Begleitung informiert werden.

Auch für die Vorgaben der Träger gilt, dass regelmäßige Besprechungen zwischen Leitung und Mitarbeitern eine wichtige Voraussetzung für deren Umsetzung sind.

3.3 Arbeitsstandardmodule

3.3.1 Grundlagen

Als zentrales Instrument der Qualitätssicherung und -entwicklung in Integrationsfachdiensten werden im laufenden Modellprojekt der Forschungsstelle in enger Kooperation mit den Fachdienstmitarbeitern, den Trägern und Leistungsträgern so genannter Arbeitsstandards entwickelt. Dem zugrunde liegt ein Qualitätsbegriff, der sich nicht auf strukturelle und formale Aspekte für die Erbringung einer Dienstleistung beschränkt (vgl. DIN ISO-Norm), sondern ausdrücklich *fachlich-inhaltliche Kriterien* des Integrationsprozesses als Ausgangspunkt aller Qualitätsbemühungen nimmt (vgl. SCHWARTE/ OBERSTE-UFER 1997, 63): *Bevor* bestimmt wird *wie* die Qualität der Arbeit zu sichern und weiterzuentwickeln ist, muss *zuerst* festgelegt sein, *was* die spezifischen Zielsetzungen und Inhalte dieser Arbeit sind.

Damit steht die Bestimmung der *Prozessqualität* zu Beginn der qualitätssichernden und -entwickelnden Maßnahmen[5]. Entsprechend wurde, wie bereits geschildert, im vorliegenden Modellprojekt zuerst eine Umfrage zu Qualitätskriterien in Integrationsfachdiensten durchgeführt, deren Ergebnisse der Entwicklung von Arbeitsstandards zugrunde gelegt wurden[6].

Ausgehend von einem im Grundsatz gemeinsamen Auftrag der Integrationsfachdienste[7], nämlich der ‚Vermittlung von Schwerbehinderten mit besonderem Unterstützungsbedarf in den allgemeinen Arbeitsmarkt sowie ihre (in der Regel zeitlich begrenzte) Begleitung im Arbeitsleben' können – nach

---

5 Auf Aspekte der Ergebnis- und Strukturqualität wird unter 3.3.5 und 3.3.6 eingegangen.

6 Die Verwendung von Begrifflichkeiten ist in der Fachliteratur zur Qualitätssicherung nicht einheitlich. Der dort häufig verwendete Begriff ‚Qualitätsstandard' deckt sich im überwiegenden Gebrauch in etwa mit dem Begriff ‚Qualitätskriterien' in diesem Projekt, das heißt es werden hierunter einzelne Aussagen und Anforderungen zur Qualität einer Dienstleistung verstanden, die ein bestimmtes Qualitätsniveau in einem Bereich festlegen. Im Rahmen dieses Projektes wird die Verwendung des Begriffs ‚Qualitätsstandard' vermieden, um Verwechslungen mit den ‚Arbeitsstandards' zu verhindern. Ein ‚Arbeitsstandard' kann mehrere Qualitätsstandards/-kriterien im üblichen Sinne enthalten, legt aber natürlich in seiner Gesamtheit wiederum einen Standard für qualitätvolles Arbeiten in einem Handlungsbereich fest.

7 Vgl. GEMEINSAME ARBEITSGRUPPE DER BUNDESARBEITSGEMEINSCHAFT DER ÜBERÖRTLICHEN TRÄGER DER SOZIALHILFE UND DER ARBEITSGEMEINSCHAFT DER DEUTSCHEN HAUPTFÜRSORGESTELLEN 1995, 26.

allgemeiner fachlicher Auffassung – folgende zentrale *Arbeitsfelder* innerhalb des Integrationsverlaufs beschrieben werden:

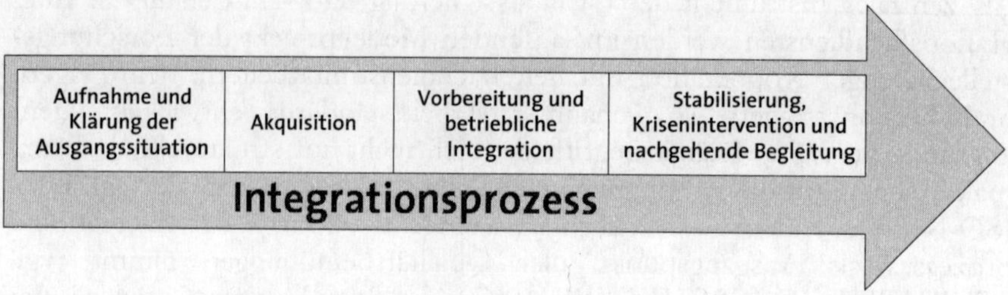

Die Arbeitsfelder stehen prinzipiell in einer chronologischen Abfolge, zum Teil werden sie aber auch parallel zueinander bearbeitet (zum Beispiel Akquisition und Vorbereitung) oder überschneiden sich. So kann eine Krisenintervention nicht nur während der Stabilisierung und nachgehenden Begleitung, sondern bereits bei der betrieblichen Integration notwendig sein.

Die bisherigen Erfahrungen zeigen, dass pro Arbeitsfeld vier bis sechs Standards entstehen werden. Dabei ist es von grundlegender Bedeutung, dass diese *fachdienstspezifisch* zu erarbeiten sind. Dies geschieht in Abhängigkeit von sowohl inhaltlichen Schwerpunktsetzungen als auch von zumindest teilweise zu erwartenden unterschiedlichen Rahmenbedingungen der Fachdienste, wie zum Beispiel Zielgruppe, Trägeranbindung, regionale Arbeitsmarktsituation und Angebotsstruktur relevanter Rehabilitationseinrichtungen (zum Beispiel Werkstatt für Behinderte oder Berufsbildungswerk). Die Standards berücksichtigen somit die besonderen Gegebenheiten eines Fachdienstes und tragen damit nicht zuletzt auch zur Profilschärfung des Angebotes und entsprechender Präsentationen nach ‚außen' wesentlich bei (Werbungseffekt).

Welches sind nun die Bestandteile eines Arbeitsstandards und wie kann deren konkrete Ausformulierung entwickelt werden?

In der hier verwendeten Definition besteht *ein Arbeitsstandard* aus drei Hauptbestandteilen:

- einem *Leistungsziel*, das (innerhalb eines Arbeitsfeldes) anzustreben ist, das heißt:

  ***Was** soll erreicht werden?*

- in der Regel mehreren *Handlungsleitlinien*, um dieses Ziel zu erreichen, das heißt:

  ***Wie** kann das Leistungsziel effizient erreicht werden?*, und

- in der Regel mehreren Verfahren zur Überprüfung der Zielerreichung, das heißt:

  Woran *ist zu erkennen, dass das Leistungsziel effizient erreicht wurde?*

Abgeleitet ist diese Systematik aus *handlungstheoretischen Grundlagen*, die von der Annahme ausgehen, dass jedem bewussten und zielgerichteten Handeln eine gewisse Abfolge zugrunde liegt: 1. Orientieren und Planen, 2. Entscheiden und Durchführen sowie 3. Kontrollieren und Auswerten (vgl. HACKER 1998, 54 u. 249ff.; OESTEREICH 1981; VOLPERT 1980). Wo sich diese Abfolge innerhalb der Arbeitsstandards wiederfindet, veranschaulicht folgende Abbildung:

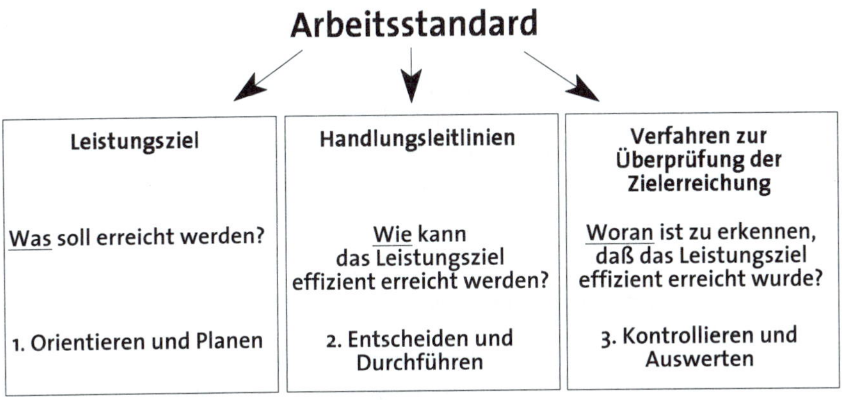

Im Anschluss an die Auswertung ist dann zu prüfen, ob gezielte Veränderungen, im Sinne einer – im Sprachgebrauch von Qualitätsmanagement – kontinuierlichen Verbesserung vorzunehmen sind, um den bestehenden und sich zum Teil ändernden Anforderungen (zum Beispiel Arbeitsmarktstruktur) gerecht zu werden. Dies wird bei der Beschreibung der Verfahren zur Überprüfung der Zielerreichung (vgl. Kap. 3.3.4) und der Darstellung der Ergebnisqualität (vgl. Kap. 3.3.5) näher erläutert.

3.3.2 Leistungsziele

Der Begriff ‚Leistungsziel' wurde gewählt, um deutlich zu machen, dass es sich dabei um Zielsetzungen innerhalb des Dienstleistungsprozesses handelt und diese damit gegenüber fallbezogenen Zielbestimmungen abzugrenzen, zum Beispiel im Rahmen der Erstellung eines Integrationsplans oder eines Praktikums mit einem einzelnen Nutzer. Nachdem im ‚Leitbild' übergeordnete Ziele, Normen und Werte und in den ‚arbeitsleitenden Prinzipien' bereits konkretere, aber noch allgemeine Grundsätze der Zusammenarbeit mit Nutzern und Betrieben bestimmt wurden, erfolgt durch die Formulierung von Leistungszielen, als Ausgangspunkt der Entwicklung von Arbeitsstandards, eine *weitere Konkretisierung* bezogen auf einzelne Leistungsmerkmale:

Leistungsziele beschreiben konkrete, zukünftige Zustände oder Ereignisse, die durch Handeln erreicht werden sollen (vgl. GRAF 1996, 40). Handeln bezieht sich daher auf die Mittel und Wege, die zur Zielerreichung führen, das heißt die Frage: Wie erreiche ich die gesetzten Ziele? (s.o.), steht hier im Mittelpunkt. Darauf wird bei der Darstellung der Handlungsleitlinien näher eingegangen (vgl. Kap. 3.3.3). Die angedeutete *enge Verknüpfung von Ziel und Handeln* weist auf einen für die Entwicklung von Arbeitsstandards nicht unbedeutenden Umstand hin, der deshalb näher zu erläutern ist:

Die Begriffe Ziel und Mittel sind relativ, „da jedes Ziel als Mittel oder Weg zu einem dahinterliegenden (bzw. übergeordneten, d. Verf.) Ziel angesehen und jedes Mittel zu einem (vergleichsweise untergeordneten, d. Verf.) Ziel erklärt werden kann“ (GRAF 1996, 41). Diesen Aspekt der *Ziel-Mittel-Relation* bezogen auf das Arbeitsfeld ‚Stabilisierung, Krisenintervention und nachgehende Begleitung‘ soll folgende beispielhafte Zielbaumstruktur verdeutlichen:

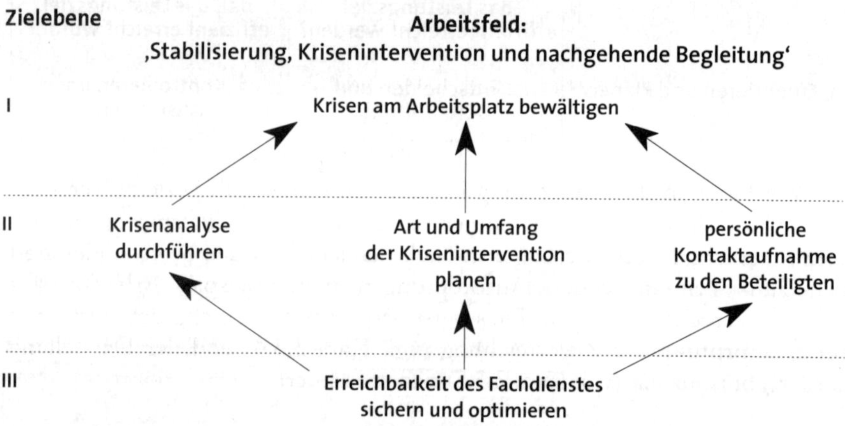

Quelle: Das hier enthaltene und auch weitere Beispiele sind überarbeitete und vorläufige Versionen von Ergebnissen aus Arbeitsgruppen innerhalb des Modellprojektes ‚Qualitätssicherung und -entwicklung in Integrationsfachdiensten‘.

Das Beispiel zeigt, dass die Fachdienstmitarbeiter ‚Krisen am Arbeitsplatz bewältigen‘ als oberstes Ziel (hier: Leistungsziel) festlegen (Zielebene I). Um dieses Ziel zu erreichen, einigt man sich schließlich auf die Schritte bzw. Mittel ‚Krisenanalyse durchführen‘, ‚Planung der Interventionsmaßnahme‘ sowie ‚persönliche Kontaktaufnahme zu den Beteiligten‘ (Zielebene II). Diese Mittel stellen jedoch gleichzeitig Ziele für die untergeordnete Zielebene III dar, die durch das Mittel ‚gute Erreichbarkeit des Fachdienstes' angestrebt werden. Auf Ebene III sind grundsätzlich weitere Mittel (bzw. Unterziele) denkbar, die unter Umständen auch nur jeweils einem der Ziele auf Ebene II zuzuordnen sind.

Die *Bestimmung von Leistungszielen* setzt aufgrund der skizzierten Ziel-Mittel-Relation, aber auch wegen der notwendigen Klärung ihrer Inhalte (eindeutige Begriffsformulierungen) einen intensiven Diskussionsprozess voraus, wobei, wie bereits erwähnt, die entscheidende Frage lautet:

➢ **Was soll (innerhalb eines Arbeitsfeldes) erreicht werden?**

Ziele (zum Beispiel in Anlehnung an unterschiedliche ‚Kundenerwartungen', unter Berücksichtigung des Auftrages sowie anhand eigener Erfahrungen/Vorstellungen der Fachdienstmitarbeiter) sind somit innerhalb eines Teams *in gemeinsamer Reflexion ‚auszuhandeln'* und in Ober- und mehrere Unterziele zu gliedern. Erst anhand solcher ‚Zielbäume' (s.o.) ist letztendlich das eigentliche, das heißt übergeordnete Leistungsziel zu bestimmen[8].
Die erarbeiteten ‚Unterziele' gehen aber nicht verloren, denn sie fließen – aufgrund der beschriebenen Ziel-Mittel-Relation – anschließend in die Erarbeitung von Handlungsleitlinien ein, da sie eine Antwort auf die Frage geben: Wie können die Leistungsziele effizient erreicht werden?

Zur Entscheidungsfindung, ob ein Ziel über- oder untergeordnet ist, ist die Frage *‚Warum?'* sehr hilfreich. Solange hierauf eine Antwort erfolgt, die auf Ziele innerhalb eines Arbeitsfeldes hinweist, ist in der Regel die oberste Zielebene noch nicht erreicht. Ein Indiz für das Erreichen der obersten Zielebene ist, wenn die Frage ‚Warum?' beantwortet wird mit ‚Vermittlung und Integration auf den allgemeinen Arbeitsmarkt', denn damit ist der Auftrag der Fachdienste, das heißt die allgemeine Zielsetzung der gesamten Integrationsarbeit über alle Phasen hinweg angesprochen. So weist in dem oben genannten Beispiel zur Krisenintervention die Antwort auf die Frage: Warum sollen Krisen am Arbeitsplatz bewältigt werden?, auf die Sicherung der betrieblichen Integration und damit auf den Auftrag der Fachdienste hin[9].

Wichtig ist, sich für diese, zum Teil als mühsam empfundene Zieldiskussion auf der einen Seite *ausreichend Zeit* einzuräumen, denn nur ein für alle Beteiligten eindeutiges Leistungsziel ermöglicht anschließend die Entwicklung

---

8 Pro hier definiertem Arbeitsfeld ist von ca. vier Arbeitsstandards auszugehen. Dies bedeutet zugleich, dass ebenso viele Leistungsziele entwickelt werden, da jeder Arbeitsstandard genau *ein* Leistungsziel und mehrere Handlungsleitlinien sowie Verfahren zur Überprüfung der Zielerreichung beinhaltet.

9 Prinzipiell ist es denkbar auch sog. ‚Unterziele' als Leistungsziele festzulegen und in einem eigenen Arbeitsstandard zu bearbeiten, wenn dadurch deren Relevanz besonders hervorgehoben werden soll.

effektiver Handlungsleitlinien und adäquater Verfahren zur Überprüfung der Zielerreichung. Entstehen bei der Klärung einzelner Begriffe und ihrer Beziehung zueinander (Ober- und Unterziele) Schwierigkeiten, sollte man sich auf der anderen Seite allerdings auch nicht zu lange mit diesem Schritt aufhalten. Zu empfehlen ist, sich nach ausführlicher Diskussion auf vorläufige Ziele und ihre Inhalte zu einigen und vorerst mit der Erarbeitung von Handlungsleitlinien zu beginnen. Aufgrund der engen Beziehung zwischen Zielen und Handlungen klären sich Zuordnungen und Inhalte dann im allgemeinen schneller, und notwendige Umstellungen können im nachhinein erfolgen.

Insgesamt zeigen die Erfahrungen aus dem Modellprojekt, dass eine intensive Auseinandersetzung über die Ziele der Arbeit manchmal zwar langwierig sein kann, aber bereits innerhalb dieses Reflexionsprozesses zu einem *ersten ‚Gewinn‘* führt. Die Fachdienstmitarbeiter berichteten in der Mehrheit, dass diese Diskussionen

- zur *Strukturierung* ihrer Arbeit,
- zur *Begriffs- und Zielklärung* bei sich selber und im Team,
- zur *Überprüfung des eigenen Vorgehens* und
- zum *Erkennen eigener Stärken* innerhalb der Integrationsarbeit

beigetragen haben.

Im folgenden werden Leitfragen zur Erarbeitung von Leistungszielen vorgestellt und ein mögliches Ergebnis anhand eines Beispiels im Arbeitsfeld ‚Stabilisierung, Krisenintervention und nachgehende Begleitung‘ erläutert.

1. Leitfragen zur Erarbeitung von Leistungszielen

1.1 Übergeordnete Leitfrage

Welche Leistungsziele sind im Arbeitsbereich X für eine betriebliche Integration ausschlaggebend, das heißt **was** soll erreicht werden?

1.2 Konkrete Leitfragen zur Zielfindung

- **Bestimmung von Leistungszielen im Arbeitsfeld X:**
- Welche ‚Kundenerwartungen‘ gibt es?
- Welche müssen, welche sollten erfüllt werden?
- Welche eigenen Zielvorstellungen bestehen?
- Welche Leistungsziele verfolgen andere Integrationsfachdienste?
- Gibt es in der Fachdiskussion Hinweise zu wesentlichen Leistungszielen?
- Wie lassen sich Zielsetzungen in Ober- und Unterziele differenzieren und systematisieren?

> ➢ *Methodische Hinweise:* Informationsquellen dazu sind zum Beispiel: Befragung von ‚Kunden' zu Qualitätskriterien, Hinweise zur Entwicklung von ‚Zielbäumen' (s.o.).
>
> **Entscheidung für Leistungsziele im Arbeitsfeld X:**
>
> - Ist das Arbeitsfeld X durch die erarbeiteten Leistungsziele ausreichend erfasst?
> - Ist die Anzahl der Leistungsziele handhabbar, oder lassen sich einzelne Leistungsziele anderen (als Unterziele) zuordnen?
>
> ➢ *Methodische Hinweise:* Neben den o.g. Hinweisen zur Entwicklung von ‚Zielbäumen' sind in der Literatur einige methodische Hinweise zur Entscheidung zwischen verschiedenen Zielen beschrieben, zum Beispiel ‚Zielbewertungsmatrix' (vgl. GRAF 1996, 76f.) oder der ‚paarweise Vergleich zur Gewichtung von Zielen' (vgl. BOBZIEN u.a. 1996, 102ff.); vgl. auch BUNDESMINISTERIUM FÜR FAMILIE, SENIOREN, FRAUEN UND JUGEND 1998.

Neben diesen Leitfragen sollten *allgemeine Kriterien* für die Formulierung von Leistungszielen beachtet werden. Leistungsziele sollen demnach

- nur *einen Aspekt oder Sachverhalt* betreffen,
- *eindeutig* formuliert und
- *überprüfbar*,
- auf die *Zukunft* gerichtet und
- *realitätsnah* sein, sowie
- ‚*Anreiz*' für effektives und effizientes Arbeiten bieten.

Ein beispielhaftes Ergebnis einer Leistungszielentwicklung aufgrund der Auseinandersetzung mit obigen Leitfragen und unter Berücksichtigung der allgemeinen Kriterien ist – übertragen auf die im Projekt erstellten Formblätter – folgendes:

Arbeitsstandard Nr.: IV.2	**Datum der letzten Bearbeitung: 14.9.1999**
Arbeitsfeld: **Stabilisierung, Krisenintervention und nachgehende Begleitung**	
Leistungsziel: Auftretende Krisen am Arbeitsplatz sollen bewältigt werden. (*Definition „Krise"*: Eine Krise liegt dann vor, wenn Betrieb und/oder Nutzer ein Problem nicht alleine bewältigen können.)	
Handlungsleitlinien: *siehe Kap. 3.3.3*	
Verfahren zur Überprüfung der Zielerreichung: *siehe Kap. 3.3.4*	

In der *fett gedruckten Kopfzeile* des Arbeitsstandardformblattes erfolgt zur eindeutigen Kennzeichnung die Numerierung (IV.2 bedeutet: zweiter Standard im Arbeitsfeld IV), die ausführliche Bezeichnung des Arbeitsfeldes und die Eintragung des Datums der letzten Bearbeitung (Wie aktuell ist die letzte Fassung?). Anschließend wird das gewählte *Leistungsziel eingetragen*, wobei es sich empfiehlt, dieses als ganzen Satz zu formulieren, um eine möglichst hohe inhaltliche Konkretisierung zu erreichen. Zudem kann es in manchen Fällen sinnvoll und notwendig sein, einzelne Begriffe (hier: ‚Krise') zu definieren.

3.3.3 Handlungsleitlinien

Bei der Bestimmung von Leistungszielen wurde erläutert, dass aufgrund der beschriebenen Ziel-Mittel-Relation, die erarbeiteten ‚Unterziele' zur Entwicklung von Handlungsleitlinien genutzt werden können, da sie *Mittel zur Erreichung des Leistungszieles* sind. Handlungsleitlinien beantworten somit die Frage

➢ **Wie kann das Leistungsziel effizient erreicht werden?**

Handlungsleitlinien sollten so formuliert sein, dass eine *‚Balance' zwischen ‚Allgemeinheitsgrad' und ‚Spezifität'* erreicht ist, das heißt sie sollten

- auf der einen Seite genügend spezifisch sein, um den Integrationsprozess ‚anzuleiten' und so für die Mitarbeiter eine *relevante Strukturierungshilfe* darstellen,
- auf der anderen Seite allgemein genug sein, um die *notwendige Flexibilität* in der Gestaltung der Arbeitsprozesse *zu gewährleisten.*

Im folgenden werden Leitfragen für die Erarbeitung von Handlungsleitlinien vorgestellt:

2. Leitfragen zur Erarbeitung von Handlungsleitlinien

2.1 Übergeordnete Leitfrage

Wie können Leistungsziele effizient erreicht werden?

2.2 Konkrete Leitfragen zur Erarbeitung von Handlungsleitlinien

- **Beschreibung des Ist-Zustandes:**

– Welche Vorgehensweisen/Handlungsleitlinien werden derzeit für die Erreichung des Leistungszieles angewendet?
– *Was* wird getan?
– *Wie* wird es gemacht?

- **Bewertung des Ist-Zustandes:**
  - Welche der aktuellen Vorgehensweisen/Handlungsleitlinien werden derzeit als erfolgreich bewertet? – Welche Vorgehensweisen/Handlungsleitlinien (incl. auch der als erfolgreich bewerteten) sollen überprüft und gegebenenfalls optimiert werden, welche nicht?
- **Entwicklung von Problemlösungen:**
  - Welche Probleme tauchen regelmäßig auf? Welche sind dabei zentral (Schlüsselprobleme)?
  - Welche weiteren Probleme sind denkbar?
  - Welches sind die entscheidenden Ursachen für die Probleme?
  - Durch welche Vorgehensweisen/Handlungsleitlinien lassen sich die Schlüsselprobleme vermeiden bzw. lösen?
- **Fachliche Reflexion:**
  - Wie arbeiten andere Fachkräfte im Bereich „Unterstützte Beschäftigung" (zum Beispiel Austausch über regionale Arbeitskreise)?
  - Gibt es in der Fachdiskussion (zum Beispiel Literatur) Hinweise zur optimalen Gestaltung der Prozesse?

➢ *Methodische Hinweise:* Die ‚Beschreibung des Ist-Zustandes' berücksichtigt die aktuelle Praxis bzw. Vorgehensweise im Fachdienst. Um diese auf *Optimierungsmöglichkeiten* hin zu überprüfen, sollte zusätzlich eine ‚Bewertung des Ist-Zustandes', eine ‚Reflexion tatsächlicher und potenzieller Probleme und ihrer Lösungen', sowie die Berücksichtigung des ‚aktuellen fachlichen Kenntnisstandes' erfolgen. Zur Entwicklung von Problemlösungen kann neben den o.g. Leitfragen auf weitere ‚Verfahren zur Problemanalyse' zurückgegriffen werden, wie zum Beispiel das Ursache-Wirkungs- bzw. Fischgrät-/Ishikawa-Diagramm (vgl. BOBZIEN u.a. 1996, 100). Dabei kann eine *Problemanalyse* zur Erkenntnis führen, dass zur Lösung des Problems

a. Änderungen von Handlungsleitlinien (unter Umständen sogar von Leistungszielen) im betreffenden Arbeitsstandard bzw.
b. in anderen Arbeitsstandards vorgenommen werden sollten oder
c. das Problem nicht direkt gelöst werden kann, da es (zunächst) von nicht zu beeinflussenden Rahmenbedingungen verursacht ist (zum Beispiel vergleichsweise geringe Vermittlungsquote aufgrund einer überdurchschnittlich hohen Arbeitslosenquote im Einzugsgebiet des Fachdienstes).

Ist c) der Fall, sollte dies auf jeden Fall festgehalten und anschließend gemeinsam mit Trägern und Leistungsträgern bearbeitet werden.

Fortgeführt am Beispiel ‚Auftretende Krisen am Arbeitsplatz sollen bewältigt werden' sind im folgenden mögliche Ergebnisse zu Handlungsleitlinien wiedergegeben.

Dabei gilt, dass die einzelnen Leitlinien zwecks eindeutiger Kennzeichnung *durchnummeriert* werden sollten:

Handlungsleitlinien:

1 Eine gute **Erreichbarkeit** des Fachdienstes wird sichergestellt.

1.1 Die Bürozeiten werden allen Beteiligten (auch schriftlich) mitgeteilt.

1.2 Außerhalb der Bürozeiten wird ein Anrufbeantworter eingesetzt.

1.3 ...

2. Die im allgemeinen Kriseninterventionsplan festgelegten Schritte (Kontaktaufnahme, Krisenanalyse, Interventionsplanung, -durchführung und -prüfung) werden weiter ausgearbeitet und konkretisiert.

2.1 Mit dem Nutzer, den zuständigen betrieblichen Ansprechpartnern und gegebenenfalls weiteren Bezugspersonen wird **persönlich Kontakt** aufgenommen.

2.2 Eine **Krisenanalyse** wird anhand folgender Leitfragen durchgeführt:

⇒ Wie stellt sich die Krise im Einzelnen dar? (differenzierte Krisenanalyse)
⇒ Welche Ursachen haben die Krise ausgelöst?
⇒ Wo gibt es Unterschiede/ Gemeinsamkeiten in den Sichtweisen der Betroffenen?

2.3 **Art und Umfang** der Krisenintervention sind anhand von Leitfragen zu planen:

⇒ Welche Personen müssen zur Lösung der Krise beteiligt werden?
⇒ Wo beginnen die Zuständigkeiten der Beteiligten und wo hören sie auf?
⇒ Welche Ziele sollen zur Lösung des Problems verfolgt werden?
⇒ Welche Maßnahmen sind zur Problemlösung geeignet?
⇒ Wie sollen die Maßnahmen umgesetzt und begleitet werden?
⇒ Wie kann der Erfolg der Maßnahmen durch alle Beteiligten überprüft werden?

3 Die Beteiligten sollen befähigt werden, **Krisen** in Zukunft **selbst zu bewältigen**‘

3.1 ...

Es wird deutlich, dass die bei der Zieldiskussion entwickelten Unterziele (s.o.) in die Handlungsleitlinien eingearbeitet wurden und zur Gliederung des gesamten Abschnittes beitragen. Weitere Leitlinien sind unter Umständen zu ergänzen. Wie zu sehen ist, wurden diese Handlungsleitlinien zur Erhöhung ihrer ‚anleitenden‘ und strukturierenden Funktion *weiter ausdifferenziert.* Auch hierbei ist die Frage nach dem ‚Wie?‘, also zum Beispiel: *Wie* kann eine gute Erreichbarkeit des Fachdienstes sichergestellt werden?, notwendig und hilfreich. Dieser Ableitungsprozess kann grundsätzlich auch zu jedem Unterpunkt weitergeführt werden, wobei die Mitarbeiter den Grad der Spezifität letztendlich nach sinnvollen und logischen Erwägungen festlegen müssen. Als Leitfrage kann dazu dienen: „Ab welchem Grad der Differenzierung wird die notwendige Flexibilität eingeschränkt?" So ist es in dem genannten Beispiel (‚Erreichbarkeit') allem Anschein nach nicht sinnvoll die Leitlinie 1.2 noch weiter auszudifferenzieren, zum Beispiel durch: ‚Der Anrufbeantworter wird eingeschaltet'[10].

3.3.4 Verfahren zur Überprüfung der Zielerreichung

Nachdem das Leistungsziel bestimmt ist und die dafür erforderlichen Handlungsleitlinien festgelegt sind, besteht der nächste Schritt darin, zu überlegen, wie die Zielerreichung überprüft werden kann. Dazu werden entsprechende Verfahren entwickelt. Diese setzen voraus, dass das Leistungsziel eindeutig formuliert und operationalisierbar (‚messbar') ist (vgl. allgemeine Kriterien zur Erarbeitung von Leistungszielen). Die entscheidende Fragestellung für die Entwicklung solcher Verfahren lautet:

➢ **Woran ist zu erkennen, dass das Leistungsziel effizient erreicht wurde[11]?**

Oftmals wird dieser Aspekt in der Praxis *mehr intuitiv erfasst* und *weniger systematisch untersucht und dokumentiert.* Dies hat zur Folge, dass gegenüber ‚Außenstehenden' – zum Beispiel dem Leistungsträger – ein *Nachweis der Qualität der Arbeitsprozesse*, der über eine ausschließlich quantitative Darstellung der Betreuungs- und Vermittlungszahlen hinausgeht, kaum zu führen ist. Aber auch für sich selbst und im eigenen Team sind die (Zwischen-) Resultate der Integrationsarbeit – sowohl in positiver als auch in negativer

---

10 Je nach Umfang solcher Differenzierungen können entsprechende Ausführungen dem Arbeitsstandard auch als ‚Arbeitshilfen' im Anhang beiliegen: So kann zum Beispiel im Bereich ‚Akquisition' die ‚Durchführung von Telefonakquisen' als eine Handlungsleitlinie bestimmt werden. Die dabei zu berücksichtigenden Inhalte und einzelnen Schritte sind mittlerweile mehrfach dokumentiert (vgl. zum Beispiel HIBA GMBH 1999; BROER u.a. 1999). Eine solche ‚Liste' könnte nun in die Handlungsleitlinien integriert oder aber als Anhang (auch als ‚externer' Ordner) dem Arbeitsstandard beigefügt sein. Dies ist nicht zuletzt auch eine Frage des jeweiligen Arbeitsstils.

11 Im Rahmen der Verfahren zur Überprüfung der Zielerreichung steht zunächst die Frage nach dem Grad der Zielerreichung (= Effektivität) im Vordergrund. Verfahren zur Überprüfung des Verhältnisses von Aufwand und Nutzen (= Effizienz) bestimmter Handlungsleitlinien können an dieser Stelle zwar prinzipiell ebenfalls entwickelt werden, spielen aber in der Regel eine untergeordnete Rolle, da eine valide Beurteilung der Effizienz der Handlungsleitlinien nicht vor dem Hintergrund eines einzelnen Nutzers zu leisten ist. Die Effizienz der in den Arbeitsstandards formulierten Handlungsleitlinien kann aber im Rahmen der internen und externen Auditgespräche thematisiert werden (vgl. Kap. 3.5.1).

Hinsicht – selten konkret fassbar. Erfolge lassen sich deshalb nicht adäquat darstellen, und bei unzureichender Zielerreichung können notwendige Veränderungen bzw. Verbesserungen kaum erkannt und umgesetzt werden.

Im folgenden werden Leitfragen zur Erarbeitung von Verfahren zur Überprüfung der Zielerreichung dargestellt:

3. Leitfragen zur Erarbeitung von Verfahren zur Überprüfung der Zielerreichung

3.1 Übergeordnete Leitfrage

Woran ist zu erkennen, dass das Leistungsziel erreicht wurde und die Handlungsleitlinien effektiv und effizient sind?

3.2 Konkrete Leitfragen zur Erarbeitung von Verfahren zur Überprüfung der Zielerreichung

- Wie sind Informationen über die Einschätzung der jeweils Beteiligten (Nutzer, Betrieb, Angehörige etc.) bezüglich der Zielerreichung und der Effizienz des Vorgehens zu erhalten?
- Gibt es weitere Indikatoren/Hinweise für ein Erreichen des Zieles?
- Gibt es weitere Indikatoren/Hinweise, die vermuten lassen, dass das Ziel nicht umfassend genug erreicht wurde?
- Wurden die Handlungsleitlinien wie geplant umgesetzt? (Methode: Checkliste)

➢ *Methodische Hinweise:* Insgesamt lassen sich somit drei grundlegende Verfahren beschreiben:

1. Im Sinne der ‚Kundenorientierung‘ sollten die jeweils Beteiligten in die Bewertung der Zielerreichung einbezogen werden. Eine Rückmeldung sollte in der Regel durch mündliche (eventuell auch schriftliche) Befragung erfolgen, wozu gezielte Leitfragen erarbeitet werden sollten. Hinzu kommt selbstverständlich die eigene Einschätzung des Fachdienstmitarbeiters, die hier nicht als gesondertes Verfahren aufgeführt ist.
2. Außerdem ist zu überlegen, ob es – unabhängig von der direkten Rückmeldung Beteiligter – Hinweise innerhalb des Integrationsprozesses gibt, die auf eine unzureichende bzw. ausreichende Erreichung des Leistungszieles schließen lassen.
3. Außerdem können die erarbeiteten Handlungsleitlinien als ‚Checkliste‘ eingesetzt werden, das heißt es ist im Einzelfall zu prüfen, ob sie und die darin enthaltenen Handlungsschritte umgesetzt wurden. Dazu können die Handlungsleitlinien als ‚Formular‘ angelegt werden, in welchem sowohl der Nutzer eingetragen wird als auch die Möglichkeit des ‚Ankreuzens‘ bzw. ‚Abhakens‘ besteht (s.u.).

Verfahren zur Überprüfung der Zielerreichung sollten vor allem zwei Kriterien erfüllen. Sie sollten

- sowohl *zeitökonomisch* einsetzbar
- als auch *alltagstauglich* sein,

das heißt ihr Einsatz muss sich in der Praxis der Fachdienstarbeit bewähren.

Wiederum fortgesetzt am Beispiel des Leistungsziels ‚Auftretende Krisen am Arbeitsplatz sollen bewältigt werden', sind im folgenden mögliche Verfahren zur Überprüfung der Zielerreichung dargestellt. Auch hier sollten die einzelnen Verfahren zur eindeutigen Kennzeichnung *durchnummeriert* werden:

Verfahren zur Überprüfung der Zielerreichung:

1. Es wird eine *Checkliste* eingesetzt, durch die die Umsetzung der einzelnen Handlungsleitlinien überprüft werden kann.
2. Eine *Rückmeldung* des *Nutzers* wird nach Abschluss der Intervention eingeholt und orientiert sich an folgenden Leitfragen:

2.1 Wie beurteilen Sie die Bewältigung der Krise?

2.2 Wie beurteilen Sie das Vorgehen zur Bewältigung der Krise?

2.3 ...

3. Eine *Rückmeldung* des *Betriebs* wird nach Abschluss der Intervention eingeholt und orientiert sich an den obigen Leitfragen.
4. Gegebenenfalls wird eine *Rückmeldung weiterer Beteiligter* nach Abschluss der Intervention eingeholt, die sich an den obigen Leitfragen orientiert.
5. Folgende *Indikatoren lassen* auf eine *Zielerreichung* schließen:

5.1 Der Nutzer wird nach Krisenende weiter beschäftigt.

5.2 Der Betrieb ist bereit, weitere Nutzer einzustellen.

5.3 ...

6. Folgende *Indikatoren* lassen auf eine *unzureichende Zielerreichung* schließen:

6.1 Die Krise dauert an.

6.2 Dem Nutzer wird gekündigt.

6.3 ...

Der Einsatz einer ‚*Checkliste*' ist hier die einfachste Form der Überprüfung, das heißt sie ist zwar auf der einen Seite alleine sicherlich nicht ausreichend, um die Zielerreichung zu bewerten, auf der anderen Seite aber mit geringem Aufwand auszuführen (s.u. Spalte ‚umgesetzt'). Möglicherweise ist die

Durchführung einzelner Handlungsleitlinien bei manchen Nutzern nicht erforderlich. Darauf wäre dann in der Spalte ‚nicht erforderlich' hinzuweisen[12]. Außerdem ist ergänzend festzuhalten, ob einzelne der aufgeführten Handlungsleitlinien ‚besonders effektiv' (+) bzw. ‚kaum oder nicht effektiv' (-) zur Zielerreichung beigetragen haben[13]. Über einen längeren Zeitraum betrachtet und über mehrere Nutzer hinweg, ließen sich dann Aussagen über die grundsätzliche Effektivität einzelner Handlungsleitlinien treffen. Als Konsequenz könnten dann zum Beispiel Handlungsleitlinien, die sich generell als ineffektiv erweisen, aus dem entsprechenden Arbeitsstandard entfernt werden. Dabei ist zu beachten, dass unter ‚Effektivität der Handlungsleitlinien' nicht die Arbeit des Fachdienstmitarbeiters zu beurteilen ist, sondern der jeweilige Beitrag einer Handlungsleitlinie zur Zielerreichung beim einzelnen Nutzer. Im folgenden wird ein Auszug einer solchen ‚Checkliste' bezogen auf das obige Beispiel dargestellt:

Checkliste Handlungsleitlinien **‚Auftretende Krisen am Arbeitsplatz sollen bewältigt werden'**	**umgesetzt**	**nicht erforderlich**	**Effektivität + / –**
1. Eine gute *Erreichbarkeit* des Fachdienstes wird sichergestellt:			
1.1 Die Bürozeiten werden allen Beteiligten (auch schriftlich) mitgeteilt.			
1.2 Außerhalb der Bürozeiten wird ein Anrufbeantworter eingesetzt.			
2. Die im *Kriseninterventionsplan* festgelegten Schritte (Kontaktaufnahme, Problemanalyse, Interventionsplanung, -durchführung und -prüfung) werden weiter ausgearbeitet.			
2.1 Mit dem Nutzer, den zuständigen betrieblichen Ansprechpartnern und gegebenenfalls weiteren Bezugspersonen wird *persönlich Kontakt* aufgenommen.			
2.2 Eine *Problemanalyse* wird anhand bestimmter Leitfragen durchgeführt.			
2.3 *Art und Umfang* der Krisenintervention sind anhand bestimmter Leitfragen zu planen.			
etc.			

12 Außerdem gilt, dass einige Arbeitsstandards – wie zum Beispiel auch der vorliegende – lediglich bei einzelnen Nutzern zum Einsatz kommen, da selbstverständlich nicht in jedem Fall eine ‚Krise' auftreten muss.

13 Eine solche Beurteilung sollte erst nach der abschließenden Bewertung der Zielerreichung (s.u.) erfolgen, da sie sich auf das Ausmaß der Zielerreichung bezieht. Außerdem ist diese Beurteilung zu begründen.

Betrachtet man die fett gedruckte Zeile (s. Handlungsleitlinie 1.2), wird deutlich, dass eine derartige ‚Checkliste' nur dann aussagefähig ist, wenn die Leitlinie auch im Einzelfall umzusetzen ist. Der Anrufbeantworter wird aber sicherlich generell und nicht lediglich bezogen auf einen einzelnen Nutzer eingesetzt. Eine solche allgemeingültige Leitlinie sollte daher in eine ‚Checkliste' nicht aufgenommen werden. Außerdem zeigt das Beispiel, dass in der Regel erst durch die Ausdifferenzierung der Handlungsleitlinien in konkrete Handlungsschritte eine auf den Einzelfall bezogene sinnvolle Aussage getroffen werden kann [vgl. 1.1 und 2.1, 2.2, 2.3]. Daher ist bei den Punkten 1. und 2. selbst kein ‚Ankreuzen' möglich.

Bei der Einholung von persönlichen ‚*Rückmeldungen*' sollten möglichst mehrere Beteiligte (mindestens zwei) befragt werden. Sollten bestimmte Indikatoren im Einzelfall nicht gültig sein, kann dies in der Spalte ‚*trifft nicht zu*' gekennzeichnet werden. Diese Rückmeldungen beziehen sich prinzipiell zum einen auf den Grad der Zielerreichung und zum anderen auf die Effektivität des Vorgehens. Dabei ist darauf zu achten, dass differenzierte Aussagen eingeholt werden, wobei der Nutzer grundsätzlich einzubeziehen ist. Außerdem werden oftmals Betriebsvertreter und gegebenenfalls Mitarbeiter aus kooperierenden Einrichtungen sowie Angehörige zu berücksichtigen sein. Erst ein Vergleich verschiedener Sichtweisen, einschließlich jener der Fachdienstmitarbeiter, ermöglicht eine umfassende Beurteilung der Zielerreichung. Das Einholen von ‚Rückmeldungen' sollte dabei in natürliche, das heißt übliche Gesprächssituationen eingebunden sein. Zu vermeiden sind deshalb ‚Interviews' anhand eines standardisierten Fragebogens, da dies der Beziehungsgestaltung eher schaden als nutzen kann.

In sozialen Handlungsfeldern ist es nicht immer einfach, möglichst eindeutige ‚*Indikatoren*' zu finden. Gelingt es dennoch, so ist dies eine sehr effektive und effiziente Prüfvariante. Bei einer Prüfung mit Hilfe von Indikatoren kann auch auf das Dokumentationssystem zur Darstellung der eigenen Arbeit (in der Regel gegenüber dem Leistungsträger) zurückgegriffen werden. Eine Kündigung, die als Hinweis für eine unzureichende Zielerreichung im oben genannten Beispiel ‚Krisenbewältigung' angesehen werden kann, könnte dort dokumentiert sein. Sollten deshalb vor dem Einsatz qualitätssichernder Verfahren bereits andere Dokumentationssysteme bestehen, ist letztendlich zu prüfen, wie ‚Fall- und Qualitätsdokumentation' zusammenzuführen sind, um den zeitlichen Aufwand so gering wie möglich zu halten. Dies wird nicht ohne eine entsprechende Abstimmung zwischen Trägern und Leistungsträgern umsetzbar sein.

Die Ergebnisse zu allen eingesetzten Verfahren zur Überprüfung der Zielerreichung können die Fachdienstmitarbeiter schließlich für den einzelnen Nutzer (im Bereich ‚Akquise' gegebenenfalls für den einzelnen Betrieb) in folgendem Formblatt – dargestellt am Beispiel ‚Auftretende Krisen am Arbeitsplatz sollen bewältigt werden' – festhalten, wodurch eine Gesamtübersicht ermöglicht wird.

Protokoll zur Überprüfung der Zielerreichung für ‚Auftretende Krisen am Arbeitsplatz sollen bewältigt werden'

Nutzer: ____________________

Checkliste Handlungsleitlinien	umgesetzt	nicht erforderlich	Effektivität + / –
1. Eine gute *Erreichbarkeit* des Fachdienstes wird sichergestellt:			
1.1 Die Bürozeiten werden allen Beteiligten (auch schriftlich) mitgeteilt.			
2. Die im *Kriseninterventionsplan* festgelegten Schritte (Kontaktaufnahme, Problemanalyse, Interventionsplanung, -durchführung und -prüfung) werden weiter ausgearbeitet.			
2.1 Mit dem Nutzer, den zuständigen betrieblichen Ansprechpartnern und gegebenenfalls weiteren Bezugspersonen wird *persönlich Kontakt* aufgenommen.			
2.2 Eine *Problemanalyse* wird anhand bestimmter Leitfragen durchgeführt.			
2.3 *Art und Umfang* der Krisenintervention sind anhand bestimmter Leitfragen zu planen.			
etc.			

Rückmeldungen

a) Wie beurteilen Sie die Bewältigung der Krise?	b) Wie beurteilen Sie das Vorgehen zur Bewältigung der Krise?
Nutzer: ____________________ ____________________ ____________________	**Nutzer:** ____________________ ____________________ ____________________
Betrieb: ____________________ ____________________	**Betrieb:** ____________________ ____________________

Indikatoren	*trifft nicht zu*	*Zielerreichung*		*unzureichende Zielerreichung*
5.1 Der Nutzer wird nach Krisenende weiter beschäftigt.			**Ja**	**Nein**
5.2 Der Betrieb ist bereit, weitere Nutzer einzustellen.			**Ja**	**Nein**
6.1 Die Krise dauert an.			**Nein**	**Ja**
6.2 Dem Nutzer wird gekündigt.			**Nein**	**Ja**

Das Protokoll ist mit einer *Gesamtbeurteilung* der Zielerreichung für den jeweiligen Nutzer (oder Betrieb) abzuschließen. Hierfür sind die Ergebnisse der einzelnen Verfahren zur Überprüfung der Zielerreichung letztendlich in einem Resümee zu *einem Wert* über den Grad der Zielerreichung zusammenzufassen und anhand einer vierstufigen Skala zu beurteilen[14]. Diese Einschätzung sollte anschließend kurz begründet werden.

Der jeweilige Wert aus der Gesamtbeurteilung über den Grad der Zielerreichung (vgl. vierstufige Bewertungsskala) wird schließlich in ein *Gesamtprotokoll* eingetragen, indem alle Arbeitsstandards pro Arbeitsfeld enthalten sind. Hierdurch werden zugleich die Ergebnisse zu mehreren Nutzern oder Betrieben erfasst. So ist eine effektive Übersicht über die Zielerreichung über einen längeren Zeitraum möglich und es lässt sich leicht erkennen, ob in einzelnen Standards die Zielerreichung insgesamt als nicht ausreichend zu bewerten ist[15]. Sollte dies der Fall sein, das heißt lässt die Auswertung eher auf systematische ‚Schwächen' schließen wären die entsprechenden Handlungsleitlinien und deren Anwendung kritisch zu prüfen[16]. Hierfür können die einzelnen Protokolle und die Beurteilung der Effektivität des Vorgehens herangezogen werden. Aufgrund des Gesamtprotokolls ist ein genaueres Prüfen der Arbeitsweisen in einem Bereich also lediglich dann erforderlich, wenn die Zielerreichung innerhalb eines Arbeitsstandards über mehrere Einzelfälle hinweg als nicht ausreichend zu beurteilen ist. Durch solche Protokolle kann der Aufwand für eine – in der Regel jährliche – Gesamtauswertung erheblich reduziert werden (vgl. Kap. 3.3.5). Darüber hinaus ist durch das Gesamtprotokoll auch der Grad der Zielerreichung für den einzelnen Nutzer bzw. Betrieb über mehrere Standards hinweg übersichtlich erfassbar.

Da das skizzierte Verfahren beim einzelnen Nutzer (oder Betrieb) durchgeführt und dokumentiert wird und daher in die tägliche Praxis der Integrationsarbeit integriert ist, wird mit dem vorliegenden Instrumentarium Qualität *nicht* lediglich in größeren Zeitabständen geprüft. Qualität ist hier Bestandteil eines dynamischen Qualitätssicherungs- und -entwicklungsprozesses, wodurch eine *kontinuierliche Verbesserung* der Arbeit möglich ist (vgl. Kap. 3.5.1. ‚Audit').

---

14 Die Skala besteht aus: 1=voll erreicht; 2=überwiegend erreicht; 3=teilweise erreicht; 4=nicht erreicht

15 Dies trifft dann zu, wenn die Bewertungen überwiegend im Bereich 3 und 4 der Skala liegen.

16 Bei Einzelbewertungen ist eine nicht ausreichende Zielerfüllung eher hinsichtlich der spezifischen Situation des Einzelfalles – Nutzer oder Betrieb – zu interpretieren.

Exkurs:
Modulsystem umfassendes Qualitätsmanagement (MUQ)

In diesem Zusammenhang sei noch einmal an das Schaubild ‚Modulsystem umfassendes Qualitätsmanagement (MuQ) für Integrationsfachdienste' erinnert. Die dort enthaltenen Pfeile innerhalb der Arbeitsstandards weisen zum einen (Pfeil von ‚oben nach unten') auf den logischen Aufbau der Standards hin: Zuerst wird ein Leistungsziel bestimmt, dann werden Handlungsleitlinien entwickelt und schließlich Verfahren zur Überprüfung der Zielerreichung erarbeitet. Zum anderen zeigen sie an (Pfeil von ‚unten nach oben'), dass durch den Einsatz dieser Verfahren sowohl die Erreichung des Leistungsziels als auch die Effektivität der Handlungsleitlinien überprüft werden und können somit auf notwendige Änderungen hinweisen. Letztendlich erfolgt dadurch ein ständiger Soll-Ist-Vergleich. Durch die Verwendung von Arbeitsstandards werden somit die Inhalte der Arbeitsprozesse nicht nur ausdrücklich dargelegt, sondern – im Sinne der Prozessqualität – auch fortlaufend bewertet und weiterentwickelt.

Im Rahmen des vorliegenden Modellprojektes wurden die ‚Protokolle zur Überprüfung der Zielerreichung' von den beteiligten Fachdiensten bereits hinsichtlich ihrer *Alltagstauglichkeit überprüft*. Hierbei verlief die Einbindung der QM-Protokolle in die bestehende Aktenführung weitgehend reibungslos und der Zeitaufwand für das Ausfüllen der QM-Protokolle hielt sich nach Einschätzung der Fachdienstmitarbeiter in vertretbaren Grenzen. Die konkrete Arbeit mit den QM-Protokollen führte zudem zu einigen weiteren Präzisierungen in den Formulierungen der Arbeitsstandards.

Innerhalb der Erprobungsphase wurde aber auch deutlich, dass insbesondere der *Nutzen von Arbeitsstandards und QM-Protokollen* je nach Berufserfahrung der Fachdienstmitarbeiter unterschiedlich eingeschätzt wird. Die strukturierende Wirkung der Arbeitsstandards und die Möglichkeiten zur Kontrolle des Arbeitsablaufes ist auf den ersten Blick für ‚routinierte' Mitarbeiter offensichtlich von geringerer Bedeutung, als für eine Fachkraft die sich in den Bereich der Integrationsbegleitung einarbeitet. Die Nutzung ‚bewährter Handlungsstrategien' wird von ersteren in gewisser Weise als selbstverständlich vorausgesetzt. Dennoch behalten Arbeitsstandards und QM-Protokolle auch hier ihre Funktion: Auch für routinierte Mitarbeiter ist die nutzerbezogene fortlaufende Überprüfung der Erreichung von Leistungszielen (und damit letztlich auch von Betreuungszielen) ein wesentlicher Bestandteil professioneller Arbeit. Zudem ist die Möglichkeit des Nachweises der Qualität der eigenen Arbeit nach außen grundsätzlich mit der Verwendung nachprüfbarer Verfahren verbunden, das persönliche Bewusstsein ‚gute Arbeit zu machen' reicht hier nicht aus[17]. Nichtsdestotrotz kann die Frage der weiteren Verwendung der QM-Protokolle im Rahmen der Einführung von MuQ durchaus Gegenstand einer zukünftigen Überprüfung sein. Beispielsweise könnte geklärt werden, ob die Überprüfung der Effektivität der Handlungsleitlinien auch stichprobenartig ausreichend wäre. Ein QM-System sollte nicht als statisches Gebilde begriffen werden, sondern es muss, um Einfluss auf die tägliche Arbeit haben zu können, sich auch fortlaufend in ihr bewähren.

Abschließend bleibt festzuhalten, dass die mit den Arbeitsstandards beschriebenen Schritte bzw. Prinzipien, ausgedrückt durch die allgemeinen Fragestellungen

- *Was* für Ziele sollen erreicht werden?,
- *Wie* kann das Ziel effizient erreicht werden?, sowie
- *Woran* ist zu erkennen, dass die Ziele effizient erreicht wurden?

letztendlich Grundelemente jeglichen zielgerichteten und somit auch sozialpädagogischen Handelns sind. Die genannten Fragen lassen sich unter dem Begriff ‚Evaluation der Arbeit' zusammenfassen. Dadurch, dass bei der Entwicklung, Durchführung und Prüfung der Arbeitsstandards die Fachdienstmitarbeiter elementar beteiligt sind, wird deutlich, dass das beschriebene Verfahren neben der *Praxisnähe einen hohen selbstevaluativen Anteil* hat. Auf Aspekte der Evaluation und Selbstevaluation soll daher im folgenden Exkurs ausführlicher eingegangen werden:

Exkurs: Evaluation und Selbstevaluation

Evaluieren kann allgemein durch die Begriffe bewerten bzw. auswerten gekennzeichnet werden. In sozialen Handlungsfeldern bedeutet dies, dass methodische und „systematische, das heißt auf qualitativen oder quantitativen Daten basierende Untersuchungen über Programme, Projekte, Maßnahmen" (BEYWL/HENZE 1999, 211) durchgeführt werden. Eine häufig anzutreffende Unterteilung ist die in ‚Produktevaluation' (auch summative Evaluation), das heißt in erster Linie werden die Ergebnisse und erzielten Wirkungen einmalig zum Ende eines festgelegten Zeitraumes bewertet, und in ‚Prozessevaluation' (auch formative Evaluation), das heißt im Vordergrund steht die begleitende Untersuchung von Effektivität und Effizienz der Arbeitsformen. Die Untersuchungsinstrumente sind dabei den Methoden der empirischen Sozialforschung entnommen bzw. an

17 Auf mögliche Vorbehalte gegenüber Bewertungen der eigenen Arbeit und den Umgang damit, wird in Kap. 3.5.1 (‚Audit') näher eingegangen.

diese angelehnt, wie zum Beispiel teilnehmende Beobachtung oder Befragung. Erfolgt die Evaluation einer Maßnahme des Trägers durch ‚Außenstehende', spricht man von ‚externer Evaluation'; findet die Untersuchung durch trägereigene Personen statt, bezeichnet man dies als ‚interne Evaluation'. Wird die interne Evaluation durch jene Mitarbeiter vorgenommen, die die Maßnahme auch selbst durchführen, heißt dies ‚Selbstevaluation'. Alle anderen Formen, einschließlich externer Untersuchungen, werden als ‚Fremdevaluation' benannt und erfolgen häufig zum Beispiel durch Forschungseinrichtungen (vgl. MEINHOLD 1996, 54; HEINER 1996, 33f. und Kap. 3.5.2 ‚Externe Beratung und Evaluation').

Aufgrund der Zielsetzungen ‚bewerten' und ‚auswerten' sind Methoden der Selbst- und Fremdevaluation nützliche Instrumente der Qualitätssicherung und -entwicklung. Dabei wird der Selbstevaluation – auch in Qualitätsmanagementsystemen der Wirtschaft (vgl. REHN 1999, 22ff.) – zunehmend mehr Bedeutung zuerkannt. Dies basiert im wesentlichen auf der Annahme, dass selbstevaluative Verfahren – im Gegensatz zur Fremdevaluation – stärker die Eigenverantwortlichkeit der Fachkräfte ansprechen. Dadurch soll die Bereitschaft erhöht werden, das eigene professionelle Handeln effektiver zu strukturieren und auch hinsichtlich seiner Wirksamkeit zu prüfen. Allgemeines Ziel ist somit die zunehmende Reflexion und Verbesserung des eigenen fachlichen und methodischen Handelns (vgl. HEINER 1988, 7ff.; HEINER 1994, 102ff.; HEINER 1996, 20ff.; SPIEGEL 1997, 32ff.; BMFSFJ 1998a, 9f.). Neben dieser übergeordneten Zielsetzung unterscheidet v. SPIEGEL (1994, 26ff.) vier Funktionen bzw. Perspektiven der Selbstevaluation:

1. *Selbstevaluation als (Selbst-)Kontrolle: Ziel ist die Bilanzierung der eigenen Arbeit (‚Was ist herausgekommen?').*
2. *Selbstevaluation als Aufklärung: Ziel ist die Vertiefung des Wissens über die zeitliche Dimension, den Verlauf von sozialen Prozessen und über die eigene Arbeitsweise (‚Was ist passiert?').*
3. *Selbstevaluation als Qualifizierung: Ziel ist die Verbesserung der Qualität professionellen Handelns im Zusammenhang mit den institutionellen Rahmenbedingungen (‚Wie kann die Qualität der Arbeit verbessert werden?').*
4. *Selbstevaluation als Innovation: Ziel ist die Überarbeitung und Erneuerung veralteter und ineffektiver Strukturen und Handlungsformen (‚Was ist grundlegend zu verändern?').*

Die Grenzen der Selbstevaluation werden unter anderem dann erreicht, wenn den Mitarbeitern die nötige Distanz zur eigenen Arbeit (dem Untersuchungsgegenstand) nicht gelingt bzw. die zur Reflexion notwendigen zeitlichen und strukturellen Ressourcen nicht vorhanden sind.

Außerdem wird spätestens bei der Betrachtung des Aspektes ‚Innovation' deutlich, dass ohne eine Abstimmung mit der zuständigen Leitung kaum Möglichkeiten zur Behebung erkannter Defizite bestehen. Selbstevaluation kann somit zwar ein relevantes Instrumentarium der Qualitätssicherung und -entwicklung sein, ist aber alleine sicher nicht ausreichend.

3.3.5 Ergebnisqualität

Die Ergebnisqualität behandelt Fragen zur ‚Güte der erbrachten Leistungen' sowie zum ‚Grad der Zielerreichung'. Durch den Einsatz von Arbeitsstandards und der entsprechenden QM-Protokolle ist es zum einen möglich, konkrete Aussagen hinsichtlich der erzielten *Ergebnisse bei einzelnen Nutzern* in verschiedenen Phasen des Integrationsprozesses zu treffen. Zum anderen sollten – neben diesen Einzelbewertungen – in regelmäßigen zeitlichen Abständen, das heißt mindestens einmal jährlich, *Beurteilungen* über die *insgesamt* erzielten Arbeitsergebnisse erfolgen. Solche ‚*Audits*' können zum Beispiel als kollegiale Evaluation lediglich intern, aber auch unter Teilnahme externer Personen durchgeführt werden, wie zum Beispiel Leistungsträger oder unabhängige Prüforganisation (zur Konzeption und Durchführung von Audits im Rahmen von MuQ vgl. Kap. 3.5.1).

Die Struktur der Arbeitsstandards und die darin enthaltenen fachlich-inhaltlichen Kriterien erlauben den Fachdienstmitarbeitern – und natürlich den Trägervertretern – somit nicht ‚nur' die Beschreibung *quantitativer Erfolge* (zum Beispiel Vermittlungsquote), sondern auch die explizite Darlegung *qualitativer Ergebnisse*. Dadurch kann eine einseitige Ausrichtung der Bewertung der Fachdienstarbeit an quantitativen Kriterien – sowohl trägerintern als auch zum Beispiel durch den Leistungsträger – grundsätzlich vermieden werden. Mögliche zukünftig gesetzlich vorgeschriebene ‚Leistungsvereinbarungen', wie sie bereits für die Sozialhilfe im BSHG (vgl. § 93 Abs. 2) festgeschrieben sind, könnten dann sowohl quantitative als auch qualitative Aspekte beinhalten.

3.3.6 Strukturqualität, Fortbildung und Supervision

Die Strukturqualität bezieht sich auf die *Rahmenbedingungen*, die für die Erstellung einer Dienstleistung notwendig sind, also zum Beispiel die Größe und Ausstattung der genutzten Räumlichkeiten, die Organisationsform der Dienstleistung oder die Zahl und Qualifikation der Mitarbeiter. Nach der Entwicklung einzelner Arbeitsstandards, sollen hierzu jeweils entsprechende Aussagen getroffen werden.

Dazu können folgende Leitfragen genutzt werden:

4. Leitfragen zur Bestimmung von Rahmenbedingungen (Strukturqualität)

4.1 Übergeordnete Leitfrage:

Welche Rahmenbedingungen sind notwendig?

4.2 Konkrete Leitfragen zur Bestimmung von Rahmenbedingungen

- Welche strukturellen Voraussetzungen sind zur Umsetzung des Arbeitsstandards erforderlich (zum Beispiel Büroausstattung, Arbeitsmaterialien etc.)?
- Welche Kenntnisse/ fachliche Qualifikationen der Mitarbeiter sind notwendig?
- Welche Anforderungen stellt der Einsatz von Arbeitsstandards an die Arbeitsorganisation?

Für das Beispiel ‚Auftretende Krisen am Arbeitsplatz sollen bewältigt werden' sind im folgenden mögliche Ergebnisse zu Rahmenbedingungen aufgeführt:

Wichtige Rahmenbedingungen:

- Adäquate *Büroausstattung* zur Sicherung der Erreichbarkeit
- *Fachliche Qualifikation der Mitarbeiter*:
  - Behinderungsspezifisches Fachwissen
  - Kenntnisse über Krisenbewältigungsstrategien
- *Kontaktadressen und –telefonnummern von* wichtigen *Bezugspersonen* (zum Beispiel Ärzte, Freunde)

Bei der Betrachtung der Rahmenbedingungen wird deutlich, dass diese häufig für mehrere Standards Gültigkeit haben. Dies gilt insbesondere für strukturelle Merkmale wie zum Beispiel ‚adäquate Büroausstattung'. Hier kann es ökonomisch sinnvoll sein, diese lediglich einmal zu beschreiben und ansonsten darauf zu verweisen. Aspekte der fachlichen Qualifikation sollten aber – ungeachtet möglicher Wiederholungen – durchaus pro Standard aufgeführt werden, um die besondere Relevanz einzelner Kenntnisse und Fertigkeiten für die gesamte Integrationsarbeit feststellen zu können.

Die Angaben zu den fachlichen Qualifikationen weisen schließlich auf einen *potenziellen Fortbildungs- und Supervisionsbedarf* hin. Dabei ist zu berücksichtigen, dass in Arbeitsfeldern mit hohen kommunikativen und beziehungsgestaltenden Anteilen – wie im sozialen Dienstleistungsbereich – die Mitarbeiter eine große Bedeutung hinsichtlich der Qualität der Arbeit besitzen[18]. Fortbildung und Supervision ist somit ein eigener Baustein innerhalb des vorliegenden Qualitätsmanagementsystems, obwohl er auch als Teil der Strukturqualität angesehen werden kann. Für die Umsetzung sind insbesondere die Träger, aber auch die Leistungsträger verantwortlich.

3.4 Rahmenmodule

Während unter dem Begriff ‚Basismodule' eher grundlegende Vorgaben für die Entwicklung von Arbeitsstandards formuliert sind, beschreiben die Rahmenmodule ‚Mitarbeiter-', ‚Management-' und ‚Außenorientierung' Zielsetzungen bzw. Werthaltungen, die für die Gestaltung des gesamten Qualitätsmanagementprozesses von Bedeutung sind.

3.4.1 Mitarbeiterorientierung

Die Qualität eines Integrationsfachdienstes erweist sich zu einem großen Teil in der Arbeitspraxis der Mitarbeiter, daher ist auch das Gelingen von Maßnahmen der Qualitätssicherung und -entwicklung im hohen Maße von ihrer Mitwirkung abhängig. Der im Rahmen von TQM-Modellen geprägte Begriff ‚Mitarbeiterorientierung' unterstreicht diese zentrale Rolle der Fachkräfte für ein umfassendes Qualitätsmanagement. Im Mittelpunkt der Mitarbeiterorientierung stehen folgende Punkte:

- Einbeziehung des Fachwissens und der Qualifikation der Mitarbeiter in den QM-Prozess
- Stärkung der Eigenverantwortung und Motivation der Mitarbeiter
- gezielte Personalentwicklung (zum Beispiel Fortbildung)
- Sicherstellung funktionierender Kommunikationsstrukturen innerhalb der Organisation

Im vorgestellten Modellprojekt ‚Qualitätssicherung und -entwicklung in Integrationsfachdiensten' ist die Einbeziehung der Mitarbeiter einer der zentralen Grundsätze. Die Arbeitsstandards werden vor Ort von den Fachdienstmitarbeitern entwickelt, so dass deren Kompetenzen und Quali-

---

[18] Ergänzend sei erwähnt, dass in sozialen Handlungsfeldern neben der Mitarbeiterqualifikation das ‚*Potenzial der Nutzer*', das heißt ihre Kompetenzen und Ressourcen, einen erheblichen Einfluss insbesondere auf die Prozess- und Ergebnisqualität haben (Stichworte: ‚Mitwirkungspflicht' ‚aktiver Beitrag').

fikationen maßgeblich in die Ausgestaltung des Qualitätsmanagementsystems einfließen. Die Betonung von selbstevaluativen Ansätzen stärkt auch in der Phase der Umsetzung und Überprüfung der Arbeitsstandards die Eigenverantwortung der Mitarbeiter.

3.4.2 Managementorientierung

Der Begriff Managementorientierung bezieht sich auf die hohe Verantwortung, die die Leitungsebene für eine erfolgreiche Umsetzung eines Qualitätsmanagementsystems hat und steht in vielfältigem Zusammenhang zu den Prinzipien der Mitarbeiterorientierung. Zentrale Aufgaben der Leitungsebene im Rahmen eines Qualitätsmanagementsystems sind:

- Sichtbares Engagement für die Umsetzung von Qualitätsmanagement und Etablierung einer Qualitätskultur
- Klare Formulierung von Vorgaben und Rahmenrichtlinien für die Fachdienstarbeit[19]
- Anerkennung und Förderung des Arbeitseinsatzes der Mitarbeiter für Qualitätssicherung und -entwicklung
- Unterstützung der Mitarbeiter bei der Entwicklung von Arbeitsstandards
- Unterstützung der Fachdienstmitarbeiter bei der Umsetzung von geplanten Veränderungen
- Sicherstellung von Fortbildungsmöglichkeiten für die Mitarbeiter
- Gewährleistung effizienter und zielgerichteter Informationsstrukturen zwischen Träger und Fachdienst bzw. Leitung und Fachdienstmitarbeiter

In dem vorliegenden Modellprojekt wurde versucht, die Trägerseite frühzeitig einzubinden und laufend an der Entwicklungsarbeit zu beteiligen. Neben der Teilnahme von Trägervertretern an Projekttagungen und an Besprechungen vor Ort, wurde die Ausgestaltung der Leitungsfunktionen zudem gesondert in Gesprächen thematisiert.

3.4.3 Außenorientierung

Das Modul Außenorientierung befasst sich mit den Beziehungen eines Integrationsfachdienstes zu seiner Umwelt. Hierbei sind zwei grundlegende Aspekte zu betrachten: Zum einen der Bereich Kooperation, Vernetzung und Öffentlichkeitsarbeit, zum anderen der Bereich der Umweltanalyse, das

---

19 Siehe auch Module ‚Vorgaben der Leistungsträger und Träger' sowie ‚Leitbild'.

heißt die Berücksichtigung relevanter Veränderungen im Umfeld eines Integrationsfachdienstes.

Kooperation, Vernetzung und Öffentlichkeitsarbeit

Die Begriffe Kooperation und Vernetzung beziehen sich auf die Zusammenarbeit des Integrationsfachdienstes bzw. des Trägers mit anderen relevanten Institutionen und Personen in ihrem Umfeld. Unter Kooperation wird hierbei in der Regel die konkrete – gegebenenfalls auch nur im Einzelfall stattfindende – Zusammenarbeit und Abstimmung mit anderen Institutionen verstanden. Der Begriff Vernetzung richtet den Fokus stärker auf *dauerhafte Kooperationsstrukturen und -vereinbarungen* bzw. auf gezielte Bemühungen, diese zu etablieren. Öffentlichkeitsarbeit beinhaltet alle Aktivitäten zur Außendarstellung des Integrationsfachdienstes und kann sich insofern auch fördernd auf die Kooperation und Vernetzung des IFD auswirken.

Im Rahmen des Qualitätsmanagementmodells der Forschungsstelle werden Kooperation, Vernetzung und Öffentlichkeitsarbeit nicht durch separate Arbeitsstandards abgedeckt. Hintergrund ist der Gedanke, dass diese Aktivitäten letztlich nicht Selbstzweck sein können, sondern jeweils zur Erreichung bestimmter Leistungsziele dienen. So dient die Kooperation und Vernetzung mit abgebenden Einrichtungen beispielsweise dazu, Kontakte mit potenziellen Nutzern herzustellen und ihnen einen niedrigschwelligen Zugang zu ermöglichen oder Informationen für die Erstellung eines Fähigkeitsprofils des Bewerbers zu erhalten. Die entsprechenden Tätigkeiten im Bereich Kooperation, Vernetzung und Öffentlichkeitsarbeit werden im Rahmen der Arbeitsstandards also jeweils bestimmten Leistungszielen zugeordnet und so in einen sinnvollen Zusammenhang gestellt.

Umweltanalyse

Der Begriff Umweltanalyse bezieht sich auf die gezielte Beobachtung und Berücksichtigung von relevanten Veränderungen im Umfeld eines Fachdienstes. Derartige Veränderungen können sein (siehe auch BRUHN/ TILMES 1994, 94ff.):

- Ökonomische und technologische Veränderungen: zum Beispiel Konjunktur, wirtschaftliche Struktur im Einzugsgebiet, Lohnentwicklung, Arbeitslosigkeit, Veränderung der Arbeitsplatzanforderungen
- Soziodemographische und kulturelle Entwicklungen: zum Beispiel Zunahme bestimmter Zielgruppen, Werte und Anspruchsniveau der Nutzer
- Politisch-rechtliche Rahmenbedingungen: zum Beispiel Fördermodalitäten, Kündigungsrecht, sozialpolitische Richtlinien.

Entwicklungen in diesen Bereichen entziehen sich in der Regel dem direkten Einfluss eines Fachdienstes, haben aber ihrerseits konkrete Auswirkungen auf dessen Arbeit. Während für die Gestaltung der aktuellen Arbeit die derzeitige Situation bestimmend ist, sollten insbesondere für längerfristige Planungen und Überlegungen im IFD Entwicklungstrends in den angesprochenen Bereichen berücksichtigt werden. Letztlich kann das ‚Überleben', sprich das Weiterbestehen eines Integrationsfachdienstes von seiner rechtzeitigen Anpassung an veränderte Rahmenbedingungen abhängen.

3.5 Audit, externe Beratung und Evaluation

Das folgende Modul umfasst Elemente, die den Aufbau bzw. die Pflege des gesamten Qualitätsmanagementsystems betreffen. Audits ermöglichen eine regelmäßige Überprüfung der Arbeitsergebnisse und -prozesse eines Fachdienstes sowie eine zusammenhängende Bewertung der angewandten QM-Verfahren. Die Frage der externen Beratung und Evaluation bezieht sich auf die Einbindung organisationsfremder Experten in Qualitätssicherungs- und -entwicklungsprozesse.

3.5.1 Audit

Die im Rahmen des QM-Konzeptes MuQ bisher erarbeiteten Qualitätssicherungsinstrumente, insbesondere die Arbeitsstandards und die zugehörigen Protokolle, leisten einen wichtigen Beitrag zur Strukturierung, Dokumentation, Transparenz und Beurteilung der Leistungsfähigkeit der Fachdienstarbeit sowohl nach innen als auch nach außen. Letztendlich sind die mit Hilfe der QM-Protokolle gesammelten Informationen zu bündeln und aufzubereiten, um sie damit auch adäquat, das heißt adressatengerecht (zum Beispiel gegenüber dem Leistungsträger) präsentieren und die Effektivität des Vorgehens belegen zu können. Dazu wird innerhalb von QM-Systemen in der Regel das Instrument ‚Audit' genutzt.

Begriffsbestimmung

Ausgehend von verschiedenen Definitionen in der Fachliteratur kann zum *Begriff ‚Audit'* folgendes festgehalten werden[20]:

1. Audits sind *regelmäßige Überprüfungen zur Zielerreichung* in den Fachdiensten (Soll-Ist-Vergleich) zum Zweck der *transparenten Darstellung der Qualität der Arbeit* nach innen und außen sowie der *kontinuierlichen Verbesserung.*

[20] Vgl.: BMFSFJ 1998b, 36; DEUTSCHES INSTITUT FÜR NORMUNG 1992; KRAEMER-FIEGER u.a. 1996, 74ff.; KAMISKE/BRAUER 1995, 5ff.; REHN 1999.

2. Innerhalb von Audits werden sowohl (ausgewählte) Ergebnisse der erbrachten Dienstleistung *(Produktaudit)* unter besonderer Beachtung der ‚Kundenanforderungen' (zum Beispiel Nutzer und Betrieb) als auch die Wirksamkeit und Zweckmäßigkeit der eingesetzten Vorgehensweisen unter Einhaltung bestimmter Vorgaben *(Verfahrensaudit)* sowie das gesamte QM-System *(Systemaudit)*[21] untersucht.
3. Die *relevanten Informationen* zu den Dimensionen *Prozess-, Struktur- und Ergebnisqualität* werden zusammengefasst, präsentiert und reflektiert.
4. Notwendige *Strategien der Weiterentwicklung* bzw. Verbesserung werden bestimmt, vereinbart und deren Einhaltung geprüft.

Trotz dieser begrifflichen Bestimmung der Audits kann in der Praxis der Aspekt der Bewertung dazu führen, dass Mitarbeiter einem Audit zuerst einmal mit einer gewissen *Skepsis* begegnen, da sie damit eine persönliche Leistungsbeurteilung verbinden. Dazu ist festzuhalten, dass bei einem Audit grundsätzlich die Arbeit als Ganzes im Mittelpunkt der Beurteilung steht. Bei der Analyse möglicher Problembereiche sind aber neben den internen und externen Rahmenbedingungen, letztendlich (gerade in sozialen Handlungsfeldern) auch die Fachlichkeit der Mitarbeiter zu beurteilen. Dies nicht zuletzt deshalb, um einen notwendigen Fortbildungsbedarf erkennen zu können[22].

Allgemeine Voraussetzungen

Aufgrund der genannten Zweckbestimmung der Audits und der oftmals (insbesondere bei der Einführung eines solchen Instrumentes) anzutreffenden Skepsis gegenüber diesem Verfahren sind folgende grundlegenden **Voraussetzungen zur Durchführung** effektiver Audits zu nennen:

- eine *Atmosphäre gegenseitigen Vertrauens* zwischen den Beteiligten,
- *kooperative Gesprächsführungskompetenz* der Beteiligten, wie zum Beispiel aktives Zuhören, non-direktive Fragetechnik, sachlich argumentieren, Anerkennung und positive Rückmeldung geben,

---

21 Eine oftmals mit dem Systemaudit verbundene Zertifizierung durch eine unabhängige Prüforganisation findet hier nicht statt.

22 An dieser Stelle sei darauf hingewiesen, welche Aspekte *nicht Gegenstand von Audits* sind: Persönliche Probleme, Teamprobleme oder Leitungsfragen, die unabhängig von den Arbeitsinhalten existieren, werden innerhalb von Audits *nicht* angesprochen. Ein Audit ersetzt somit weder supervisorische noch dienstrechtliche oder disziplinarische Funktionen. Es liegt in der Verantwortung des Auditors, dass – mit dem Hinweis auf zuständige Gremien – entsprechende Themen *nicht* aufgegriffen werden.

- ein Verständnis von einer *'lernenden Organisation'*, in der die Weiterentwicklung von Qualität als selbstverständlich angesehen wird,
- übereinstimmende und *eindeutige Zweckbestimmung* der Audits,
- *Konsens und Klarheit* in bezug auf die *Maßstäbe zur Bewertung* erfolgreicher Arbeit,
- *geregelte (interne und externe) Zuständigkeiten* der Bewertungen (Wer bewertet was?),
- Klärung des *Verwertungszusammenhangs* (Was geschieht mit den Ergebnissen?).

Ablaufplan interner und externer Audits in Integrationsfachdiensten

Mit Hilfe des QM-Systems MuQ und der dabei eingesetzten Instrumente ist es über bestehende Informationsgrundlagen (zum Beispiel Fallbesprechungen und -dokumentationen) hinaus möglich, in den Bereichen *Prozess-, Struktur- und Ergebnisqualität* eine systematische Erhebung und Auswertung relevanter Informationen vorzunehmen. Außerdem ermöglichen die eingesetzten QM-Verfahren zusätzlich zur Identifizierung von Stärken und Schwächen eine gezielte Analyse der dahinter liegenden Ursachen und Gründe. Dabei stellt das Audit aufgrund seines Prüfaspektes ein wichtiges *Führungs- und Steuerungsinstrument* sowohl für den Träger (Fach- und Dienstaufsicht) als auch den Leistungsträger (fachliche Leitung bzw. Verantwortung) dar[23].

---

[23] Die Trennung zwischen Fachaufsicht und fachlicher Leitung hat rechtliche Gründe: Nach § 31 SchwbG und § 28 SchwbAV kann die Hauptfürsorgestelle bei der Erfüllung ihrer Aufgaben andere Träger beteiligen, ohne dass diese Beteiligung eine Aufgabendelegation oder –übertragung bedeutet. Die Verantwortung bleibt bei der Hauptfürsorgestelle.

Grundsätzlich kann folgender *allgemeiner Ablaufplan* zur Durchführung von Audits beschrieben werden:

Allgemeiner Ablaufplan interner und externer Audits		
Arbeitsschritte	**Ergebnisse**	**beteiligte Personen**
1. Vorbereitung des internen Audits	Erstellen eines Ergebnisprotokolls	- Mitarbeiter des Fachdienstes
2. Durchführung des *internen* Audits	Erstellen eines *internen* Auditberichts Der Bericht dient gleichzeitig zur Vorbereitung des externen Audits!	- Mitarbeiter des Fachdienstes - Fachvorgesetzter des Trägers - sonstige Trägervertreter
3. Durchführung des *externen* Audits	Erstellen eines *externen* Auditberichts	- Mitarbeiter des Fachdienstes - Fachvorgesetzter des Trägers - sonstige Trägervertreter - Vertreter des Leistungsträgers

Da die Mitarbeiter den Auftrag der Fachdienste mittels konkreter und fachlich fundierter Handlungsschritte umzusetzen haben, sollte ihnen zuerst die Möglichkeit gegeben werden unter anderem anhand der QM-Dokumentationen (s. QM-Protokolle) die Qualität ihrer Arbeit selbst einzuschätzen und zu belegen. Dazu fertigen sie ein Ergebnisprotokoll an, in welchem die wichtigsten Informationen zusammengefasst sind *(1. Schritt)*. Im internen Audit *(2. Schritt)* erfolgt anschließend – unter anderem unter Rückgriff auf das Ergebnisprotokoll – die Bewertung der Fachdienstarbeit durch den Träger im Rahmen eines Reflexionsgespräches zwischen Mitarbeitern, dem Fachvorgesetzten und evtl. weiteren Trägervertretern, wie zum Beispiel Geschäftsführer. Es sollten auf jeden Fall jene Trägervertreter anwesend sein, die auch am externen Audit teilnehmen. Die Auswahl sollte daran orientiert sein, wer beim externen Audit auch über Entscheidungskompetenz verfügt. Das interne Audit dient gleichzeitig zur Vorbereitung des externen Audits, weshalb der interne Auditbericht rechtzeitig an alle Beteiligten zu versenden ist. Schließlich findet das externe Audit *(3. Schritt)* statt, wobei der Leistungsträger sowohl für die Initiierung als auch die Durchführung und Auswertung verantwortlich ist.

Für das **Auditverfahren** sind grundsätzlich folgende Punkte festzulegen:

1. Welche Person übernimmt die Leitung des internen bzw. externen Audits *(Auditor)* und ist damit verantwortlich für Initiierung, Durchführung und Auswertung des jeweiligen Audits, einschließlich *Protokollführung* und Erstellung des *Auditberichts*?

2. In welcher Form erfolgt eine *Einigung* über die jeweiligen *Inhalte* des internen und externen Auditberichts?
3. Darüber hinaus sind *Häufigkeit* (zum Beispiel jährliche Auditverfahren) *Termine, Dauer, Ort, verwendete QM- und sonstige Dokumente sowie Auditinstrumente (zum Beispiel Leitfragen) und spezifischer Ablaufplan* festzulegen.

3.5.2 Externe Beratung und Evaluation

Die Einbindung externer ‚Experten' in den Aufbau eines Qualitätsmanagementsystems ist nicht unumstritten. Neben den damit verbundenen Kosten wird ihnen häufig Praxisferne vorgeworfen und die Verwertbarkeit und Umsetzung der Ergebnisse angezweifelt. Zudem empfinden Fachkräfte eine externe Evaluation zum Teil als Eingriff in ihr Arbeitsfeld und als externe Kontrolle und Bedrohung. Die genannten Vorwürfe sind sicherlich nicht gänzlich unbegründet, ihre Berechtigung ist aber stark vom jeweiligen Evaluationsansatz abhängig. HEINER (1996, 21) unterscheidet zwischen *gutachterlich-bilanzierenden* und *qualifizierend-begleitenden Ansätzen*. Die letztgenannten Ansätze versuchen bewusst, die genannten Schwächen zu vermeiden und praxisnah zu arbeiten.

Ein qualifizierend-begleitender Ansatz hat das Ziel, gemeinsam mit den Fachkräften vor Ort die Arbeit einer Einrichtung weiterzuentwickeln; im Vordergrund steht hierbei der Aspekt der Beratung. Im vorliegenden Fall stellt die Forschungsstelle methodische Grundlagen zum Qualitätsmanagement zur Verfügung und unterstützt die Fachdienste zum Beispiel bei der Entwicklung von Arbeitsstandards. Des weiteren initiiert und koordiniert sie den Austausch der Erfahrungen und Ergebnisse zwischen den beteiligten Fachdiensten. Sie übernimmt also zum einen die Funktion der Qualifizierung, zum anderen die Funktion der Moderation. Vorteile dieses Beratungs- und Evaluationsansatzes sind

- das Anknüpfen an den Qualifikationen und Kompetenzen der Mitarbeiter
- die Gewährleistung praxisnaher Ergebnisse
- eine von konkreten Fragestellungen ausgehende Weiterqualifizierung der Mitarbeiter
- die Vermeidung von ‚Betriebsblindheit' durch die zusätzliche Einbringung einer neutralen, fachlichen Perspektive

Eine weitere Aufgabe externer Einrichtungen kann zukünftig der Aufbau sogenannter Benchmarking-Gemeinschaften sein. Die Idee des Benchmarkings ist es, das Qualitätsmanagement einer Einrichtung mit Hilfe eines systematischen Vergleiches mit Einrichtungen gleichen Typs voranzutreiben. Dahinter steht das Ziel, von Prozessen, Vorgehensweisen und Ergebnissen anderer Organisationen zu lernen, um dadurch eine Verbesserung der eigenen Arbeit zu erreichen.

4 Empfehlungen und Perspektiven

Aus den Erfahrungen, die im Rahmen der Entwicklung und Implementation des beschriebenen Modulsystems zum umfassenden Qualitätsmanagement (MuQ) in den am Modellprojekt ‚Qualitätssicherung und -entwicklung in Integrationsfachdiensten' beteiligten Fachdiensten gesammelt wurden, lassen sich folgende allgemeine Empfehlungen für die Einführung eines Qualitätsmanagementsystems ableiten:

- Die erste Präsentation eines QM-Systems sollte einen grundlegenden Überblick über dessen Aufbau und Instrumente geben, ohne allerdings einzelne Punkte bereits zu detailliert zu erläutern. Wesentlich ist vielmehr, bei den Mitarbeitern eine Vorstellung zu den Auswirkungen des Qualitätsmanagementsystems auf ihre Arbeitspraxis zu erzeugen.
- Zu Beginn eines Qualitätsmanagementprozesses muss ausreichend Raum für die Diskussion von Vorbehalten der Mitarbeiter gegenüber Maßnahmen der Qualitätssicherung und -entwicklung geschaffen werden.
- Ein sicherer Umgang mit Begriffen und Instrumenten des Qualitätsmanagements ergibt sich aus der konkreten Arbeit mit ihnen. Der Einbezug der Mitarbeiter in die Ausgestaltung des QM-Systems ist vor diesem Hintergrund ein wesentlicher Aspekt der Implementierung.
- Die Festlegung und Systematisierung von Zielen der eigenen Arbeit scheint zunächst eine verhältnismäßig abstrakte und vom Arbeitsalltag abgehobene Aufgabe zu sein, ist aber eine entscheidende Phase in einem QM-Prozess. Dieser Schritt erfordert daher eine gezielte methodische Vorbereitung und sollte durch externe Moderatoren und Berater begleitet werden.
- Der Einbezug der Trägerebene ist unerlässlich und wirkt sich begünstigend auf den QM-Prozess aus. Vorteile ergeben sich insbesondere bezüglich der Umsetzung von Verbesserungsvorschlägen, der Abstimmung des QM-Systems mit den Organisations- und Leitungsstrukturen des Trägers sowie der Anerkennung des Arbeitseinsatzes der Mitarbeiter.
- Eine frühzeitige Beteiligung der Leistungsträger an der Entwicklung des Qualitätsmanagementsystems stellt den Einbezug ihrer Vorgaben in die Arbeitsstandards sicher und erhöht somit die Akzeptanz und Verbindlichkeit des QM-Systems. Für die Einführung eines QM-Systems in Integrationsfachdiensten ist dieser Punkt von besonderer Bedeutung, da

die Dienst- und Fachaufsicht – und damit die arbeitsrechtliche Personalverantwortung – zwar im Verantwortungsbereich der Träger liegt, die fachliche Leitung der Dienste jedoch bei den Hauptfürsorgestellen (vor der Novellierung des Schwerbehindertengesetzes in der Regel Leistungsträger der IFD) verbleibt.

- Die Entwicklung und Einführung eines Qualitätsmanagementsystems sollte möglichst kontinuierlich erfolgen, da hierdurch die Integration des Qualitätsmanagements in den Arbeitsalltag und damit auch die spätere Umsetzung des QM-Systems gefördert wird. In diesem Sinne sollten sich die Fachdienstmitarbeiter bereits in der Entwicklungsphase einen verbindlichen Zeitplan für ihre Arbeit am QM-System geben.
- Durch die gleichzeitige Implementation eines QM-Systems in vergleichbaren Fachdiensten entstehen wertvolle Synergieeffekte. Zu nennen sind hier beispielsweise die Übertragung von Arbeitsstandards anderer Fachdienste auf die eigene Arbeit sowie die Möglichkeit des Austausches über die Erfahrungen bei der Einführung des QM-Systems.

Mit der Erstellung des Abschlussberichtes durch die Forschungsstelle ‚Unterstützte Beschäftigung' im Dezember 2000 liegt ein fachdienstübergreifendes Handbuch zur Einführung eines Qualitätsmanagementsystems in Integrationsfachdiensten vor. Dieses ‚Handbuch zur Qualitätssicherung und -entwicklung in Integrationsfachdiensten' wird beispielhafte Arbeitsstandards zu gängigen Leistungszielen von Integrationsfachdiensten und umfangreiche methodische Hilfen zu Ihrer Erarbeitung bzw. Anpassung an die spezifische Situation des eigenen Fachdienstes enthalten. Zudem wird dort eine ausführliche Beschreibung der einzelnen Module des umfassenden Qualitätsmanagementsystems (MuQ) zu finden sein und der im Rahmen der Expertenbefragung erhobene Kriterienkatalog zugänglich gemacht. Hierdurch wird es auch anderen Fachdiensten – in Abstimmung mit dem Leistungsträger – ermöglicht, sowohl in inhaltlicher als auch methodischer Hinsicht von den Erfahrungen und Ergebnissen dieses Modellprojektes zu profitieren und in Anlehnung daran ein eigenes System der Qualitätssicherung und -entwicklung in ihrer Einrichtung zu etablieren.

Literatur

BARLSEN, J.; BUNGART, J.; HOHMEIER, J.; MAIR, H.: Integrationsbegleitung in Arbeit und Beruf für Schwerbehinderte mit geistigen Beeinträchtigungen. Hrsg. durch den Landschaftsverband Westfalen–Lippe. Münster 1999a.

BARLSEN, J.; BUNGART, J.; SUPE, V.; WILLEMS, P.: Qualitätssicherung und –entwicklung in Integrationsfachdiensten. 1. Zwischenbericht. Münster 1999.

BEYWL, W.; HENZE, B.: Praxisbegleitende Trainings in Selbstevaluation. PÄD Forum. 3/1999, 211–218.

BOBZIEN, M.; STARK, W.; STRAUS, F.: Qualitätsmanagement. Alling 1996.

BROER, W.; SCHITTECK, F.; SELIGMANN, M.: Passgenaue Vermittlung von Arbeitslosen. Hrsg. von G.I.B. (Gesellschaft für innovative Beschäftigungsförderung). Essen 1999.

BRUHN, M.; TILMES, J.: Social Marketing. Einsatz des Marketings für nichtkommerzielle Organisationen. (2. Aufl.). Stuttgart 1994.

BMFSFJ BUNDESMINISTERIUM FÜR FAMILIE, SENIOREN, FRAUEN UND JUGEND (Hrsg.): Leitfaden für Selbstevaluation und Qualitätssicherung. Bonn 1998a.

BMFSFJ BUNDESMINISTERIUM FÜR FAMILIE, SENIOREN, FRAUEN UND JUGEND (Hrsg.): Qualitätsmanagement in der Caritas–Jugendhilfe GmbH Köln. Bonn 1998b.

BUNGART, J.; SUPE, V.; WILLEMS, P.: Qualitätssicherung und –entwicklung in Integrationsfachdiensten. 2. Zwischenbericht. Münster 2000.

DRABNER, C.: Qualitätsmanagement in sozialen Einrichtungen am Beispiel der Jugendhilfe. (S. 40ff.). Freiburg i. Br. 1997.

DEUTSCHES INSTITUT FÜR NORMUNG: DIN ISO 10 011–1: Leitfaden für das Audit von Qualitätssicherungssystemen – Auditdurchführung. Berlin, Juni 1992.

GEMEINSAME ARBEITSGRUPPE DER BUNDESARBEITSGEMEINSCHAFT DER ÜBERÖRTLICHEN TRÄGER DER SOZIALHILFE UND DER ARBEITSGEMEINSCHAFT DER DEUTSCHEN HAUPTFÜRSORGESTELLEN: Stellungnahme zum Ergebnis der durchgeführten bundesweiten Umfrage zu Handlungsformen zur Eingliederung in das Arbeitsleben und zu den Schlussfolgerungen des ISB (Institut für Sozialforschung und Betriebspädagogik). o.O. 1995.

GRAF, P.: Konzeptentwicklung. Alling 1996.

HACKER, W.: Allgemeine Arbeitspsychologie: psychische Regulation von Arbeitstätigkeiten. Bern, Göttingen, Toronto, Seattle 1998.

HEINER, M.: Von der forschungsorientierten zur praxisorientierten Selbstevaluation. Entwurf eines Konzeptes. In: HEINER, M. (Hrsg.): Selbstevaluation in der sozialen Arbeit. (S. 7–40). Freiburg 1988.

HEINER, M.: Reflexion und Evaluation methodischen Handelns in der sozialen Arbeit. Basisregeln, Arbeitshilfen und Fallbeispiele. In: HEINER, M.; MEINOLD, M.; SPIEGEL, v. H.; STAUB–BERNASCONI, S.: Methodisches Handeln in der sozialen Arbeit. (S. 102–183). Freiburg 1994.

HEINER, M.: Evaluation zwischen Qualifizierung, Qualitätsentwicklung und Qualitätssicherung. In: HEINER, M. (Hrsg.): Qualitätsentwicklung durch Evaluation. (S. 20–47). Freiburg 1996.

HIBA: HEIDELBERGER INSTITUT BERUF UND ARBEIT GmbH (Hrsg.): Systematische Arbeitsvermittlung. transfer. Ausgabe 2/ 1999.

KAMISKE, G. F.; BRAUER, J.–P.: Qualitätsmanagement von A bis Z. München, Wien 1995.

KRAEMER–FIEGER, S; ROERKOHL, A.; KÖLSCH, R.: Qualitätsmanagement in Non–Profit–Organisationen. Wiesbaden 1996.

MAELICKE, B.: Grundlagen des Sozialmanagement. In: ARNOLD, U., MAELICKE, B. (Hrsg.): Lehrbuch der Sozialwirtschaft. Baden–Baden 1998.

MEINHOLD, M.: Qualitätssicherung und Qualitätsmanagement in der Sozialen Arbeit. Freiburg i. Br. 1996.

METZLER, H.; WACKER, E.: Zum Qualitätsbegriff in der Behindertenhilfe. In: SCHUBERT, H.-J.; ZINK, K. J. (Hrsg.): Qualitätsmanagement in sozialen Dienstleistungsunternehmen. (S. 44–55). Neuwied, Kriftel/Ts., Berlin 1997.

NEGES, R.: Personalentwicklungs-und Weiterbildungserfolg. Wien 1991.

OESTEREICH, R.: Handlungsregulation und Kontrolle. München, Wien, Baltimore 1981.

REHN, B.: Interne Qualitätsprüfungen. Audits und Selbstevaluation. Freiburg 1999.

SCHWARTE, N.; OBERSTE–UFER, R.: Qualitätssicherung und –entwicklung in der sozialen Rehabilitation Behinderter: Anforderungen an Prüfverfahren und Instrumente. In: SCHUBERT, H.–J.; ZINK, K. J. (Hrsg.): Qualitätsmanagement in sozialen Dienstleistungsunternehmen. (S.56–83). Neuwied, Kriftel/Ts., Berlin 1997.

SPIEGEL, v. H.: Selbstevaluation als Mittel beruflicher Qualifizierung. In: HEINER, M. (Hrsg.): Selbstevaluation als Qualifizierung in der sozialen Praxis. (S. 11–55). Freiburg 1994.

SPIEGEL, v. H.: Perspektiven der Selbstevaluation. In: BUNDESMINISTERIUM FÜR FAMILIE, SENIOREN, FRAUEN UND JUGEND (Hrsg.): Evaluation der sozialpädagogischen Praxis. (S. 32–49). Bonn 1997.

VOLPERT, W. (Hrsg.): Beiträge zur Psychologischen Handlungstheorie. Bern 1980.

ZINK, K. J.: TQM als integratives Managementkonzept. Das Europäische Qualitätsmodell und seine Umsetzung. München, Wien 1995.

Stefan Doose

Qualifizierung und Fortbildung von IntegrationsberaterInnen in Integrationsfachdiensten

Welche MitarbeiterInnen brauchen eigentlich Integrationsfachdienste? SozialpädagogInnen, Behinderten- oder vielleicht besser BerufspädagogInnen? ErgotherapeutInnen oder HandwerkerInnen mit einer sonderpädagogischen Zusatzausbildung zur Fachkraft für Arbeit und Beschäftigung (FAB) wie in den Werkstätten für Behinderte (WfB)? VerwaltungsfachwirtInnen mit Erfahrung in der Arbeitsverwaltung oder vielleicht BetriebswirtschaftlerInnen? Oder sind statt der formalen Ausbildung eher Lebens- und Arbeitserfahrung wichtig und vielleicht erfahrene HandwerkerInnen oder gar QuereinsteigerInnen wie ehemalige Tunnelbauer und Jahrmarktschießbudenbesitzer die richtige Wahl? Sollten nicht in erster Linie selbst betroffene Menschen mit Behinderung als Peer-Counceler für diese Tätigkeit eingestellt werden? Oder ist keine von den genannten Gruppen auf die neue Aufgabe hinreichend vorbereitet, da sie spezielle Kenntnisse und Kompetenzen erfordert, die bisher in keiner bestehenden Ausbildung erworben werden? Erfordert ein neues, so komplexes und interdisziplinäres Arbeitsfeld, wie das der ambulanten beruflichen Integration, nicht ein neues und eigenes Berufsbild zum Beispiel der/des IntegrationsberaterIn oder der/des ArbeitsassistentIn, oder ist es nur ein neues Tätigkeitsfeld der oben genannten Berufsgruppen? Welche Fähigkeiten und Fertigkeiten sind für die Arbeit in Integrationsfachdiensten notwendig? Wie und wo können diese notwendigen Fähigkeiten und Fertigkeiten am besten ausgebildet werden? In einem grundständigen Studium mit entsprechenden Studienschwerpunkten, in einer berufsbegleitenden Qualifizierung, in einzelnen Seminaren oder durch simples „learning by doing"? Welche qualitativen Anforderungen sollen an die Ausbildung von MitarbeiterInnen in diesem Bereich gestellt werden – und wie sollen sie überprüft und nachgewiesen werden?

Ginge eine/ein SchulabgängerIn zur Berufsberatung des Arbeitsamtes und würde sich erkundigen, welchen beruflichen Weg sie/er einschlagen müsse, um IntegrationsberaterIn in einem Integrationsfachdienst zu werden, würde sie/er feststellen, dass bisher die oben aufgeworfenen Fragen nicht eindeutig geklärt sind, und es keine einheitliche Qualifizierung für diesen Bereich gibt.

Sie/Er würde wahrscheinlich nicht einmal den Begriff der/des IntegrationsberaterIn oder ArbeitsassistentIn finden, obwohl nachweislich viele Menschen bereits in diesem Bereich arbeiten und es in den nächsten Jahren ein Arbeitsfeld mit Zukunft sein wird. Auf dem Arbeitsmarkt entstehen auch in anderen Bereichen (zum Beispiel Medien) ständig neue Tätigkeitsfelder, in denen Menschen teils hochqualifizierte und spezialisierte Tätigkeiten verrichten, die mit den traditionellen Berufen und Ausbildungsgängen wenig zu tun haben und neue Ausbildungs- und Qualifizierungskonzepte erfordern. Neue Ausbildungs- und Qualifizierungskonzepte sind meiner Ansicht nach auch für den Bereich der beruflichen Integration notwendig. Im folgenden sollen daher die oben genannten Fragen diskutiert und Ideen für die Fortbildung und Qualifizierung von IntegrationsberaterInnen entwickelt werden.

Welche MitarbeiterInnen arbeiten zur Zeit in Integrationsfachdiensten?

In den Integrationsfachdiensten und Vermittlungsdiensten von Werkstätten für Behinderte und Rehabilitationseinrichtungen arbeiten zumeist Menschen aus pädagogischen Berufen (meist SozialpädagogInnen), oft mit einer vorherigen betrieblichen Ausbildung, sowie im geringeren Umfang ErgotherapeutInnen und in der WfB auch ehemalige WerkstattgruppenleiterInnen, die eine handwerkliche Ausbildung und die sonderpädagogische Zusatzausbildung haben. Daneben findet man vereinzelt Betriebswirte, ehemalige Arbeitsvermittler des Arbeitsamtes oder QuereinsteigerInnen aus ganz anderen Berufen wie zum Beispiel den besagten ehemaligen Tunnelbauer oder Jahrmarktschießbudenbesitzer, die übrigens meiner Ansicht nach sehr gute Arbeit als ArbeitsassistentInnen leisten. Es gibt in den Diensten vereinzelt auch MitarbeiterInnen mit einer Behinderung, die häufig ein Studium zum Beispiel als SozialpädagogIn oder PsychologIn haben. Der Ansatz des Peer-Counseling (behinderte Menschen beraten behinderte Menschen) als bewusster Beratungsansatz bei der beruflichen Integration wird meiner Kenntnis nach bisher nur in den Zentren für Selbstbestimmtes Leben nahestehenden Diensten genutzt. Ob die neue gesetzliche Verpflichtung der Integrationsfachdienste[1] bei der Stellenbesetzung bevorzugt MitarbeiterInnen mit Schwerbehinderung als IntegrationsberaterInnen einzustellen vermag und hier zu einer Trendwende führt, bleibt abzuwarten.

1 § 37 d (3) Schwerbehindertengesetz.

Gibt es eine bestehende Berufsausbildung, die sich für die Arbeit in Integrationsfachdiensten besonders eignet?

Das Studium der Sozial-, Behinderten- oder Berufspädagogik beziehungsweise der Betriebswirtschaft bringt sicherlich Vorkenntnisse, die jeweils für einen bestimmten Bereich der Arbeit im Integrationsfachdienst hilfreich sind. SozialpädagogInnen bringen zum Beispiel allgemeine methodische Kenntnisse über Beratungsarbeit und Gesprächsführung, rechtliche und organisatorische Kenntnisse über das System der Sozialen Sicherung und die gesellschaftliche Situation von Randgruppen mit – sie sind also eher vertraut, mit dem sozialen Kunden des Fachdienstes zusammenzuarbeiten. BetriebswirtschaftlerInnen haben ihre Kompetenzen besonders auf der betrieblichen Seite, sie bringen allgemeine methodische Kenntnisse über die Planung und Gestaltung von Betriebsabläufen, rechtliche und organisatorische Kenntnisse über das Wirtschaftssystem und die Situation von Betrieben mit – sie sind also eher vertraut, mit den Unternehmen als Kunden umzugehen. Der Integrationsfachdienst agiert mit seinem Dienstleistungsangebot zwischen diesen Polen und die/der IntegrationsberaterIn sollte SpezialistIn für die Schnittstellen zwischen den verschiedenen Bereichen wie zum Beispiel den behinderten Kunden des Integrationsfachdienstes und seinem Umfeld, den Rehabilitationseinrichtungen und der Sozialverwaltung sowie den Unternehmen und dem Wirtschaftssystem sein. Gefragt sind für diese Aufgabe gerade interdisziplinäre Kenntnisse und Kompetenzen, die Fähigkeit, die verschiedenen Systeme zu verstehen und in ihnen sicher agieren zu können. Hinzu kommen die für die Arbeit in einem Integrationsfachdienst erforderlichen speziellen methodischen Kenntnisse wie zum Beispiel die individuelle Berufsplanung, die Erstellung eines Fähigkeitsprofiles, Arbeitsplatzakquisition, Arbeitsplatzanalyse und Unterstützung der Qualifizierung am Arbeitsplatz. Es gibt bisher keine Berufsausbildung, die die für die Arbeit in Integrationsfachdiensten sinnvollen Bereiche und speziellen methodischen Kenntnisse hinreichend abdeckt. Dies spricht zunächst dafür, Teams multiprofessionell aus MitarbeiterInnen mit unterschiedlichen beruflichen Kompetenzen einzusetzen. Die bloße Addition von unterschiedlichen Berufsgruppen innerhalb eines Dienstes ist jedoch nur bedingt eine Lösung, die/ der BetriebswirtIn oder die/der SozialpädagogIn beziehungsweise die/der behinderte Peer-CouncelerIn wird keine/kein gute/guter IntegrationsberaterIn sein, wenn sie/er nicht die unterschiedlichen Perspektiven der verschiedenen Systeme flexibel einnehmen kann und methodisches Handwerkzeug hat, in jedem der Bereiche professionell zu agieren. Da keine bestehende Berufsausbildung bisher hinreichend auf die neue und komplexe Arbeit in Integrationsfachdiensten vorbereitet und die notwendigen interdisziplinären und speziellen Kenntnisse und Fähigkeiten vermittelt, sollten eigene Qualifizierungs- und Ausbildungskonzepte für dieses Arbeitsfeld entwickelt werden.

Was macht die professionelle Kompetenz von IntegrationsberaterInnen aus?

Kompetent sein bedeutet vom lateinischen Ursprung her zunächst „zuständig sein" und verweist auf das Arbeitsfeld. Daraus ergibt sich die bisher nicht eindeutig geklärte Frage, für welche Bereiche die/der IntegrationsberaterIn zuständig sein soll, will oder muss und für welche nicht. Darf die/der IntegrationsberaterIn eigenständig Arbeitsuchende mit Behinderung beraten und die Unterstützungsmöglichkeiten abklären, darf/er sie offensiv Öffentlichkeitsarbeit machen, darf sie/er eigenständig auf Unternehmen zugehen und über Förderleistungen beraten, darf sie/er Begleitung am Arbeitsplatz übernehmen und dem Unternehmen eine kontinuierliche Betreuung anbieten? Soll sie/er sich auch um persönliche Probleme der/des unterstützten ArbeitnehmerIn wie zum Beispiel Alkoholprobleme, Beziehungsprobleme, Schuldenprobleme, Wohnungsprobleme kümmern, wenn diese die berufliche Integration beeinflussen?

IntegrationsberaterInnen sollten so kompetent sein können, im Hinblick auf das Ziel der bestmöglichen beruflichen Integration behinderter Menschen professionell entscheiden zu können, wie die Betroffenen dieses vereinbarte Ziel effektiv erreichen. Die professionelle Kompetenz hängt somit auch maßgeblich davon ab, welche Kompetenz die/der IntegrationsberaterIn zugestanden bekommt.

Kompetent sein bedeutet aber auch, „fähig zu sein", die komplexen Anforderungen des Arbeitsfeldes zu bewältigen. Die professionelle Kompetenz der/des IntegrationsberaterIn ist dabei abhängig von den Ressourcen, die ihr/ihm zur Verfügung stehen. Ressourcen sind dabei nach LE BOTERF (1998) sowohl die Kenntnisse, Fertigkeiten und Haltungen einer Person, aber auch persönliche Netzwerke oder Datenbanken. Es geht also nicht nur um die Frage, worin jemand kompetent ist, sondern auch mit wem und womit er kompetent sein kann. Kompetenzen zeigen sich demnach im Arbeitsumfeld durch Kombination und Mobilisierung der persönlichen Ressourcen. Es gibt somit nicht eine Art, kompetent zu sein, sondern viele verschiedene, die abhängig sind von der Persönlichkeit, den Vorerfahrungen und den zur Verfügung stehenden Ressourcen einer Person.

Will man näher bestimmen, welche Kenntnisse, Fertigkeiten und Haltungen eine sinnvolle Grundlage professioneller Kompetenz von IntegrationsberaterInnen bilden, erhält man schnell wachsende Auflistungen von Qualitätsanforderungen, die leicht in übermenschliche Dimensionen ausufern und

ins Beliebige verlängert werden können.[24] Dieser Gefahr bewusst, soll dennoch versucht werden, die vielfältigen Ressourcen professioneller Kompetenzen in Unterstützter Beschäftigung subjektiv und sicherlich erweiterungswürdig zu skizzieren.
IntegrationsberaterInnen beraten und unterstützen behinderte Menschen bei der Integration in das Arbeitsleben. Der Prozess der beruflichen Integration ist ein vielfältiges und herausforderndes Arbeitsfeld. Es umfasst die

- individuelle Berufsplanung,
- Erarbeitung eines individuellen Fähigkeitsprofils,
- Arbeitsplatzakquisition,
- Arbeitsplatzanalyse und Arbeitsplatzanpassung,
- Unterstützung des betrieblichen Einarbeitungs- und Qualifizierungsprozesses,
- weiterführende Beratung und Unterstützung der ArbeitnehmerInnen, deren ArbeitgeberInnen und KollegInnen.

Die verschiedenen Phasen des Integrationsprozesses erfordern von den IntegrationsberaterInnen jeweils spezifische Fachkompetenzen und die Einnahme unterschiedlicher Rollen in der Beratung und Unterstützung. Sie kooperieren dabei

- mit der behinderten Person und ihrem Umfeld,
- Institutionen wie Behinderteneinrichtungen und Behörden,
- und nicht zuletzt mit Unternehmen der Wirtschaft.

Sie müssen dazu die unterschiedlichen Denkweisen, Logiken, Sprachen, Akteure und Verfahrensweisen der sozialen Welt, der Verwaltungs- und der Wirtschaftswelt kennen und verstehen, um angemessen und sicher in diesen unterschiedlichen Systemen handeln zu können. IntegrationsberaterInnen sind quasi VermittlerInnen und WanderInnen zwischen diesen verschiedenen Welten.

Haltung

Entscheidend für den Erfolg ist dabei nach meiner langjährigen Erfahrung und übereinstimmenden Berichten von den in diesem Bereich

---

24 Vgl. auch die allgemeine Kritik von FAULSTICH (1997, 229): „Besonders krass in der »Schlüsselqualifikationsdiskussion« wachsen Auflistungen von »Qualitätsanforderungen« ins Beliebige; sie werden ad hoc verlängert."

Qualifizierenden (BROER 2000, HÖLSCHER 2000), mit welcher Grundhaltung und welchem Selbstbewusstsein IntegrationsberaterInnen die Arbeit gestalten. BROER spricht in diesem Zusammenhang von Haltung und Ethos.

- Welches Menschenbild habe ich? Welche Grundüberzeugungen prägen mein Bild von Behinderung? Wie sehe ich behinderte Menschen und ihre Familien?
- Wie sehe ich Unternehmen?
- Wie sehe ich mich und meine Rolle als IntegrationsberaterIn? Welche Kompetenzen gestehe ich mir zu? Welches Leitbild meiner Arbeit habe ich?

Unterstützte Beschäftigung ist ein wertegeleiteter Ansatz, der auf der Grundüberzeugung des Rechtes auf Integration und der gleichberechtigten Teilhabe behinderter Menschen an allen Lebensbereichen der Gesellschaft beruht. Menschen mit Behinderung sollen selbst bestimmen können, wo und wie sie leben, wohnen und arbeiten wollen. Menschen mit Behinderungen werden als Menschen mit Fähigkeiten gesehen, ohne die realen Behinderungen und Hemmnisse zu verleugnen.

UnternehmerInnen werden nicht als Feind oder Problem, sondern als potenzielle PartnerInnen angesprochen. Unterstützte Beschäftigung und die Arbeit der/des IntegrationsberaterIn als kundenorientiertes und professionelles Dienstleistungsangebot für behinderte Menschen, Unternehmen und Kostenträger begriffen.

Die Grundhaltung bestimmt entscheidend, wie ich handle und zieht sich als wichtige Ressource durch viele Kompetenzen. Wenn ich beispielsweise nicht überzeugt bin, dass die unterstützte Bewerberin mit Behinderungen Fähigkeiten hat, werde ich keine/n ArbeitgeberIn überzeugen können.

Wenn ich meinen Auftrag der beruflichen Integration nicht als ehrenwertes und legitimes Anliegen begreife, sondern ich das Gefühl habe, eine „defekte Ware“ unters Volk zu bringen, wenn ich ArbeitgeberInnen als Feinde betrachte oder nicht von der Qualität und dem Nutzen meiner eigenen Dienstleistung überzeugt bin, werde ich wahrscheinlich keinen anhaltenden Erfolg bei meinen Bemühungen haben.

Kommt es also nur auf die richtige Einstellung an? Nein, so wie ich meine Grundhaltung gegenüber den beteiligten Systemen klären muss, gehören auch fundiertes Grundwissen aus den jeweiligen Bereichen zu den unverzichtbaren Ressourcen einer/eines IntegrationsberaterIn.

Sach-und Fachkompetenz

IntegrationsberaterInnen müssen beispielsweise Kenntnisse über Menschen mit Behinderung und ihre Lebenssituation haben. Dazu gehört der gesellschaftspolitische und geschichtliche Hintergrund von Behinderung, behinderungsspezifisches Grund- und Spezialwissen, die Kenntnis von typischen Problemen und möglicher Unterstützung. In der Regel wird ein Grundwissen über die relevanten Behinderungen und ihre Auswirkungen besonders am Arbeitsplatz ausreichen. Die für die jeweilige Integration erforderlichen detaillierteren Hinweise lassen sich oft viel besser am konkreten Einzelfall im Dialog mit der unterstützten Person mit Behinderung und den die Person unterstützenden Experten erfragen. Menschen mit Behinderung sollten als Experten für die eigene Behinderung und hilfreiche Unterstützungsmöglichkeiten ernst genommen werden, die/der IntegrationsberaterIn soll keine MedizinerIn oder TherapeutIn werden, wohl aber die entsprechenden Stellen in der Region kennen. Je nach unterstützter Zielgruppe sind jedoch auch Spezialkenntnisse erforderlich. So sollte eine IntegrationsberaterIn, die regelmäßig gehörlose Menschen unterstützt, möglichst Gebärdensprache können, wer regelmäßig blinde Menschen unterstützt, sollte sich mit blindentechnischen Arbeitshilfen auskennen etc.

IntegrationsberaterInnen sollten die Institutionen für Menschen mit Behinderungen, ihre Methoden und Verfahrensweisen sowie die rechtlichen Grundlagen kennen. Dazu gehört ein Überblick über

- das Rehabilitationsrecht und Rehabilitationssystem für behinderte Menschen in Deutschland,
- die entsprechenden Maßnahmen und Einrichtungen (zum Beispiel Berufsbildungswerke, Berufsförderungswerke, Werkstätten für Behinderte, Berufsvorbereitungsmaßnahmen etc.),
- die relevanten Vorschriften für die Integration behinderter Menschen zum Beispiel im Sozialgesetzbuch III, Schwerbehindertengesetz, BSHG und Arbeitsrecht,
- die Verwaltungsverfahren und Denkweisen der beteiligten Institutionen wie beispielsweise der Arbeitsvermittlung der Bundesanstalt für Arbeit oder der Hauptfürsorgestelle.

IntegrationsberaterInnen sollten betriebswirtschaftliches Grundwissen haben, aktuelle Entwicklungen in der Wirtschaft kennen und betriebliche Abläufe und Strukturen von Unternehmen nachvollziehen können. Sie sollten quasi „mit dem Kopf des Unternehmens denken können" (SCHARTMANN 2000).

Methodische Kompetenz

Mit der Gestaltung des Integrationsprozesses sind eine Reihe von spezifischen methodischen Kompetenzen verbunden so beispielsweise

- Planungskompetenz – individuelle Berufsplanungsprozesse zu gestalten, einen Eingliederungsplan gemeinsam mit der/dem behinderten BewerberIn zu entwickeln,
- Diagnostische Kompetenz – Kompetenzanalysen und Assessment durchzuführen und persönliche Kundenprofile und Fähigkeitsprofile zu erstellen,
- Akquisitionskompetenz – Praktikums- und Arbeitsplätze in Unternehmen auf unterschiedlichen Wegen zu akquirieren,
- Kompetenz zu betrieblichen Arbeitsplatzanalysen – betriebliche Anforderungsprofile und Arbeitsplatzanalysen zu erstellen,
- Coaching- und Anleitungskompetenz – behinderte Menschen und Kollegen in betrieblichem Umfeld zu coachen und zu qualifizieren,
- Assistenzkompetenz – Assistenz am Arbeitsplatz zu leisten,
- Kriseninterventionskompetenz,
- Kompetenz zur Gestaltung geeigneter Unterstützungsformen – individuelles Unterstützungsdesign, Entwicklung geeigneter Unterstützung, Aufbau regionaler Unterstützungsstrukturen, Organisationsentwicklung.

Hinzu kommen allgemeine wichtige methodische Kompetenzen wie

- Präsentations- und Moderationskompetenz – präsentieren und moderieren,
- Zeitmanagement – zeitliche Ressourcen effektiv einzusetzen,
- Infomanagement – Informationen effektiv weiterleiten und dokumentieren,
- Qualitätsmanagement – Qualitätssicherung und Qualitätsentwicklung der Arbeit,
- Projektmanagement – Projekte initiieren und durchführen zu können,
- Innovationsmanagement – Innovationspotenziale sichern, Lernprozesse institutionalisieren, systematisch Widerstände zu lokalisieren und – soweit möglich – durch flankierende Maßnahmen zu überwinden.

Soziale Kompetenz
(Menschen in Kommunikations– und Kooperationsprozessen)

Die wesentliche Kompetenz der/des IntegrationsberaterIn ist eine umfassende kommunikative Kompetenz. Sie/Er muss in unterschiedlichen Kontexten mit Menschen adäquat kommunizieren und Kontakte knüpfen können. Sie wird damit quasi zu einer interkulturellen Kompetenz, da sie/er zwischen den oft deutlich unterschiedlichen „Kulturen" vermittelt. Zu der erforderlichen kommunikativen Kompetenz gehört

- sich und andere wie auch das Anliegen präsentieren können (Marketingkompetenz),
- eine umfassende Beratungskompetenz,
- die Gesprächsführungskompetenz, Gespräche mit unterschiedlichsten Partnern führen zu können,
- die Verhandlungskompetenz, verhandeln, überzeugen, Interessen vertreten und Vereinbarungen treffen zu können,
- die Kompetenz Gruppen und entsprechende Prozesse moderieren zu können (Moderationskompetenz),
- Probleme lösen zu können (Problemlösungskompetenz) beziehungsweise den Beteiligten als unparteiischer Mediator bei der Lösung von Problemen zu helfen (Mediationskompetenz),
- vielfältige Rollen einnehmen zu können (Rollenkompetenz),
- Menschen miteinander in Kontakt zu bringen und Netzwerke zu bilden (Vernetzungskompetenz),
- dabei Schnittstellen zu überwinden (Schnittstellenkompetenz),
- und nicht zuletzt Veränderungsprozesse anzustoßen und zu begleiten (Veränderungskompetenz). IntegrationsberaterInnen sind immer auch AgentInnen des Wandels (Change-Agents). Dabei können die Veränderungsprozesse sowohl bezogen auf einen konkreten Einzelfall als auch auf das Unterstützungssystem in der Region angestoßen werden.

Reflexionskompentenz

Die Arbeit der/des IntegrationsberaterIn erfordert in hohem Maße Reflexionskompetenz. Dazu gehört zum Beispiel die Fähigkeit, Systeme, Situationen und Probleme zu analysieren und flexibel verschiedene Perspektiven einnehmen zu können. Dies ist die Voraussetzung, um Betriebe, BewerberInnen sowie Rehabilitationseinrichtungen und Verwaltungen zu verstehen und die jeweiligen Zusammenhänge und Systemlogiken zu erkennen.

Dazu gehört aber auch, immer wieder Abstand zu nehmen und vor allem die eigenen Rollen reflektieren zu können. Es ist das bewusste Wechselspiel von Nähe und Distanz. Aber auch das Erkennen (und Aushalten) von Widersprüchen, Ambivalenzen, professionsimmanenten Spannungen und Grenzen im Beratungskontext.

Wie hat bisher die Qualifizierung von MitarbeiterInnen in Integrationsfachdiensten stattgefunden?

In der Praxis fand die Qualifizierung von MitarbeiterInnen von Integrationsfachdiensten überwiegend durch „Learning by doing" statt, indem neue MitarbeiterInnen ins kalte Wasser gesprungen sind und durch „trial and error" ihre Erfahrungen gesammelt haben. Diese bis heute in einigen Diensten und Regionen verbreitete Praxis steht im Gegensatz zu den mittlerweile in zahlreichen Modellprojekten erworbenen Erfahrungen über einen professionellen Integrationsprozess.

Die ersten Versuche, diesen Missstand zu beheben, waren die Organisation von Austauschtreffen und thematischen Klausurtagen für IntegrationsberaterInnen sowie einzelne Fortbildungen zu bestimmten Themen wie zum Beispiel Arbeitsplatzakquisition, Telefonakquisition, Profilvergleichsverfahren, Projektarbeit, die von einzelnen Hauptfürsorgestellen durchgeführt wurden.

Zeitgleich entwickelte sich für andere Benachteiligtengruppen am Arbeitsmarkt (zum Beispiel langzeitarbeitslose SozialhilfeempfängerInnen, benachteiligte Jugendliche) ein ähnliches Vorgehen der passgenauen Vermittlung, das insbesondere durch Schulungen und Projekte der holländischen Firma Maatwerk beziehungsweise in Folge von MitarbeiterInnen dieser Firma, die sich als BeraterInnen und TrainerInnen selbstständig machten, übernommen wurde. Auch das im Rahmen der europäischen Gemeinschaftsinitiative Horizon geförderte Projekt Matchwork der GOAB in Offenbach qualifizierte beispielsweise ArbeitsvermittlerInnen für benachteiligte Personengruppen auf der Basis dieses Ansatzes. Die Schulungen umfassten meist eine Woche Basistraining zur Methode der passgenauen Vermittlung mit dem Angebot von weiterführendem Coaching der VermittlerInnen am Arbeitsplatz, was allerdings wegen der hohen Kosten nicht von allen TeilnehmerInnen in Anspruch genommen wurde.

Die Bundesarbeitsgemeinschaft für Unterstützte Beschäftigung (BAG UB), als der bundesweite Zusammenschluss von Integrationsfachdiensten, Initiativen, Behindertenorganisationen und engagierten Einzelpersonen in diesem Bereich, hat seit ihrer Gründung 1994 Seminare und eine jährliche bundesweite Tagung als Austauschforum angeboten. So fanden zum Beispiel eine Reihe von einzelnen Seminaren und Workshops zum Thema Arbeitsplatzakquisition, individuelle Berufsplanung und Job-Coaching statt. In den

Jahren 1996 und 1997 wurden außerdem jeweils ein einwöchiges Basisseminar zu Methoden und Praxis in Unterstützter Beschäftigung in Hamburg-Rissen veranstaltet. Ziel dieser ersten Seminare war es, die vorhandenen Erfahrungen von Projekten in Deutschland und den USA für PraktikerInnen zugänglich zu machen.

Internationale Ansätze der Qualifizierung und Fortbildung in Supported Employment

Die Einführung von Supported Employment in den USA seit 1986 wurde durch eine Reihe von Qualifizierungsangeboten auf unterschiedlichen Ebenen unterstützt. Eine besondere Rolle spielten dabei Universitäten, die im Rahmen ihrer Begleitforschung häufig auch die Unterstützung und Schulung (technical support & training) von Supported Employment Projekten übernahmen. Dies geschah sowohl durch spezielle methodische Workshops in der Region und die Aufnahme von entsprechenden Studienschwerpunkten in bestehende Masters-Studiengänge der Universitäten (zum Beispiel durch die bundesweite Forschungsstelle für Supported Employment (RRTC) an der Virginia Commonwealth University, das Specialised Training Center an der University of Oregon, das Institute of Community Inclusion am Childrens Hospital in Boston, das Institute on Disability and Community an der Indiana University). Die Virginia Commonwealth University hatte neben Training vor Ort schon früh bundesweite Fernstudienangebote entwickelt, zum Beispiel einen Fernkurs im bundesweiten Bildungssatellitenfernsehen (SetNet) beziehungsweise auf Video, einen interaktiven Kurs per CD-ROM oder neuerdings im Rahmen eines Zusammenschlusses der führenden Universitätsinstitute und Dachverbände im National Supported Employment Consortium einen Internet Online Kurs (Supported Employment Web Based Certificate Series). Der Online Kurs umfasst beispielsweise sechs Module, die jeweils in drei Wochen zu bearbeiten sind. Die Themen sind:

1. Behindertenpolitik auf Bundesebene und historische Entwicklung
2. Marketing von Organisationen und Arbeitsplatzentwicklung
3. Kundenprofile und Auswahl des Arbeitsplatzes
4. Training am Arbeitsplatz
5. langfristige Unterstützung
6. Finanzierung

Auf Bundesebene waren insbesondere die jährlichen Tagungen der Association of Persons in Supported Employment (APSE) mit jeweils über 100 Workshops und Vorträgen bedeutsam. Dadurch hat sich auch mittlerweile eine größere Szene von freien Trainern gebildet, die Schulung im Bereich

Supported Employment anbieten. Trotz der Bandbreite der Angebote ist die Schulung der im Vergleich zu Deutschland schlecht bezahlten und gering qualifizierten MitarbeiterInnen an der Basis (Job Coaches) in vielen Supported Employment Projekten nicht zufriedenstellend, während die LeiterInnen der Integrationsdienste besser bezahlt und qualifiziert sind und häufig über einen Studienabschluss verfügen. Ein Grund dafür ist neben der durch die schlechte Bezahlung oft hohen Fluktuation der Job Coaches auch, dass es keine bundesweit einheitlichen Anforderungen an die Qualifikation von Fachkräften in Supported Employment gibt. Ob solch eine einheitliche Qualifikation überhaupt sinnvoll sei, wird in den USA seit längerem kontrovers in der Szene diskutiert.

In Europa wurde von 1995-97 im Rahmen des HORIZON Programmes in Irland und Groß Britannien jeweils ein Diplom in Supported Employment als Fernstudienangebot in Kooperation mit entsprechenden Universitäten (Open Training College, University of Galway, Oxford University) angeboten.

Das englische „Diploma in Supported Employment“ wurde vom Cheshire Country Council entwickelt und zunächst von der Oxford University, dann der University of Cambridge zertifiziert. Es umfasste sowohl schriftliche Studienmaterialien als auch vier einwöchige Präsenzveranstaltungen sowie begleitete regionale Studiengruppen zu folgenden Themen:

1. Einführung (introduction)
2. Erstellung von beruflichen Fähigkeitsprofilen (vocational profiling)
3. Arbeitsplatzentwicklung (job development)
4. Unterstützungsstrategien (support strategies)
5. Marketing (marketing)
6. Entwicklung von Diensten und Dienstleistungen (service development)
7. Personalentwicklung (staff development)

Der irische Kurs „Diploma in Training and Education in Supported Employment“ wurde von der Irish Union of Supported Employment (IUSE) zusammen mit dem Open Training College angeboten und von der University of Galway zertifiziert. Im inhaltlichen Aufbau orientiert er sich am Integrationsprozess:

1. Unterstützte Beschäftigung – der Überblick (supported employment: the overview)
2. Planung – eine Person zur Zeit (planning: one person at a time)

3. Marketing – der Weg zur Beschäftigung (marketing: the path to employment)
4. Arbeitsfähigkeiten – Lernen am Arbeitsplatz (workskills: learning on the job)
5. Erhaltung des Arbeitsplatzes – weitergehende Unterstützung (maintenance – ongoing supports)
6. Implikationen – Veränderung managen (implications: management of change)

Zusätzlich konnten die Studierenden noch zwei weitere reguläre Kurse aus dem Fernstudienangebot der University of Galway belegen, um das Diplom der Universität zu bekommen. Die ergänzenden Themen waren:

7. Lernen – die Gruppe (learning: the group)
8. Qualifizierung – Kursgestaltung (Training: course design)

Das Studienkonzept umfasste neben interaktiven schriftlichen Studienmaterialien zu jedem Modul jeweils ein zweitägiges Praxisseminar, Studiengruppen, Tutorien, schriftliche Studienaufgaben, die prozesshafte Begleitung von zwei Menschen mit Behinderungen, ein einwöchiges Praktikum und ein Abschlussprojekt.

Beide Kursangebote dienten als Vorbild für die Entwicklung von entsprechenden Angeboten in anderen Ländern (Portugal, Spanien, Finnland, Norwegen, Deutschland). In Norwegen setzte man beispielsweise bei der modellhaften Einführung von Supported Employment auf eine flächendeckende Qualifizierung und Begleitung aller neuen IntegrationsberaterInnen, was als eine Erfolgskomponente des Modellprojektes angesehen wurde. Die weiter unten vorgestellte berufsbegleitende Qualifizierung in Unterstützter Beschäftigung für IntegrationsberaterInnen der BAG UB orientiert sich in der Studienkonzeption und dem Aufbau der Kursthemen an dem Studienangebot in Irland. Die konkreten Kursinhalte mussten jedoch für Deutschland weitestgehend neu erarbeitet werden.

Berufsbegleitende Qualifizierungsangebote für IntegrationsberaterInnen in Deutschland

Die Entwicklung eines umfassenderen Qualifizierungsangebotes für IntegrationsberaterInnen begann in Deutschland 1997 unabhängig voneinander mit einem Auftrag der Hauptfürsorgestelle Baden an die Unternehmensberatung Lüders & Partner zur Entwicklung einer Qualifizierung für IntegrationsberaterInnen mit dem Schwerpunkt systemische Beratung und der Entwicklung einer berufsbegleitenden Qualifizierung in Unterstützter Beschäftigung für IntegrationsberaterInnen im Rahmen des europäischen Projektes „Unterstützte Beschäftigung 2000“ (1997-2000) durch die BAG UB.

Zusatzqualifikation "ProzessberaterIn für Integration"

Die Zusatzqualifikation „ProzessberaterIn für Integration“ wurde zunächst von der Unternehmensberatung Lüders Partner GmbH durchgeführt und dann von denselben Mitarbeitern bei der Firma Synnecta GmbH weitergeführt. Es haben bisher drei Durchgänge der Qualifizierung stattgefunden. Das Angebot der Qualifizierung besteht aus acht (früher zehn) dreitägigen Seminaren, selbst organisierten Studiengruppen (Peer-Groups) und einer begleitenden Projektarbeit. Der Aufbau der Qualifizierung besteht jetzt aus sieben inhaltlichen Bausteinen sowie einem Abschlussforum mit folgenden Themenbereichen (SYNNECTA 2000):

1. Grundlagen: Person, Rolle, Gruppe, Prozess

Wahrnehmung von Rollenanforderungen und Rollenkonflikten. Rollenselbstverständnis. Erfolgreiches Handeln in gruppendynamischen Konstellationen. Grundlagen integrativer Beratungskonzepte. Reflexion der eigenen Beratungstätigkeit und ihrer Entwicklungsmöglichkeiten.

2. Projektmanagement

Verfahren der Problemanalyse und -lösung. Techniken der Projektdefinition, -planung und -realisation. Grundlagen des Projektmanagements. Umgang mit sachrationalen und psychosozialen Schwierigkeiten in Projekten. Konkretisierung und Systematisierung eigener Projektthemen, die während der Ausbildung durchgeführt werden.

3. Systemische Konzepte

Systemische Konzepte erster und zweiter Ordnung in der Beratung von KlientInnen, Betrieben und Betreuungssystemen. Person, Organisation und Umwelt als systemisches Abstimmungsgefüge. Veränderungsimpulse in komplexen Systemen. Systemische Techniken und Interventionsmöglichkeiten. Fallanalysen und Projektsupervision.

4. Argumentieren und Akquirieren

Wie verkaufe ich meine Dienstleistung? Strategien der Akquise und Präsentation in Organisationen und Betrieben. Modelle für Kundenbeziehungen. Verhaltenscodes in Unternehmen. Dialogorientierte Argumentationsmodelle. Persönlicher Ausdruck und Akquisitionsstil.

5. Betriebswirtschaftliches Denken und soziales Handeln

Grundsätze betriebswirtschaftlichen Denkens. Merkmale der Situation in der Gesamtwirtschaft und in einzelnen Organisationen. Ökonomische Trends und Entwicklungen. Ebenen und Formen von Organisationen.

Merkmale von Aufbau- und Ablauforganisation. Sachrationale und psychosoziale Managementfunktionen. Grundsätze des Marketings.

6. Konflikt und Kooperation

Wahrnehmung von Konflikten, Konfliktstilen und -dynamiken. Interventionsformen in der Beratung, dialektische Konfliktlösung, Konfrontation und Moderation. Vorder- und Hintergrund des Handelns im Prozess der Integration. Strategien der Kooperation und Methoden der Struktur- und Fallanalyse.

7. Rechtsfragen

Management administrativer Vorgänge, Überblick über Inhalte und Systematik des Sozialverwaltungsrechts, beruflicher Maßnahmen und Förderleistungen. Im Mittelpunkt stehen praktische Rechtsfälle aus der Arbeit der FachberaterInnen.

8. Abschlussforum

Präsentation und Auswertung der Projekte in einem selbstorganisierten Rahmen. Veränderungspotenziale in der Integrationsarbeit. Ideenbörse, Austausch, Beginn neuer Kooperationen. Resümeegespräche: Rückblick und Ausblick.

Berufsbegeleitende Qualifizierung in Unterstützter Beschäftigung für IntegrationsberaterInnen

Die Bundesarbeitsgemeinschaft für Unterstützte Beschäftigung (BAG UB) hat als Dachverband in diesem Bereich im Rahmen des europäischen Projektes „Unterstützte Beschäftigung 2000" seit Anfang 1998 eine berufsbegleitende Qualifizierung in Unterstützter Beschäftigung für IntegrationsberaterInnen entwickelt, auf die im folgenden beispielhaft näher eingegangen werden soll.

Das Projekt „Unterstützte Beschäftigung 2000" wird vom 1.1.1998 bis zum 31.12.2000 gefördert durch das Bundesministerium für Arbeit und Sozialordnung im Rahmen des HORIZON Programmes der Gemeinschaftsinitiative Beschäftigung der Europäischen Union, der Bundesanstalt für Arbeit und des Bayrischen Staatsministeriums für Arbeit und Sozialordnung, Familie, Frauen und Gesundheit. Eine der Hauptaufgaben des Projektes ist neben der bundesweiten Informations- und Vernetzungsarbeit in diesem Bereich die Entwicklung und Durchführung einer berufsbegleitenden Qualifizierung für IntegrationsberaterInnen.

Die berufsbegleitende Qualifizierungsmaßnahme in Unterstützter Beschäftigung wird in Form eines bundesweiten Fernstudiums angeboten. Die Qualifizierung läuft über 16 Monate und besteht aus acht Kursmodulen, die in ein Abschlussprojekt und ein Abschlusskolloquium münden. Zu jedem Kursmodul gibt es umfangreiches Studienmaterial mit praktischen Anregungen und Aufgaben sowie ein dreitägiges Kompaktseminar. Der thematische Aufbau des Kurses folgt dabei im Kernbereich dem beruflichen Integrationsprozess. Jede/Jeder TeilnehmerIn begleitet im Laufe der Qualifizierung zwei ArbeitnehmerInnen mit Behinderung exemplarisch durch den Integrationsprozess.

Die Grundkonzeption der berufsbegleitenden Qualifizierung orientiert sich an dem Diploma in Supported Employment, das in Irland von der Irish Union of Supported Employment und dem Open Training College entwickelt wurde. Die Inhalte der Module wurde vom Projektteam unter Einbeziehung vieler verschiedener ExpertInnen und PraktikerInnen aus den Integrationsfachdiensten bezogen auf die Situation in Deutschland neu gestaltet.

Der erste Durchgang der berufsbegleitenden Qualifizierung lief mit 24 TeilnehmerInnen von August 1998 bis zum Dezember 1999. Der zweite Durchgang mit 20 TeilnehmerInnen begann im August 1999 und endete im Dezember 2000. Die TeilnehmerInnen kommen aus Integrationsfachdiensten, Vermittlungsdiensten von Werkstätten für Behinderte (WfB) und Berufsbildungs- und Berufsförderungswerken (BBW/ BFW) aus dem ganzen Bundesgebiet.

Die TeilnehmerInnen sind überwiegend SozialpädagogInnen teils mit einer vorherigen Berufsausbildung, aber auch GruppenleiterInnen oder AusbilderInnen mit einer handwerklichen oder kaufmännischen Berufsausbildung, ErgotherapeutInnen sowie jeweils ein Betriebswirt. In beiden Kursen sind auch IntegrationsberaterInnen mit Behinderungen vertreten. Es sind sowohl BerufsanfängerInnen als auch KollegInnen mit bis zu neun Jahren Berufserfahrung in diesem Bereich vertreten. Diese Heterogenität der Lerngruppe mit der enormen Vielfalt an täglicher praktischer Erfahrung, unterschiedlichen Diensten und Einrichtungen ist eine gute Ressource für den inhaltlichen Austausch in der Gruppe. Kennzeichnend ist auch die hohe Motivation und die große Bereitschaft, die eigene berufliche Praxis zu reflektieren und weiterzuentwickeln.

Kursinhalte

Die einzelnen Kursmodule folgen in ihrem inhaltlichen Aufbau im Kern dem beruflichen Integrationsprozess, wobei in den verschiedenen Modulen jeweils bewusst unterschiedliche Perspektiven eingenommen werden. In jedem Modul werden dabei sowohl die Grundhaltungen und verschiedenen Rollen der/des IntegrationsberaterIn reflektiert als auch relevante Kenntnisse praxisnah vermittelt und methodische Ansätze erprobt.

Modul 1: Unterstützte Beschäftigung – Überblick und Philosophie

So beschäftigt sich Modul 1 schwerpunktmäßig mit der sozialen Welt von Menschen mit Behinderungen, den Einrichtungen und Diensten der beruflichen Integration und der Entwicklung von Unterstützter Beschäftigung (Ausgangssituation von Menschen mit Behinderung, Menschenbild, Arbeit und Arbeitslosigkeit, Entwicklung des Systems beruflicher Rehabilitation, Paradigmenwechsel, Prinzipien und methodischer Überblick des Prozesses von Unterstützter Beschäftigung, die verschiedenen Rollen der/des IntegrationsberaterIn).

1) Überblick über den Kurs
2) Hilfen zum Studium des Kurses
3) Entwicklung von Unterstützter Beschäftigung
4) Paradigmenwechsel in der Behindertenhilfe
5) Prinzipien von Unterstützter Beschäftigung
6) Prozess der Unterstützten Beschäftigung
7) Die verschiedenen Rollen der IntegrationsberaterInnen im Prozess der beruflichen Integration

Modul 2: Förderungsrecht und Rehabilitation in Deutschland – Die Grundkenntnisse

Im Modul 2 steht die Verwaltungswelt mit den entsprechenden Gesetzen und Verordnungen, Verfahren und Kooperationsbeziehungen im Blickpunkt.

1) Das System der beruflichen Rehabilitation
2) Schwerbehindertengesetz
3) Arbeitsförderung
4) Eingliederungshilfe
5) Grundlagen des Arbeitsrechtes
6) Kooperationsbeziehungen im Geflecht der beruflichen Rehabilitation

Modul 3: Individuelle Berufsplanung – Jede BewerberIn ist einmalig

Im Modul 3 liegt der Fokus auf der/dem arbeitsuchenden behinderten KundIn und beginnt der Integrationsprozess mit der Kontaktaufnahme und der gemeinsamen individuellen Berufsplanung mit der Abklärung und Erstellung eines Fähigkeitsprofils.

1) Kundenorientierte Beratungs- und Dienstleistungsangebote
2) Berufsorientierungs- und Berufswahlprozesse

3) Übergang Schule – Beruf
4) Persönliche Zukunftsplanung – Methoden und Praxis
5) Erstellung von Kundenprofilen – Erkundung von Fähigkeiten
6) Organisation von unterstützenden Gruppenangeboten
7) Die Rolle der BeraterInnen
8) Selbstverständnis
9) Case-Management – Vernetzung im Einzelfall
10) Moderation und Problemlösung

Modul 4: Marketing und Arbeitsplatzakquisition – Der Weg zur Beschäftigung

Im Modul 4 liegt der Blickpunkt auf Unternehmen als Arbeitgeber und die Frage, wie systematisch Arbeitsplätze erschlossen werden können. Neben praktischen Übungen (Telefonieren, Gespräche mit ArbeitgeberInnen) werden beispielsweise Anregungen für die Erarbeitung eines Marketingplanes für den Integrationsfachdienst gegeben.

1) Marketing in Unterstützter Beschäftigung
2) Das Positionieren des Dienstes in der Öffentlichkeit
   - Corporate Identity
   - gezielte Öffentlichkeitsarbeit
3) Der Arbeitsmarkt
   - Situation und Trends
   - Erkundung des regionalen Arbeitsmarktes
4) Bedenken und Motivation von Arbeitgebern
5) Strategien der Arbeitsplatzakquisition
6) Präsentation von BewerberInnen
7) Handlungskompetenzen der IntegrationsberaterInnen:
   - eigene Grundhaltung im Kontakt mit Betrieben
   - Umgang mit Vorbehalten
   - Präsentieren, Telefonieren, Verhandeln mit Arbeitgebern

Modul 5: Beratung von Betrieben – Betriebswirtschaftliches Denken und Arbeitsplatzanalyse

Im Modul 5 geht es darum, betriebswirtschaftliches Denken und die innere Logik von Betrieben verstehen zu können. Dieses Modul ist von einem Betriebswirtschaftler geschrieben worden und das Seminar wird von einer Unternehmensberaterin durchgeführt. Es geht darum, die Brücke zwischen der sozialen und betrieblichen Welt schlagen zu können und dabei Unterschiede, aber auch Anknüpfungspunkte zu erkennen. Dazu werden beispielsweise Methoden der professionellen Unternehmensberatung vorgestellt und erprobt.

1) Betriebswirtschaftliche Grundkenntnisse
   - Betriebswirtschaftliche Grundhaltungen
   - Personalentwicklungskonzepte
   - Arbeitsorganisation
   - Leistungsmessung
2) Arbeitsplatzanalyse
   - Erkundung der Kultur des Betriebes
   - Arbeitsplatzanforderungen
   - (Er)findung und Entwicklung von Arbeitsplätzen im Betrieb
3) Rolle der IntegrationsberaterInnen:
   - Personalberatung und Personaldienstleistung

Modul 6: Qualifizierung – Lernen am Arbeitsplatz

Im Modul 6 steht die direkte Unterstützung des betrieblichen Integrationsprozesses im Vordergrund. Die Stärke des Ansatzes der Unterstützten Beschäftigung ist die betriebliche Nähe. Die direkte Unterstützung der betrieblichen Lern- und Qualifizierungsprozesse, das Coaching der/des behinderten ArbeitnehmerIn und die Unterstützung des betrieblichen Umfeldes während der Einarbeitungsphase sind Themen dieses Moduls.

1) Lern- und Lehrwege
2) Aufgaben- und Tätigkeitsanalyse
3) Strategien und Methoden der Qualifizierung
   - Förderung von Arbeitsfähigkeiten, sozialen Kompetenzen und Schlüsselqualifikationen
   - Planung und Entwicklung geeigneter Unterstützungsstrategien
   - Arbeitsplatz und -anforderungen modifizieren
   - Entwicklung von Hilfsmitteln und Einsatz technischer Hilfen
   - Förderung der kollegialen Unterstützung am Arbeitsplatz
4) Rolle der IntegrationsberaterInnen im betrieblichen Qualifizierungsprozess

Modul 7: Erhalt des Arbeitsplatzes – Weitergehende Unterstützung und Krisenintervention

Im Modul 7 liegt der Schwerpunkt der notwendigen Unterstützung der/des behinderten ArbeitnehmerIn, des Unternehmens und des Umfeldes, um den Arbeitsplatz dauerhaft zu erhalten und berufliche Weiterentwicklung zu fördern.

1) Ausblenden der Arbeitsassistenz
2) Langfristige Unterstützung der ArbeitnehmerInnen
3) Ausweitung der Arbeitsaufgaben und -verantwortung
4) Umgang mit Kündigungen
5) Unterstützung der ArbeitnehmerInnen von außen
6) Arbeit im Spannungsfeld von Wohnen, Freizeit und Partnerschaft
7) Förderung der beruflichen Weiterentwicklung der unterstützten ArbeitnehmerInnen, Karriereplanung
8) Rolle der IntegrationsberaterInnen
   - Pflege der Kontakte zu Betrieben
   - Arbeitsassistenz
   - Krisenintervention
   - Ablösungsprozess: Verabschieden, Abgabe von Verantwortung, Delegation von Aufgaben

Modul 8: Qualitätssicherung, Projektarbeit und Organisationsentwicklung – Lernende Organisationen

Im Modul 8 gerät der Integrationsfachdienst ins Blickfeld. Wie kann die Dienstleistung im Dialog mit den verschiedenen Kundengruppen (Menschen mit Behinderungen, Unternehmen, Kostenträger) profiliert und weiterentwickelt werden? Welche Qualitätsstandards sollen für die Arbeit des Dienstes gelten und wie werden sie überprüft? Welche Bereiche sollten (als Konsequenz des Kurses) in nächster Zeit verbessert werden? Wie ist die permanente Weiterentwicklung des Dienstes sichergestellt?

1) Qualitätsmanagement
2) Projektarbeit
3) Organisationsentwicklung
4) Umstrukturierung von Institutionen
   - Veränderung von Rollenbeschreibungen
   - Umgang mit Widerständen
   - Weiterentwicklung von Unterstützter Beschäftigung

Dieser inhaltliche Bogen hat sich nach unserer Einschätzung bewährt. Unter der Mitarbeit von vielen Fachleuten und PraktikerInnen haben wir den Versuch gemacht, so etwas wie die „beste Praxis" in Integrationsfachdiensten zu beschreiben und vielfältige Anregungen zusammenzutragen. Wir verstehen dies als kontinuierlichen Entwicklungsprozess. Die Studienmaterialien sind deshalb im Laserdruck erstellt worden und können jederzeit verändert werden. So sind beispielsweise im Hinblick auf die erweiterte Zielgruppe von Integrationsfachdiensten im Rahmen der gesetzlichen Neuregelung das Spannungsfeld von behinderungsübergreifender und behinderungsspezifischer Unterstützung noch stärker auszuarbeiten oder die neuen gesetzlichen Regelungen und Vereinbarungen aufzunehmen.

Wir wollen dies zusammen mit der Fernuniversität Hagen und einem fachlichen Beirat mit allen Beteiligten in den nächsten Jahren weiterentwickeln.

Studienelemente

Der organisatorische und konzeptionelle Rahmen der berufsbegleitenden Qualifizierung hat sich nach Einschätzung aller Beteiligten sehr bewährt. Die berufsbegleitende Qualifizierung besteht aus folgenden methodischen Komponenten:

Das Studienmaterial

Zu jedem Kursmodul gibt es umfangreiche schriftliche Studienmaterialien, die praxisnah in das jeweilige Thema einführen. Sie sind als interaktive Lernmaterialien konzipiert und enthalten Fallbeispiele, praktische Arbeitsmaterialien, weiterführende Hinweise, vertiefende Literatur sowie Reflexions- und Praxisaufgaben. Die schriftlichen Studienmaterialien wurden von den TeilnehmerInnen als sehr wertvolles Lern- und Arbeitsmaterial für die berufsbegleitende Qualifizierung als IntegrationsberaterIn sowie als Ideengeber und bleibendes Nachschlagewerk für ihre berufliche Praxis eingestuft.

Praxis- und Arbeitsaufgaben

Zu jedem Modul gibt es eine schriftliche Praxis- oder Arbeitsaufgabe, die auf die Anwendung und Übertragung der Modulinhalte in die konkrete berufliche Praxis zielt.

Eigene Fallarbeit

Im Laufe der Qualifizierung soll jede/jeder TeilnehmerIn zwei Menschen mit Behinderung auf den allgemeinen Arbeitsmarkt vermitteln und durch die gesamten Phasen des Integrationsprozesses begleiten. Exemplarisch sollen hierbei die Inhalte der Qualifizierung umgesetzt und der jeweilige Prozess sowie die Arbeitsweise dokumentiert und reflektiert werden. In den

Kompaktseminaren gibt es außerdem regelmäßig eine Einheit, in der die praktische Fallarbeit mit KollegInnen besprochen wird.

Praxisseminare

Zu jedem Modul findet ein dreitägiges Kompaktseminar statt. Diese Seminare dienen der inhaltlichen Vertiefung und der praktischen Übung der Modulinhalte. Wichtige Funktion der Seminare ist darüber hinaus der fachliche Austausch, die Reflexion der praktischen Arbeit und die Auseinandersetzung mit der eigenen Rolle als IntegrationsberaterIn. Die Seminare finden jeweils von Donnerstag bis Samstag statt und bilden neben den schriftlichen Studienmaterialien das unverzichtbare Kernstück der Qualifizierung.

Regionale Studiengruppen

Zwischen den Kompaktseminaren finden selbst organisierte Treffen in regionalen Studiengruppen statt. Sie bieten den TeilnehmerInnen untereinander die Möglichkeit, die Kursinhalte und Praxisaufgaben gemeinsam zu reflektieren, die Arbeit der anderen TeilnehmerInnen teilweise vor Ort kennenzulernen und kollegiale Beratung bei Problemfällen in der Praxis zu leisten. Die regionalen Studiengruppen erhalten zu jedem Modul Diskussionsanregungen beziehungsweise vorbereitende Aufgaben für das nächste Praxisseminar. Die Studiengruppen bilden neben den Kompaktseminaren die soziale Komponente der Qualifizierung.

Tutoren, kontinuierliche Seminarbegleitung

Als wichtige Komponente hat sich eine kontinuierliche Seminarbegleitung durch die ganze berufsbegleitende Qualifizierung erwiesen. Die ReferentInnen und Inhalte können so optimal aufeinander abgestimmt werden. Die TeilnehmerInnen erhalten durch den gesamten Prozess eine kontinuierliche Begleitung, die sie als TutorIn bei den Praxisaufgaben unterstützt und Rückmeldung gibt, auf den Seminaren und im Rahmen einer telefonischen Hotline bei Fragen und Problemen zur Verfügung steht.

Sinnvoll wäre es in Zukunft, wie bei anderen Schulungskonzepten (zum Beispiel Maatwerk) üblich, auch direktes Coaching der MitarbeiterInnen am Arbeitsplatz anbieten zu können. Wir hatten dies im Rahmen des Modellprojektes geplant, konnten es aber aufgrund der begrenzten Kapazitäten nicht anbieten.

Praktikum

Die TeilnehmerInnen machen im Rahmen der Qualifizierung ein einwöchiges Praktikum in einem anderen Integrationsfachdienst in Deutschland oder einem entsprechenden Supported Employment Projekt im Ausland, um eine andere Praxis kennenzulernen.

Abschlussprojekt und Kolloquium

Die Qualifizierung mündet in ein Abschlussprojekt, das der inhaltlichen Weiterentwicklung der eigenen Arbeit dienen soll. Das Abschlussprojekt hat sich aus Sicht der TeilnehmerInnen sehr gelohnt, da es die Möglichkeit bot, das in der Qualifizierung Gelernte noch einmal persönlich auf den Punkt zu bringen und in einem für die eigene Praxis relevanten Bereich umzusetzen und weiterzudenken.

Die Qualifizierung endet mit einem abschließenden Kolloquium.

Zertifikat

Die erfolgreiche Teilnahme an der Qualifizierung wird durch die Teilnahme an den Praxisseminaren, die schriftliche Bearbeitung der Praxis- und Arbeitsaufgaben, das Abschlussprojekt und das abschließende Kolloquium nachgewiesen. Die TeilnehmerInnen erhalten bei erfolgreicher Teilnahme ein Zertifikat der Bundesarbeitsgemeinschaft für Unterstützte Beschäftigung. Eine Kooperation und gemeinsame Zertifizierung mit der Fernuniversität Hagen ist geplant.

Unterstützung durch den/die ArbeitgeberInnen

Für die berufsbegleitende Qualifizierung hat sich eine schriftliche Erklärung der/des ArbeitgeberIn als sinnvoll erwiesen, in der die Unterstützung und Freistellung für das Studium der Kursmaterialien, insbesondere für die Fallarbeit, die Praxisaufgaben und das Abschlussprojekt sowie die Teilnahme an den Kompaktseminaren und dem Praktikum zugesagt wird.

Unsere Erfahrungen – Was hat sich bewährt?

Bewährt hat sich nach unserer Einschätzung und den Rückmeldungen der TeilnehmerInnen

- das Grundkonzept einer berufsbegleitenden, praxisnahen Qualifizierung
- die Kombination von schriftlichen Studienmaterialien und Praxisseminaren
- der inhaltliche Aufbau mit der Orientierung am Verlauf des Integrationsprozesses und den verschiedenen Blickwinkeln
- die praktische Fallarbeit
- die kontinuierliche Seminarbegleitung
- das Abschlussprojekt
- die bundesweite und gemischte Zusammensetzung der Teilnehmergruppe aus verschiedenen Institutionen (IFD, WfB, BBW, BFW)

Die berufsbegleitende Qualifizierung hat nach übereinstimmender Rückmeldung der TeilnehmerInnen bewirkt, dass sie

- ihre Grundeinstellung und Haltung gegenüber Menschen mit Behinderungen und ihrer Aufgabe neu durchdacht haben,
- sich in ihrer fachlichen Kompetenz, Selbstbewusstsein und Identifikation mit ihrer Aufgabe gestärkt sehen,
- einen guten Gesamtüberblick über das System der beruflichen Rehabilitation, das methodische Vorgehen in Unterstützter Beschäftigung und entsprechenden Projekten bekommen haben,
- ein fundiertes Fachwissen für ihr Arbeitsgebiet erworben haben,
- viele konkrete Ideen und Verbesserungen in ihrer Praxis direkt umsetzen konnten und so die Qualität ihrer Arbeit verbessert haben,
- auf dem aktuellen Stand der Fachdiskussion sind,
- und ein gutes bundesweites Netzwerk entwickelt haben.

Die Entwicklung der berufsbegleitenden Qualifizierung war in den letzten drei Projektjahren ein Kraftakt an dem neben der für die weitere Durchführung der Qualifizierung zuständigen Mitarbeiterin Susanne Putzke, das gesamte BAG UB Projektteam, viele engagierte ReferentInnen, ModulautorInnen und kritischen LeserInnen und zwei motivierte TeilnehmerInnengruppen beteiligt waren. Die Rückmeldungen der TeilnehmerInnen bestärken uns, dass es Sinn macht, diesen Weg weiterzugehen.

Zukünftige Entwicklung

Die berufsbegleitende Qualifizierung soll auch nach Abschluss des Projektes weiter angeboten, ausgebaut und weiterentwickelt werden. Wir planen eine Kooperation mit der Fernuniversität Hagen. Diese Kooperation beinhaltet:

- Wissenschaftliche Begleitung und kontinuierliche Weiterentwicklung der berufsbegleitenden Qualifizierung für IntegrationsberaterInnen
- Beitrag zur Professionalisierung von Integrationsberatung
- Zusätzliches Modul „Grundlagen der Förderung und Beratung" (Studienmaterial, Einsendeaufgabe, Abschlussprüfung)
- Zertifizierung der Qualifikationsmaßnahme als weiterbildendes Studium nach § 90 Hochschulgesetz NRW

- Anerkennung als Studienleistung in der strukturierten Weiterbildung beziehungsweise im Magisterstudiengang der Fernuniversität (Lehrgebiet Heil- und Sonderpädagogik)

Ziel ist es, gemeinsam einen Beitrag zur Professionalisierung und Weiterentwicklung des Bereiches beizutragen und die Anerkennung dieses neuen Bereiches zu fördern.

Es wird in Zukunft auch darauf ankommen, die entsprechenden Kenntnisse und Methoden bereits in grundständige Ausbildungs- und Studiengänge auf verschiedenen Ebenen einfließen zu lassen (zum Beispiel als Studienschwerpunkte in das Studium der Sozialpädagogik, Berufspädagogik- oder Behindertenpädagogik, in die Ausbildung der zukünftigen Fachkräfte für Arbeit und Beschäftigung (FAB) in der WfB oder in der Ergotherapeutenausbildung).

Im Rahmen des neuen zielgruppenübergreifenden europäischen Programmes EQUAL, indem die berufliche Integration von allen Benachteiligtengruppen (benachteiligte Jugendliche, Frauen, Migranten, behinderte Menschen) gefördert werden soll, könnte mit entsprechenden Partnern auch zusammengetragen werden, welche methodischen Ansätze sich im jeweiligen Bereich bisher bewährt haben. In Norwegen wird beispielsweise zur Zeit mit großem Erfolg Unterstützte Beschäftigung als berufliches Integrationskonzept für straffällig gewordene Jugendliche angeboten.

Meiner Ansicht nach gibt es viele methodische Elemente (individuelle Berufsplanung, individuelle Arbeitsplatzakquisition, betriebsnahe Qualifizierung, Coaching im Betrieb nach der Arbeitsaufnahme), die sich zielgruppenübergreifend bewährt haben, während bestimmte Elemente zielgruppenspezifisch sind (Situation der Zielgruppe, Umfeld, Netzwerk der beteiligten Institutionen, gesetzliche Regelungen, spezieller Unterstützungsbedarf). Wenn dies einmal systematisch aufgearbeitet wird, könnten sowohl völlig neue modulare Aus- und Fortbildungskonzepte für Integrationsberatung sowie eine neue Theorie und Praxis der Vermittlung, Qualifizierung und Begleitung von benachteiligten Personen am Arbeitsmarkt entstehen.

Fazit

IntegrationsberaterInnen brauchen spezielle und qualifizierte Aus- und Fortbildungsmöglichkeiten, da es sich um ein neues, interdisziplinäres und komplexes Arbeitsfeld handelt, das von keiner bestehenden Berufsausbildung abgedeckt wird. Einzelne Seminare und Crashkurse (ein bis zwei Wochen am Anfang) können eine erste Einführung sein, ersetzen aber eine entsprechende berufsbegleitende Zusatzqualifikation nicht. Die berufsbegleitende Qualifizierung für IntegrationsberaterInnen bietet durch das Fernstudienkonzept die Möglichkeit, sowohl bundesweit als auch regional entsprechende Qualifizierungsmaßnahmen für IntegrationsberaterInnen durchzuführen und zum Beispiel die Einarbeitung von IntegrationsberaterInnen in Integrationsfachdiensten prozessbezogen zu begleiten. Die bestehenden Qualifizierungs- und Fortbildungsangebote für IntegrationsberaterInnen müssen in den nächsten Jahren gemeinsam weiterentwickelt werden und finanzielle Ressourcen für Aus- und Fortbildung bereitgestellt werden. Unsere Erfahrungen zeigen, dass sich diese Investition lohnt.

Literatur

BOTERF, G. LE: Die Wirksamkeit von Bildungsmaßnahmen evaluieren: Die Grundfragen. In: Schweizerische Zentralstelle für die Weiterbildung der Mittelschullehrerpersonen – WZB (Hrsg.) Sonderpublikation 3 Kompetenzen. Luzern 1998, 21–26.

BROER, W.: Arbeitsvermittlung von behinderten Menschen in den Arbeitsmarkt. impulse – Informationsblatt der BAG Unterstützte Beschäftigung, H. 16. Hamburg 2000

FAULSTICH, P.: Kompetenzentwicklung – Begriffs– und Erfassungsprobleme. Grundlagen zur Weiterbildung, Nr. 8 1997, 229

HÖLSCHER, St.: Zusatzausbildung: ProzessberaterIn für Integration. Erfahrungen und Reflexionen aus Sicht des Anbieters. impulse – Informationsblatt der BAG Unterstützte Beschäftigung, H. 16. Hamburg 2000.

SCHARTMANN, D.: Über die Qualifizierung von IntegrationsbegleiterInnen. impulse – Informationsblatt der BAG Unterstützte Beschäftigung, H. 16. Hamburg 2000.

SYNNECTA GmbH: Prozessberater/in für Integration – eine Zusatzausbildung für Integrationsberater/innen in berufsbegleitenden Diensten. Seminarausschreibung Mai 2000.

Teil 3:

Individualisierung und Flexibilisierung in Institutionen der schulischen und beruflichen Bildung

Peter Appelhans und Willi Düe

Schulische Vorbereitung auf Ausbildung und Beruf für junge Menschen mit Sehschädigung in Schleswig-Holstein

Konzept der schulischen Vorbereitung

Schulische Vorbereitung auf den Übergang von der Schule in das Arbeitsleben und in den Beruf ist ein Postulat, das in der Blinden- und Sehbehindertenpädagogik eine lange Tradition hat. Wer die Diskussion der letzten zwei Jahrzehnte verfolgt hat, hört immer wieder Stimmen, insbesondere aus Einrichtungen der Berufsbildung, dass die allgemeinbildenden Schulen den Übergang in die Berufsausbildung unzulänglich vorbereiten. Weder würden zureichende Fertigkeiten in der Muttersprache und in der Mathematik vermittelt, noch werde den Schülerinnen und Schülern ein angemessenes Bild von der Berufswelt nahegebracht.

In der Tat ist zu fragen, was die allgemeinbildende Schule, in unserem Fall in der Regel die Sonderschule für Blinde und/oder Sehbehinderte, zur Vorbereitung auf die Berufs- und Arbeitswelt zu leisten imstande ist. An der 1983 gegründeten Staatlichen Schule für Sehbehinderte in Schleswig (seit 1993 Staatliche Schule für Sehgeschädigte) war von Anfang an bei den Lehrkräften ein Bewusstsein dafür vorhanden, dass das Ziel blinden- und sehbehindertenpädagogischer Arbeit keineswegs nur ein den individuellen Möglichkeiten entsprechender Schulabschluss sein kann. Vielmehr war deutlich, dass die Unterstützung bei der Eingliederung der jungen Menschen mit Sehschädigung in die Berufs- und Arbeitswelt ausdrücklich zum Aufgabenfeld einer Schule gehöre, die Mitverantwortung für die Entwicklung von Kindern, Jugendlichen und jungen Erwachsenen mit Sehschädigung trägt. Waren diese jungen Menschen doch aufgrund ihrer Lebens- und Schulsituation und der Art und des Grades der Sehschädigung Teil der Population, die beim Übergang von der Schule ins Arbeitsleben gravierenden Schwierigkeiten zu erwarten hat.

Dass die Schule für Sehbehinderte sich in der Pflicht sah, den Übergang sehbehinderter und blinder junger Menschen des Landes Schleswig-Holstein von der Schule in die Arbeitswelt zu begleiten, ergibt sich aus ihrem Gesamtauftrag. Sie war von vornherein als eine Einrichtung konzipiert, die als ein überregionales Förderzentrum mobile Unterstützung und Beratung anbietet. Die jungen Menschen mit Sehschädigung besuchen die zuständige allgemein- oder berufsbildende Schule an ihrem Wohnort. Die Unterstützung umfasst

- die Beratung der Kinder, Jugendlichen oder jungen Erwachsenen mit Sehschädigung und der Personen ihres Umfelds,
- das Mitwirken im gemeinsamen Unterricht mit einer Schülerin bzw. einem Schüler mit Sehschädigung,
- die Beteiligung bei der individuellen Förderung,
- die Mitwirkung bei der Herstellung notwendiger Rahmenbedingungen,
- die Durchführung von Kursen für Kinder, Jugendliche und junge Erwachsene mit Sehschädigung und
- die Fortbildung der Lehrkräfte und anderer Personen, die mit den oben genannten Schülerinnen und Schülern arbeiten.

Diese Unterstützung und Beratung kann im Früh- und Elementarbereich beginnen und endet mit dem Abschluss der Sekundarstufe II.

In den letzen beiden Schulbesuchsjahren und während der beruflichen Ausbildung werden den Jugendlichen und jungen Erwachsenen mit Sehschädigung folgende Angebote gemacht:

1. Beratung der Jugendlichen und jungen Erwachsenen im Hinblick auf ihre Sehschädigung, zum Beispiel durch
    - erneute Überprüfung des funktionalen Sehvermögens und Sehhilfenberatung
    - Interpretation der Augenbefunde
    - Anleitung zu einer realistischen Einschätzung des eigenen Sehvermögens
    - Ausstattung mit Hilfsmitteln und Einführung in deren Gebrauch.
2. Unterstützung der Jugendlichen und jungen Erwachsenen bei der Erweiterung eigener Handlungsmöglichkeiten, zum Beispiel durch
    - sehbehinderten- bzw. blindengemäße Orientierungs- und Mobilitätserziehung
    - Förderung der Selbstständigkeit im lebenspraktischen Bereich
    - Entwicklung angemessenen Verhaltens in unterschiedlichen sozialen Situationen
    - Anregungen zur kreativen Lebensgestaltung.

3. Berufswahlvorbereitung während der Schulzeit, zum Beispiel durch
   - umfassende Informationen (in Zusammenarbeit mit dem jeweiligen Arbeitsamt und der Berufsberatung für Behinderte)
   - sehgeschädigtenpädagogische Unterstützung bei Betriebs- und Arbeitsplatzerkundungen und Praktika
   - Beratung und Unterstützung der Jugendlichen und jungen Erwachsenen bei der Berufswahl und beruflichen Aus- und Fortbildung im Sinne einer realistischen Einschätzung der individuellen Möglichkeiten
   - Informationen aus wichtigen Bereichen der Sozialgesetzgebung
   - Hilfen bei der Suche nach einem Ausbildungsplatz.
4. Unterstützung der Jugendlichen und jungen Erwachsenen während der Ausbildung (in Zusammenarbeit mit der Arbeitsverwaltung), zum Beispiel durch
   - Unterstützung bei der sehgeschädigtengerechten Arbeitsplatzausstattung und Arbeitsplatzgestaltung
   - Entwicklung individueller Konzepte zur beruflichen Aus- und Fortbildung
   - Hilfen bei der Auseinandersetzung mit der Ausbildungssituation
   - sehbehindertenspezifische Informationen für Lehrkräfte im berufsbildenden Schulbereich und für Ausbilder
   - Angebote an die Lehrerinnen und Lehrer der Berufsschulen, Möglichkeiten der Veränderung von Unterrichtsmethoden zu erproben, damit eine sehgeschädigte Schülerin oder ein sehgeschädigter Schüler besser die Unterrichtsziele erreichen kann.

Das Konzept der schulischen Vorbereitung auf den Übergang ins Arbeitsleben ist entwickelt worden in einem Modellversuch „Beratung und Unterstützung Sehgeschädigter beim Übergang von der Schule ins Arbeitsleben“, der von 1986 bis 1990 an der Staatlichen Schule für Sehbehinderte in Schleswig durchgeführt worden ist. Das Konzept des Modellversuchs ist anschließend in die Arbeit der Staatlichen Schule für Sehgeschädigte integriert und die Mitarbeiterinnen und Mitarbeiter sind unbefristet übernommen worden. Es sind Personen mit folgenden Berufen in die Unterstützung der Jugendlichen und jungen Erwachsen mit Sehschädigung eingebunden: Berufsschullehrkräfte (mit kaufmännischen bzw. gewerblichen Schwerpunkten), Gymnasial- und Hauptschullehrkräfte, Sonderschullehrkräfte, Diplom-Pädagoge (mit Schwerpunkt Erwachsenenbildung), Dipl.-Medizinpädagogin,

Diplom-Psychologe, Rehabilitationslehrerin und Erzieher. Alle Lehrkräfte, die nicht Sonderschullehrerinnen/-lehrer sind, haben eine Zusatzqualifikation im Bereich Blinden- und/oder Sehbehindertenpädagogik.

Die Notwendigkeit einer professionellen Begleitung des Übergangs resultiert allerdings nicht nur aus den Möglichkeiten und Grenzen, die in durchaus individueller Ausprägung durch die Sehschädigung mitgeprägt werden. Sie haben ihre Ursache auch in gesellschaftlichen Entwicklungen und in der Arbeitsmarktsituation. In der sich entwickelnden neuen Gesellschaft, die Ulrich Beck als „Risikogesellschaft" bezeichnet, hat sich der Mensch nicht nur mit ökologischen Risiken, sondern auch mit neuen psychosozialen Bedingungen, Risiken und Chancen auseinander zu setzen.

Anforderungen an die Menschen verändern sich. Und „die Risikolagen einer Gesellschaft manifestieren sich insbesondere in der Jugendphase. In ihr suchen Heranwachsende ihren gesellschaftlichen Ort, ihre soziale Startposition und ihre eigenständige Identität" (KEUPP 1996, 133). „Das Individuum" – so fährt KEUPP fort – „kann ... unter den Bedingungen des modernen Pluralismus nicht nur auswählen ..., sondern ... es muss auswählen" (KEUPP 1996, 134). Oft fehlen die erforderlichen materiellen, sozialen und psychischen Ressourcen für diese Wahl, und dann ist die Aufgabe, seinen Platz in der Berufs- und Arbeitswelt zu finden und sein Leben neu zu gestalten, oft schwer lösbar.

Die Lage auf dem Arbeitsmarkt ist unter anderem bestimmt durch strukturelle Arbeitslosigkeit. „Die Probleme auf dem Arbeitsmarkt", so sagt die Bundesregierung im Vorwort zum Sofortprogramm zum Abbau der Jugendarbeitslosigkeit vom 25. November 1998, „wirken sich vor allem zu Lasten der benachteiligten Gruppen auf dem Arbeitsmarkt aus. Zu ihnen gehören vor allem lernbeeinträchtigte und sozialbenachteiligte Jugendliche, behinderte Jugendliche und ausländische Jugendliche" (BUNDESMINISTERIUM FÜR ARBEIT UND SOZIALORDNUNG 1999, 77). Wie sehr sich der Arbeitsmarkt und die Berufsbilder in den letzten Jahren verändert haben, ist im Teil I dieses Sammelbandes nachlesbar.

Arbeit ist nach wie vor ein wesentlicher Faktor zur Bestimmung des individuellen Status in unserer Gesellschaft und zur Erzielung von Geldeinkommen mit Auswirkungen bis hin zur Rentenhöhe. Dies bedeutet, dass es auch für sehgeschädigte Menschen unumgänglich ist, sich diesen Arbeitsmarkt zu erschließen und auf ihm unter den bestehenden gesellschaftlichen Bedingungen Schwierigkeiten zu bewältigen. Für Menschen mit Behinderungen zeigen sich bei der Arbeits- und Berufsaufnahme objektive und subjektive Erschwernisse. Der Grad der Sehschädigung, die Ausprägung zusätzlicher Schädigungen, das schulische Bildungsniveau, die Sozialisation sind auf der Seite des Individuums einige Merkmale, die den Zugang zur Arbeit erleichtern oder erschweren können. Als viel größere Barrieren haben sich jedoch die sogenannten objektiven Bedingungen herausgestellt: Die Arbeitsmarktsituation und qualitativ veränderte Berufsbilder, die Anforderungen, die Sehgeschädigten viele Berufe versperren, und die durch Vorgaben der Berufsgenossenschaften stark eingeschränkten Zugänge zum Beruf.

Nach LAPPE trifft das Schicksal, keinen Ausbildungsplatz zu finden, nicht nur lernbeeinträchtigte oder sozialbenachteiligte Jugendliche. Die Ursachen für Ausbildungslosigkeit lägen vielmehr in „komplizierten Lebenslagen zur Zeit des Übergangs von der Schule in den Beruf. In dieser wichtigen Phase fehlt es an Beratung, Betreuung und Unterstützung für Jugendliche, die mit der gleichzeitigen Lösung einer Vielzahl von Problemen – wozu etwa Konflikte mit Ausbildern, aber auch soziale/familiäre Probleme zählen – überfordert sind" (LAPPE 1999, 35). Seine Schlussfolgerung ist, „dass Jugendlichen, die ... Startschwierigkeiten beim Einstieg ins Berufsleben haben, frühzeitig individuelle Hilfen zur Verfügung gestellt werden müssen." Dabei geht es um Bündelung von Information, direkte Kommunikation und konkrete Beratung. Die Ansprechpartner sollten offen sein für Schul- und soziale Probleme und für Schwierigkeiten in der Ausbildung. Es gelte, Jugendliche nicht lediglich in Maßnahmen (ab) ... zuschieben, sondern ein breites Angebot ... bereitzuhalten, das sie sozusagen auffordert, die nächsten Schritte zwar begleitet, aber dennoch selbstständig zu tun" (LAPPE 1999,38).

Übergangssituation als Herausforderung

Der Wechsel junger Menschen von der Schule in die Arbeitswelt, zunächst in der Regel in eine Ausbildung, vollzieht sich nicht abrupt von einem Tag zum anderen. In einer längeren Phase des Übergangs orientiert sich der junge Mensch, welche Neigungen und Fähigkeiten er hat, welche Berufe innerhalb seines Interessen- und Fähigkeitshorizonts vorhanden sind, welche Aussichten er hat, seinen Berufswunsch zu realisieren, und wie seine persönliche Disposition mit den Gegebenheiten der Berufs- und Arbeitswelt zur Passung zu bringen ist. Das von der Staatlichen Schule für Sehgeschädigte gewählte Konzept der pädagogischen Begleitung des Übergangs orientiert sich an BRONFENBRENNER, der den Begriff der „ökologischen Übergangssituation" eingeführt hat. Er hält eine ökologische Übergangssituation dann für gegeben, „wenn eine Person ihre Position in der ökologisch verstandenen Umwelt durch einen Wechsel ihrer Rolle, ihres Lebensbereichs oder beider verändert" (BRONFENBRENNER 1981, 43). ECKERT (1989, 43) weist darauf hin, dass sich beim Übergang von der Schule in die Arbeitswelt das gesamte soziale Gefüge, in das der Jugendliche eingebunden ist, verändere. „Es entsteht ein neuer sozialer Status innerhalb und außerhalb der Familie, der mit einer Veränderung des gesamten Alltagslebens einhergeht."

Im ökologischen Übergang von der Schule in die Berufsausbildung oder in die berufliche Tätigkeit werden die Jugendlichen mit einem sich kontinuierlich erweiternden Personenkreis im sozialen Netzwerk konfrontiert und erleben den Zugang zur Berufswelt als zunehmend komplexer und diffiziler. Im Berufswahl- und Berufsausbildungsprozess ergeben sich umfassende neue Anforderungen in den nachfolgend aufgeführten, teils gleichzeitigen, teils sich überlappenden, teils alternativen Abschnitten:

- am Ende der allgemeinbildenden Schulzeit, zum Beispiel in den letzten zwei Schulbesuchsjahren
- in der Phase des unmittelbaren Übergangs von der allgemeinbildenden zur berufsbildenden Schule
- in der Phase des Übergangs von der allgemeinbildenden Schule in die Berufsausbildung
- während des Besuchs einer berufsbildenden Schule
- während der Ausbildung im Betrieb
- während der Berufsvorbereitungsmaßnahmen
- während der Arbeitstrainingsphase
- während einer möglichen Arbeitslosigkeit bei noch bestehender (Berufs-) Schulpflicht und
- an der „zweiten Schwelle" – im Übergang zum Arbeitsleben.

Die Bewältigung der Übergänge stellt für junge Menschen mit Sehschädigung eine besondere Herausforderung dar. Das gilt vor allen Dingen für die jungen Menschen selbst und ihre Eltern, aber auch für professionelle Begleiter der jeweiligen Übergänge. Bei letzteren setzt es voraus, dass sie die sozialen Netzwerke kennen und die Lebenswelten der jungen Menschen systematisch erkunden. Um die individuellen Problemlagen einschätzen und sich mit ihnen auseinandersetzen zu können, sind sie auf die Kooperation unterschiedlicher Personen im sozialen Netzwerk angewiesen.

Es existiert ein enger Bezug zwischen dem sozialen Netzwerk eines Menschen und seinen möglichen Bewältigungsversuchen in bedrängenden Situationen. Ausgehend von der Größe und der Dichte (tatsächliche und mögliche Kontakte) der sozialen Netzwerke, der Häufigkeit von Beziehungen lassen sich unterschiedliche Netzwerkkonfigurationen identifizieren. Das gesamte soziale Netzwerk als ein Indikator für soziale Integration spiegelt im Falle einer Behinderung wieder, in wie weit es Hilfe zu leisten imstande ist, in wie weit es zur Alltagsbewältigung und zur Aufrechterhaltung des physischen und psychischen Gleichgewichts beitragen kann.

Charakteristisch für die Arbeit der Mitarbeiterinnen und Mitarbeiter der Staatlichen Schule für Sehgeschädigte, aber auch für alle anderen am Beratungs- und Entscheidungsprozess Beteiligten ist, dass sie in unterschiedlichen Systemen mit vielen Institutionen und Personen handeln. Ursache dafür ist, dass aus der ökologischen Übergangssituation eines bestimmten einzelnen Menschen (des Jugendlichen) in diesem vernetzten Gefüge zum Teil tiefgreifende Veränderungen und damit auch ökologische Übergänge für die anderen Menschen des Umfelds resultieren. Vor diesem Hintergrund wird deutlich, dass eine Konzeption, die sich ausschließlich auf die Förderung der Handlungsmöglichkeiten der Jugendlichen mit Sehschädigung konzentrierte, den besonderen Anforderungen dieser sehr komplexen Übergangssituationen nicht entspräche.

Deshalb sind Fortbildungskurse für Lehrkräfte der allgemein- und berufsbildenden Schulen, für Ausbilder und Gruppenleiterinnen und -leiter des Arbeitstrainingsbereiches der Werkstätten für Behinderte Teil des Konzepts. Auch mit den Berufsberatern für Behinderte und den Psychologen der Arbeitsämter wird nicht nur fallbezogen vor Ort zusammengearbeitet, sondern die Staatliche Schule für Sehgeschädigte lädt in größeren Abständen zum Erfahrungsaustausch ein, um gezieltes gemeinsames Handeln zu unterstützen.

Ökologische Übergänge können jeweils „Folge wie Anstoß von Entwicklungsprozessen" sein (BRONFENBRENNER 1981, 43). Für die Jugendlichen und jungen Erwachsenen mit Sehschädigung bedeutet dies unter anderem, dass sie nicht nur darum bemüht sein müssen, eine eigene berufliche Perspektive und individuelle Lebenspläne zu entwickeln, sondern dass sie auch mit deren Auswirkungen auf das Leben ihrer Eltern, Geschwister und sonstigen sozialen Bezugspersonen konfrontiert werden. Für das Gelingen der Gestaltung von Übergangssituationen und die Stabilisierung der ablaufenden Entwicklungsprozesse ist es nach BRONFENBRENNER von hoher Bedeutung, „wenn die Person den ersten Übergang in diesem Lebensbereich nicht allein vollzieht, wenn sie also in Begleitung einer anderen Person oder mehrerer anderer Personen, mit denen sie an früheren Lebensbereichen teilgenommen hat, in den neuen Lebensbereich eintritt" (BRONFENBRENNER 1981, 201f.). Das ist die Ursache dafür, dass die Schule für Sehgeschädigte mit der berufswahlbezogenen Beratung und Unterstützung im vorletzten Schulbesuchsjahr beginnt und die jungen Menschen über die erste Schwelle, nämlich Schule-berufliche Ausbildung, begleitet.

Sowohl für die Jugendlichen und jungen Erwachsenen als auch für die Mitarbeiterinnen und Mitarbeiter der Schule für Sehgeschädigte resultieren aus dem Umfang des Arbeitsauftrags dieser Schule nicht nur neue Anforderungen an die individuelle Handlungskompetenz, sondern auch die Chance einer kreativen Entwicklung und Gestaltung von Handlungsalternativen in der gemeinsamen Arbeit. Das Gelingen der Übergänge ist weniger aus einem festumrissenen Handlungsrepertoire erklärbar als viel mehr aus dem flexiblen, aktiven Einsatz individueller Handlungskompetenz.

Diese Feststellung bezieht ihre besondere Bedeutung aus den Veränderungen der gesellschaftlichen Realität und den damit einhergehenden Wandlungen der Lern-, Lebens- und Arbeitswelt, wie sie oben skizziert worden sind. Ein Merkmal dieser Prozesse ist, dass Aufgaben und Arbeitsanforderungen immer komplexer werden und vom einzelnen allein nicht sachangemessen erledigt werden können. Teamarbeit wird auf den unterschiedlichsten gesellschaftlichen, politischen, wirtschaftlichen und beruflichen Ebenen immer stärker genutzt, damit der Komplexität Rechnung getragen werden kann.

Aus den obigen Überlegungen ergibt sich die Notwendigkeit, die (Handlungs-) Ziele gemeinsam auszuhandeln und ihre Wirkungen für die jeweils beteiligten Systeme (Familie, Schule, Ausbildungsplatz) mitzudenken. Dies kann jedoch nur auf der Grundlage einer umfassenden, fundierten Analyse der Gesamtsituation gelingen. Die vielfältigen und vielschichtigen Anforderungen ökologischer Übergangssituationen können meist nicht schnell und nach einfachen erprobten Mustern erfüllt werden, sie verlangen vielmehr von allen Beteiligten ein hohes Maß an Geduld, Flexibilität und Eigenverantwortung. Gemeinsames Handeln wird somit zu einem Prozess sich aufeinander beziehender Kompetenzen und Perspektiven. Dieser Prozess gründet auf dem Bewusstsein, dass gemeinsam getragene Verantwortung die Basis positiver und stabiler Entwicklungen ist.

Abschließend bleibt festzuhalten, dass die gemeinsame aktive Gestaltung ökologischer Übergänge als vielschichtiger Prozess zu verstehen ist, der erweiterte Kompetenzen, innovatives Denken und Handeln und zum Teil ein radikal verändertes Rollen- und Selbstverständnis der beteiligten Personen verlangt und tradierte Konzepte von Bildung und Lebensplanung nicht unbefragt übernimmt.

Unterstützung und Beratung in der praktischen Gestaltung von Übergängen

Es gilt, den Übergang junger Menschen mit Sehschädigung von der Schule ins Arbeitsleben unter den schwierigen Bedingungen des Arbeitsmarktes mitzugestalten. Die Unterstützung der Jugendlichen und jungen Erwachsenen beginnt in den letzten beiden Schulbesuchsjahren, begleitet den Berufswahlprozess, den Übergang von der Schule in die Ausbildung/Arbeitstätigkeit („Erste Schwelle“) und die Ausbildung bzw. Arbeitstätigkeit.

In der Berufswahlvorbereitung der allgemeinbildenden Schulen wird der überwiegenden Mehrheit der Jugendlichen meist erst kurz vor dem Eintritt in das Arbeitsleben deutlich, welche – oft wenig durchschaubaren – Abläufe dem Berufsstart vorgeschaltet sind. Die Jugendlichen bemerken dann allerdings, in welchem Maße die geforderten Kompetenzen den Berufswahlprozess beeinflussen. In den Haupt- und Realschulen sind die Inhalte des Berufswahlunterrichtes eingebunden in das Fach Wirtschaft und Politik, das in der Regel zwei Wochenstunden umfasst. In den Förderschulen werden berufswahlbezogene Themen meist im Rahmen des Deutschunterrichtes und in Verbindung mit Projekten behandelt. An den meisten Förderschulen werden Werkstatttage angeboten, an denen Jugendliche – angeleitet von Meistern und qualifizierten Fachkräften – handwerkliche Erfahrungen machen können. An den Gymnasien gibt es keinen speziellen Berufswahlunterricht. Die einzelnen Gymnasien haben jeweils individuelle Lösungen gefunden. Zum Berufswahlunterricht der allgemeinbildenden Schulen gehören unter anderem Betriebserkundungen, verbundene Projekte und Betriebspraktika. Die Förderschulen führen jeweils ein Betriebspraktikum in der 8. und in der 9. Klasse durch. Die Haupt- und Realschulen haben meist nur im vorletzten Schulbesuchsjahr die Möglichkeit, ein Betriebspraktikum anzubieten.

Welche Inhalte der Berufswahlunterricht an den allgemeinbildenden Schulen hat, hängt von der individuellen Akzentuierung der Lehrerinnen und Lehrer ab. Betriebserkundungen, verbundene Projekte und Praktika können den Schülerinnen und Schülern naturgemäß nur einen ersten Eindruck in das Arbeitsleben vermitteln. Betriebspraktika sollen Entscheidungshilfen für die Berufswahl des jungen Menschen geben, nicht jedoch primär der Feststellung der Berufseignung dienen. Teil der Unterstützung der Staatlichen Schule für Sehgeschädigte sind weitere begleitete Betriebserkundungen und Betriebspraktika. Damit werden auch Belange der Schülerinnen und Schüler mit Sehschädigung ausdrücklich thematisiert. Die Sehbehinderung, deren Einfluss auf bestimmte Berufe und die Berufswünsche bestimmter Schülerinnen und Schüler werden zusätzlich vertiefend in den Kursen berücksichtigt.

Handlungsanlässe und Handlungsstrategien in der Gestaltung der Übergänge

Die letzten beiden Schulbesuchsjahre umfassen – bezogen auf die Berufswahl – in der Regel

- die Orientierungsphase, deren beide zentrale Handlungsziele das Beschaffen und Verarbeiten von Informationen sind.
- die Entscheidungsphase, die gekennzeichnet ist von einem Prozess zunehmender Individualisierung der Berufswahl und einer (häufig vorläufigen) Entscheidung für eine bestimmte berufliche Ausbildung.
- die Realisierungsphase, die neben der Bewerbung um einen Ausbildungs- bzw. Arbeitsplatz weitere gezielte Aktivitäten zur Arbeitsplatzer-

schließung umfasst. Hierzu kann das Bemühen gehören, eine sehgeschädigtengerechte Ausstattung des Arbeitsplatzes zu konzipieren und zu beschaffen.

Die Strukturierung dieser Phasen, das heißt der „Berufswahlfahrplan" ist als idealtypisch anzusehen, da die tatsächliche Gestaltung der individuellen Übergänge eine Vielzahl untypischer situationsspezifischer Variationen aufweist, die sich einer generellen Darstellung entziehen.

Während ein Teil der Jugendlichen den direkten Einstieg in die berufliche Ausbildung wählt und so die „erste Schwelle" überschreitet, sieht ein anderer Teil für sich die Notwendigkeit, durch weiterqualifizierende Maßnahmen Wartezeiträume zu überbrücken oder aber die eigenen Chancen für den Zugang zu einer beruflichen Ausbildung zu erhöhen. Zu diesen Maßnahmen sind auch jene zu zählen, die primär den Charakter einer Orientierung haben. Inhaltlich zeigt sich hier eine erhebliche Spannbreite, die vom Mobilitätstraining bis zu höherqualifizierenden Schulabschlüssen reicht. Diese „Schleifen" sind jedoch nicht nur für Jugendliche und junge Erwachsene mit Sehschädigung charakteristisch, sondern können auch bei anderen vergleichbaren Gruppen festgestellt werden. Für die Unterstützung haben diese „Schleifen" insofern eine Bedeutung, als hier eine Phase intermittierender Beratung entsteht, die intensive Kooperation mit unterschiedlichen und manchmal auch wechselnden Personen und Systemen verlangt, ohne dass in jedem Einzelfall eine präzise Zielrichtung verfolgt werden kann. Hierin lässt sich auch eine zweite Such- und Orientierungsphase ausmachen. Die individuellen Gründe sind vielschichtig und nicht zwangsläufig in den individuellen Merkmalen der Jugendlichen begründet, sondern resultieren häufig aus infrastrukturellen, regionalen und systembedingten Gegebenheiten. Das bedeutet, dass es Situationen gibt, in denen Jugendliche selbst noch nicht in der Lage sind, sich auf einen Weg festzulegen, und dass anderseits Ausbildungsplätze und -einrichtungen wie auch Wege in eine Ausbildung erst gegen Widerstände und Vorurteile zu erschließen sind.

BERUFSWAHLFAHRPLAN

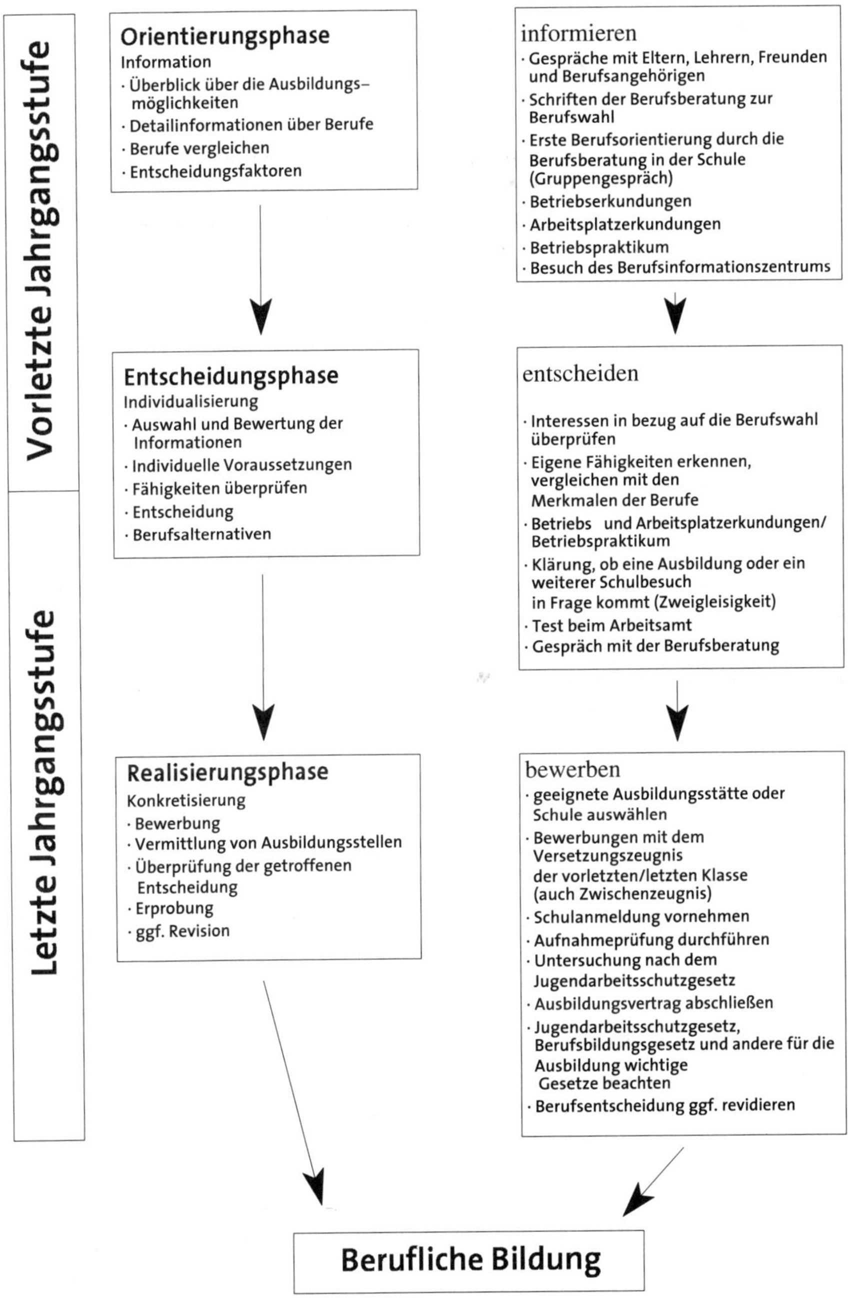

Die Orientierungsphase

Ein Handlungsanlass der Orientierungs- und Initialphase ist das Bemühen um eine zutreffende Bestimmung des funktionalen Sehens. Das funktionale Sehen hat für den Prozess der Berufswahl und der beruflichen Ausbildung und Tätigkeit eine zentrale Bedeutung. Anders als der Augenarzt bei seiner Untersuchung werden hier unterschiedliche Anforderungen in die Analyse miteinbezogen, um so der Situations- und individuellen Bedeutungsabhängigkeit funktionalen Sehens (Sehen unter bestimmten Bedingungen; Sehleistung in bezug auf eine spezielle Situation) gerecht zu werden. Es versteht sich von selbst, dass aus dieser Aufgabenstellung die Notwendigkeit wiederholter interdisziplinärer Kontakte resultiert, die je nach Fragestellung unterschiedliche Intensitätsgrade aufweisen. Sie reichen von eher kurzfristig additiven bis hin zu längerfristigen integrierten Formen. Besonders anspruchsvoll für die Kooperation sind jene Situationen, in denen eine umfassende Wahrnehmungsproblematik zu bearbeiten ist oder aber stark diskrepante Beobachtungen und Einschätzungen aufeinander prallen.

Mensch–Umfeld–Analyse

Das anspruchsvollste Anliegen in der Orientierungsphase ist die Erstellung einer Mensch-Umfeld-Analyse. Sie soll als Grundlage für den gesamten weiteren Unterstützungsprozess und die Gestaltung des Überganges von der schulischen Bildung in die berufliche Ausbildung dienen. Neben der erwähnten Analyse der Sehschädigung tritt die umfassende Analyse der gesamten Lern- und Lebenssituation, zu der allerdings nur ein sukzessiver Zugang möglich ist. Interdisziplinäre, teamartige Kooperation ist sowohl für die Entwicklung geeigneter Analyse- und Dokumentationsstrategien als auch zur Interpretation und Bewertung der gewonnenen Daten, Informationen und Ergebnisse erforderlich.

Eindeutiger als bei bisherigen Schullaufbahnentscheidungen muss die Analyse in Übergangsphasen die Gesamtsituation und nicht primär die Gesamtpersönlichkeit erfassen und dabei systemische Gegebenheiten besonders würdigen. Daraus resultiert dann eine diagnostische Strategie wie auch eine Beratungsstrategie, die in ihrer Konkretisierung die unterschiedlichen Ebenen erfasst und gleichzeitig alle Beteiligten zu einer ganzheitlichen Betrachtungsweise herausfordert.

Die Orientierungsphase hat ihre herausragende Bedeutung für den gesamten Beratungsprozess dadurch, dass ein Suchen, sich Informieren, sich Orientieren in neuen, teilweise fremden Systemen und Strukturen initiiert wird. Dies gilt nicht nur für die zu Beratenden, sondern in mindestens gleichem Maße für die Beraterinnen und Berater. Dem häufig zu beobachtenden Drängen nach Lösungs- und Erklärungsansätzen darf nicht vorschnell nachgegeben werden, und die wohlstrukturierte und reflektierte Analyse muss den ihr gebührenden Raum im Gesamtprozess der Unterstützung erhalten.

Die Unterstützung der Jugendlichen mit minderqualifizierenden Abschlüssen verlangt im Vergleich zu anderen Gruppen aufgrund der vielschichtigen Lebenserschwernisse nahezu über die Gesamtzeit der Beratung einen erhöhten Beratungsaufwand. Das wird deutlich in häufigerer teamartiger interdisziplinärer Zusammenarbeit und teilweise erheblich längeren Übergangsphasen. Handlungsziele in diesem Arbeitsfeld sind neben der Entwicklung beruflicher Perspektiven vorrangig die Überwindung von Resignation und der Aufbau von Eigeninitiative als Ausdruck der sich verändernden Sichtweise eigener Lebenspläne und -perspektiven.

Die Entscheidungsphase

Die Entscheidungsphase des Berufswahlprozesses ist bevorzugt im letzten Drittel des vorletzten Schulbesuchsjahres anzusiedeln. Für einzelne Jugendliche heißt das allerdings, dass eine zeitlich nur recht eng bemessene Orientierungsphase vorausgegangen ist. Idealerweise sollten die Jugendlichen in der Entscheidungsphase individuelle Interessen und Möglichkeiten den Anforderungen der angestrebten Berufe gegenüberstellen und abwägen, um dann zu einer Entscheidung zu gelangen. In den Prozess der Entscheidung für eine Ausbildung bzw. angestrebte berufliche Tätigkeit muss die Entwicklung beruflicher oder schulischer weiterqualifizierender Alternativen bewusst einbezogen werden. Diese Phase ist in der Regel von intensiven Einzelberatungen gekennzeichnet, die einen besonders vertrauensvollen und geduldigen Umgang miteinander verlangen und keinen Entscheidungsdruck vertragen.

In der Unterstützung ergeben sich darüber hinaus folgende, für diese Phase charakteristischen Arbeitsschwerpunkte:

- die Auseinandersetzung mit einschlägigen Regelungen der Sozialgesetzgebung
- die Unterstützung bei der Neubeantragung eines Schwerbehindertenausweises bzw. der Neueinstufung des Grades der Behinderung
- Vorbereitung auf den Bewerbungsprozess
- Ausführliche Darstellung der Schädigung und ihrer psycho-sozialen Konsequenzen, da dieser Komplex eine immer neue Aktualität erlangt; hierzu gehören neben dem funktionalen Sehen auch Fragen des Einsatzes elektronischer und anderer Hilfsmittel oder der Notwendigkeit eines Orientierungs- und Mobilitätstrainings
- Beratungsgespräche wegen individueller Probleme und Fragestellungen, die in den Entscheidungsprozess hineinwirken; hierzu gehören unter

anderem Gespräche über psychische Belastungen und Ängste, über die Möglichkeiten selbstständiger Lebensgestaltung

- die Organisation zusätzlicher Praktika und Erkundungen, in denen spezielle Aspekte der Sehschädigung thematisiert werden können und auf ihre Bedeutung für eine mögliche Ausbildung oder berufliche Tätigkeit überprüft werden.

Ein durchgängiges Merkmal der Entscheidungsphase ist die behutsame Auseinandersetzung mit den unterschiedlichen Gesichtspunkten der Berufswahl der Jugendlichen und jungen Erwachsenen mit Sehschädigung und ein gleichzeitiger Rückbezug auf deren unmittelbares soziales Umfeld. Herausragend sind dabei jene Prozesse, die dann zu einer Entscheidung führen. Daneben wird in der Regel noch eine tragfähige Alternative entwickelt. Insgesamt ist die Beratungsarbeit in dieser Phase durch eine Konzentration auf die Jugendlichen selbst und ihr unmittelbares soziales Umfeld geprägt.

Die Realisierungsphase

Die Realisierungsphase des Berufswahlprozesses hat als zentrales Thema und Ziel die Bewerbung. Ein mit der Bewerbung unmittelbar verbundenes Thema ist die erneute Auseinandersetzung mit der Sehschädigung als an Dritte zu vermittelndes Persönlichkeitsmerkmal und deren Reaktionen darauf. Gerade dadurch, dass die sehgeschädigten Jugendlichen eine wohnortnahe Ausbildung anstreben, wird die immer wiederkehrende unterschiedliche Qualitäten annehmende Konfrontation mit der bis dahin in Schule und Alltag häufig als nicht so bedeutsam erlebten oder aber kuvierten Sehschädigung notwendig. Kreative Wege waren und sind zukünftig gefragt, um diese Konfrontation nicht zu einem traumatisierenden Schock werden zu lassen oder die nicht selten vorhandenen Tendenzen zur Dissimulation zu verfestigen.

Nicht anders als auch für andere Jugendliche ist für junge Sehgeschädigte diese Phase voller motivierender und beglückender Erfolgserlebnisse, aber auch niederschmetternder Misserfolge und Ablehnungen. In der Unterstützung gilt es, sich nach Misserfolgen verstärkt mit den Attribuierungen auseinander zu setzen, um gleichzeitig eine Leidbewältigung zu ermöglichen. Das gilt gleichermaßen für die Jugendlichen und deren unmittelbares soziales Umfeld wie für die betroffenen Mitarbeiterinnen und Mitarbeiter.

Je nach konkreter Situation und Perspektive sind in der Realisierungsphase die nachfolgenden Aktivitäten in unterschiedlicher Häufigkeit gefordert:

- erneute situationsbezogene Überprüfung des funktionalen Sehens zur weiteren Präzisierung der Argumentation gegenüber Vertretern von Ausbildungsbetrieben bzw. -einrichtungen und der Arbeitsverwaltung

- Konsultationen von Augenärzten bei speziellen Fragestellungen, wie körperliche Belastungen in ihrer Wirkung auf die Sehschädigung
- Vermittlung von Informationen zu ausgewählten Aspekten von Sehbehinderung an Ausbilder, Berufsschullehr- und Fachschullehrkräfte und andere
- Klärung von Fragen zu Ausbildungs- und Prüfungsrichtlinien, bei denen Sehbehinderung durch Nachteilsausgleich berücksichtigt werden muss
- Orientierungs- und Mobilitätstraining als vorbereitende Unterstützung
- Vorbereitung auf Aufnahmetests unter sehbehindertenspezifischen Gesichtspunkten
- Vorbereitung auf Bewerbungsgespräche
- Analyse von Arbeitsplatzbedingungen/-anforderungen mit dem Ziel einer rechtzeitigen sehbehindertenspezifischen Ausstattung.

Die Realisierungsphase des Berufswahlprozesses kann als die emotional am stärksten belastende für alle Beteiligten verstanden werden. Nur bewusste gemeinsame Reflexion kann notwendige Grenzüberschreitungen ermöglichen. Neben konsultativer Kooperation sind Formen teamartiger interdisziplinärer Zusammenarbeit hierbei vorherrschend.

Die Ausbildungsphase

Dort wo der Schritt über die erste Schwelle in das Arbeitsleben gelingt, eröffnet sich den Jugendlichen eine neue soziale Welt mit einer Vielfalt unterschiedlicher Anforderungen, auf die das unmittelbare soziale Umfeld, die Schule und die Beratung vorbereitet haben. Jedoch nicht nur die Jugendlichen stehen neuen Herausforderungen gegenüber. Die nichtbehinderten Kolleginnen und Kollegen, Ausbilder und Vorgesetzten sehen sich in der täglichen Begegnung mit einem Menschen mit Behinderung konfrontiert und müssen mit diesem sozialkompetent zusammenarbeiten. Dies gelingt beiden Seiten meist nicht sofort.

In der Regel verläuft die Anfangsphase beruflicher Ausbildung nach der vorbereitenden Unterstützung relativ ruhig. Danach wird allerdings erneute Beratung und die Reflexion von Erfahrungen unausweichlich. Die Beratung gewinnt in dieser Phase eine veränderte Qualität. Während die Zeit vor dem Überschreiten der ersten Schwelle von dem Bemühen um den Zugang zu einem neuen Lern- und Lebensbereich geprägt war, geht es nunmehr darum, dass Integration in diesen Bereich gelingt. Für die Beratenden kommt es jetzt wesentlich darauf an, die Balance zu finden zwischen der Bearbeitung und Lösung aktueller Fragen und Probleme einerseits und der Reflexion grundlegender Einstellungen, Motive, Ziele und Perspektiven der Beteiligten andererseits.

Außer mit den alltäglich zu bewältigenden Anforderungen in der Ausbildung werden die Jugendlichen mit solchen konfrontiert, die sich aus den Ausbildungs- und Prüfungsrichtlinien ableiten. Für die Beratungsarbeit ergibt sich hier ein Arbeitsbereich, der viel Behutsamkeit verlangt. Einerseits können keine pauschalen Erleichterungen für alle Sehgeschädigten angestrebt werden, und anderseits ist auf die tatsächlichen Belange der jeweiligen Situation angemessen zu reagieren. Es geht an dieser entscheidenden Stelle darum, einen individuell angemessenen Nachteilsausgleich zu bestimmen.

Tendenziell lässt sich während des Ausbildungszeitraums ein Abklingen der Beratungsintensität feststellen. Allerdings steigt die Anzahl der Interventionen zum Ende der Ausbildungszeit noch einmal an. Dies ist nicht ausschließlich durch anstehende Prüfungen bedingt, sondern wesentlich auch dadurch, dass die zweite Schwelle in eine langfristige berufliche Tätigkeit bei hohen Unsicherheiten und Risiken des Arbeitsmarktes zu überschreiten ist. An dieser chronologisch späten Stelle des gesamten Beratungsprozesses zeigt sich die qualitative Veränderung der Beratungssituation. Junge Erwachsene gehen oft sehr selbstbewusst und souverän mit dem Beratungs- und Unterstützungsangebot um, in dem sie es von sich aus einfordern oder auch darauf verzichten. Damit wollen sie sich die eigene Handlungsmöglichkeit bestätigen.

Für die Gruppe jener Jugendlichen, die die erste Schwelle nicht direkt überwinden können, schließt sich zumeist eine Phase weiterqualifizierender Maßnahmen, wie beispielsweise das Nachholen des Hauptschulabschlusses oder aber eine Neuorientierung an, die einen erheblichen Beratungsaufwand fordert und in ihrer Funktion der einer erneuten Suchphase entspricht.

Soziale Kompetenz als wesentlicher Bestandteil der Unterstützung im Berufswahlprozess

Im Zusammenhang mit veränderten beruflichen Anforderungen und neuen Berufsbildern ist in den letzten Jahren der Begriff „der sozialen Kompetenz" in die Diskussion beruflicher Ausbildung und betrieblicher Weiterbildung eingeführt worden. Die gewandelte Bedeutung von Ausbildung manifestiert sich nicht primär darin, dass der Erwerb von mehr Fachwissen und die Beherrschung moderner Technologien gefördert werden, sondern dass junge Menschen eine umfassende berufliche Handlungskompetenz entwickeln. Analysiert man diese Kompetenz, so zeigen sich vor allem zwei Elemente: Einmal die Fähigkeit, die konkrete Situation bzw. Aufgaben zu bewältigen, und zum anderen die, in einer Vielzahl unterschiedlicher Situationen zu handeln. Im ersten Fall sind Kenntnisse und deren aktuelle Verwendung bestimmend, das heißt eine unmittelbare Verfügung über Qualifikationselemente. In vielen Lebenssituationen geht es hingegen darum, über ein Regelsystem zu verfügen, mit dem in einer prinzipiell unbegrenzten Anzahl von Situationen gehandelt werden kann, das heißt um die Verfügung über generative Qualifikationen. Soziale Kompetenz kann nun als ein wichtiger Teilbereich der individuellen Handlungskompetenz angesehen werden. Sie ist mehr als nur die Summe vermittel- oder trainierbarer sozialer Qualifikationen und Fertigkeiten. Somit auch mehr als das Erlernen der „Basic Skills", also der Orientierung und Mobilität oder der Lebenspraktischen Fertigkeiten und des Gebrauchs optischer und elektronischer Hilfsmittel. Letztere bilden die Voraussetzung, um sich als Mensch mit Sehschädigung bewegen und behaupten zu können, haben aber eine umfassende soziale Integration nicht notwendig zur Folge. Übergeordnetes Ziel einer Einführung des Konzepts „soziale Kompetenz" in den Berufswahlprozess ist die Entwicklung einer autonomen Persönlichkeit, die soziale Situationen differenziert erfasst, die Verhaltensanforderungen erkennt, eigene Kommunikations- und Interaktionsmöglichkeiten und -bedürfnisse dazu in Beziehung setzt und sich angemessen mit ihrem sozialen Umfeld auseinandersetzt. Darüber hinausgehend zeichnet sich eine entwickelte soziale Kompetenz dadurch aus, dass die Person bereit ist, flexibel mit den Anforderungen des sozialen Umfeldes umzugehen, eigene Verhaltens- und Einstellungsmuster kritisch zu hinterfragen und gegebenenfalls aufzugeben, um sie durch neue zu ersetzen. Als Ergebnis dieser Auseinandersetzung wird die über sie verfügende Person ein vielfältiges Wahrnehmungs- und Verhaltensrepertoire entwickeln, das wesentlich dazu beiträgt, soziale Ängste, Unsicherheiten und Vermeidungsstrategien abzubauen und selbstbewusstes, sozialverantwortliches Handeln aufzubauen.

Da es eine allgemeingültige Form sozialer Kompetenz nicht gibt, fordern unterschiedliche soziale Situationen unterschiedlich stark ausgeprägte soziale Wahrnehmungs- und Verhaltensmuster und -strategien. Um dieser Anforderung im vollen Umfang gerecht zu werden, bedarf es unter anderem

- der Möglichkeit, soziale Situationen differenziert zu analysieren. Dies kann sowohl vorwegnehmend als auch unmittelbar als auch rückblickend geschehen.
- der Einsicht in Motive, Bedürfnisse, Erwartungen, Einstellung und Wahrnehmung von Menschen in sozialen Prozessen. Der Beziehungsaspekt zwischen der jeweils handelnden Person und seiner sozialen Umwelt steht hier im Vordergrund.
- der Kenntnis der Regeln sozialer Interaktion.
- der Offenheit, Rückmeldung zu geben und aufzunehmen.

- der Bereitschaft, bestehenden Konflikten nicht auszuweichen, sondern sie gemeinsam zu überwinden.
- der Flexibilität im Denken und Handeln, die dazu beiträgt, soziale Situationen im Sinne aller Beteiligten konstruktiv zu gestalten und eigene, in anderen sozialen Zusammenhängen bewährte Handlungsstrategien zu überprüfen und gegebenenfalls zu modifizieren.
- der Aufgeschlossenheit, sich auch in ungewohnten sozialen Situationen zu erfahren und zu bewähren.

Soziale Kompetenz in diesem Verständnis entwickelt sich in dem Prozess des Erlangens persönlicher Unabhängigkeit und der gleichzeitigen Übernahme sozialer Verantwortung. Persönliche Unabhängigkeit bedeutet jedoch nicht soziale Isolation oder den Verzicht auf Hilfe und Solidarität von Seiten der nichtbehinderten Umwelt. Soziale Kompetenz bezieht sich auf die gesamte Lebensgestaltung und sollte dem Jugendlichen und jungen Erwachsenen ermöglichen, flexibel auf die unterschiedlichen Anforderungen zu reagieren. Ein wesentlicher Bestandteil ist – vor allem auch im Hinblick auf die Arbeitswelt – die Fähigkeit zur Gestaltung. Nicht nur Arbeitsabläufe sind immer mehr von den gestalterischen Kompetenzen der Mitarbeiterinnen und Mitarbeiter abhängig, auch soziale Bezüge müssen gestaltet werden. Dazu gehört die Kenntnis der in den jeweiligen Situationen geltenden Regeln und Normen und die Erkenntnis, dass soziale Systeme änderbar und veränderlich sind und eine geradlinige Lebensbiografie eher die Ausnahme bildet.

Die Aufgabe der Unterstützung besteht darin, den Jugendlichen und jungen Erwachsenen vielfältige Möglichkeiten anzubieten, die eigenen Erfahrungen zu reflektieren, um zu individuellem und situationsangemessenem Handeln zu gelangen. In der Individualberatung und in den Kursen findet eine gedankliche und von emotionaler Betroffenheit geprägte Auseinandersetzung mit den sozialen und beruflichen Erfahrungen der Jugendlichen und jungen Erwachsenen statt. Dabei geht es sowohl um Tatbestände der Vergangenheit als auch um zukünftige Anforderungen.

Soziale Kompetenz zeigt sich – so wurde oben dargelegt – in einem umfangreichen, verfügbaren Verhaltensrepertoire. In der Unterstützungsarbeit wird daher eine Reihe von Qualifikationsangeboten gemacht, die das Verhaltensrepertoire der Jugendlichen und jungen Erwachsenen erweitern sollen:

- In der Einzelberatung geht es auch um den Aufbau sozialen Verhaltens, das auf konkrete Handlungsanforderungen bezogen ist. Dabei stehen vor allem Kommunikationsfähigkeiten, insbesondere nonverbale Kommunikation und Metakommunikation im Vordergrund. Beispielhaft sind die

Vor- und Nachbereitungen von Praktika, Vorstellungsgesprächen etc. zu nennen.

- In den Kursen werden Erfahrungsfelder zur Entwicklung von Gestaltungsfähigkeiten angeboten, die es ermöglichen, Verhaltensanforderungen zu antizipieren und die Bedeutung individueller Erfahrung zu relativieren. Die Jugendlichen und jungen Erwachsenen erhalten außerdem in den Kursen eine Vielzahl von Informationen aus dem berufskundlichen und sozialrechtlichen Bereich.
- Die Unterrichtung in der Handhabung von Sehhilfen und elektronischen Hilfsmitteln hat eindeutig qualifizierenden Charakter. In der Unterstützungsarbeit wird der psychosoziale Aspekt bei der Benutzung von Hilfsmitteln angesprochen. Ängste vor Auffälligkeit und Verbesonderung durch den Gebrauch der Hilfsmittel werden zum wesentlichen Gegenstand der Beratung.
- Die Vermittlung von alltagspraktischen Fertigkeiten stellt ein weiteres Qualifikationsangebot dar. Der Schwerpunkt liegt hierbei nicht nur auf der Bewältigung von Lebenspraktischen Anforderungen des Privatalltags, sondern gerade auf dem der praktischen Tätigkeit der Berufsausbildung.

Bei allen Fragen der Versorgung mit Hilfsmitteln und der Vermittlung von alltagspraktischen Fertigkeiten stehen zwei Aspekte immer wieder im Vordergrund. Der erste Aspekt ist der des funktionalen Sehens, dem eine zentrale Bedeutung bei dem sinnvollen Einsatz von Hilfsmitteln zukommt. Der zweite wesentliche Aspekt des Hilfsmitteleinsatzes und der Anwendung alltagspraktischer Fertigkeiten ist der psychosoziale. Er bezieht sich allerdings nicht auf die jungen Menschen mit Sehschädigung allein, sondern mindestens im gleichen Maße auch auf die Personen des unmittelbaren sozialen Umfelds und sozialen Netzwerks. In den Beratungsprozessen wird deshalb darauf geachtet, dass dem Bereich der Hilfsmittelversorgung und der alltagspraktischen Fertigkeiten ein realistischer Stellenwert beigemessen und nicht der Versuchung nachgegeben wird, Unsicherheiten im Beratungsprozess durch aufwendige Hilfsmittelversorgung zu kompensieren.

Kursarbeit

Die Ziele und Inhalte der Kurse leiten sich aus den Anforderungen her, auf die die Jugendlichen im Orientierungs- und Berufsfindungsprozess sowie in einer berufsbildenden Maßnahme treffen. Diese Anforderungen sowie das Lebensalter der Kursteilnehmerinnen und -teilnehmer machen eine Orientierung an Konzepten und Arbeitsweisen der Erwachsenenbildung notwendig. Ausgangspunkt für die Bestimmung von Kurszielen und -inhalten ist jeweils die Auseinandersetzung mit Situationen, mit denen 15-20jährige Jugendliche und junge Erwachsene konfrontiert werden:

- „Von der eigenen Familie loslösen und einen eigenen Verantwortungsbereich wahrnehmen,
- Entscheidungen für Ausbildung, Schule und Beruf treffen,
- die Geschlechtsrolle übernehmen,
- soziale und emotionale Beziehungen außerhalb der Familie aufbauen,
- das eigene Äußere – den eigenen Körper – akzeptieren,
- Werte und Normen aufbauen und festigen, an denen sich Verhalten ausrichten kann,
- sozialverantwortliches Verhalten anstreben und einüben,
- sich von der Gruppe der Gleichaltrigen lösen und stabile Partnerschaften aufbauen" (PETERMANN/ PETERMANN 1987, 12)

Die Kursteilnehmerinnen und -teilnehmer erhalten deshalb die Möglichkeit, sich in einer Gruppe von ähnlich Betroffenen mit den Erschwernissen und deren möglichen psychosozialen Folgen auseinander zu setzen. Außerhalb von Elternhaus, Schule und sonstigem Freundeskreis werden so Erfahrungen ermöglicht, deren Erlebnischarakter prägende Wirkungen haben und der individuellen Entwicklung einen neuen Anstoß geben können. Vor allem hierin liegt die Chance der Kurse als einer besonderen Art pädagogischer Angebote.

Die Entwicklung relevanter Ziele und Inhalte für Kurse, die für Jugendliche und junge Erwachsene in der Phase der Berufsorientierung und Berufsausbildung konzipiert werden, erfordert einen erkennbaren Bezug zu den gegenwärtigen Entwicklungen in der Arbeitswelt und den daraus resultierenden Folgen für die Berufsausbildung. Folgende Veränderungen erscheinen besonders bedeutsam:

- Neue Technologien verändern die menschliche Arbeit.
- Die betrieblichen Organisationsstrukturen und Arbeits- und Kooperationsformen ändern sich.
- Die Berufslebensläufe verändern sich.
- Die identitätsstiftende Bedeutung von Arbeit erhält einen veränderten Stellenwert.

Die Teilnahme an den Kursen ist für die jungen Menschen mit Sehschädigung grundsätzlich freiwillig. Allerdings sind die Kurse so aufgebaut, dass die Teilnahme an einer systematisch aufgebauten Kursreihe als notwendige Ergänzung zur Unterstützung vor Ort erwartet wird. Kurse mit zusätzlichen Themen können entsprechend Interesse und Lebenssituation gewählt werden.

Die Kursreihe, die den Berufswahlprozess im engeren Sinne begleitet, umfasst folgende Kurse:

- Traumberufe – „Träumen ist was Wunderbares"
- Berufserkundung/Hospitation – „Wie sieht's denn wirklich aus im Job?"
- Vorbereitung und Nachbereitung des Berufspraktikums vor Ort oder in Schleswig – „Was muss ich noch wissen?", „Welche Erfahrungen waren wichtig?"
- Bewerbungstraining – „Wie bewerbe ich mich richtig?"
- Nachteilsausgleich – „Gleiche Chancen für alle"
- Soziale Kompetenz (Kommunikation) in Schule und Berufsausbildung „Miteinander und gegeneinander in Schule und Berufsausbildung"
- Berufsorientierung für Abiturienten – „Abitur und was dann?"
- Ausstattung mit adäquater EDV-Soft- und Hardware und optischen Hilfsmitteln – „Welcher ist der richtige Computer für mich?"
- Umgang mit PC in Schule, Ausbildung und Freizeit – „Von Windows zum Internet"
- Kennenlernen von Möglichkeiten der Ausbildung in Berufsbildungswerken und des 2. Arbeitsmarktes

Hinzu kommen folgende Wahlkurse:

- Darstellendes Spiel – „Im Theaterspiel einander begegnen"
- Umgang mit Stress – „Sehen – Stress – Entspannung"
- Identitätsentwicklung und Behinderung – „Wie sehe ich mich; wie sehen mich die anderen?"
- Kursreihe – „Behinderung und Mengen"
- Behinderung und Öffentlichkeit/ öffentlicher Raum – „Behindertengerechte Gestaltung von öffentlichen Verkehrsmitteln und anderen öffentlichen Einrichtungen"
- Orientierungs- und Mobilitätsunterricht

- Tanzkurs/Standardtänze – „Von Discofox bis Samba“
- Kuttersegeln/Segeln mit Jollen/Segeln auf einem Traditionssegler
- Kanufahren und Natur erleben
- Jugendaustausch mit der Partnerschule in Estland

Wirkung und Perspektiven

Das schleswig-holsteinische Konzept der schulischen Vorbereitung junger Menschen mit Sehschädigung auf den Übergang von der Schule ins Arbeitsleben ist Mitte der achtziger Jahre des letzten Jahrhunderts unter den normativen Gesichtspunkten der Normalisierung der Lebensbedingungen für Menschen mit Behinderungen entstanden. Betrachtet man, welche Unterstützung junge Menschen mit Blindheit oder Sehbehinderung zur damaligen Zeit in Deutschland in dieser Übergangsphase von ihren Schulen erhielten, so lassen sich im Konzept der Schleswiger Schule zumindest für den deutschsprachigen Raum einige innovative Komponenten erkennen. Als wichtigste können genannt werden, dass

- junge sehgeschädigte Menschen die Übergangsphase von der schulischen Bildung in die berufliche Ausbildung und Tätigkeit kreativ und situationsangemessen so selbstständig wie möglich gestalten lernen
- möglichst viele Beteiligte die Grenzen strukturbedingter Sichtweisen und Handlungsstrategien überschreiten
- die Beteiligten unterschiedliche Kompetenzen in konstruktiver Zusammenarbeit verknüpfen
- die Beteiligten individuelle Handlungskompetenz kontinuierlich weiterentwickeln
- die berufliche und soziale Integration sehgeschädigter junger Menschen in den weitaus meisten Fällen gelingt
- eine beträchtliche Anzahl von Berufen erschlossen werden konnte, die nicht zu den bisher geöffneten und bekannten Berufen von Menschen mit Sehschädigung gehörten.

Deutlich ist herauszustellen, dass die initiierte Innovation sich nicht additiv als Summe einer Vielzahl von Einzelelementen ergibt, sondern aus der gelungenen Synthese aufeinanderbezogener Handlungspläne erwächst und so die bestehenden Grenzen und Einschränkungen – mal mehr, mal weniger – überwindet. Dabei gelingt es weitgehend, ein Höchstmaß an Individualität zu wahren und individuellen Entwicklungen und Wegen genügend Freiraum zu gewähren.

Es ist unstrittig, dass das Konzept der schulischen Begleitung des Übergangs ins Arbeitsleben, wie es die Staatliche Schule für Sehgeschädigte in Schleswig realisiert hat, Wirkungen auf ähnliche Projekte in Schleswig-Holstein und darüber hinaus gehabt hat. Am deutlichsten aber sind die Wirkungen schulischer Vorbereitung auf den Übergang durch Beratung und Unterstützung bei den Jugendlichen und jungen Erwachsenen mit Sehschädigung, besonders im Bereich sozialer Kompetenz, wahrzunehmen

und zwar in

- dem Aufbau eines kontinuierlichen Dialogs zwischen den Beteiligten, der zu mehr gegenseitigem Verstehen und Akzeptieren führte und daneben auch ein angemessenes Umgehen mit Konflikten und Widersprüchen ermöglichte
- einer bei der Mehrzahl der Beteiligten deutlich größeren Eigeninitiative und der Überwindung resignativer Tendenzen, die insbesondere bei den Jugendlichen mit minderqualifizierenden Schulabschlüssen nicht selten zu Perspektivlosigkeit und Pessimismus geführt hatten
- dem Erarbeiten individueller Bewältigungs- und Handlungsstrategien, die einen Beitrag zum Aufbau eigener Identität leisteten, die die Sehschädigung mit ihren psycho-sozialen Aspekten in jeweils charakteristischer Weise in die Gesamtpersönlichkeit und in die Lern- und Lebenssituation integrierten
- einer größeren Selbstständigkeit und realistischeren Selbsteinschätzung der jungen Erwachsenen, die in der Regel mit der Ausdifferenzierung von Lebensplänen und -perspektiven gekoppelt sind
- der Weiterentwicklung von solchen Qualifikationen, die für den Zugang zum Arbeitsleben von vorrangiger Bedeutung sind
- der oft mühseligen, gelegentlich als quälende Anstrengung erlebten Suche nach alternativen Lösungen und Wegen und der zunehmenden Aufgeschlossenheit gegenüber Entwicklungsperspektiven und Ideen, die sich zwar nicht als bequem, dafür aber als langfristig tragfähig herausstellten
- einem deutlich zunehmenden Verständnis für die Komplexität des Berufswahlprozesses und die daraus erwachsenden Anforderungen an alle Beteiligten und ihre individuelle Handlungskompetenz
- der Entwicklung der Überzeugung, dass in einer selbstbestimmten, vertrauensvollen Öffnung gegenüber der Kooperation mit anderen Personen des sozialen Netzwerks eine stabile Basis positiver Entwicklungen liege

- der manchmal schmerzlichen Erkenntnis, dass der Übergang von der Schule in das Arbeitsleben nicht ein einziger großer, alles entscheidender Schritt ist, sondern vielmehr ein mehrjähriger Prozess, der auch Phasen der Stagnation, der Unsicherheit, der Missverständnisse, der Enttäuschungen und emotionalen Verletzungen einschließt
- einer bewussteren Auseinandersetzung mit der Behinderung und ihrem Einfluss auf die Familiensituation (In einigen Familien konnte eine regelrechte Enttabuisierung des Themas Behinderung beobachtet werden, und es zeigten sich entsprechende psychische Entlastungen bei den jungen Menschen selbst und/oder deren unmittelbaren sozialen Bezugspersonen)
- einer wachsenden Bereitschaft, die Übergangsphase von der schulischen Bildung in die berufliche Ausbildung selbst aktiv mitzugestalten und dadurch bewusst als einen entscheidenden Lebensabschnitt zu erleben
- den vielen gelungenen Übergängen sehgeschädigter Jugendlicher und junger Erwachsener von der schulischen Bildung in das Arbeitsleben
- der Tatsache, dass die Mehrzahl der erreichten Ausbildungen und beruflichen Tätigkeiten den Wünschen der jungen Menschen entsprach.

So wünschenswert es erscheinen mag, kausale Beziehungen zwischen der Unterstützungsarbeit und den Wirkungen bei den jungen Menschen mit Sehschädigung und ihrem Umfeld aufzuzeigen, so sehr stellt sich die Mehrdimensionalität von Übergangssituationen einem derartigen Versuch entgegen.

Perspektiven mittlerer Reichweite für die Arbeit des Teams „Berufsbildung“ der Staatlichen Schule für Sehgeschädigte liegen in der Entwicklung eines Konzeptes formativer Evaluation, das im Jahre 1999 entwickelt worden ist und im Jahr 2000 erstmals ausprobiert wird. Jedes Mitglied des genannten Teams stellt in einer Teamsitzung exemplarisch einen Berufsorientierungs- und Berufswahlprozess in allen wesentlichen Einzelheiten und mit Fokussierung auf seine Initiativen und Interventionen dar. Die Teammitglieder unterziehen diese Darstellung einer kritischen Würdigung und nutzen die Ergebnisse dieser Evaluation für die zukünftige Arbeit des Teams und aller seiner Mitglieder. Gegenstand der Evaluation sind folgende Bereiche:

- Beratungsstrategie von der Initial- bis zur Abschlussphase der Beratung „Berufswahlfahrplan“ (Orientierungs-, Entscheidungs- und Realisierungsphase)
- Unterstützung bei der Entwicklung von sozialer Kompetenz
- Arbeit in sozialen Netzwerken

Daten und Fakten (August 1986 bis März 2000)

Die Häufigkeit von Schweregraden der Sehschädigung bei den sehgeschädigten Jugendlichen und jungen Erwachsenen, die in der Periode vom August 1986 bis März 2000 erfasst worden sind, ist in der folgenden Tabelle dargestellt.

Tab. 1: Häufigkeiten von Schweregraden der Sehschädigung bei den 238 sehgeschädigten Jugendlichen und jungen Erwachsenen

Grad der Sehschädigung	Anzahl
Blindheit	40
Hochgradige Sehbehinderung	14
Sehbehinderung	170
Mäßige Sehschädigung (Grenzfall)	12
Nicht mehr sehbehindert*	2
Summe	238

* Bei zwei Schülern war nach erfolgreicher augenärztlicher Behandlung eine behinderungsspezifische Beratung und Unterstützung nicht mehr erforderlich.

Aus der folgenden Tabelle wird ersichtlich, dass die Jugendlichen und jungen Erwachsenen mit Sehschädigung zum Teil noch erweiterte Lebenserschwernisse in Form von zusätzlichen Schädigungen zu bewältigen hatten.

Sehgeschädigt und ...	Anzahl
lernbehindert	25
geistigbehindert	39
körperbehindert	22
hörgeschädigt	3
psychisch stark beeinträchtigt	6
Summe	95

zum Teil Mehrfachnennungen

Die folgende Übersicht zeigt, auf welche Berufsbereiche sich die 238 Jugendlichen und jungen Erwachsenen mit Sehschädigung verteilen.

Berufsbereich/Bereich	Anzahl
Kaufmännisch-verwaltende Berufe	55
Gewerblich-technische Berufe	10
Landwirtschaft und Gartenbau	5
Ernährung und Hauswirtschaft	8
Sozial- und Gesundheitswesen	13
Berüfsvorbereitende Maßnahmen	48
Universitätsstudium; Fachhochschulstudium; Fernstudium	21
Sonstiges, zum Beispiel selbstständiges Betreiben eines Kleingewerbes	6
Verbleib unbekannt; Umzug in ein anderes Land bzw. Bundesland; nicht mehr sehbehindert, da medizinisch erfolgreich behandelt; verstorben	16
Abbruch oder Verzicht auf eine Ausbildung	12
Tätigkeit in einer Werkstatt für Behinderte	44
Summe	238

Tab. 3: Übersicht über die Verteilung von 238 sehgeschädigten Jugendlichen und jungen Erwachsenen auf verschiedene Berufsbereiche/Bereiche (1986-2000)

Aus der Übersicht über die Berufe, für die ausgebildet wurde oder ausgebildet wird, wird ersichtlich, dass eine Reihe von Berufen erschlossen worden ist, die das Spektrum der bisherigen Blinden- und Sehbehindertenberufe erweiterten.

Im Folgenden sind Berufe aufgeführt, für die die jungen Menschen mit Sehschädigung ausgebildet worden sind oder die die jungen Erwachsenen durch Studium in den aufgeführten Fachbereichen angestrebt haben. Es sind teils Berufsbilder im dualen System gemäß § 25 Berufsbildungsgesetz, zum Teil solche gemäß § 48 Berufsbildungsgesetz bzw. § 42 a der Handwerksordnung.

Berufsbilder	Anzahl
Bereich: kaufmännisch-verwaltende Berufe	
Industriekauffrau/-mann	4
Kauffrau/-mann im Groß- und Außenhandel	3
Versicherungskauffrau/-mann	1
EDV-Kauffrau/-mann	1
Bürokauffrau/-mann	3
Steuerfachangestellte/r	5
Kauffrau/-mann im Einzelhandel	7
Sozialversicherungsangestellte/r	1
Verwaltungsfachangestellte/r	10
Fachangestellte/r für Arbeitsförderung	5
Beamte/r des gehobenen Dienstes bei der Steuerverwaltung	1
Beamte/r des gehobenen nichttechnischen Dienstes (Post und Fernmeldedienst)	1
Beamte/r des gehobenen Zolldienstes	1
Beamte/r im gehobenen auswärtigen Dienst	1
Beamte/r des gehobenen nichttechnischen Dienstes in der Allgemeinen und Inneren Verwaltung	5
Beamte/r des mittlerenDienstes bei der Steuerverwaltung	2
Beamte/r des mittleren nichttechnischen Verwaltungsdienstes	1
Bürogehilfe/in	1
Bürokraft	1
Te lefonist/in	1
Postzusteller/in	1
Handelsfachpacker/in	1
Bereich: gewerblich-technische Berufe	
Landmaschinenmechaniker/in	3
Maschinenbaumechaniker/in	1
Stahlbauschlosser/in (Weiterbildung zum Techniker)	1
Installateur/in	2
Kommunikationselektroniker/in	1
Tischler/in	2
Maurer/in	1
Bereich: Landwirtschaft und Gartenbau	
Gärtnerwerker/in	3
Landwirt/in	1
Bereich: Ernährung und Hauswirtschaft	
Hauswirtschaftshelfer/in	3
Fleischer/in (inzw. Meister/in)	1
Schlachter/in	1
Koch/ Köchin	1
Bäcker/in	3

Bereich: Sozial- und Gesundheitswesen	
Masseur/in	4
Krankenschwester	1
Erzieher/in	3
Sozialpädagogische/r Assistent/in	2
Kinderpfleger/in	1
Bereich: Studium (Universität und Fachhochschule)	
Sozialpädagogik	4
Sonderpädagogik	2
Pädagogik	2
Psychologie	1
Jura	3
Maschinenbau	2
Betriebswirtschaftslehre	6
Philologie	1

Tab. 4: Übersicht über die Berufe, für die ausgebildet/ studiert wurde oder ausgebildet/ studiert wird

Einige Jugendliche und junge Erwachsene haben zwei Ausbildungen absolviert, die jeweils einzeln aufgeführt worden sind. Aufgrund neuer Ausbildungsordnungen hat sich die Bezeichnung einzelner Berufe verändert. In der Tabelle stehen jeweils alte und neue Bezeichnungen, so wie sie jeweils auf den einzelnen Jugendlichen und jungen Erwachsenen zutrafen.

Schlussbemerkung

Die Gestaltung des Überganges Jugendlicher und junger Erwachsener mit Sehschädigung von der schulischen Bildung in das Arbeitsleben ist nicht nur von der Bereitstellung finanzieller, sächlicher und personeller Ressourcen abhängig, sondern wesentlich von der verfügbaren Kompetenz der dabei kooperierenden Personen und Systeme. Allerdings sind die genannten Ressourcen Voraussetzung für die Qualität der Arbeit.

Im Schuljahr 1999/2000 stehen dem Team „Berufsbildung" etwas mehr als 100 Lehrerwochenstunden zur Verfügung, zusätzlich Reisekosten und anteilige allgemeine Verwaltungskosten, die das Land Schleswig-Holstein bereit stellt. Diese Mittel werden zur Zeit für 70 Jugendliche und junge Erwachsene eingesetzt, die eine sehgeschädigtenspezifische Unterstützung bei der Berufsorientierung, der Berufswahl und der Berufsausbildung erhalten. Die Tatsache, dass die meisten dieser jungen Menschen nach ihrer Ausbildung einen Arbeitsplatz finden, lässt die Arbeit der Staatlichen Schule für Sehgeschädigte auch auf längere Sicht als eine sinnvolle Maßnahme erscheinen. Vor allem aber ist sie ein Beitrag zur Gestaltung einer humanen Gesellschaft, in der Menschen mit Behinderungen eine gleiche Chance auf einen Arbeitsplatz erhalten wie solche ohne derartige Lebenserschwernisse.

Literatur

APPELHANS, P.; RATH, W. u. a.: Werkstattgespräch. Beratung und Unterstützung Sehgeschädigter bei der Berufswahl und Berufsausbildung. Hamburg 1990.

APPELHANS, P.; BRABAND, H.; DÜE, W.; RATH, W.: Übergang von der Schule ins Arbeitsleben. Bericht über ein Projekt mit sehgeschädigten jungen Menschen. Hamburg 1992.

BRONFENBRENNER, U.: Ökologie der menschlichen Entwicklung. Stuttgart 1981.

BUNDESMINISTERIUM FÜR ARBEIT UND SOZIALORDNUNG; BUNDESMINISTERIUM FÜR BILDUNG UND FORSCHUNG: Eckpunkte für ein Sofortprogramm zum Abbau der Jugendarbeitslosigkeit. Ausbildung, Qualifizierung und Beschäftigung Jugendlicher (25. November 1998). Informationen für die Beratungs- und Vermittlungsdienste der Bundesanstalt für Arbeit (ibv); Heft 2. Nürnberg 1999, 77–86.

ECKERT, M.: Lernen und Entwicklung in Maßnahmen. Zur Wirksamkeit berufsvorbereitender Maßnahmen und Förderlehrgänge im Kontext der Lebenswelt Jugendlicher in der Problemregion Duisburg. Opladen 1989.

KEUPP, H.: Aufwachsen in der Postmoderne: Riskanter werdende Chancen für Kinder und Jugendliche. In: OPP, G.; PETERANDER, F. (Hrsg.): Focus Heilpädagogik. Projekt Zukunft. (S. 130–139). München 1996.

LAPPE, L.: Berufliche Chancen Jugendlicher in der Bundesrepublik Deutschland. In: Aus Politik und Zeitgeschichte. Beilage zur Wochenzeitung "Das Parlament". B 26/99, 30–39.

PETERMANN, F.; PETERMANN U.: Training mit Jugendlichen. Förderung von Arbeits- und Sozialverhalten. München 1987.

Simone Schüller

Die Auswirkungen des Konzeptes der ‚Unterstützten Beschäftigung' auf das System der beruflichen Rehabilitation am Beispiel der Werkstätten für Behinderte

Einleitung

Die zum 1. August 1996 in Kraft getretenen Änderungen des Schwerbehindertengesetzes haben neue Akzente im Hinblick auf die berufliche Rehabilitation in Werkstätten für Behinderte gesetzt. Zum einen sind bestehende Zugangsbarrieren wie der Nachweis der sogenannten „Gemeinschaftsfähigkeit" weggefallen, zum anderen wurde die Position der behinderten Beschäftigten gegenüber den Kosten- und Werkstattträgern deutlich gestärkt und ihnen ein arbeitnehmerähnlicher Rechtsstatus zuerkannt. Eine weitere Modifikation betrifft die Zielsetzung beruflicher und personenbezogener Fördermaßnahmen, die auf eine größere Durchlässigkeit zum allgemeinen Arbeitsmarkt hin ausgerichtet werden sollen. Der Gesetzgeber umreißt die konkreten Aufgaben wie folgt:

„Der Übergang von Behinderten in den allgemeinen Arbeitsmarkt ist durch geeignete Maßnahmen zu fördern. Insbesondere durch eine zeitweilige Beschäftigung auf ausgelagerten Arbeitsplätzen. Dabei hat die Werkstatt die notwendige arbeitsbegleitende Betreuung in der Übergangsphase sicherzustellen und darauf hinzuwirken, dass der zuständige Sozialhilfeträger und nach dem Ausscheiden des Behinderten aus der Werkstatt die Hauptfürsorgestelle, die begleitende Hilfe im Arbeits- und Berufsleben erbringen" (§ 5 (4) SchbWV).

Diese Entwicklungen sind nicht nur als wichtige Teilerfolge einer umfassenden Werkstattreform zu begreifen, sondern markieren zugleich die ersten rechtlichen Konsequenzen aus einer nunmehr seit 15 Jahren intensiv geführten Diskussion über neue Strategien zur beruflichen Eingliederung. Während über eine lange Zeit hinweg die Vorbereitung und Qualifizierung besonders beeinträchtigter Menschen vorrangig unter geschützten Rahmenbedingungen wie zum Beispiel in Werkstätten und anderen überbetrieblichen Institutionen erfolgte, lässt sich seit Mitte der 80er Jahre ein

Umdenken in der Praxis beruflicher Rehabilitation feststellen. Ein Grund hierfür war die Erkenntnis, dass es entgegen der ursprünglichen Intention immer seltener gelang, die Rehabilitanden nach Abschluss der individuellen Fördermaßnahmen in reguläre Arbeitsverhältnisse zu vermitteln. Stattdessen entwickelte sich ein zunehmend geschlossenes System an Sondereinrichtungen, das sich auf den unbefristeten Verbleib seiner Klientel eingestellt hat.

Der stete Ausbau geschützter Arbeitsplätze vor allem seit Mitte der 80er Jahre war begleitet von einer wachsenden Kritik an der dauerhaften Ausgrenzung behinderter Menschen aus regulären Lebens- und Arbeitsvollzügen. Etwa zeitgleich entstanden die ersten Projekte zur unterstützten Beschäftigung, denen es in einer zunehmenden Zahl von Fällen gelang, dem viel zitierten „Einbahnstraßeneffekt" beruflicher Rehabilitation entgegenzuwirken.

Mittlerweile existieren in der Bundesrepublik etwa 180 Projekte zur unterstützten Beschäftigung von Menschen mit Behinderungen. Neben den sogenannten Integrationsfachdiensten findet sich darunter eine wachsende Zahl von Werkstätten für Behinderte, die dieses Konzept in Modellvorhaben zum Wechsel behinderter Beschäftigter in den allgemeinen Arbeitsmarkt einsetzen.

Der vorliegende Beitrag befasst sich mit dem Einfluss unterstützter Beschäftigung auf die Rehabilitationspolitik der Werkstätten. Dazu werden die Determinanten beruflicher Bildung in diesen Institutionen beleuchtet, die einen wichtigen Ausgangspunkt für Reformen darstellen. Der zweite Abschnitt gibt einen Eindruck des hieraus entstandenen Spektrums werkstattbezogener Integrationsprojekte. Auf der Basis ausgewählter Forschungsergebnisse, werden die Effekte der eingeleiteten Maßnahmen beschrieben und Schlussfolgerungen für künftige Vermittlungsbemühungen gezogen.

Determinanten beruflicher Rehabilitation in Werkstätten für Behinderte

In den zurückliegenden 35 Jahren ist bundesweit ein flächendeckendes Netz an Werkstätten entstanden, das mittlerweile rund 172.000 Plätze in 643 anerkannten Einrichtungen umfasst (BMA, 2000, 70). Als Institutionen zur beruflichen Rehabilitation geben sie Menschen mit Behinderungen, die nicht, noch nicht oder noch nicht wieder auf dem allgemeinen Arbeitsmarkt tätig sein können, die Gelegenheit, einer Erwerbstätigkeit nachzugehen. Der spezifische Bildungsauftrag der Werkstätten umfasst neben der beruflichen Qualifizierung auch die Förderung sozialer und lebenspraktischer Kompetenzen, die in Form von arbeitsbegleitenden Angeboten verwirklicht werden soll. Ziel dieser Maßnahmen ist es, die Fähigkeiten der behinderten Beschäftigten soweit zu entwickeln, dass eine wirtschaftlich verwertbare Leistung erbracht werden kann, die zur Tätigkeit im Arbeitsbereich der WfB oder zum Wechsel in ein reguläres Beschäftigungsverhältnis befähigt.

Die ursprüngliche Intention, zumindestens für einen Teil der dort tätigen Menschen mit Behinderungen eine „Durchgangsstation" zu sein, ließ sich in den zurückliegenden drei Jahrzehnten nur in Einzelfällen realisieren. Wie den amtlichen Statistiken der Bundesanstalt für Arbeit über die „Arbeits- und Berufsförderung Behinderter" zu entnehmen ist, treten von den Absolventen des Arbeitstrainings nur knapp 1% in andere Bildungsmaßnahmen ein; etwa 3,5% wechselt in ein reguläres Beschäftigungsverhältnis. Die Übertrittsquote aus dem Arbeitsbereich in den allgemeinen Arbeitsmarkt liegt hingegen nur bei etwa einem Prozent pro Jahr. Die deutlich geringer werdenden Chancen von Menschen mit Behinderungen, sich im Wettbewerb um Arbeitsplätze behaupten zu können, hat die Struktur und die Konzeption der Werkstätten nachhaltig verändert.

Steigender Bedarf an geschützten Arbeitsplätzen

Seit ihrer Gründung in den 60er Jahren hat eine wachsende Zahl von Menschen mit Behinderungen hier eine auf Dauer angelegte Arbeits- und Beschäftigungsmöglichkeit gefunden. Durch die anhaltende Konjunkturkrise haben sich die Chancen auf ihre (Wieder-)Eingliederung weiter verschlechtert. Gleichzeitig werden vermehrt gesundheitlich beeinträchtigte und leistungsschwächere Arbeitnehmer aus dem regulären Beschäftigungssystem verdrängt. Diese Entwicklung hat mit dazu geführt, dass sich diese Institutionen allein von ihren quantitativen Dimensionen her betrachtet wie kaum ein anderer Zweig der Behindertenhilfe entwickelt haben. Obwohl die Kapazitäten allein zwischen 1985 und 1995 mehr als verdoppelt wurden, scheint der Bedarf an geschützten Arbeitsplätzen mittelfristig noch nicht gedeckt zu sein. Ein derzeit noch relativ niedriges Durchschnittsalter der behinderten Beschäftigten verbunden mit einer langen Verweildauer hat zur Folge, dass die Zahl der Aufnahmeanfragen den Anteil jener deutlich übersteigt, die altersbedingt beziehungsweise aufgrund von Vermittlungen aus den Werkstätten ausscheiden. Um dieses Ungleichgewicht zu kompensieren, müssen nach einer offiziellen Schätzung bis zum Jahr 2010 rund 50.000 zusätzliche Plätze bereitgestellt werden (DEUTSCHER BUNDESTAG, 1995, 12). Der geplante Ausbau bedeutet für die zuständigen Kostenträger prospektiv einen finanziellen Mehraufwand in Höhe von über drei Milliarden Mark, zuzüglich der laufenden Kosten, die mit jährlich 17.000 DM pro Platz beziffert werden. Hinter den genannten Zahlen verbirgt sich ein grundlegendes Dilemma: Einerseits legt die derzeitige Beschäftigungslage nahe, das Angebot geschützter Arbeitsplätze zu erweitern, um Menschen mit Behinderungen überhaupt eine Gelegenheit zur Teilhabe am Erwerbsleben zu geben. Andererseits stellt sich die Frage, ob die fortschreitende Ausgliederung behinderter Menschen in einen kostenintensiven Ersatzarbeitsmarkt sowohl in bezug auf die betreffenden Personen als auch sozialpolitisch auf Dauer vertretbar ist.

Neue Zielgruppen

Ein weiteres Kennzeichen für die Situation in Werkstätten ist die zunehmende Heterogenität ihrer Klientel. Ursprünglich für den Menschen mit geistigen Behinderungen konzipiert, haben sich diese Institutionen in den zurückliegenden Jahren für neue Zielgruppen geöffnet. Dies sind zum einem Menschen mit besonders hohen Pflege- und Betreuungsbedarfen, die nach geltendem Recht nicht in das Arbeitstraining beziehungsweise den Arbeitsbereich der WfB aufgenommen werden können. Ihr Anteil beläuft sich derzeit auf etwa acht Prozent. Darüber hinaus ist ein Anstieg von psychisch behinderten Menschen zu verzeichnen, die mangels Alternativen um Aufnahme in die Werkstatt nachsuchen. Etwa zwölf Prozent der Werkstattgänger werden diesem Personenkreis zugerechnet. Nach dem Grundsatz der „einheitlichen Werkstatt hat die WfB den unterschiedlichen Arten von Behinderung und deren Auswirkungen in der Form Rechnung zu tragen, dass sie eine entsprechende Differenzierung ihres Angebotes vornimmt. Für Menschen mit schwersten Beeinträchtigungen wurden daher Beschäftigungsmöglichkeiten in sogenannten „Förder- und Betreuungsgruppen" geschaffen. Um die spezifischen Bedarfe psychisch kranker und behinderter Mitarbeiter zu berücksichtigen, sind diese Institutionen dazu übergegangen, eigene Betriebsabteilungen und Zweigwerkstätten einzurichten.

Veränderte wirtschaftliche Rahmenbedingungen

Da die öffentlichen Fördergelder (Pflegesätze, Investitionszuschüsse und anderes) nur einen Teil der finanziellen Ausgaben abdecken, sind die Werkstätten zur Sicherung ihrer Existenz auf eine wirtschaftliche Verwertbarkeit der erbrachten Arbeitsleistungen angewiesen. Ihre ökonomische Situation wird wesentlich davon beeinflusst, inwieweit es gelingt, sich den Anforderungen des Marktes zu stellen. Da sie rund 75% ihres Umsatzes durch Lohnfertigung für öffentliche und private Unternehmen erzielen (vgl. ARNOLD, 1991) ist ein hohes Maß an Flexibilität und Anpassungsfähigkeit erforderlich, um mit anderen Anbietern konkurrieren zu können. Angesichts der veränderten Arbeitsfelder, wie zum Beispiel der Wandel von einfachen Montagetätigkeiten hin zur kompletten Produktfertigung und den Erfordernissen der Qualitätssicherung (Zertifizierung nach der ISO-Norm 9000ff), ist dieser Anspruch aktueller denn je. Für die Werkstätten bedeutet dies nicht nur, ihre Produktionsabläufe kontinuierlich anpassen zu müssen, sondern ihre Beschäftigten entsprechend fortzubilden. Sich diesen Herausforderungen zu stellen, ist für die Erfüllung des Rehabilitationsauftrages existentiell. So kommen die Werkstattvertreter des Ausschusses „Beruf und

Arbeit" der DEUTSCHEN VEREINIGUNG FÜR DIE REHABILITATION BEHINDERTER e.V in ihrem 1993 veröffentlichten Reformvorschlag zu dem Schluss:

> *„Wenn es nicht gelingt, mit entsprechend qualifizierten Kräften in Produktionsbranchen vorzudringen, in denen Arbeit vorhanden ist, wird es über kurz oder lang nicht nur weniger Vermittlungschancen geben, sondern die WfB selbst werden bald ihren Beschäftigten keine Arbeit mehr anbieten können und zu einer therapeutischen Beschäftigungseinrichtung verkommen."*

Berufliche Bildung auf dem Prüfstand

In der Diskussion um eine erfolgreiche Arbeitsmarktpolitik wird der Qualität beruflicher Aus- und Weiterbildung ein zentraler Stellenwert beigemessen. Für Menschen mit Behinderungen hat der Erwerb offiziell anerkannter Qualifikationen besondere Relevanz, weil die Tatsache einer physischen, kognitiven oder seelischen Beeinträchtigung in der Öffentlichkeit nicht selten pauschal als Indiz für eine dauerhaft verminderte Leistungsfähigkeit gewertet wird. Um sie gegenüber ihren nicht behinderten Mitbewerbern konkurrenzfähig zu machen, hält man es sozialpolitisch für unverzichtbar, ihnen die beste individuell erreichbare Ausbildung zu vermitteln. Der vierte Behindertenbericht der Bundesregierung stellt fest, dass es weiterhin oberstes Ziel sei, einen qualifizierten Berufsabschluss zu erwerben. Daneben komme aber auch Teil- und Zusatzqualifikationen sowie Maßnahmen beruflicher Anpassung [...] eine wachsende Bedeutung zu (BMA, 1998, 51).

Wie der Blick in die Realität zeigt, sind diese Möglichkeiten allerdings stark begrenzt. Da nach geltendem Recht nur in anerkannten Berufen qualifiziert werden darf, fällt trotz entsprechender Ausnahmeregelungen für behinderte Jugendliche und junge Erwachsene ein erheblicher Anteil dieser Personengruppe aus dem regulären Ausbildungssystem heraus. Von dieser Entwicklung betroffen sind vor allem die Menschen mit geistigen Behinderungen sowie eine wachsende Zahl von Absolventen der Schule für Lernbehinderte. Generelle Zweifel an ihrer beruflichen Bildbarkeit sind jedoch nicht angebracht. Nach Aussage von Fachleuten, die mit der Rehabilitation dieser Klientel befasst sind, können nach Eintritt in die Berufsphase deutliche Fortschritte verzeichnet werden. Die Praxiserfahrungen haben sich im Rahmen entwicklungspsychologischer Forschungen bestätigt. Laut SPECK (1982, 26f) konnte in mehreren Studien unabhängig voneinander nachgewiesen werden, dass sich sowohl kognitive als auch soziale Fähigkeiten von Menschen mit geistigen Behinderungen im Erwachsenenalter signifikant erhöhen und durch ein gezieltes Training sogar noch steigern lassen. Um ihr Bildungspotenzial optimal zu entfalten, bedarf es geeigneter Ausbildungsmöglichkeiten, die dem Lernvermögen inhaltlich und didaktisch angepasst sind. Das berufliche Wissen sollte sich in der konkreten Arbeitssituation

– also aktiv handelnd – angeeignet werden können. Die Aussagen zu den Lerntempi legen den Schluss nahe, berufliche Qualifizierung zu verzeitlichen, das heißt sie als längerfristigen kontinuierlichen Prozess zu begreifen und entsprechend zu planen.

Reform des Arbeitstrainings

Für Menschen mit Behinderungen, die derzeit kaum Chancen auf Teilhabe an regulären Ausbildungsgängen haben – und das sind mehrheitlich Absolventen der Schule für geistig Behinderte, die zu weit über 90% unmittelbar nach Schulabschluss in die Werkstatt für Behinderte wechseln – wird der Anspruch auf berufliche Bildung im Arbeitstrainingsbereich (AT) eingelöst. Im Verlauf dieser maximal zweijährigen Vorbereitungsphase soll geklärt werden, ob weitere berufliche Bildungsmaßnahmen auch außerhalb der Werkstatt in Betracht kommen oder – sofern die Mindestvoraussetzungen erfüllt sind – der Wechsel in den Arbeitsbereich der Einrichtung angezeigt ist. Die individuelle Förderung soll danach jedoch nicht enden, sondern in Form arbeitsbegleitender Maßnahmen fortgesetzt werden. Während die Vorgaben für das Eingangsverfahren und den Arbeitstrainingsbereich mittlerweile überarbeitet wurden, ist die Weiterbildung im Arbeitsbereich der WfB weder institutionalisiert noch finanziell hinreichend abgesichert. Hier legt die Werkstättenverordnung lediglich fest, dass entsprechend zu verfahren ist. Im weiteren enthält sie keine verbindlichen Aussagen zu Art, Dauer und Inhalten. Das Angebotspektrum umfasst primär Freizeitaktivitäten, wohingegen Maßnahmen mit allgemeinbildenden oder berufsbezogenen Aspekten (zum Beispiel Erste Hilfe Kurse, Umgang mit Geld, Kulturtechniken) eher eine untergeordnete Rolle spielen und nur punktuell angeboten werden (vgl. SCHÜLLER, 1996, 52f). So verfügen die Werkstätten zwar theoretisch über einen relativ großen Handlungsspielraum bei der Umsetzung ihres Bildungsauftrages; in der Praxis bleibt allerdings unklar, ob und wie diese Aufgabe unter den gegebenen Bedingungen realisiert werden kann.

Kritiker halten den vorgesehenen zeitlichen und konzeptionellen Rahmen für nicht ausreichend, um unter Berücksichtigung der individuellen Lern- und Leistungsfähigkeit eine optimale Förderung der Rehabilitanden zu erreichen. Vielmehr bestehe die Gefahr, die per Gesetz grundsätzlich zieloffen formulierte Ausrichtung des AT auf eine „Anlehre“ für die spätere Tätigkeit im Arbeitsbereich zu reduzieren. Es wird daher gefordert, die Dauer beruflicher Bildungsmaßnahmen generell auf mindestens drei Jahre zu erhöhen, sowie verbindliche Vorgaben über inhaltliche Ziele und methodische Vorgehensweisen zu entwickeln (vgl. ANDERS, 1993, 115; KLAMMER, 1995, 13).

Im Bemühen, qualitative Grundstandards für die berufliche Bildung zu schaffen, haben die BUNDESARBEITSGEMEINSCHAFT DER WERKSTÄTTEN FÜR BEHINDERTE und die BUNDESANSTALT FÜR ARBEIT im Mai 1996 eine gemeinsame „Vereinbarung über Rahmenprogramme für das Eingangsverfahren und den Arbeitstrainingsbereich in Werkstätten“ verabschiedet. Hinsichtlich der übergeordneten Ziele (ebd, Abschnitt 3.2) wird darin die Gleichrangigkeit arbeitsbezogener, lebenspraktischer beziehungsweise sozialer Förderung betont. Gleichzeitig sollen die eingeleiteten Maßnahmen differenziert genug sein, um Angebote externer Bildungsträger wie zum Beispiel Berufsschulen, Industrie- und Handelskammern beziehungsweise sonstigen Reha-Trägern wahrnehmen zu können. Dabei ist je nach individuellen Fortschritten der Übergang in eine reguläre Ausbildung zu ermöglichen[25]. Einvernehmen besteht auch darin, dass jeder Werkstattbeschäftigte einen Anspruch auf individualisierte, planmäßige Bildungsmaßnahmen hat, bei denen bereits erworbene Kompetenzen und vorhandene Neigungen zu berücksichtigen sind (ebd., Abschnitt 3.3). Bei der methodischen Umsetzung sollen arbeits- und sonderpädagogisch bewährte Verfahren zum Einsatz kommen, die selbst gesteuerte Lernprozesse anregen, Schlüsselqualifikationen und soziale Kompetenzen entwickeln helfen und kooperatives Lernen und Handeln fördern (a.a.0.). In Analogie zur eingangs erwähnten Rechtsreform, die geeignete Formen des Übergangs in den allgemeinen Arbeitsmarkt zwingend vorschreibt, wird die Durchführung von Betriebspraktika ausdrücklich genannt. Sie bieten nach Meinung der Autoren die Möglichkeit, die während des AT erworbenen Kenntnisse zu vertiefen und zu erweitern.

Modifikation der personellen und fachlichen Ressourcen

Die veränderten Anforderungen, unter denen Rehabilitation zu leisten ist, haben der Debatte um den Stellenschlüssel in WfB neuen Auftrieb gegeben. Mit Verweis auf die Klientel fordern die Einrichtungen bereits seit Jahren, mehr Fachkräfte bewilligt zu bekommen. Vor allem der soziale Dienst, der übergreifende Aufgaben wahrnimmt und künftig verstärkt in Vermittlungsaktivitäten involviert sein wird, ist mit einer Mitarbeiterstelle für 120 Beschäftigte deutlich unterbesetzt. Da die zusätzlichen Aufgaben einen

---

[25] Kurz zuvor hatte die BUNDESANSTALT FÜR ARBEIT einen Runderlass veröffentlicht, nach dem Werkstätten künftig auch sogenannte F2- beziehungsweise F3-Förderlehrgänge und Helfer-/Werkerausbildungen nach § 48 BBiG anbieten können (1996, 25f). Behinderte Jugendliche, die das Eingangsverfahren beziehungsweise das Arbeitstraining absolviert haben, könnten danach im begründeten Einzelfall zusätzlich einen Förderlehrgang durchlaufen, um so ihre Möglichkeit auf Integration in eine Vollausbildung beziehungsweise den Wechsel in den allgemeinen Arbeitsmarkt zu erhöhen.

erhöhten zeitlichen und fachlichen Aufwand erfordern, ist kaum davon auszugehen, dass dies von den vorhandenen Kräften zusätzlich zu ihren originären Aufgaben übernommen werden kann. An einem realen Mehrbedarf bestehen angesichts der Ergebnisse von Qualifizierungs- und Integrationsprojekten kaum Zweifel. Die Kapazitäten zu erweitern ist jedoch nur ein Teilschritt in den notwendigen Strukturanpassungen. Es stellt sich darüber hinaus die Frage, welche fachlichen Konsequenzen zu ziehen sind. Konkret gesagt: Entsprechen die vorhandenen Qualifikationen den Forderungen der Praxis? Wo besteht Fortbildungsbedarf und wie kann dem entsprochen werden? Die hauptamtlichen Mitarbeiter in Werkstätten für Behinderte hatten bisher die Möglichkeit, arbeitsbegleitend eine sogenannte „sonderpädagogische Zusatzausbildung“ zu absolvieren. Vor einiger Zeit wurde damit begonnen, ein eigenständiges Berufsbild, den sogenannten „Arbeitspädagogen“, zu etablieren, durch das den geänderten fachlichen Anforderungen entsprochen werden soll. Ein alternatives Angebot sind Fortbildungen für Integrationsberater, die seit einigen Jahren von verschiedenen Institutionen (unter anderem BAG UB) angeboten werden.

Die vorangegangenen Ausführungen haben die Determinanten und Entwicklungspotenziale der beruflichen Rehabilitation in Werkstätten für Behinderte thematisiert. Dabei ist deutlich geworden, dass die berufliche *Qualifizierung ein zentrales Instrument zur Personal- und Organisationsentwicklung* darstellt, das Impulse für eine stärkere Öffnung dieser Institutionen geben kann. Mit Blick auf den Rehabilitationsauftrag, der die (Re-)Integration auf den allgemeinen Arbeitsmarkt explizit einschließt, soll ihre Relevanz auf zwei Ebenen beschrieben werden:

Unter *institutionellen Gesichtspunkten* leistet berufliche Aus- und Weiterbildung einerseits ihren Beitrag, den Fortbestand der Werkstätten zu sichern, da davon auszugehen ist, dass sie auch in Zukunft für einen Teil der Menschen mit Behinderungen die einzige Möglichkeit sind, am Erwerbsleben teilzunehmen. Weil traditionelle Absatzmärkte schwinden, müssen neue Tätigkeitsfelder erschlossen werden. Dieses Ziel ist nur dann zu erreichen, wenn die behinderten Beschäftigten den sich wandelnden Arbeitsanforderungen gewachsen sind. Andererseits implizieren die dargelegten Entwicklungen, dass die beabsichtigte Erhöhung der Vermittlungsquoten nicht realisiert werden kann, ohne eine zielgerichtete und systematische Qualifizierung zu verfolgen.

Auf der *individuellen Ebene* bietet berufliche Qualifizierung die Grundlage, soziale, lebenspraktische und berufliche Kompetenzen zu erhöhen und damit die Leistungsfähigkeit zu verstetigen. Indem ihre Inhalte für betriebliche Erfahrungsfelder geöffnet werden, lassen sich reelle Einsichten und Wahlmöglichkeiten im Hinblick auf berufliche Perspektiven (Werkstatt für Behinderte oder allgemeiner Arbeitsmarkt) erschließen.

Berufliche Qualifizierung kann demnach *nicht nur Ziel des Rehabilitationsauftrages* sein, *sondern* ist zugleich *auch der Weg,* dieses Ziel zu erreichen. Dieses Potenzial stärker als bisher zu nutzen stellt den Ausgangspunkt für die nachfolgend beschriebenen Vermittlungskonzepte dar.

Modelle zum Übergang von Menschen mit Behinderungen auf den allgemeinen Arbeitsmarkt

In einer Umfrage der Bundesanstalt für Arbeit aus dem Jahr 1999 gaben rund 80% der befragten Werkstätten an, eingliederungsfördernde Maßnahmen nach § 5 Absatz 4 der Werkstättenverordnung durchzuführen (vgl. BUNDESVEREINIGUNG LEBENSHILFE, 1999, 167). Jede fünfte Werkstatt sah sich jedoch bislang nicht in der Lage, entsprechende Vorhaben zu realisieren.

Als Gründe für die – trotz aller offensichtlichen Bemühungen – doch relativ geringen Erfolge nennen die Einrichtungen vor allem vier Aspekte:

- der Mangel an personellen, fachlichen und konzeptionellen Ressourcen, um Vermittlungen angemessen vorbereiten und durchführen zu können
- der Wegfall sogenannter „Nischenarbeitsplätze“ für un- und angelernte Kräfte, die in Verbindung mit der wirtschaftlichen Rezession die Beschäftigungschancen verschlechtert haben;
- die Vorbehalte von Arbeitgebern gegenüber Menschen mit Behinderungen;
- die vorhandenen Einschränkungen des Personenkreises im Hinblick auf die physische und vor allem psychische Belastbarkeit (vgl. FRANK, 1994, 34).

Konkrete Erfahrungswerte zu Integrationsversuchen vor dem Beginn offizieller Modellvorhaben liegen bislang nur in Form von Einzelberichten vor (vgl. ANDERS, KRÜTZFELD, 1989; SCHÜLLER, 1996). Wenngleich den darin enthaltenen Aussagen unter empirischen Gesichtspunkten eher ein exemplarischer als repräsentativer Charakter beizumessen ist, lassen sich durchaus erste Schlussfolgerungen über die Möglichkeiten und Grenzen von Integrationsversuchen ziehen:

- Vorbereitung und Vermittlung auf den allgemeinen Arbeitsmarkt als eigenständiger Aufgabenbereich der WfB

  Um behinderten Beschäftigten den Wechsel in reguläre Beschäftigungsverhältnisse zu ermöglichen, bedarf es besonderer Planungs- und Handlungsbedingungen. Nach Aussage der WfB waren entsprechende Aktivitäten in der Vergangenheit nur dann möglich, wenn entweder kein allzu hoher Produktionsdruck bestand und Mitarbeiter für diese Aufgaben freigestellt werden konnten, oder es gelang, zusätzliches Personal zum Beispiel über Arbeitsbeschaffungsmaßnahmen zu akquirieren.

- Betriebliche Arbeitserprobungen als Vorstufe einer erfolgreichen Vermittlung

  Bei der Suche nach geeigneten Formen des Überganges in den allgemeinen Arbeitsmarkt, hat sich in der Vergangenheit der Weg über Praktika und Probebeschäftigungen bewährt. In der Regel konnten diese zeitlich befristeten Arbeitsplätze bei Auftragsfirmen oder über Kontakte der Gruppenleiter gefunden werden. Die Akquisition betrieblicher Erprobungsfelder ist ohne Frage ein mühsamer und zeitintensiver Prozess. Das aktive Zugehen auf Unternehmen erzielt nach Aussage der Werkstätten jedoch mittelfristig gute Erfolge.

- Abstimmung von Fähigkeits- und Anforderungsprofilen als Grundlage einer zielgerichteten Vorbereitung

  Schwierigkeiten bei Vermittlungsversuchen treten vor allem dann auf, wenn die Praktikanten überfordert und psychisch nicht ausreichend belastbar sind beziehungsweise die Betriebe ihre Erwartungen nicht erfüllt sehen. Ein enger Dialog zwischen der abgebenden Einrichtung und dem Betrieb beziehungsweise dem behinderten Beschäftigten kann helfen, diesen Entwicklungen vorzubeugen. „Im Mittelpunkt der Besuche steht die Anbahnung und die Unterstützung des Kontakts zu den Mitarbeitern der Firmen. Sollte sich herausstellen, dass Praktikanten mit ihrer neuen Tätigkeit über- beziehungsweise unterfordert sind, lassen sich in Einzelfällen über beratende Gespräche Änderungen erzielen. [...] Durch den kontinuierlichen Erfahrungsaustausch wird erreicht, dass bei den Firmen die Bereitschaft wächst, tatsächliche Schwächen auszugleichen" (ANDERS; KRÜTZFELD, 1989, 105).

- Nachgehende Begleitung als unverzichtbarer Bestandteil zur Sicherung von Arbeitsverhältnissen

  Die erzielten Arbeitsverhältnisse erwiesen sich früher in vielen Fällen als nicht stabil. ANDERS und KRÜTZFELD berichten, dass zwischen 1980 und 83 insgesamt 43 Beschäftigte der Hamburger Werkstätten GmbH in reguläre Arbeitsverhältnisse wechselten. Bei einer Nachbefragung im Jahr 1984 hatten jedoch nur noch neun von ihnen diesen Arbeitsplatz inne (ebd., 1989, 103). Alle anderen waren in der Zwischenzeit arbeitslos geworden. Von ähnlichen Erfahrungen berichten auch die Vertreter aus bayerischen Werkstätten, die im Rahmen der wissenschaftlichen Untersuchung über die 1993 begonnene Qualifizierungsmaßnahme nach ihren früheren Vermittlungsaktivitäten befragt wurden

(SCHÜLLER, 1996, 53f). Auch hier scheiterte eine große Zahl der Integrationsversuche.

Die Ursache wird vor allem darin gesehen, dass diesen Personen aufgrund der geringen personellen Ressourcen keine ausreichende psychosoziale Begleitung am Arbeitsplatz gewährt werden konnte. Um den Abbruch von Arbeitsverhältnissen zu verhindern, richteten die Hamburger Werkstätten zwei Stellen für die „Nachsorge" vermittelter Beschäftigter ein.

Wenn man die skizzierten Erfahrungen Revue passieren lässt, dann wird deutlich, dass die Vermittlung von Werkstattgängern zwar auf besondere Widerstände trifft, aber auch bislang ungenutzte Potenziale für eine gelingende Integration erkennbar sind. So besteht unter den Werkstätten weitestgehend Konsens darüber, dass die erzielten Übertrittsquoten das unter dem vorgegebenen Rahmen „Machbare" darstellen und nicht, was grundsätzlich für möglich gehalten wird. Um diesen Teil ihres Rehabilitationsauftrages besser als bislang erfüllen zu können, sind strukturelle und konzeptionelle Anpassungen erforderlich, die sich in den vorliegenden Alternativmodellen wiederfinden.

Unter den werkstattbezogenen Integrationsansätzen lassen sich im wesentlichen zwei Herangehensweisen unterscheiden, die einen engen Bezug zum Konzept der unterstützten Beschäftigung aufweisen:

- Einrichtung (interner) Fachdienste zur beruflichen Integration
- Maßnahmen zur beruflichen Aus- und Weiterbildung von behinderten Mitarbeitern

Fachdienste zur beruflichen Eingliederung von Menschen mit Behinderungen

Die Suche nach effektiveren Strategien zur beruflichen Eingliederung bekam neue Impulse, als 1985 die ersten Integrationsfachdienste ihre Arbeit aufnahmen. Basierend auf dem Konzept der „unterstützten Beschäftigung" bieten sie den Nutzern unter anderem individuelle Hilfen bei der Suche nach regulären Beschäftigungsverhältnissen, beim Erwerb relevanter Fertigkeiten und eine arbeitsbegleitende Assistenz an. In der Mehrzahl der Fälle handelt es sich um unabhängige Fachdienste, die in der Regel für den Einzugsbereich in der Größe eines Stadt- beziehungsweise Landkreises zuständig sind. Darüber hinaus wurden solche Angebote auch in Trägerschaft von Institutionen zur beruflichen Rehabilitation (unter anderem Werkstätten für Behinderte, Berufsbildungswerke, Fachkliniken) angesiedelt.

Zu den potenziellen Nutzern dieser Angebote gehören

- arbeitsuchende Schwerbehinderte, für die es aufgrund der Art und Schwere ihrer Beeinträchtigung besonders schwierig ist, einen Arbeitsplatz zu finden;
- Absolventen der Sonderschulen, die an allgemeinen Ausbildungsgängen nicht teilnehmen können und für die Aufnahme einer regulären Beschäftigung besondere Hilfen benötigen;
- behinderte Werkstattangehörige, die in der Regel nach Abschluss des Arbeitstrainings in den allgemeinen Arbeitsmarkt wechseln wollen und dabei auf individuelle Unterstützungsleistungen angewiesen sind.

Fachdienste zur beruflichen Integration haben sich in der Vergangenheit auf die Unterstützung einer bestimmten Klientel konzentriert, wobei Menschen mit kognitiven und psychischen Beeinträchtigungen im Vordergrund standen. Im Laufe der Zeit sind weitere Zielgruppen wie zum Beispiel Sinnesbehinderte und körperlich beeinträchtigte Personen hinzugekommen.

Die Verbreitung dieses Angebotes ist regional unterschiedlich weit fortgeschritten. Während im alten Bundesgebiet mittlerweile eine relativ hohe Versorgungsdichte erkennbar ist, befinden sich in den neuen Bundesländern entsprechende Strukturen noch im Aufbau. Die Heterogenität bezieht sich auch auf die konkrete Einbindung in das bestehende System beruflicher Rehabilitation. So haben Baden-Württemberg und Nordrhein-Westfalen bereits relativ früh die Einrichtung eines flächendeckenden Netzes institutionell unabhängiger Dienste forciert. In Hessen sind die sogenannten „Fachkräfte für Außenarbeitsplätze" in Werkstätten für Behinderte tätig. Dieses werkstattbezogene Fachdienstmodell basiert auf dem 1989 veröffentlichten „Hessischen Konzeptionspapier zur Schaffung und Finanzierung von Arbeits-, Ausbildungs- und Beschäftigungsmöglichkeiten außerhalb von WfB". Darin ist vorgesehen, Menschen mit Behinderung durch aufeinander aufbauende Zwischenstufen an die Bedingungen des allgemeinen Arbeitsmarktes heranzuführen und die Übernahme eines reguläres Arbeitsverhältnisses anzubahnen. Das konkrete Angebot umfasst

- die Gründung von Ausgangsgruppen,
- ausgelagerte Einzelarbeitsplätze
- Praktika bei öffentlichen und privaten Arbeitgebern,
- Arbeitserprobungen (Dauer: maximal sechs Monate),
- Beschäftigungsplätze (Dauer: ein Jahr mit Option auf Verlängerung).

Die Teilnehmer behalten während dieser Zeit ihre Werkstattzugehörigkeit, das heißt die Einrichtungen bekommen weiterhin die Pflegesätze ausbezahlt. Davon ausgenommen sind die so genannten Beschäftigungsplätze, wenn die

Dauer eines Jahres überschritten wird. In diesem Fall übernimmt der Kostenträger weiterhin die Sozialversicherungsbeiträge der Teilnehmer und gewährt den betreffenden WfB eine Verwaltungspauschale.

Eigene Vermittlungsstellen einzurichten beziehungsweise mit externen Fachdiensten zu kooperieren, ist eine Strategie, um Menschen mit Behinderungen den Übergang aus geschützter Arbeit in reguläre Beschäftigungsverhältnisse zu erleichtern. Eine weitere Facette im Spektrum integrationsfördernder Modellvorhaben stellen die berufsbildbezogenen Qualifizierungsangebote dar.

Berufliche Qualifizierungsmaßnahmen

Modellprojekte zur Aus- und Weiterbildung von Werkstattgängern zielen auf den Erwerb von (Teil-) Qualifikationen in einem bestimmten Berufsfeld ab. Die fachpraktischen und -theoretischen Inhalte sind dabei in der Regel an entsprechenden Werker-/Helferausbildungen orientiert. Ziel dieser Maßnahmen ist es, behinderte Beschäftigte in ihren arbeitsbezogenen, aber auch sozialen und lebenspraktischen Kompetenzen soweit zu fördern, dass sie betrieblichen Arbeitsanforderungen entsprechen können. Um eine bedarfsgerechte Ausbildung zu erreichen, werden tradierte Methoden beruflicher Rehabilitation (zum Beispiel allgemeinbildender/ berufsfachlicher Unterricht, überbetriebliches Training) durch Elemente unterstützter Beschäftigung ergänzt (zum Beispiel Betriebspraktika in Verbindung mit einer individuellen Arbeitsassistenz). Üblicherweise gliedern sich solche Maßnahmen in eine „Orientierungsphase“, in der eine interne Vorbereitung der Teilnehmer auf die anstehenden Lerninhalte und -ziele erfolgt. Danach schließt sich die „Qualifizierungsphase“ an, bei der betriebliche Erprobungen (im vorgesehenen Berufsfeld) mit überbetrieblichen Lerneinheiten (Blockunterricht oder ein wöchentlicher Schulungstag) abwechseln. Den Abschluss bildet die „Vermittlungsphase“, in der die notwendigen Vorbereitungen für den Wechsel in ein reguläres Arbeitsverhältnis (Abschluss von Arbeitsverträgen; Klärung offener Fragen, wie zum Beispiel finanzielle Förderungen, Absprachen über die Modalitäten nachgehender Begleitung) getroffen werden.

In der nachfolgenden Tabelle werden Merkmale überbetrieblicher Ausbildungskonzepte und einer beruflichen Qualifizierung im Sinne „unterstützter Beschäftigung“ gegenübergestellt.

Überbetriebliche Ausbildungskonzepte	Ausbildungskonzeption nach den Prinzipien ‚unterstützter Beschäftigung'
Grundsatz: Erst qualifizieren – dann vermitteln.	Grundsatz: Training-on-the-job
Inhalte orientieren sich an den Curricula regulärer Ausbildungsberufe	Inhalte orientieren sich an den Erfordernissen des konkreten Arbeitsplatzes
Ausbildungsinhalte umfassen kognitive (unter anderem Kulturtechniken), soziale und arbeitsbezogene Fertigkeiten in Theorie (zum Beispiel Fach-/Berufskundeunterricht) und Praxis.	Konzentration auf die Förderung arbeitsbezogener und sozialer Kompetenzen im betrieblichen Kontext
Überbetriebliches Training in allen Aspekten der Qualifizierung als Vorbereitung auf die betrieblichen Arbeitserprobungen.	Prinzip des „dualen Lernens"
Praktika (als Ziel) dienen in erster Linie der Überprüfung • des individuellen Entwicklungsstandes • der potenziellen Vermittlungsfähigkeit	Praktika (als Mittel) dienen dazu • berufliche Fähigkeiten und Neigungen zu ermitteln • die arbeitsbezogenen Fertigkeiten zu entwickeln und zu fördern • die Ausbildungskonzepte zu überprüfen und gegebenenfalls zu modifizieren • berufliche Beschäftigungsperspektiven zu konkretisieren • die Einstellungen der Arbeitgeber gegenüber einer Beschäftigung behinderter Menschen positiv zu beeinflussen

Die oben skizzierte Form beruflicher Qualifizierung stellt in ihrem theoretischen Ansatz eine „Mischform" dieser beiden Herangehensweisen dar. Da die Inhalte allgemeinen Ausbildungsrichtlinien entlehnt werden, ist das Lernspektrum deutlich umfangreicher als im arbeitsplatzbezogenen Modell, wie es das Konzept der unterstützten Beschäftigung impliziert. So beinhaltet diese Maßnahme in der Regel einen relativ hohen Theorieanteil, der das Vorhandensein bestimmter kognitiver Fähigkeiten wie zum Beispiel Abstraktionsvermögen voraussetzt und von den Qualifikanten zumindestens Grundkenntnisse in bezug auf die Kulturtechniken (Lesen, Schreiben, Rechnen) erwartet.

Durch die Verknüpfung betrieblicher und außerbetrieblicher Lernanteile weicht diese Form der Ausbildung jedoch von überbetrieblich erworbenen Qualifikationen ab. Das rehabilitative Prinzip „erst qualifizieren – dann vermitteln" wird dabei nicht gänzlich aufgegeben, aber weniger als zeitliche Abfolge, sondern vielmehr als wechselseitiger Prozess verstanden. Im Sinne „dualen Lernens" können dabei die Erfahrungen am Arbeitsplatz durch das Bildungsangebot aufgegriffen und vertieft werden.

Praxisbeispiele

Qualifizierungsvorhaben, die mit der konkreten Zielsetzung verbunden sind, Menschen mit Behinderungen den Wechsel aus geschützter Arbeit in reguläre Beschäftigungsverhältnisse zu ermöglichen, sind seit Anfang der neunziger Jahre verstärkt in Angriff genommen worden.

Mit dem bislang größten Projekt dieser Art wurde 1993 in Bayern begonnen. In die „Berufliche Qualifizierungsinitiative für Menschen mit Behinderungen in WfB" [26]. waren allein in der ersten Phase (1993-95) gut ein Drittel der Werkstätten einbezogen. Durch die finanzielle Unterstützung der Bezirke (überörtliche Träger der Sozialhilfe) und des europäischen Sozialfonds konnten die Einrichtungen 333 offizielle Trainingsplätze – verteilt auf 60 Projektgruppen – bereitstellen. Da im Projektverlauf frei werdende Plätze wieder zu besetzen waren, weil Qualifikanten entweder die Maßnahme vorzeitig abbrachen beziehungsweise bereits vor dem offiziellen Ende vermittelt werden konnten, belief sich die Gesamtzahl der Teilnehmer im ersten Durchgang auf insgesamt 516 Menschen mit Behinderung; darunter 301 Männer und 215 Frauen. Erklärtes Ziel dieser Maßnahme war es, durch eine systematische Qualifizierung die Chancen behinderter Menschen auf Übernahme eines regulären Arbeitsplatzes zu erhöhen. Über eine Dauer von zunächst drei Jahren sollten die beteiligten Institutionen geeignete Ausbildungsgänge für spezifische Berufsfelder entwickeln und in die Praxis umsetzen.

Das in Bayern initiierte Modell greift in seinem ursprünglichen Ansatz die Idee einer systematischen und ganzheitlich angelegten Förderung auf und ergänzt diese durch spezifische Angebote der Vermittlung und nach-

[26] Träger der Maßnahme sind die bayerischen Landesverbände der freien Wohlfahrtspflege, darunter die Arbeiterwohlfahrt, der Deutsche Caritasverband, das Diakonische Werk und der Deutsche Paritätische Wohlfahrtsverband sowie der Landesverband der Lebenshilfe für geistig Behinderte unter Beteiligung des ESF, des bayerischen Ministeriums für Arbeit und Sozialordnung, Familie, Frauen und Gesundheit und der bayerischen Bezirke.

gehenden Begleitung am betrieblichen Arbeitsplatz. Die Maßnahme umfasst allgemeinen und berufsfachlichen Unterricht, soziale Förderung und arbeitspraktische Angebote innerhalb der WfB sowie in betrieblichen Arbeitsfeldern. Die Konzeption sieht ein dreistufiges Verfahren (Basisqualifizierung, berufsfeldbezogene Qualifizierung und betriebliche Qualifizierung) vor, wobei sich die konkrete Umsetzung an den individuellen Erfordernissen des einzelnen Teilnehmers ausrichten soll. Um die angesprochenen Aufgaben bewältigen zu können, wurden zusätzliche Fachkraftstellen, die sogenannten „Projektgruppenleiter", eingerichtet.

Ein weiteres Beispiel sind die beruflichen Eingliederungsprojekte der WfB Bremen – Martinshof, bei denen behinderte Beschäftigte mit Hilfe spezieller Trainingsprogramme auf die Tätigkeit in der freien Wirtschaft vorbereitet werden (vgl. SCHMITZ, 1994; GELLERMANN, 1995). Den Bewerbern stehen grundsätzlich zwei Integrationsangebote offen:

- Maßnahmen zur fachpraktischen und –theoretischen Qualifizierung (seit 1991), die die Grundlage für eine anschließende Helferausbildung (unter anderem in den Bereichen Metall, Holzverarbeitung und Lager/ Verpackung) schaffen sollen. Der Ablauf entspricht dem oben genannten Vorgehen, wobei frühzeitig der Bezug zur betrieblichen Arbeitswelt in Form von begleiteten Praktika in öffentlichen und privaten Unternehmen erfolgt. Die Planung und Durchführung war der Einrichtung ebenfalls nur möglich, weil zusätzliche Geldmittel aus Förderprogrammen der europäischen Union und eine entsprechende Ko-Finanzierung der nationalen Kostenträger eingeworben werden konnten.
- Direkte Arbeitsvermittlung durch einen internen Fachdienst (seit 1993), der Betriebspraktika organisiert und eine individuelle Begleitung in diesen Unternehmen leistet. Die anfallenden Personalkosten werden aus dem Pflegesatz finanziert.

Eine Variante integrationsfördernder Bildungsmaßnahmen ist das „Ambulante Arbeitstraining", das seit 1995 in Hamburg angeboten wird (vgl. HAMBURGER ARBEITSASSISTENZ, 1995). Im Unterschied zur gängigen Praxis sollen arbeits- und personenbezogene Fertigkeiten nicht mehr ausschließlich in den Produktionsstätten der WfB, sondern unter betrieblichen Rahmenbedingungen erlernt werden. In Praktika von bis zu zwei Jahren Dauer können die Rehabilitanden einschlägige Erfahrungen in unterschiedlichen Berufsfeldern sammeln und erhalten hierbei eine individuelle Unterstützung durch Arbeitsassistenten. Parallel können sie an Angeboten externer Bildungsträger (Berufsbildungswerke, Berufsschulen und andere) teilnehmen. Das formale Verfahren sieht wie folgt aus: Wenn ein Jugendlicher für diese Form des AT geeignet erscheint, weist ihn der Berufsberater des Arbeitsamtes einer der vier Hamburger Werkstätten mit der Vorgabe zu, ihn an dieser Maßnahme teilnehmen zu lassen. Die betreffende Einrichtung ihrerseits beauftragt den Integrationsfachdienst mit der Durchführung. Die finanziellen und rechtlichen Modalitäten dieses Verfahrens sind durch einen Kooperationsvertrag zwischen der Hamburger Arbeitsassistenz und den Werkstattträgern geregelt.

Die dargestellten Werkstattmodelle machen deutlich, dass Methoden der unterstützten Beschäftigung zu Regelstandards eingliederungsfördernder Maßnahmen avanciert sind. So haben betriebliche Arbeitserprobungen und eine phasenübergreifende individuelle Unterstützung jeweils einen zentralen Stellenwert in diesen Konzepten inne. Unterschiede bestehen jedoch in der zeitlichen und inhaltlichen Gewichtung. Beim arbeitsplatzbezogenen Ansatz, wie ihn die Fachdienste und die Initiatoren des ambulanten Arbeitstrainings favorisieren, werden die Bildungsinhalte der konkreten Tätigkeit entnommen und konzentrieren sich damit zunächst auf das Notwendige. In den Maßnahmen zur Aus- und Weiterbildung nimmt man Ausbildungsrichtlinien als Grundlage und versucht soviel spezifisches Fachwissen wie möglich zu vermitteln, was unter Umständen mehr sein kann, als es die realen Anforderungen am Arbeitsplatz erforderlich machen. Damit halten sie implizit am Gedanken des „erst qualifizieren – dann vermitteln“ fest.

Welche Erkenntnisse hinsichtlich der praktischen Umsetzung werkstattbezogener Integrationsvorhaben gewonnen wurden und welche Schlüsse für künftige Vorhaben daraus zu ziehen sind, ist Gegenstand der folgenden Ausführungen.

Empirische Ergebnisse zu ausgewählten Aspekten beruflicher Integrationsmaßnahmen in Werkstätten für Behinderte

Die beschriebenen Konzepte zur beruflichen Integration von Menschen mit Behinderungen werden seit vielen Jahren umgesetzt und erprobt. Mittlerweile liegen valide Ergebnisse vor, welche der eingeschlagenen Wege sich in der Praxis bewährt haben und wo Handlungsbedarf erkennbar ist, um die angestrebten Ziele auch in Zukunft verwirklichen zu können.

In den folgenden Abschnitten werden die Erfahrungen zu zentralen Themenbereichen, wie unter anderem den Zielgruppen, den inhaltlichen Vorgehensweisen und ihren Effekten, sowie die systemischen Wirkungen zusammengefasst. Die Ausführungen beziehen sich dabei auf die vorliegenden Verlaufsstudien zu Werkstattprojekten dieser Art, insbesondere der weiter oben erwähnten bayerischen Qualifizierungsinitiative (vgl. SCHÜLLER, 1996)

Stichwort: Zielgruppen

Differenziert man die Gruppe der Teilnehmer zunächst nach der Art ihrer Behinderung, so handelt es sich erwartungsgemäß bei der Mehrheit um Menschen mit geistigen Behinderungen. Ihr Anteil wird auf 43% (Modellprojekt Bayern, 1991-93) beziehungsweise 62% (Modellprojekt Hessen, Stand: 1994[27]) beziffert. An zweiter Stelle finden sich Personen, die aufgrund ihres Schulabschlusses als „lernbehindert" eingestuft werden (circa 28%). Menschen mit primär psychischen beziehungsweise körperlichen Einschränkungen stellten in der Vergangenheit 12,8% beziehungsweise 15,7% der Teilnehmerschaft.

Da Maßnahmen zur beruflichen Integration jenen Werkstattgängern vorbehalten sind, die als potenziell vermittlungsfähig gelten, werden vor allem die Arbeits- und Leistungsfähigkeit, sowie ein ausreichendes Maß sozialer Kompetenz als Auswahlkriterien herangezogen. Im Hinblick auf die oben genannten Teilnehmergruppen lassen sich hier besondere Gewichtungen erkennen. Nach den bisherigen Erfahrungen ist bei psychisch behinderten Menschen besonderes Augenmerk auf die emotionale und soziale Stabilität zu richten, da sie auf Änderungen in ihrem gewohnten Arbeits- und Lebensumfeld sehr sensibel reagieren.

Das Vorhandensein individueller Mindestvoraussetzungen reicht für eine Prognose über den Erfolg von Integrationsmaßnahmen allein jedoch nicht aus. Hier spielen auch „externe" Faktoren eine wichtige Rolle, zum Beispiel ob das Umfeld (Gruppenleiter, Angehörige, Freunde) den Wunsch nach einem Wechsel unterstützt, persönliche Bindungen an die WfB, die die Entscheidung für oder gegen die Aufnahme eines regulären Beschäftigungsverhältnisses mit beeinflussen, aber auch sachliche Gegebenheiten (regionale Infrastruktur, Zugang zu Betrieben und anderes).

Stichwort: Inhaltliche Konzeption

Ein zentraler Grundsatz bei der Umsetzung solcher Modellvorhaben ist, potenziell vermittlungsfähige Beschäftigte aus WfB schrittweise mit den Anforderungen der Praxis vertraut zu machen. Dieser Gedanke erscheint plausibel, wenn man bedenkt, dass diese Personen bislang unter Voraussetzungen gearbeitet haben, die sich von den Anforderungen des allgemeinen Arbeitsmarktes zum Teil erheblich unterscheiden. Bei der *Vorbereitung* muss es in erster Linie darum gehen, die Leistungsfähigkeit und das Vertrauen in das eigene Können zu stabilisieren sowie Selbstständigkeit im lebenspraktischen Bereich zu fördern, das heißt gegebenenfalls vorhandene Überver-

---

[27] Die Angaben zu den Projekten des Landes Hessen sind dem Zwischenbericht der wissenschaftlichen Begleitung entnommen (vgl. JACOBS; LUNTZ, 1994).

sorgungsansprüche abzubauen. Im Hinblick auf den Wechsel in die betriebliche Erprobungsphase hat sich ein angemessenes Sozialverhalten als besonders wichtig herausgestellt. Kritische Rückmeldungen von Seiten der Betriebe am Ende von Praktika bezogen sich vorrangig auf Mängel bei der psycho-sozialen Belastbarkeit und Ausdauer. Was die Förderung arbeitsbezogener Fertigkeiten anbetrifft, sind die Effekte überbetrieblichen Trainings (als Vorbereitung) jedoch begrenzt. Stattdessen haben sich die *betrieblichen Arbeitserprobungen* als zentrales Mittel der Qualifizierung und Vermittlung etabliert, die zum frühestmöglichen Zeitpunkt einzuplanen sind. Als Begründung wird ein ganzes Bündel an Argumenten angeführt: Zum einen geht hiermit eine neue Qualität des Lernens einher, bei der sich zum Beispiel die Förderung der sogenannten „Arbeitstugenden (Ausdauer, das Einhalten von Arbeits- beziehungsweise Pausenzeiten und anderes) sehr viel problemloser realisieren lässt als in simulierten Situationen (Rollenspiele und ähnliches). Zum anderen hat sich auch hier die Erkenntnis aus früheren Modellprojekten bestätigt, dass die Praktika ein wichtiges Erfahrungsfeld sind, die beruflichen Präferenzen und Eignungen der Teilnehmer zu ermitteln und Klarheit über die tatsächlichen Qualifizierungsbedarfe zu erhalten. Darüber hinaus haben sich die Annahmen, welche Berufsfelder für die Teilnehmer günstige Vermittlungschancen bieten, dabei häufig als vorläufig herausgestellt und konnten auf diese Weise rechtzeitig modifiziert beziehungsweise konkretisiert werden.

Insgesamt weisen die bisherigen Erfahrungen darauf hin, dass Maßnahmen zur beruflichen Integration dem Gedanken der *Individualisierung* Rechnung zu tragen haben, da die Zielgruppe in ihren Kompetenzen, Neigungen und Bedarfen überaus heterogen ist. Die Idee einer möglichst ausbildungsadäquaten Qualifizierung trat demnach eher in den Hintergrund; auch weil sich zeigte, dass die vorhandenen Curricula für den Personenkreis nur begrenzt verwertbar sind. Es muss bei der Planung darum gehen, genau abzuwägen, welche Fertigkeiten konkret benötigt werden und was davon individuell vermittelt werden kann. „Ein solches Konzept schließt nicht aus, dass die Teilnehmer jeweils aufbauend auf ihren neu erworbenen Kenntnissen und Fähigkeiten zu einem späteren Zeitpunkt weiterlernen können" (SCHÜLLER, 1996, 140).

Stichwort: Fachliche und personelle Ressourcen

Die Aufgabenfelder, mit denen die Fachkräfte bei ihrer Arbeit in Berührung kommen, erfordern ein breites Fachwissen in unterschiedlichsten Disziplinen. Neben (sonder-) pädagogischen und didaktischen Qualifikationen sind unter anderem Kenntnisse über rechtliche Grundlagen, Marketing- und Akquisitionsstrategien sowie Methoden der Gesprächsführung gefragt. Der „Integrationsberater" oder „Arbeitsassistent" ist eine aus der Praxis entstandene Profession, für die es bis vor kurzem keine umfassenden Aus- und

Weiterbildungsmöglichkeiten gab. In den durchgeführten Vorhaben war es daher so, dass sich Fachkräfte die durch individuelle Qualifikation und Praxiserfahrung nicht abgedeckten Kompetenzen in der Regel selber aneignen mussten. Dort wo erforderliche *Zusatzausbildung der Lehrenden* als eigener Bestandteil der Maßnahme mit eingeplant wurde, konnte die Fortbildung meist nur projektbegleitend erfolgen. Beide Vorgehensweisen bergen Probleme (vgl. SCHÜLLER, 1996, 79f). Es besteht die Gefahr von Reibungsverlusten, die sich verbunden mit hohen Handlungsunsicherheiten nachteilig auf den Verlauf und die Ergebnisse auswirken können. Berücksichtigt man außerdem den Erfolgsdruck, unter dem solche Modelle in der Regel stehen, dann wird die davon ausgehende Belastung der Verantwortlichen nochmals deutlich. Es erscheint dringend erforderlich, eine angemessene Qualifikation der Fachkräfte zu gewährleisten. Dies kann in der Vorbereitungsphase solcher Projekte in Form von Hospitationen bei erfahrenen Kollegen geschehen; sollte jedoch in Form entsprechender Bildungsangebote vertieft werden. Diesbezügliche Handreichungen für die Praxis (Kompendien) und Lehrgänge sind bereits erarbeitet worden.

Stichwort: Interne Kooperation

Um Integrationsvorhaben erfolgreich umsetzen zu können, sind effektive Formen der Kooperation zwischen allen Beteiligten zu finden und klare Regeln über die jeweiligen Zuständigkeiten zu entwickeln. Dies ist zum einen deshalb erforderlich, weil die Komplexität der anfallenden Aufgaben von den zuständigen Fachkräften ohne aktive Unterstützung durch die Kollegen der WfB (insbesondere der Gruppenleitungen und der Mitarbeiter des sozialen Dienstes) allein kaum bewältigt werden kann. So waren in der ersten Projektphase der bayerischen Qualifizierungsinitiative mehr als 180 hauptamtliche Mitarbeiter der betreffenden Einrichtungen sowohl zeitlich als auch inhaltlich in die Maßnahme eingebunden. Sie unterstützten die Projektgruppenleiter vor allem im Bereich der arbeitspraktischen Anleitung und bei der Auswahl und Begleitung der Teilnehmer (ebd., 82f). Zum anderen zeigen die Erfahrungen der Praxis, dass Menschen mit Behinderungen den Übergang in den allgemeinen Arbeitsmarkt nur schwer oder gar nicht vollziehen können, wenn sie bei diesem Schritt nicht durch ihr soziales Umfeld ermutigt werden. Der Rückhalt, den sie von Angehörigen, Freunden aber auch von ihren Ansprechpartnern in der Werkstatt bekommen, ist eine wichtige Motivation, Anforderungen zu meistern und ihr Ziel zu erreichen.

Die Einführung neuer Aufgabenbereiche und Ziele führt zu besonderen Anforderungen an die innerbetriebliche Zusammenarbeit und Kommunikation. Dabei lässt sich beobachten, dass vor allem am Anfang bisherige Kooperationsstrukturen teilweise in Frage gestellt werden und daraus Unsicherheiten entstehen, die offenen Widerstand hervorrufen können. Obwohl die Sinnhaftigkeit von Integrationsversuchen im Vorfeld grundsätzlich kaum bestritten wird, beginnt die Auseinandersetzung mit den möglichen Folgen häufig erst, wenn es zu Konsequenzen kommt. Das kann zum Beispiel dann der Fall sein, wenn sogenannte „Leistungsträger" aufgrund von Praktika plötzlich nicht mehr in der Produktion einsetzbar sind und dieses Problem dann von den Gruppenleitungen ad-hoc gelöst werden muss. Die interne „Bewährungsprobe" solcher Projekte steht also bei Beginn erst noch an. Es lässt sich dabei nicht ausschließen, dass das Ziel der Vermittlung behinderter Beschäftigter auf Ablehnung derjenigen stößt, die dies bisher kaum verfolgt haben. „Die Vorurteile kamen oftmals aus den eigenen Reihen und waren dort weitaus beständiger und blockierender, trauten doch viele, ob Gruppenleitungen, Sozialpädagogen, Wohnbetreuer und Eltern ‚ihren' Behinderten den Schritt in die Eigenständigkeit und Unabhängigkeit nicht so recht zu" (SCHMITZ, 1994, 52). Wenngleich die skizzierten Problemlagen in den meisten Fällen als Anfangsschwierigkeiten zu bewerten sind, die über den Verlauf hinweg bewältigt wurden, machen sie andererseits auch deutlich, dass erhebliche strukturelle und konzeptionelle Anpassungsleistungen von Seiten der WfB erforderlich sind. Das bedeutet sowohl, einen internen Konsens über diese Ziele herbeizuführen und sich gemeinsam dafür zu engagieren als auch geeignete Organisations- und Kooperationsformen zu entwerfen.

Stichwort: Maßnahmeerfolg

Im Rahmen der bayerischen Qualifizierungsinitiative konnten zwischen 1993 und 1995 mehr als ein Fünftel der Beteiligten in reguläre Beschäftigungsverhältnisse vermittelt werden. In Bremen waren es im ersten Projektabschnitt gut 30%. Mit Blick auf die erwähnten Zielgruppen lässt sich dabei feststellen, dass es für lernbehinderte und psychisch beeinträchtigte Menschen bisher offensichtlich leichter war, Arbeit zu finden, als für Qualifikanten mit geistigen Behinderungen (vgl. JACOBS, LUNTZ, 1994, 79; SCHÜLLER, 1996, 120). In Relation zu ihrem Anteil an der Gesamtpopulation sind die hier erzielten Vermittlungsquoten unterdurchschnittlich, während sie bei den anderen Teilnehmern zum Teil deutlich über dem zu erwartenden Durchschnittswert lagen.

Es muss bei der Interpretation der Vermittlungszahlen auf folgende Aspekte hingewiesen werden:

- Die Erfolge basieren auf besonderen personellen und inhaltlichen Rahmenbedingungen, die unverzichtbar sind, um ein solches Resultat überhaupt zu erzielen. Sie lassen sich also nicht pauschal auf die Gesamtheit der Werkstätten *ohne* entsprechende Ressourcen übertragen.
- Die Teilnehmerschaft stellt keinen repräsentativen Querschnitt der Werkstattklientel dar. Es wurden vorrangig die leistungsstärksten Bewerber aufgenommen, bei denen am ehesten davon auszugehen war, dass sie

den Ansprüchen potenzieller Arbeitgeber gerecht werden. So können die erreichten Quoten zunächst einmal für eine vorläufige Prognose über diese konkrete *Teilgruppe der Werkstattgänger* verwendet werden.

Wenngleich die zitierten Integrationsraten in ihrer Höhe nicht ohne weiteres verallgemeinerbar sind, lassen sie keinen Zweifel daran, dass der Wechsel von Menschen mit Behinderungen aus der WfB in den allgemeinen Arbeitsmarkt in deutlich größerem Umfang möglich ist als bisher angenommen wurde.

Die erzielten Abschlüsse von Arbeitsverträgen allein geben das insgesamt Erreichte jedoch nur teilweise wieder. Bei fast allen Qualifikanten konnten signifikante Fortschritte in ihrer persönlichen Entwicklung und in arbeitsrelevanten Fähigkeiten festgestellt werden (SCHÜLLER, 1996, 107ff). Diese Leistungssteigerungen sind auch für die WfB von umittelbarem Nutzen, da die Teilnehmer flexibler einsetzbar sind und höherwertige Arbeiten ausführen können. So haben von den Teilnehmern, die am Ende der ersten Projektphase in Bayern noch nicht vermittelt werden konnten, etwa 50% eine qualifiziertere Tätigkeit innerhalb der WfB erhalten.

Stichwort: Auswirkungen auf die Arbeitsorganisation/ Produktivität der WfB

Durch die Teilnahme an Vermittlungsversuchen stehen vornehmlich leistungsstarke Beschäftigte für die Produktion zumindestens temporär nicht mehr zur Verfügung. Damit können kurzfristig personelle Engpässe und Probleme in den gewohnten Arbeitsabläufen entstehen. Die mitunter geäußerte Befürchtung, der Weggang der „Leistungsträger" würde drastische Gewinneinbußen nach sich ziehen und die betreffenden Einrichtungen langfristig vor große Schwierigkeiten stellen, hat sich in der Praxis so nicht bestätigt. Personelle Lücken sind in der Regel zu kompensieren. Um diesen Verlust auszugleichen, müssen allerdings rechtzeitig Nachrücker bestimmt und in die vakanten Arbeitsplätze eingewiesen werden. Die notwendige *Nachqualifizierung* legt nahe, bereits bei der Auswahl von Teilnehmern zu überlegen, wer von den übrigen Beschäftigten geeignet ist, die frei werdende Stelle zu besetzen und die erforderliche Einarbeitung zeitlich und personell einzuplanen. Integrationsfördernde Maßnahmen haben demnach unmittelbaren Einfluss auf die Binnenstruktur der Werkstätten: wenn Leistungsträger ausscheiden, müssen parallel neue Konzepte für die verbleibenden Beschäftigten entwickelt werden.

Ausblick

Für die Werkstätten bedeutet die Umsetzung von Integrationsvorhaben, gewohnte Wege ein Stück weit zu verlassen und sich neuen, in ihrem Verlauf nicht immer vorhersehbaren Herausforderungen zu stellen. Die systematische Vorbereitung und Vermittlung auf betriebliche Arbeitsplätze, als fester Bestandteil des Rehabilitationskonzeptes, hat nachhaltigen Einfluss auf die strukurellen und inhaltlichen Aspekte ihrer Arbeit. Nicht zuletzt sehen die Einrichtungen durch die Intention dieser Maßnahmen auch Fragen ihres Selbstverständnisses und einer Neubewertung ihres Auftrages berührt. Die durchgeführten Projekte haben dabei sowohl intensive Diskussionen über die künftige Rolle der Werkstätten befördert als auch zu konkreten Überlegungen geführt, diese Angebote qualitativ wie quantitativ fortzuschreiben (ebd., 130). So kann als eines der wichtigsten Ergebnisse festgehalten werden, dass der Gedanke der Vermittelbarkeit – zumindestens eines Teils der behinderten Beschäftigten – in den beteiligten Institutionen Verbreitung und zunehmende Akzeptanz gefunden hat. Obwohl dies nicht in gleicher Weise für alle Werkstätten zutrifft, sind doch entscheidende Schritte hinsichtlich einer konzeptionellen Neuorientierung getan.

In gut fünfzehn Jahren haben die Methoden und Leitideen unterstützter Beschäftigung ihre Effizienz in einer Vielzahl von Projekten unter Beweis gestellt. Mit der beabsichtigten gesetzlichen Verankerung von Integrationsfachdiensten steht den Einrichtungen zur beruflichen Rehabilitation künftig flächendeckend ein wirkungsvolles Instrument zur Verfügung, um ihre Ziele nachhaltiger verfolgen zu können. Dass der Gebrauch – pragmatisch gesehen – sinnvoll ist, belegen die Erfahrungen. Welche paradigmatischen „Nebenwirkungen“ es entfalten kann, haben sie ebenfalls gezeigt.

Literatur

ANDERS, D.: Abschlussreferat. In: Dokumentation Werkstättentag '92: Gemeinsam Wege in die Zukunft bauen – mitarbeiten, mitgestalten, mitentscheiden, hrsg. von der Bundesarbeitsgemeinschaft der Werkstätten für Behinderte e.V. (S. 108–116). Frankfurt/M. 1993.

ANDERS, D.; KRÜTZFELD, G.: Übergänge für behinderte Mitarbeiter auf den allgemeinen Arbeitsmarkt. Verpflichtung der WfB zur beruflichen Integration. Geistige Behinderung, Heft 2, 1989, 102–109.

BUNDESANSTALT FÜR ARBEIT (Hrsg.): Berufsvorbereitende Bildungsmaßnahmen der Bundesanstalt für Arbeit. Dienstblatt–Runderlass 42/96, o. O., 1996.

BUNDESARBEITSGEMEINSCHAFT DER WERKSTÄTTEN FÜR BEHINDERTE; BUNDESANSTALT FÜR ARBEIT: Vereinbarung über Rahmenprogramme für das Eingangsverfahren und den Arbeitstrainingsbereich in Werkstätten für Behinderte. Nürnberg, 1996.

BUNDESMINISTERIUM FÜR ARBEIT UND SOZIALORDNUNG (Hrsg.): Eingliederung behinderter Menschen in der Bundesrepublik Deutschland. Berlin 2000.

BUNDESMINISTERIUM FÜR ARBEIT UND SOZIALORDNUNG (Hrsg.): Die Lage der Behinderten und die Entwicklung der Rehabilitation, Vierter Bericht der Bundesregierung. Bonn, 1998.

BUNDESVEREINIGUNG LEBENSHILFE für Menschen mit geistigen Behinderungen (Hrsg.): Rechtsdienst der Lebenshilfe. 1999, Heft 4.

DEUTSCHE VEREINIGUNG FÜR DIE REHABILITATION BEHINDERTER e.V. (Hrsg.): Die berufliche Bildung behinderter Mitarbeiter in den Werkstätten für Behinderte. Heidelberg 1993.

FRANK, H.: Berufliche Integration von Menschen mit Behinderung. Sachstandsbericht zum 1. Projektjahr (PBI). Frankfurt 1994.

JACOBS, K.; LUNTZ, E. (Hrsg.): Betrifft: Berufliche Integration, Zwei Jahre PBI, Grundlegendes –Empirisches –Zukünftiges, Zwischenbericht. Frankfurt 1995.

GELLERMANN, D.: ESF–Qualifizierungsprojekt der Werkstatt Bremen. Konzeption und Zwischenbericht. Bremen 1995.

HAMBURGER ARBEITSASSISTENZ: Ambulantes Arbeitstraining. Integrative berufliche Bildungsmaßnahme. Hamburg 1995.

SCHMITZ, P.: Behinderung als Arbeitsstart auf dem allgemeinen Arbeitsmarkt. Abschluss- und Ergebnisbericht des "Beruflichen Eingliederungsprojektes der Werkstatt Bremen". Bremen 1994.

SCHÜLLER, S.: Berufliche Qualifizierung für Menschen mit Behinderungen. Ergebnisse der wissenschaftlichen Begleitung und Untersuchung der Qualifizierungsinitiative in Werkstätten für Behinderte in Bayern. Tübingen, 1996.

Erwin Denninghaus

Individualisierung und Flexibilisierung der Ausbildung behinderter Jugendlicher in Berufsbildungswerken

Ausgangslage

Die Geschichte der Berufsbildungswerke ist zunächst vor allem eine Geschichte der Standardisierung: Auf der Grundlage des „Aktionsprogrammes der Bundesregierung zur Rehabilitation der Behinderten" (1970) und den damit einher gehenden Gesetzesnovellen wurde ein bundesweit einheitlicher Standard für die berufliche Rehabilitation geschaffen. Erstmals wurde das Recht auf kostenlose Berufsausbildung auch für junge Menschen mit Behinderungen bundesweit einheitlich garantiert und die Voraussetzungen für seine Umsetzung geschaffen. Wesentliche Elemente dieses sozialpolitischen Quantensprungs waren

- die gesetzliche Verankerung eines Rechtsanspruches auf Rehabilitation,
- die Schaffung einer einheitlichen gesetzlichen Grundlage für die Rehabilitation behinderter junger Menschen jenseits des Bundessozialhilfegesetzes (BSHG) und
- der Neu- und Ausbau eines Systems von Rehabilitationseinrichtungen.

Ziel dieser Bemühungen war die Herstellung von Chancengleichheit für behinderte Menschen am Arbeitsmarkt, die durch eine solide berufliche Qualifizierung – unabhängig von persönlichen finanziellen Ressourcen – erreicht werden sollte.

Die Fragen, mit denen sich die Bundesarbeitsgemeinschaft der Berufsbildungswerke auf ihrer ersten Mitgliederversammlung 1972 in Volmarstein befasste, machen deutlich, dass zu jenem Zeitpunkt noch zahlreiche grundlegende Aspekte der beruflichen Rehabilitation der Klärung bedurften. Der neu gewählte Vorsitzende der Arbeitsgemeinschaft wurde beauftragt, unter anderem folgende Fragen mit dem Bundesministerium für Arbeit beziehungsweise der Bundesanstalt für Arbeit zu klären:

„1. Anpassung des Taschengeldes für Auszubildende (in Berufsbildungswerken)
2. Die Frage der Ausbildungsvergütung im Grunde und der Höhe nach
3. Bekleidungsgeld
4. Regelung der monatlichen Heimfahrten
5. Regelung der Sozialversicherungsbeiträge für Auszubildende
6. Mitwirkung bei Verwaltungsanordnungen der Bundesanstalt für Arbeit, die Rehabilitation der Jugendlichen betreffend
7. Orthopädische und andere Hilfsmittel“ (HOFMANN o. J.)

In den Folgejahren wurde in Zusammenarbeit mit dem Bundesministerium und der Bundesanstalt für Arbeit in den alten Bundesländern ein Netz von 42 Berufsbildungswerken aufgebaut, das einen im internationalen Vergleich hohen Standard bezüglich der beruflichen Rehabilitation behinderter Jugendlicher setzt.

Als Aufgabe der Berufsbildungswerke wurde in den „Grundsätzen der Berufsbildungswerke“ formuliert: „Die Behinderten mit Hilfe einer qualifizierten beruflichen Ausbildung zu selbstständigen und freien Gliedern unserer Gesellschaft zu machen.“ (BUNDESANSTALT FÜR ARBEIT 1989, 49) Im Einzelnen wurden folgende Aufgaben und Ziele benannt:

„Aufgaben und Ziele der Berufsbildungswerke sind durch den genannten Personenkreis, für den sie geschaffen werden, bestimmt. Die Berufsbildungswerke sind danach zwar Stätten der beruflichen Bildung; durch die Besonderheit des aufzunehmenden Personenkreises entstehen jedoch differenziertere und umfassendere Aufgaben als in sonstigen betrieblichen, überbetrieblichen oder schulischen Ausbildungsstätten. Als spezifische Aufgaben der Berufsbildungswerke sind insbesondere hervorzuheben:

- Durchführung von Maßnahmen der Berufsfindung und Arbeitserprobung für Behinderte, deren berufliche Eignung seitens der Dienste des Arbeitsamtes nicht hinreichend geklärt ist.
- Durchführung berufsvorbereitender Förderungsmaßnahmen für Behinderte, bei denen die Ausbildungs- beziehungsweise Berufsreife noch nicht vorhanden ist und die auf die besonderen Hilfen eines Berufsbildungswerkes angewiesen sind.

- Gewährung von begleitenden Hilfen während der Ausbildung und zur persönlichen Entwicklung.
- Vermittlung der beruflichen Kenntnisse und Fertigkeiten in einer Weise, die der Behinderung und einer gegebenenfalls dadurch entstandenen Beeinträchtigung der normalen Lernfähigkeit gerecht wird. Hieraus leitet sich auch die Aufgabe ab, dort, wo Behinderte den normalen Anforderungen eines Berufsbildes trotz optimaler Förderung nicht in vollem Umfang gerecht werden können, in Ausfüllung der Vorschriften des Berufsbildungsgesetzes (BBiG) sowie der Handwerksordnung (HwO) besondere Ausbildungsgänge zu entwickeln. Berufsbildungswerke erscheinen besonders geeignet, die allgemeinen Ausbildungsordnungen inhaltlich mit den Belangen Behinderter abzustimmen und behindertengerechte Regelungen in das System der beruflichen Bildung einzuführen.
- Angebot einer breiten und differenzierten Skala von arbeitsmarktpolitisch zweckmäßigen und entwicklungsfähigen Berufen, um der Vielfalt der Behinderungsauswirkungen und der individuellen Begabungen gerecht zu werden.
- Gewährung besonderer Hilfen zum möglichst weitgehenden Abbau von Behinderungsauswirkungen. [...] Die Hilfen, die hier notwendig sind, richten sich nach der jeweiligen Behinderungsart.“ (BUNDESANSTALT FÜR ARBEIT 1989, 48)

Individualität und Flexibilität als Aufgabe

Diese aus der Aufbauzeit der Berufsbildungswerke stammende Auflistung macht deutlich, dass der angestrebte Standard einen hohen Grad an Individualität und Flexibilität beinhaltet: Durch Arbeitserprobung und Berufsfindung wird es behinderten Jugendlichen ermöglicht, einen Weg der beruflichen Qualifizierung zu finden, der ihrer individuellen Eignung und Neigung entspricht. Die zur Auswahl stehenden Berufe sollten „arbeitsmarktpolitisch zweckmäßig und entwicklungsfähig“, also zukunftsorientiert sein. Neben den allgemein üblichen Berufsausbildungen gemäß § 25 Berufsbildungsgesetz (BBiG) – den sogenannten „Vollausbildungen“, – bieten Berufsbildungswerke auch Berufsausbildungen an, die den Bedürfnissen und Fähigkeiten behinderter Jugendlicher in besonderer Weise Rechnung tragen, die Berufsausbildungen gemäß § 48 BBiG beziehungsweise § 42 b der Handwerksordnung (HwO). Die Berufsbildungswerke bieten denjenigen Jugendlichen, die aus persönlichen oder fachlichen Gründen noch nicht in der Lage sind, an einer Berufsausbildung teilzunehmen, berufs- beziehungsweise ausbildungsvorbereitende Förderlehrgänge an. Und schließlich werden sozialpädagogische, psychologische und medizinische Hilfen sowie sonstige Dienstleistungen im Rahmen der beruflichen Rehabilitationsmaßnahmen in Berufsbildungwerken bereitgestellt. Für alle Teilnehmerinnen und Teilnehmer an beruflichen Qualifizierungsmaßnahmen in Berufsbildungswerken werden individuelle Förderpläne erstellt und in regelmäßigen Abständen fortgeschrieben. Verlauf und Erfolg der Bildungsmaßnahmen werden dokumentiert.

Der Lernort Berufsbildungswerk zeichnet sich also wesentlich dadurch aus, dass die Lernangebote und die Förderung in umfassender Weise den individuellen Fähigkeiten und Bedürfnissen der behinderten Jugendlichen angepasst werden können. In den zur Zeit 49 Berufsbildungswerken in der Bundesrepublik Deutschland wurden 1998 insgesamt 171 Berufsbilder angeboten, davon 12 Berufe, unter anderem Altenpflegehelfer/in, Hotelfachmann/frau und Mediengestalter/in, erstmalig (BUNDESARBEITSGEMEINSCHAFT DER BERUFSBILDUNGSWERKE 1998, 12). Die Rund 10.000 Ausbildungsplätze verteilten sich nahezu zur Hälfte auf Ausbildungsgänge nach § 25 und § 48 BBiG. Eine weitere Differenzierung und Individualisierung wird in Berufsbildungswerken durch die Kooperation mit anderen Organisationseinheiten wie den Berufsbildenden Schulen, Krankenhäusern oder Werkstätten für Behinderte sowie zahlreichen Betrieben gegeben.

Die Kehrseite der Medaille

Selbstverständlich haben diese komplexen, relativ geschlossenen Systeme, die jeweils zwischen 200 und 300 Ausbildungsplätze anbieten, auch systembedingte Nachteile, die immer wieder Anlass zur Kritik gegeben haben:

- Bei aller Vielfalt innerhalb der Einrichtungen hält jede für sich immer nur ein begrenztes Spektrum an Ausbildungsberufen bereit und kann damit nicht allen Besonderheiten der behinderten Jugendlichen Rechnung tragen.
- Rehabilitanden müssen oft weite Wege und eine internatsmäßige Unterbringung in Kauf nehmen, um an einer Berufsausbildung in einem BBW teilzunehmen. Ist ein Wechsel des Milieus in manchen Fällen auch sinnvoll, so kann in anderen Fällen dieser Umstand als ausgesprochen aversiv und integrationsfeindlich erlebt werden.
- Die Organisationsform der Berufsbildungswerke widerspricht dem in den 70er Jahren aufkeimenden und heute zur Selbstverständlichkeit gewordenen Integrationsgedanken. Besondere Bedingungen ja, aber „so viel wie nötig und so normal wie möglich“ heißt heute der Grundsatz auch in der Rehabilitation (s. u.).
- Immer wieder kritisiert wird die fehlende Arbeitsmarktnähe der Berufsbildungswerke: Die Ausbildung finde „unter einer Käseglocke“ statt und habe häufig nicht viel mit dem betrieblichen Alltag zu tun.

- Schließlich sind Berufsbildungswerke zwar leistungsfähig und erfolgreich, aber auch teuer, was in Zeiten knapperer Kassen als in den sozialpolitischen Gründerjahren des 20. Jahrhunderts Begehrlichkeiten weckt.

Diese grundlegenden Kritikpunkte sind Treibsätze für die konzeptionelle und inhaltliche Weiterentwicklung der Berufsbildungswerke.

Neue Rahmenbedingungen und Ansätze

Parallel zum Aufbau der Berufsbildungswerke, der nach der Wiedervereinigung Deutschlands einen neuen Schub durch die Gründung von Berufsbildungswerken in den neuen Bundesländern erhielt, veränderten sich die politischen und gesellschaftlichen Rahmenbedingungen ihrer Arbeit. So wurde das Arbeitsförderungsgesetz (AFG), das eine wesentliche Grundlage ihrer Arbeit bildete, Mitte der 90er Jahre über insgesamt drei Gesetzesnovellen in das Sozialgesetzbuch III (SGB III) überführt. Damit einher gingen Weiterentwicklungen grundlegender konzeptioneller Vorstellungen, insbesondere innerhalb der Bundesanstalt für Arbeit, die die Arbeit der Berufsbildungswerke maßgeblich beeinflussen: Im Laufe der Jahre wurde ein abgestuftes Angebot an Maßnahmen und Hilfen zur beruflichen Rehabilitation entwickelt, das eine wesentlich differenziertere Abstimmung der Rehabilitationsmaßnahmen im Einzelfall ermöglicht. So formulierte die BUNDESANSTALT FÜR ARBEIT in ihrem Runderlass vom 25. Januar 2000 ihr so genanntes „Lernortekonzept" und stellt fest: „Die Umsetzung des [...] Normalitätsprinzips bedeutet, abhängig von den Erfordernissen des Einzelfalls:

- betriebliche Maßnahmen vor außerbetrieblichen Maßnahmen
- wohnortnahe Rehabilitationsmaßnahmen vor Internatsmaßnahmen
- allgemeine Bildungsmaßnahmen vor reha-spezifischen Maßnahmen
- allgemeine Leistungen nach dem SGB III vor besonderen Leistungen
- geeignete schulische Berufsvorbereitungsmaßnahmen vor entsprechenden Lehrgängen der Arbeitsämter
- Regelausbildungen in staatlich anerkannten Ausbildungsberufen vor behinderungsspezifischen Ausbildungsgängen gemäß § 48 BBiG/ § 42 b HwO" (BUNDESANSTALT FÜR ARBEIT 2000, 2)

Weiterhin wurde auch eine neue Definition des Zieles beruflicher Rehabilitationsmaßnahmen vorgenommen. War 1976 als Ziel der Arbeit von Berufsbildungswerken benannt worden, „die Behinderten mit Hilfe einer qualifizierten beruflichen Ausbildung zu selbstständigen und freien Gliedern unserer Gesellschaft zu machen" (BUNDESANSTALT FÜR ARBEIT 1989, 49), so heißt es nunmehr: „Ziel ist eine möglichst dauerhafte und zügige

(Wieder-)Eingliederung auf dem allgemeinen Arbeitsmarkt." (BUNDESANSTALT FÜR ARBEIT 2000, 1)

Die Berufsbildungswerke haben eine Reihe von Initiativen ergriffen und Anstrengungen unternommen, ihre Konzepte weiter zu entwickeln. Maßgebend sind dabei die Entwicklungen des Arbeitsmarktes, die Interessen und Bedürfnisse der behinderten Jugendlichen und ihrer Familien sowie die durch den Gesetzgeber und die Bundesanstalt für Arbeit vorgegebenen Rahmenbedingungen. Exemplarisch sollen nachfolgend einige Entwicklungen skizziert werden, die richtungsweisend für die Arbeit der Berufsbildungswerke im Sinne einer Individualisierung und Flexibilisierung sind.

Interne Differenzierung

Den Berufsbildungswerken war unter anderem die Aufgabe gestellt worden, Berufsbilder gemäß den §§ 48 BBiG und 42 b HwO zu entwickeln, um den besonderen Belangen behinderter Jugendlicher gerecht zu werden. Diese Aufgabe haben sie erfolgreich erfüllt und damit zahlreichen behinderten Jugendlichen eine berufliche Qualifizierung mit allgemein anerkannten Abschlüssen ermöglicht. Die Berufsbildungswerke Neckargemünd und Bigge erproben nun ein *modulares System* der beruflichen Qualifizierung behinderter Jugendlicher im Rahmen der Modellvorhaben NAMOS (Neckargemünder Ausbildungs-Modul-System) und BAUKON (Bigger Ausbildungskonzeption). Ausgangspunkt für diese Initiative ist die Überlegung, dass behinderte Jugendliche möglichst nicht im Sinne einer sich selbst erfüllenden Prophezeihung auf einen Abschluss gemäß § 48 BBiG oder § 42 b HwO festgelegt werden sollen. Gerade lernbehinderten, entwicklungsverzögerten oder psychisch behinderten Jugendlichen soll die Möglichkeit gegeben werden, sich individuell optimal auf den Beruf vorzubereiten. Erst zu einem späteren Zeitpunkt soll festgelegt werden, ob ein Abschlusszeugnis gemäß § 48 oder § 25 BBiG angestrebt beziehungsweise ausgestellt wird. „Gemeinsam ist den Ansätzen eine Strukturierung der Ausbildung in aufeinander aufbauende Lernabschnitte, die ihrerseits untergliedert sind in Bausteine. Soweit es für den Lernprozess didaktisch sinnvoll ist, werden die Bausteine weiter in einzelne Lernstufen untergliedert." (DINGS, LANDES 1998, 67) Bei der methodisch-didaktischen Aufbereitung wird auf den Ansatz der Lern- und Handlungsregulationstheorie nach *Brüning* zurückgegriffen. Bisher sind Module für die Berufsfelder Elektrotechnik sowie kaufmännisch-verwaltende Berufe erstellt worden.

Einen ähnlichen Weg geht das Berufsbildungswerk Hamburg mit seinem Modellversuch „Integrative Ausbildung für Büroberufe (IntAB)". Ausgangspunkt der Überlegungen war hier die Absicht, auch schwer körper- und mehrfachbehinderten Jugendlichen die Möglichkeit zu eröffnen, eine Ausbildung zum Bürokaufmann (gemäß § 25 BBiG) beziehungsweise zum Bürofachgehilfen (gemäß § 48 BBiG) zu absolvieren, ohne sich gleich auf einen bestimmten Abschluss festlegen zu müssen. In enger Abstimmung mit der zuständigen Handelskammer wurden einerseits ein modulares Ausbildungskonzept und andererseits „besondere Rechtsvorschriften für den Abschluss Bürofachgehilfe/Bürofachgehilfin“ (Handelskammer Hamburg 1999) entwickelt und seit 1999 umgesetzt. Diese Regelung sieht vor, dass alle beteiligten Auszubildenden zunächst nach den durch das Berufsbildungsgesetz vorgeschriebenen drei Jahren an der Abschlussprüfung zum Bürokaufmann/frau teilnehmen. Erst nach der Abschlussprüfung entscheiden die Prüflinge, die die notwendige Punktzahl zum Bestehen der Prüfung nicht erreicht haben, ob sie die Ausbildung verlängern und die Prüfung wiederholen oder ob sie ein Zeugnis als Bürofachgehilfe bekommen möchten. Das ist möglich, wenn in bestimmten Prüfungsfächern mindestens 35 anstatt der für den Abschluss als Bürokaufmann notwendigen 50 Punkte erreicht worden sind.

Allen Ansätzen ist gemeinsam, dass sich die behinderten Auszubildenden nicht mehr über drei beziehungsweise dreieinhalb Jahre an einen starren Ausbildungsrahmenplan halten müssen, sondern dass ihren besonderen Bedürfnissen, aber auch ihren besonderen Fähigkeiten durch eine Modularisierung der Inhalte stärker Rechnung getragen werden kann. Diese Entwicklung wird vom Präsidenten des Bundesinstituts für Berufsbildung, Helmut PÜTZ, ausdrücklich begrüßt: „Neben der weiteren Individualisierung und Differenzierung der Berufsbildungswege sowohl für leistungsschwächere junge Menschen, also für Jugendliche und Erwachsene, die besonderer Förderung bedürfen, wie auch für leistungsstärkere, begabte Auszubildende, ist auch die weiter differenzierende Bausteingliederung [...] dringend erforderlich. [...] Durch solche Bausteine in Ausbildungskonzeptionen sind Ausbildungsordnungen ebenfalls schneller aktualisierbar. Dies ist kein Systemwechsel, sondern eine Modernisierung des Berufskonzeptes durch Ergänzung der bewährten Struktur von Ausbildungsberufen unter Einbeziehung modularer Gestaltungsansätze und damit auch einer systematischen Verzahnung von Aus- und Weiterbildung.“ (PÜTZ 1999, 4)

DINGS und LANDES weisen jedoch auch auf Probleme hin, die mit einer Modularisierung von Ausbildung verbunden sind (DINGS, LANDES 1998, 71):

Arbeiten Auszubildende eines Lehrjahres mit unterschiedlichem Tempo in unterschiedlichen Modulen, so ist eine Abstimmung der Inhalte zwischen dem praktischen Teil der Ausbildung und dem theoretischen Teil der Berufsschule kaum noch zu leisten. Damit gerät ein wesentlicher Vorteil von Berufsausbildung im Berufsbildungswerk in Gefahr. Des Weiteren impliziert dieser Ansatz, dass Jugendliche, die längere Zeit zum Lernen der Inhalte benötigen, diese auch bekommen, um sich optimal beruflich zu qualifizieren. Das gilt insbesondere für lernbehinderte und entwicklungsverzögerte

Jugendliche. Hier werden jedoch Vorgaben des Berufsbildungsgesetzes sowie förderungsrechtliche Bestimmungen der Bundesanstalt für Arbeit berührt.

Externe Differenzierung

Die Berufsbildungswerke verfügen über umfangreiches Know-How hinsichtlich der beruflichen und sozialen Rehabilitation behinderter Jugendlicher, das sie sich durch die Ausstattung mit entsprechendem Fachpersonal und eine relativ gesicherte, kontinuierliche Arbeit in der Vergangenheit aneignen konnten. Dieses Know-How steht jedoch bisher praktisch ausschließlich im Rahmen stationärer Bildungsmaßnahmen zur Verfügung. In dem Modellvorhaben „Regionale Netzwerke zur beruflichen Rehabilitation (lern-)behinderter Jugendlicher (REGINE)" und dem „Modellvorhaben wohnortnahe berufliche Bildung Blinder und Sehbehinderter (MobiliS)" wird nun versucht, Erfahrungen und Arbeitsweise von Berufsbildungswerken und anderer Bildungsträger mit den Vorzügen einer betrieblichen Ausbildung zu verbinden.

Träger der Modellinitiative REGINE ist die Bundesarbeitsgemeinschaft für Rehabilitation (BAR), die bereits über Erfahrungen im Bereich der ambulanten medizinischen Rehabilitation verfügt. Die Modellinitiative REGINE wird unter Beteiligung und finanzieller Förderung der Bundesanstalt für Arbeit und des Bundesministeriums für Arbeit und Sozialordnung von mehreren Berufsbildungswerken sowie anderen Bildungseinrichtungen durchgeführt. „Adressaten [...] sind behinderte, insbesondere lernbehinderte Jugendliche, bei denen wegen Art oder Schwere der Behinderung beziehungsweise zur Sicherung des Eingliederungserfolges die Teilnahme an einer sonstigen, auf die besonderen Bedürfnisse der Behinderten ausgerichtete Maßnahme, unerlässlich ist. Für diesen Personenkreis werden die allgemeinen Leistungen zur beruflichen Eingliederung als nicht ausreichend angesehen. In vielen Fällen bedürfen sie aber keiner ununterbrochenen, intensiven und dichten Betreuung in einer überbetrieblichen Einrichtung." (INSTITUT FÜR EMPIRISCHE SOZIOLOGIE NÜRNBERG 2000, 47)

Folgende Bedingungen müssen für Rehabilitationsmaßnahmen im Rahmen von REGINE gegeben sein:

- „Ausbildung nach § 25 BbiG/HwO (nur in begründeten Ausnahmefällen Ausbildung nach § 48 BbiG/ § 42 b HwO)
- praktische Ausbildung im Betrieb; Ausbildungsvertrag zwischen Azubi und Betrieb
- theoretische Ausbildung in (Regel-) Berufsschule

- Stütz- und Förderunterricht im erforderlichen Umfang
- sozialpädagogische Betreuung
- erforderliche Reha-Leistungen im sozialen Umfeld des Jugendlichen (zum Beispiel medizinische, psychologische Betreuung, Hilfen zur selbstständigen Lebensführung und Freizeitgestaltung)
- reha-spezifische Koordination und Förderung der Aktivitäten durch einen Bildungsträger (einschließlich Betreuung und Beratung aller am Reha-Prozess Beteiligten)" (INSTITUT FÜR EMPIRISCHE SOZIOLOGIE NÜRNBERG 2000, 47).

Das Bestreben, stationäre und ambulante Elemente bei Maßnahmen zur beruflichen Rehabilitation zu verbinden, hat im Einzelnen zum Ziel, auch (lern-)behinderten Jugendlichen eine betriebliche Berufsausbildung nach § 25 BBiG zu ermöglichen, die Palette der für sie erlern- und ausübbaren Berufe über diejenigen hinaus zu erweitern, die in den Berufsbildungswerken angeboten werden, und den Übergang von der Ausbildung in die berufliche Tätigkeit zu erleichtern. Darüber hinaus sollen Vorurteile abgebaut und die Unternehmen für die berufliche Integration lernbehinderter Jugendlicher sensibilisiert werden.

In seinem ersten Sachstandsbericht stellt das INSTITUT FÜR EMPIRISCHE SOZIOLOGIE NÜRNBERG, das die wissenschaftliche Begleitung der Modellinitiative übernommen hat, erste Einschätzungen der beteiligten Personengruppen und Institutionen dar: „Unabhängig von der quantitativen Einschätzung des Bedarfs beurteilen die meisten Bildungsträger die Ausweitung des Leistungsspektrums mit der Möglichkeit einer passgenauen Fördermöglichkeit als positiv. Sie betrachteten REGINE hauptsächlich als eine Alternative zu abH (ausbildungsbegleitende Hilfen gemäß § 241 SGB III) für Jugendliche, für die diese Förderung nicht ausreichend ist und die [...] vor der Entscheidung stehen, entweder ganz auf eine qualifizierte Berufsausbildung zu verzichten oder sich mangels geeigneter Unterstützungsmöglichkeiten trotz „Überqualifikation" um eine Ausbildung in einem Berufsbildungswerk zu bewerben." (INSTITUT FÜR EMPIRISCHE SOZIOLOGIE NÜRNBERG 2000, 182 ff.) Nach dieser ersten Einschätzung sind die beteiligten Berufsbildungswerke jedoch überzeugt, „dass zwischen REGINE-Jugendlichen und dem Klientel, das eine Ausbildung im BBW durchläuft, erhebliche Unterschiede bestehen, so dass beide Maßnahmen nicht in Konkurrenz zueinander gesehen werden können." (INSTITUT FÜR EMPIRISCHE SOZIOLOGIE NÜRNBERG 2000, 182 ff) Diese klare Trennung der Rehabilitandengruppen, die im Wesentlichen mit der sozialen Kompetenz und nicht mit der Lern- oder sonstigen Behinderung begründet wird, kann aufgrund der ersten Erfahrungen aus dem Modellvorhaben MobiliS für blinde und sehbehinderte Rehabilitanden nicht bestätigt werden (siehe unten). Die Ursache für diese deutliche Trennung der Teilnehmergruppen bei lernbehinderten Jugendlichen bedarf sicher der weiteren Klärung.

Sehr kritisch wurde von Seiten der Berufsschullehrer der Besuch der allgemeinen Berufsschule eingeschätzt. Sie beurteilten die Lernsituation von lernbehinderten Schülern an Regelberufsschulen als „absolut unbefriedigend", was unter anderem mit hohen Klassenfrequenzen und sehr unterschiedlichem Wissensstand und Leistungsvermögen der Schüler begründet wurde, wodurch lernbehinderte Schüler praktisch keine Chance hätten, sich aktiv am Unterrichtsgeschehen zu beteiligen. Hier ist offensichtlich eine Änderung der Konzeption angezeigt.

Im Gegensatz zu lernschwachen oder lernbehinderten Jugendlichen werden für die zahlenmäßig kleine Gruppe der blinden und sehbehinderten jungen Menschen, die erstmals eine Berufsausbildung nach dem Berufsbildungsgesetz anstreben, behinderungsspezifische ausbildungsunterstützende Maßnahmen bisher fast ausschließlich in stationärer Form angeboten. Ein wesentlicher Grund hierfür liegt in den deutlich überregionalen Einzugsbereichen dieser Bildungseinrichtungen. Sowohl aus Gründen, die in der Behinderung liegen, aber auch aus wirtschaftlichen Gründen ist das Angebot beschränkt auf eine schmale Palette von Ausbildungsberufen.

Das Berufsbildungswerk und das Westfälische Berufskolleg für Blinde und Sehbehinderte in Soest haben in den vergangenen Jahren über ihre stationären Bildungsmaßnahmen hinaus Erfahrungen mit teilstationären und wohnortnahen Bildungsmaßnahmen sammeln können. Sie können außerdem auf die Erfahrungen der Staatlichen Schule für Sehgeschädigte in Schleswig zurückgreifen (APPELHANS, DÜE 2000). Mit dem Modellvorhaben wohnortnahe berufliche Bildung Blinder und Sehbehinderter (MobiliS) (DENNINGHAUS 2000), das aus Mitteln des Bundesministeriums für Arbeit und Sozialordnung gefördert und in Kooperation mit dem Landesarbeitsamt NRW durchgeführt wird, werden – vergleichbar mit REGINE – folgende Ziele verfolgt:

- Blinden und sehbehinderten Jugendlichen soll eine wohnortnahe, qualifizierte Berufsausbildung ermöglicht werden;
- die Palette von Ausbildungsberufen, die blinden und sehbehinderten Jugendlichen offenstehen, soll erweitert werden;
- es sollen mehr Betriebe und Behörden als bisher für die Ausbildung blinder und sehbehinderter Jugendlicher gewonnen werden;
- blinden und sehbehinderten jungen Menschen, die aus familiären oder anderen Gründen nicht an einer stationären Ausbildung teilnehmen

können, soll ein qualifiziertes Angebot der Berufsausbildung gemacht werden können.

Mit Beginn des Ausbildungsjahres 2000/2001 haben die ersten blinden und sehbehinderten Jugendlichen mit ihrer betrieblichen Berufsausbildung unter Begleitung von MobiliS begonnen. Die ersten Erfahrungen können wie folgt zusammengefasst werden: Es konnten Ausbildungsplätze in Berufsbildern akquiriert und besetzt werden, die blinden und sehbehinderten Jugendlichen in stationären Einrichtungen bisher nicht angeboten werden konnten. Mit Unterstützung durch MobiliS konnten Betriebe für die Ausbildung blinder und sehbehinderter Jugendlicher gewonnen werden, die sich ohne die Unterstützung durch erfahrenes Fachpersonal dazu nicht bereit erklärt hätten. Schließlich konnten blinde und sehbehinderte Jugendliche in betriebliche Ausbildungsverhältnisse vermittelt werden, die nach bisherigen Vorstellungen auf eine Bildungsmaßnahme in einem Berufsbildungswerk angewiesen sind.

Es wird die Einschätzung der an REGINE beteiligten Bildungsträger und Berufsschulen geteilt, dass der sozialen Kompetenz der Teilnehmer besondere Bedeutung zukommt und dass die Organisation und Durchführung des Berufsschulunterrichts besonderer Umsicht bedarf und nicht in jedem Fall an der allgemeinen, örtlich zuständigen Berufsschule sinnvoll ist. Im weiteren Verlauf des Projektes wird zu klären sein, für welchen Personenkreis eine betriebliche Ausbildung mit ambulanter Unterstützung tatsächlich der richtige Weg ist und welche Jugendlichen auch zukünftig sinnvoller in besonderen Einrichtungen beruflich qualifiziert und gefördert werden.

Berufliche Eingliederung

Individualität und Flexibilität sind – wie auch andere Beiträge in diesem Band zeigen – wesentliche Elemente einer erfolgreichen beruflichen Eingliederung behinderter Menschen auf dem allgemeinen Arbeitsmarkt. Diesem Umstand wird durch die Bundesanstalt für Arbeit und den Berufsbildungswerken in zunehmendem Maße Rechnung getragen. Denn die Quote der beruflich eingegliederten Absolventinnen und Absolventen ist eine der wichtigsten Kennziffern für die Arbeit von Berufsbildungswerken. Seit 1986 führt die Arbeitsgemeinschaft der Berufsbildungswerke alljährlich eine Nachbefragung durch, um die entsprechenden Zahlen zu erheben (Bundesarbeitsgmeinschaft der Berufsbildungswerke 1999). Dabei ist zu bedenken, dass die Aufgabe der Berufsbildungswerke gemäß der Rahmenvereinbarung mit der Bundesanstalt für Arbeit bis vor wenigen Jahren mit dem Tag der Abschlussprüfung offiziell beendet war. Bis 1995 war es den Berufsbildungswerken – von einigen Ausnahmen abgesehen – untersagt, sich aktiv um die berufliche Eingliederung ihrer Absolventen zu bemühen.

Eine dieser Ausnahmen bildete das Berufsbildungswerk für Blinde und Sehbehinderte in Soest. Aufgrund sehr unbefriedigender Vermittlungsergebnisse Mitte der 80er Jahre wurde bereits im Jahre 1987 mit dem Landesarbeitsamt NRW eine Vereinbarung geschlossen, die die Einstellung eines Mitarbeiters vorsah, dessen Aufgabe ausdrücklich in der Unterstützung der Absolventinnen und Absolventen beim Übergang von der Ausbildung im Berufsbildungswerk in ein versicherungspflichtiges Arbeitsverhältnis besteht. Die Vermittlungsergebnisse verbesserten sich in den Folgejahren deutlich, was das Berufsbildungswerk durch eine langfristige Nachbefragung 1996 nachweisen konnte (DENNINGHAUS 1997).

Nach dem Ende des Vermittlungsmonopoles der Bundeanstalt für Arbeit schloss sie am 20.1.1995 eine Grundsatzvereinbarung mit der Bundearbeitsgemeinschaft der Berufsbildungswerke über die Zusammenarbeit bei der beruflichen Eingliederung Behinderter. Damit wurde den Berufsbildungswerken erstmals offiziell die Möglichkeit gegeben, sich in Kooperation mit den Reha-Beratern der Arbeitsämter nach der Abschlussprüfung im Rahmen einer „nachgehenden Förderung" maximal ein halbes Jahr für die Absolventinnen und Absolventen zu engagieren und sie bei der Suche einer geeigneten Arbeitsstelle zu unterstützen. Diese Vereinbarung war insofern lange überfällig, als die Berufsbildungswerke aufgrund der in mehrjähriger Zusammenarbeit gewachsenen Beziehungen und Erfahrungen prädestiniert sind, ihre Absolventen bei der Überwindung der zweiten Schwelle im Sinne einer passgenauen Vermittlung zu unterstützen. Nicht jeder Absolvent ist für jede Stelle geeignet, persönliche Interessen, Leistungsschwerpunkte, soziale Fertigkeiten und nicht zuletzt die Behinderung setzen Bedingungen, die bei einer erfolgreichen beruflichen Eingliederung berücksichtigt werden müssen und im Sinne eines individuellen, differenzierten Vorgehens maßgeblich den Erfolg für den arbeitsuchenden Absolventen und für das Berufsbildungswerk bestimmen. Es steht zu hoffen, dass sich dieses neue Instrument angesichts der für den in Frage stehenden Personenkreis ungünstigen Entwicklungen auf dem Arbeitsmarkt tatsächlich nachhaltig positiv auf die Vermittlungsergebnisse auswirken wird.

Ausblick

Sowohl das Normalisierungsprinzip als auch finanzielle Gesichtspunkte gebieten, die Praxis der beruflichen Rehabilitation behinderter Menschen systematisch zu hinterfragen und gegebenenfalls anzupassen. Dabei ist der Förderung und Nutzung vorhandener Kompetenzen und Unterstützungssysteme besondere Aufmerksamkeit zu schenken. Individualisierung und Flexibilisierung bei der beruflichen Bildung und Eingliederung junger Menschen mit Behinderung dürfen jedoch nicht dazu verleiten, auf formale berufliche Qualifikationen zu verzichten oder suboptimale fachliche oder soziale Kompetenzen in Kauf zu nehmen. Das Recht auf kostenlose Berufsausbildung für alle behinderten jungen Menschen ist ein hohes Gut, dessen Gewährleistung und Realisierung auch in Zukunft ein Eckpfeiler für die berufliche und soziale Integration ist.

Stärker als bisher wird in der Zukunft auch für die Berufsbildungswerke eine Öffnung gegenüber betrieblichen Ausbildungsformen an Bedeutung gewinnen. Bildungskonzepte mit modularem Aufbau, eine intensive Begleitung und Förderung betrieblicher Ausbildung behinderter junger Menschen oder das Konzept der Verbundausbildung (PÜTZ 1999, 4) in Form einer engeren Verzahnung zwischen der Ausbildung im Berufsbildungswerk und betrieblichen Ausbildungsabschnitten, die über die allgemein üblichen Betriebspraktika hinausgehen, werden an Bedeutung gewinnen. NAMOS, BAUKON, IntAB, REGINE und MobiliS weisen den Weg.

Bei der beruflichen Eingliederung der Absolventinnen und Absolventen der Berufsbildungswerke ist in der Zukunft über die Zusammenarbeit mit den Arbeitsämtern hinaus großer Wert auf die Kooperation zwischen den für die nachgehende Förderung zuständigen Fachkräften der Berufsbildungswerke und den Integrationsfachdiensten zu legen. Die bewerberbezogenen Kenntnisse und Erfahrungen der Bildungseinrichtungen und die Kenntnisse über Betriebe und regionale Arbeitsmärkte auf Seiten der Integrationsfachdienste sowie ihre Unterstützungsmöglichkeiten bieten eine ideale Grundlage für eine gemeinsame erfolgreiche Arbeit.

Literatur

APPELHANS, P., DÜE, W.: Schulische Vorbereitung auf Ausbildung und Beruf für junge Menschen mit Sehschädigung in Schleswig-Holstein. In diesem Band.

BUNDESANSTALT FÜR ARBEIT: Dienstblatt der Bundesanstalt für Arbeit. Nr. 55/1976, zit. nach HOFMANN. (S. 48 u. 49). 1989.

BUNDESANSTALT FÜR ARBEIT: Runderlass vom 25. Januar 2000. Betreff: Berufliche Eingliederung Behinderter. (S. 1; S. 2). Nürnberg 2000.

BUNDESARBEITSGEMEINSCHAFT DER BERUFSBILDUNGSWERKE: Belegungs- und Anmeldesituation in Berufsbildungswerken und Nachbefragungsergebnisse der Bundesarbeitsgemeinschaft der Berufsbildungswerke für 1998. (S. 12). Offenburg 1999.

DENNINGHAUS, E.: Die berufliche Eingliederung der Absolventinnen und Absolventen des Berufsbildungswerkes Soest. blind – sehbehindert, 117. Jahrgang, 1997, 153-156.

DENNINGHAUS, E.: Wohnortnahe Bildung und Eingliederung Blinder und Sehbehinderter – MobiliS. In: BUNDESANSTALT FÜR ARBEIT (Hrsg.): Informationen für die Beratungs- und Vermittlungsdienste (ibv), Nr. 26/00, S. 2921–2927.

DINGS, W.; LANDES, F.: Neckargemünder Ausbildungs–Modul–System (NAMOS) und Bigger Ausbildungskonzeption – strukturelle und didaktisch-methodische Innovation. Berufliche Rehabilitation, 12. Jahrgang, Heft 2/98, 67; 71.

HANDELSKAMMER HAMBURG: Besondere Rechtsvorschriften über den Abschluss Bürofachgehilfe/ Bürofachgehilfin. Beschluss vom 14.9.1999. In: Hamburger Wirtschaft, Beilage zu Heft 10/99.

HOFMANN, Joachim: Zur Geschichte der Arbeit der Berufsbildungswerke 1972-1982. Hrsg.: BUNDESARBEITSGEMEINSCHAFT DER BERUFSBILDUNGSWERKE. O. J.

INSTITUT FÜR EMPIRISCHE SOZIOLOGIE NÜRNBERG: Regionale Netzwerke zur beruflichen Rehabilitation (lern–) behinderter Jugendlicher (REGINE) – Erster Sachstandsbericht der wissenschaftlichen Begleitung einer Modellinitiative der Bundesarbeitsgemeinschaft für Rehabilitation (BAR). (S. 47; S. 182 ff). Nürnberg 2000.

PÜTZ, H.: Neue Wege der beruflichen Bildung. Berufliche Rehabilitation, 13. Jahrgang, Heft 1/1999, 4.

Teil 4:

Rechtsfragen

Karl-Friedrich Ernst

Zur Institutionalisierung und Finanzierung von Integrationsfachdiensten – Rechtslage ab 1. Oktober 2000

Das Gesetz zur Bekämpfung der Arbeitslosigkeit Schwerbehinderter (SchwbBAG) vom 29.9.2000 (BGB l.I, S. 1394) hat seit dem 1.10.2000 für die Institutionalisierung und Finanzierung von Integrationsfachdiensten eine neue Rechtsgrundlage geschaffen. In den §§ 37 a ff des durch dieses Gesetz novellierten Schwerbehindertengesetzes (SchwbG) finden sich die wesentlichen Regelungen über die Integrationsfachdienste. Die Integrationsfachdienste stellen ein wichtiges Element unter den Neuerungen dar, mit denen die Behindertenpolitik versucht, die berufliche Situation von Menschen mit Behinderungen zu verbessern. Dieses Ziel ist außerordentlich ehrgeizig: Bis zum Beginn des Jahres 2003 soll die Zahl der arbeitslosen Schwerbehinderten um 50.000 vermindert werden. Gerade an die Integrationsfachdienste richtet sich dabei die Erwartung, dass sie das Erreichen dieses Ziels nachhaltig unterstützen können.

Ein Teil der arbeitslosen Schwerbehinderten, insbesondere wegen Art und Schwere der Behinderung besonders Betroffene, lassen sich auf den allgemeinen Arbeitsmarkt nur vermitteln, wenn die Eingliederung in das Arbeitsleben durch spezielle Fachkräfte unterstützt und begleitet wird. Die notwendige Unterstützung in solchen Problemfällen ist sehr personalintensiv und zeitaufwändig und muss regelmäßig über Zwischenschritte, wie zum Beispiel Praktika, erfolgen. Sie kann von den Arbeitsämtern und den übrigen gesetzlichen Leistungsträgern selbst nicht im notwendigen Umfang erbracht werden. Die Integrationsfachdienste sollen die Leistungsträger bei der Beratung der Schwerbehinderten im Vorfeld der Arbeitsaufnahme, bei der Erstellung von Leistungsprofilen, bei der Arbeitsplatzsuche, im Bewerbungsverfahren und nach der Arbeitsaufnahme zur Stabilisierung der Beschäftigungsverhältnisse unterstützen und den Arbeitgebern mit Information, Beratung und Hilfestellungen zur Verfügung stehen. Die Integrationsfachdienste sollen neben der Unterstützung der Vermittlung von arbeitslos gemeldeten Schwerbehinderten auch den Übergang von Schwerbehinderten aus Werkstätten für Behinderte auf den allgemeinen Arbeitsmarkt unterstützen, ebenso den Übergang aus den Sonderschulen, soweit sich dadurch eine

Aufnahme in die Werkstatt für Behinderte vermeiden lässt. Die Dienste sollen flächendeckend und ortsnah eingerichtet werden und vorhandene Dienste zur beruflichen Eingliederung Behinderter einbeziehen.

Gesetzliche Entwicklung

Die gesetzliche Neuregelung der Integrationsfachdienste findet ihre Ausgangsbasis in zwei Aspekten: Einerseits in den Erfahrungen und zahlreichen wissenschaftliche Auswertungen von modellhaften Integrationsfachdiensten, welche die Hauptfürsorgestellen seit Anfang der neunziger Jahre in vielen Regionen eingerichtet und mit ihren vorhandenen Berufsbegleitenden/ Psychosozialen Diensten verbunden hatten und mit denen trotz der außerordentlich schwierigen Arbeitsmarktsituation in dieser Zeit teilweise beachtliche Ergebnisse bei der Unterstützung der Vermittlung von besonderen Problemgruppen unter den arbeitslosen Schwerbehinderten erzielt werden konnten. Andererseits knüpft der Inhalt der gesetzlichen Regelung an die „Vorläufigen Grundsätze über Integrationsfachdienste zur Eingliederung Schwerbehinderter in das Arbeitsleben" des Bundesministeriums für Arbeit und Sozialordnung vom 17.11.1997 an, die Grundlage für dessen eigene Modelle für Integrationsfachdienste ab dem Jahr 1998 waren. Diese sechzehn Bundesmodelle laufen trotz der zwischenzeitlich vorliegenden gesetzlichen Regelung noch bis zum Ende des Jahres 2001 weiter und werden ebenfalls noch wissenschaftlich ausgewertet.

Das Gesetz zur Bekämpfung der Arbeitslosigkeit Schwerbehinderter vom 26.9.2000 wurde in einem zeitlich sehr raschen Gesetzgebungsverfahren verabschiedet. Dies war nur möglich, weil es in allen Teilen so konzipiert war, dass es sich dabei um kein durch den Bundesrat zustimmungspflichtiges Gesetz handelte. Die Zustimmungsfreiheit hatte allerdings weitreichende inhaltliche Konsequenzen auch bei den Regelungen über die Integrationsfachdienste. Noch in einer Entwurfsfassung des Bundesministerium für Arbeit vom 28.3.2000 war Hauptadressat dieser Regelung nicht allein die Bundesanstalt für Arbeit, sondern auch die Hauptfürsorgestellen. Dies wurde in der Fassung des Regierungsentwurfs, der am 17.5.2000 vom Bundeskabinett beschlossen wurde, geändert, weil jeder Eingriff in das Verwaltungsverfahren der Hauptfürsorgestellen als Behörden der Länder und Kommunen die Zustimmungspflicht durch den Bundesrat ausgelöst hätte. Das Gesetz wurde in dieser Fassung letztlich auch vom Deutschen Bundestag verabschiedet.

Von Interesse ist die Entstehungsgeschichte des Gesetzes deshalb, weil die Politik bei den Regelungen über die Integrationsfachdienste ganz bewusst Schwächen des jetzt geltenden Rechts in Kauf genommen hat, um das Gesamtziel, nämlich schnelle Maßnahmen zur Bekämpfung der Arbeitslosigkeit Schwerbehinderter ergreifen zu können, nicht zu gefährden. Die Bundesregierung befürchtete, dass mit einer Zustimmungspflicht durch den Bundesrat eine rasche Regelung nicht hätte getroffen werden können. Beim Gesetzgebungsverfahren für ein Sozialgesetzbuch IX (derzeitiger Stand ist der Referentenentwurf vom 26.10.2000), in welches das Schwerbehindertengesetz voraussichtlich ab Mitte des Jahres 2001 eingefügt werden soll, ist jetzt allerdings eine Regelung über die Integrationsfachdienste vorsehen, die wieder der ursprünglichen Entwurfsfassung des Gesetzes zur Bekämpfung der Arbeitslosigkeit Schwerbehinderter vom 28.3.2000 entspricht. Dies ist deshalb möglich, weil das Sozialgesetzbuch IX in jedem Fall der Zustimmung des Bundesrats bedarf und es speziell bei den Integrationsfachdiensten keinen Dissens mit den Ländern gab und gibt. Für die Verwaltungen, die das Gesetz durchzuführen haben, und die übrigen Beteiligten sind mehrfache Gesetzesänderungen in kurzer Folge natürlich problematisch, zumal die Weichenstellungen bezüglich der Integrationsfachdienste spätestens zum Jahreswechsel 2000/2001 vorgenommen werden müssen. Inhaltlich ist allerdings eine Gesetzesfassung, wie sie der Entwurf des SchwbBAG vom 28.3.2000 ursprünglich vorsah und der Referentenentwurf eines Sozialgesetzbuchs IX nun wieder vorsieht, die bei weitem bessere Regelung. Es bleibt abzuwarten, ob das Sozialgesetzbuch IX im Jahr 2001 in dieser Form tatsächlich realisiert wird. Immerhin gibt die Diskussion um das Sozialgesetzbuch IX aber eine Auslegungshilfe dafür, was der Gesetzgeber von Anfang an tatsächlich gewollt hat, was er aber wegen des Problems der Zustimmungsfreiheit durch den Bundesrat nicht mit voller Konsequenz umsetzen konnte.

Die Rechtslage seit dem 1.10.2000

Mit den Integrationsfachdiensten soll ein gemeinsames Dienstleistungsangebot verschiedener gesetzlicher Leistungsträger, insbesondere der Arbeitsämter und der Hauptfürsorgestellen für schwerbehinderte Menschen und Arbeitgeber, möglichst als einheitliche Anlaufstelle und unter einem Dach geschaffen werden. Eine Segmentierung der Aufgaben nach der Zuständigkeit der jeweiligen Auftraggeber soll ebenso vermieden werden wie eine Vielfalt unterschiedlichster Fachdienste und Beratungsstellen für alle nur denkbaren Behindertengruppen. Das Angebot soll übersichtlich und transparent sein, für die „Kunden“, nämlich die Arbeitgeber und die behinderten Menschen, sollen klar identifizierbare Strukturen geschaffen werden. Die notwendigen fachlichen Schwerpunkte sollen innerhalb eines gemeinsamen Integrationsfachdienstes gebildet werden. Dies hat weitreichende Konsequenzen auch für die bestehende Struktur der von den Hauptfürsorgestellen seit mehr als zwölf Jahren beauftragten Psychosozialen/ Berufsbegleitenden Dienste, die bisher allein für sie Aufgaben nach § 31 Abs. 2 Satz 3 SchwbG wahrgenommen haben.

Integrationsfachdienste

Integrationsfachdienste – Begriff und Zielgruppe

Integrationsfachdienste unterstützen ihre Auftraggeber bei der Durchführung ihrer gesetzlichen Aufgaben gegenüber Schwerbehinderten. Dies sind insbesondere die Unterstützung der Arbeitsvermittlung durch die Arbeitsämter und die psychosoziale Betreuung im Rahmen der begleitenden Hilfe im Arbeits- und Berufsleben. Integrationsfachdienste werden von freien Trägern unterhalten und werden von den Auftraggebern – soweit es um Schwerbehinderte geht – aus Mitteln der Ausgleichsabgabe finanziert.

Zur Zielgruppe gehören insbesondere Schwerbehinderte mit einem besonderen Bedarf an arbeits- und berufsbegleitender Betreuung, insbesondere geistig und psychisch Behinderte oder schwer Körper-, Sinnes- oder Mehrfachbehinderte. Bei der Zielgruppe nennt das Gesetz aber auch andere Problemgruppen, zum Beispiel Ältere, Langzeitarbeitslose und unzureichend beruflich Qualifizierte. Ausdrücklich im Gesetz genannt werden auch Schwerbehinderte, die nach zielgerichteter Vorbereitung durch die Werkstatt für Behinderte auf dem allgemeinen Arbeitsmarkt eingliedert werden sollen und behinderte Abgänger von Sonderschulen. Schließlich kann ein Integrationsfachdienst auch für Behinderte, die nicht schwerbehindert sind, tätig werden. In diesem Falle ist allerdings eine Finanzierung aus Mitteln der Ausgleichsabgabe nicht möglich, sondern muss aus anderen Haushalten, zum Beispiel der Träger der beruflichen Rehabilitation erfolgen (§ 37 a SchwbG).

Aufgaben

Die Integrationsfachdienste haben den Auftrag, sowohl die Schwerbehinderten selbst als auch die Arbeitgeber zu informieren, zu beraten und Hilfe zu leisten. Sie sollen die Fähigkeiten der zugewiesenen Schwerbehinderten einschätzen, geeignete Arbeitsplätze auf dem allgemeinen Arbeitsmarkt erschließen, die Schwerbehinderten auf die vorgesehenen Arbeitsplätze vorbereiten, sie falls erforderlich am Arbeitsplatz begleiten, das betriebliche Umfeld beraten, falls erforderlich eine Nachbetreuung, Krisenintervention oder psychosoziale Betreuung durchführen und dem Arbeitgeber als Ansprechpartner zur Verfügung stehen (§ 37 b SchwbG).

Beauftragung

Der Integrationsfachdienst wird im Auftrag des Arbeitsamtes, der Hauptfürsorgestelle oder eines Trägers der beruflichen Rehabilitation tätig. Er arbeitet mit diesen Institutionen und weiter mit den Arbeitgebern, Schwerbehindertenvertretungen und den anderen betrieblichen Interessenvertretungen sowie mit allen abgebenden Einrichtungen der schulischen und beruflichen Bildung oder Rehabilitation eng zusammen. Näheres soll in einer Vereinbarung in der jeweiligen Region vertraglich geregelt werden, die auf einer Mustervereinbarung beruht, welche die Bundesanstalt für Arbeit entwickelt und mit der Arbeitsgemeinschaft der Deutschen Hauptfürsorgestellen unter Beteiligung der maßgeblichen Behindertenverbände abstimmt. Die Bundesanstalt wirkt auch darauf hin, dass Integrationsfachdienste in ausreichender Zahl eingerichtet werden. Dabei soll grundsätzlich in jedem Arbeitsamtsbezirk nur ein Integrationsfachdienst eines Trägers oder eines Verbundes verschiedener Träger beauftragt werden, der berufsbegleitende und psychosoziale Dienste umfasst, trägerübergreifend tätig wird und auch von der regional zuständigen Hauptfürsorgestelle beauftragt ist. Die Regelung schließt damit nicht aus, dass in Einzelfällen in größeren Arbeitsamtsbezirken mehrere Integrationsfachdienste beteiligt werden. Ebenfalls ist es nicht zwingend, dass es sich um einen Integrationsfachdienst eines alleinigen Trägers handeln muss, sondern auch der Zusammenschluss (Verbund) verschiedener Träger ist möglich (§ 37 c SchwbG).

Fachliche Anforderungen

Die Integrationsfachdienste müssen rechtlich oder organisatorisch und wirtschaftlich eigenständig sein, über Erfahrungen mit dem zu unterstützenden Personenkreis verfügen, entsprechendes Fachpersonal vorhalten und die sonstigen personellen, räumlichen und sächlichen Anforderungen erfüllen, um ihre gesetzlichen Aufgaben wahrzunehmen. Der Personalbedarf der Integrationsfachdienste richtet sich nach den Bedürfnissen unter Berücksichtigung der Zahl der Betreuungs- und Beratungsfälle, des Betreuungs- und Beratungsaufwands, dem regionalen Einzugsbereich und der Zahl der zu beratenden Arbeitgeber. Durch eine Binnendifferenzierung innerhalb des Integrationsfachdienstes soll den Bedürfnissen besonderer Gruppen unter den Schwerbehinderten, insbesondere behinderten Frauen, und der Notwendigkeit einer psychosozialen Betreuung Rechnung getragen werden (§ 37 d SchwbG).

Finanzielle Leistungen

Der jeweilige Auftraggeber des Integrationsfachdienstes hat seine Inanspruchnahme zu vergüten. Für die Eingliederung Schwerbehinderter kann die Vergütung aus Mitteln der Ausgleichsabgabe erbracht werden (§ 37 e SchwbG). Für diesen Zweck werden Mittel aus dem Ausgleichsfonds beim Bundesministerium für Arbeit und Sozialordnung zur Verfügung gestellt (§ 41 Abs. 1 Nr. 3 SchwbAV), damit die Bundesanstalt für Arbeit ihrer Verpflichtung zur Erbringung finanzieller Leistungen aus Mitteln der Ausgleichsabgabe an die Integrationsfachdienste (§ 33 Abs. 1 Ziff. 10 SchwbG) nachkommen kann. Die finanziellen Leistungen der Arbeitsämter sind als monatliche Einzelfallpauschalen mit Vermittlungs- und Erfolgsprämien ausgestaltet. Zu den finanziellen Leistungen der Hauptfürsorgestellen siehe unten Ziff. 3.8. Ob und in welchem Umfang andere Träger der beruflichen Rehabilitation Integrationsfachdienste beauftragen und aus eigenen Haushaltsmitteln finanzieren werden, ist weithin unklar. Solange eine solche Möglichkeit nur in § 37 a Abs. 3 SchwbG vorgesehen ist, aber nicht flankierend entsprechende Fördermöglichkeiten in den eigenen Leistungskatalogen der Träger der beruflichen Rehabilitation geschaffen werden, dürfte die Absicht des Gesetzgebers ins Leere gehen.

Ergebnisbeobachtung

Verlauf und Ergebnis der jeweiligen Eingliederungsbemühungen sind vom Integrationsfachdienst zu dokumentieren. Eine zusammenfassende Darstellung erfolgt in einem Jahresbericht nach Maßgabe der Auftraggeber. Dieser soll insbesondere geschlechtsdifferenzierte Angaben über Zu- und Abgänge an Betreuungsfällen im Kalenderjahr, den Bestand an Betreuungsfällen und die Zahl der abgeschlossenen Fälle differenziert nach den Abschlussergebnissen enthalten (§ 37 f SchwbG).

Ermächtigung zum Erlass einer Rechtsverordnung

Das Bundesministerium für Arbeit und Sozialordnung wird ermächtigt, durch Rechtsverordnung mit Zustimmung des Bundesrates das Nähere über den Begriff und die Aufgaben des Integrationsfachdienstes, die für sie geltenden fachlichen Anforderungen und die finanziellen Leistungen zu regeln (§ 37 g SchwbG). Mit dem Erlass einer solchen Rechtsverordnung ist in nächster Zeit nicht zu rechnen, da das Bundesministerium für Arbeit und Sozialordnung zunächst sicher die weitere praktische Entwicklung abwarten wird und gegebenenfalls über eine Rechtsverordnung bei Bedarf eher korrigierend eingreifen wird

Fortbestehende Rechtslage für die Hauptfürsorgestellen

Integrationsfachdienste können auch von anderen Leistungsträgern als der Bundesanstalt für Arbeit, insbesondere von den Hauptfürsorgestellen beauftragt werden. Die Möglichkeiten der Hauptfürsorgestellen, zur Unterstützung bei der Durchführung der begleitenden Hilfe im Arbeits- und Berufsleben Integrationsfachdienste zur Sicherung der Arbeitsverhältnisse zu beteiligen und gemäß § 31 Abs. 3 Satz 1 Ziff. 3 SchwbG i.V.m. §§ 17 Abs. 1 Satz 1 Ziff. 4 und Satz 2, 28 SchwbAV zu finanzieren, bleibt unberührt. Eine Einschränkung der Möglichkeiten der Hauptfürsorgestelle nach bestehender Rechtslage ist durch die gesetzliche Änderung nicht vorgesehen. Die maßgebliche Rechtsgrundlage der Finanzierung der Beteiligung Dritter bei der psychosozialen Betreuung durch die Hauptfürsorgestellen, insbesondere § 28 SchwbAV, ist damit gleich geblieben. Als in der Praxis schwierig wird sich erweisen, dass damit zwei Finanzierungssysteme aufeinandertreffen. Einerseits wird der „Vermittlungsbereich" im Integrationsfachdienst einzelfall- und erfolgsbezogen von den Arbeitsämtern vergütet. Andererseits bleibt es für den Bereich der „beruflichen Begleitung" bei der bisherigen vollen Finanzierung der Personal- und Sachkosten der Dienste durch die Hauptfürsorgestellen. Es wird schwer werden, in der Praxis für eine Kostentransparenz zu sorgen, die auch den Anforderungen der Rechnungsprüfungsinstanzen genügt.

Die Unterschiede der geltenden Rechtslage zu den Regelungen im Referentenentwurf eines SGB IX

Wie in der Einleitung dieses Beitrags bereits angedeutet, enthält der Referentenentwurf (RefE) eines Sozialgesetzbuchs IX (Stand: 26.10.2000) deutlich klarere Regelungen, was die Zuständigkeit der gesetzlichen Leistungsträger bei der Beauftragung von Integrationsfachdiensten angeht. Adressat der Regelung der §§ 100 ff RefE über die Integrationsfachdienste ist im Unterschied zu den entsprechenden Vorschriften der §§ 37 a ff SchwbG nicht allein die Bundesanstalt für Arbeit, sondern alle möglichen Auftraggeber des Integrationsfachdienstes sind in der einleitenden Vorschrift des § 100 Abs. 1 RefE und in § 102 RefE zweifelsfrei genannt.

Auch im Aufgabenkatalog der Hauptfürsorgestellen des § 94 Abs. 2 Satz 4 RefE, der den bisherigen § 31 SchwbG ablösen soll, ist durch die Aufnahme des Wortes „Integrationsfachdienste" klargestellt, dass sich der Gesetzgeber schon bei der Schaffung des Gesetzes zur Bekämpfung der Arbeitslosigkeit Schwerbehinderter mit seinen Änderungen des SchwbG vorgestellt hat, dass ein Nebeneinander zwischen den Psychosozialen/ Berufsbegleitenden Diensten und den Integrationsfachdiensten grundsätzlich ausgeschlossen sein soll. Wegen der Problematik der Zustimmungsfreiheit dieses Gesetzes durch den Bundesrat konnte dies allerdings im Rahmen des Gesetzes zur Bekämpfung der Arbeitslosigkeit Schwerbehinderter nicht mit der notwendigen Eindeutigkeit geregelt werden, sondern nur mittelbar über die Verpflichtung der Bundesanstalt für Arbeit, nach § 37 c Abs. 5 Satz 2 SchwbG nur solche Träger von Integrationsfachdiensten zu beauftragen, deren Dienst berufsbegleitende und psychosoziale Dienste umfasst, und die auch von der regional zuständigen Hauptfürsorgestelle beauftragt sind.

Die praktische Umsetzung der Regelungen im Schwerbehindertengesetz über die Integrationsfachdienste

Wegen der klaren und ehrgeizigen Zielvorgabe der Politik, bis Ende des Jahres 2002 die Arbeitslosigkeit Schwerbehinderter um rund 50.000 zu verringern, ist bei der Umsetzung des novellierten Schwerbehindertengesetzes mit seinen neuen Instrumenten zur der Bekämpfung der Arbeitslosigkeit von Menschen mit Behinderungen große Eile geboten. Da ein Nichterreichen diese Ziels mit Blick auf die Überprüfungsregelung des § 73 SchwbG und vor allem die Regelung des § 5 SchwbG über den Umfang der Beschäftigungspflicht für die Arbeitgeber die einschneidende Konsequenz hätte, dass der gesetzliche Pflichtsatz wieder von fünf auf sechs Prozent ansteigen würde, ist der Erwartungsdruck auf die das Gesetz durchführenden Verwaltungen, insbesondere die Bundesanstalt für Arbeit, noch erheblich größer. Bereits vor Inkrafttreten des neuen Gesetzes wurden daher erhebliche Anstrengungen unternommen, um dieses zeitnah umsetzen zu können. Dieser Prozess, der bereits im März 2000 begann, war jedoch außerordentlich schwierig.

Die Mustervereinbarung nach § 37 c Abs. 4 SchwbG

Unterschiedlich waren zunächst die Vorstellungen der Bundesanstalt für Arbeit und der Arbeitsgemeinschaft der Deutschen Hauptfürsorgestellen darüber, welchen Inhalt die nach § 37 c Abs. 4 SchwbG zu entwickelnde Mustervereinbarung haben solle. Der Gesetzgeber hat der Bundesanstalt für Arbeit bei der Erarbeitung der Mustervereinbarung einen Vorrang eingeräumt, ihr allerdings aufgegeben, den Text der Mustervereinbarung mit der Arbeitsgemeinschaft der Deutschen Hauptfürsorgestellen unter Beteiligung der maßgebliche Verbände, insbesondere der Behindertenverbände, abzustimmen.

Schon die rechtlichen Konsequenzen des Wortes „abstimmen" waren zunächst umstritten. Der erste Entwurf der Bundesanstalt für Arbeit sah weiter nur eine bilaterale Vereinbarung zwischen Arbeitsamt und dem Träger des Integrationsfachdienses vor. Eine Einbeziehung der Hauptfürsorgestellen mit ihrem fortbestehenden Auftrag war seitens der Bundesanstalt für Arbeit nicht geplant und damit auch nicht die dringend notwendige Schaffung einer gemeinsamen vertraglichen Grundlage für die Beauftragung der Dienste. Wäre es dabei geblieben, hätte sich eine später kaum noch korrigierbare Auseinanderentwicklung von Berufsbegleitenden/ Psychosozialen Diensten und den neuen Integrationsfachdiensten kaum vermeiden lassen. Folge wäre letztlich auch der vollständige Zusammenbruch der bereits von den Hauptfürsorgestellen in den vergangenen Jahren geschaffenen Struktur von über 100 Integrationsfachdiensten in Deutschland gewesen. Die fachlichen Diskussionen hierüber zogen sich bis weit in den Sommer des

Jahres 2000 hin und erst Anfang September 2000 begann sich der Dissens aufzulösen. Als hilfreich in diesem Meinungsbildungsprozess erwies sich die Moderation der Abstimmungsgespräche durch das Bundesministerium für Arbeit und Sozialordnung und vor allem auch die nachdrückliche und konstruktive Beteiligung der Behindertenverbände, die immer wieder darauf drängten, dass die vom Gesetzgeber vorgesehene Struktur eines gemeinsamen Dienstleistungsangebots der beiden hauptsächlich beteiligten gesetzlichen Leistungsträger auch realisiert würde. Ihnen gebührt sicher ein wesentlicher Anteil daran, dass dann doch noch zeitnah eine tragfähige Lösung zustande kam, wenngleich sich die Verbände nicht ganz zu Unrecht vom weiteren Abstimmungsprozess ab Herbst 2000 ausgeschlossen fühlten.

Probleme der Umsetzung

Von vielen Beteiligten des Abstimmungsprozesses werden nach wie vor folgende Punkte der Mustervereinbarung als noch nicht ausreichend kritisiert:

- Bemängelt wird, dass sich die Vereinbarung in wichtigen Punkten auf eine bloße Wiedergabe des Gesetzestextes beschränkt und damit die Lösung einer größeren Zahl von Detailfragen der Zusammenarbeit ausspart. Diese werden in der Praxis zukünftig nur regional geklärt werden können, mit der darin liegenden Gefahr stark divergierender regionaler Lösungen. Beispiel: Die vom Gesetz geforderte inhaltliche Vereinbarung über die Qualitätssicherung findet sich in der Mustervereinbarung nicht. Ebensowenig ist die Zusammensetzung und die Aufgabenstellung der für die Zusammenarbeit der Beteiligten wichtigen Koordinierungsausschüsse konkretisiert. Eine Reihe von Punkten, die sie nicht in die Mustervereinbarung geregelt wissen wollte, hat die Bundesanstalt für Arbeit aber in ihrem an die Arbeitsämter gerichteten Dienstblattrunderlass zwischenzeitlich (wenn auch einseitig) geregelt.
- Die Unklarheiten hinsichtlich der Zielgruppe der Integrationsfachdienste, die letztlich aber durch die Zielvorgabe des Gesetzgebers mitbedingt sind, bestehen weiterhin fort. Zwar werden die Problemgruppen der psychisch und geistig Behinderten, der Sonderschulabgänger und der Kandidaten für einen Übergang aus der Werkstatt für Behinderte auf den allgemeinen Arbeitsmarkt in § 37 a Abs. 2 SchwbG ausdrücklich genannt. In allen Abstimmungsgesprächen auf Bundes- und Landesebene wurde aber sehr schnell deutlich, dass die Bundesanstalt für Arbeit hier keine Priorität für die Tätigkeit der Integrationsfachdienste sieht, da es ihr primär um den Abbau der registrierten Arbeitslosigkeit Schwerbehinderter geht, und dazu zählen Abgänger von Sonderschulen, Behinderte aus der Werkstatt und psychisch Behinderte in Rehabilitationseinrichtungen gerade nicht. Auch stehen diese behinderten Menschen regelmäßig nicht im Leistungsbezug der Arbeitsämter. Auch der Hinweis auf

die in § 33 Abs. 1 Ziff. 1 SchwbG neu und klarstellend aufgenommene Aufgabe der Bundesanstalt für Arbeit, die Vermittlung von in Werkstätten beschäftigten Behinderten auf den allgemeinen Arbeitsmarkt zu fördern, konnte an dieser Haltung nichts ändern. Der Gesetzgeber hat diese Verpflichtung sicher mit gutem Grund in das Schwerbehindertengesetz aufgenommen, hat aber wegen seiner Zielvorgabe (50.000 arbeitslose Schwerbehinderte weniger) die Prioritätensetzung durch die Arbeitsämter mit verursacht.

- Insbesondere die Behindertenverbände halten Ausgestaltung und Höhe der Finanzierung der Integrationsfachdienste durch die Bundesanstalt für Arbeit für den Teil der Arbeit, der in ihrem Auftrag erfolgt, nach wie vor für nicht ausreichend. Die Hauptfürsorgestellen können hier nur auf ihre eigenen Erfahrungen mit den bisherigen Modellen von Fachdiensten verweisen, haben aber in diesem Punkt kein Mandat, sich in den Regelungsbereich der Arbeitsämter einzumischen. Konsequent verweist die Mustervereinbarung auf bilaterale Vereinbarungen über die Finanzierung zwischen den jeweiligen Auftraggebern der Integrationsfachdienste und deren Trägern.

- Geklärt werden müssen noch sich abzeichnende Schnittstellenprobleme in Fällen, in denen nach einer erfolgreichen Vermittlung von Schwerbehinderten innerhalb des Integrationsfachdienstes der Übergang zur eventuell weiter notwendigen Unterstützung im Rahmen der begleitenden Hilfe im Arbeits- und Berufsleben sichergestellt werden muss. Die bisherige Finanzierungsform schafft hier eine Lücke. Die monatliche Vergütung der Arbeitsämter in Form der Einzelfallpauschale wird unmittelbar nach der Vermittlung in ein Arbeitsverhältnis eingestellt. Seinen in der Praxis wohl häufig entstehenden weiteren Aufwand muss der Integrationsfachdienst bis zu dem in der Mustervereinbarung festgelegten Beginn der Zuständigkeit der Hauptfürsorgestelle, nämlich nach Ablauf der Probezeit (im Regelfall sechs Monate), allein aus dem einmaligen Vermittlungs- und Erfolgshonorar des Arbeitsamtes bestreiten. Es muss noch geprüft werden, ob dies nicht durch eine Vorverlegung des Zuständigkeitsbeginns der Hauptfürsorgestelle behoben werden kann. Für eine solche Lösung spricht, dass auch bei der allgemeinen Abgrenzung für die Leistungen der begleitenden Hilfe im Arbeits- und Berufsleben auf den Zeitpunkt des Beginns eines Beschäftigungsverhältnisses abgestellt wird und nicht auf den Zeitpunkt des Endes der Probezeit.

Insgesamt ist aber trotz noch vieler ungelöster Einzelfragen festzuhalten, dass es letztlich doch gelungen ist, eine Mustervereinbarung zu erarbeiten, die den Intentionen des Gesetzgebers in den grundsätzlichen Fragen entspricht und die sich bei der Erarbeitung der konkreten Vereinbarungen zwischen den Beteiligten in den einzelnen Bundesländern – soweit heute schon beurteilbar – als durchaus tragfähige Arbeitsgrundlage erweist. Es bleibt abzuwarten, ob es in einzelnen Punkten der Mustervereinbarung noch zu Änderungen und Konkretisierungen kommen wird. Die Mustervereinbarung mit dem Stand vom Oktober 2000 ist in der Anlage abgedruckt.

Der Stand der Umsetzung in den einzelnen Bundesländern

Gegenwärtig ist es noch zu früh, eine abschließende Bewertung darüber vorzunehmen, ob die Umsetzung der Vereinbarungen auf Bundesebene regional reibungslos erfolgen kann. Probleme werden derzeit vor allem aus Niedersachsen und Sachsen-Anhalt berichtet, wo es entgegen der gesetzgeberischen Intention nun doch zu einer Parallelentwicklung der Psychosozialen Dienste der Hauptfürsorgestellen und eigener Integrationsfachdienste der Arbeitsämter zu kommen scheint, was sich auch in der Form der vertraglichen Ausgestaltung niederschlägt. In anderen Bundesländern läuft die Umsetzung weit besser. Entsprechende positive Informationen liegen derzeit aus Baden-Württemberg, Bremen, Nordrhein-Westfalen, Rheinland-Pfalz und Sachsen vor. Vor Mitte des Jahres 2001 wird aber sicher keine verlässliche Auswertung über die Umsetzung dieses wichtigen Punktes des Gesetzes zur Bekämpfung der Arbeitslosigkeit Schwerbehinderter vorliegen.

Der baden–württembergische Weg

Näher dargestellt sei hier allerdings der Stand der Umsetzung in Baden-Württemberg. In diesem Bundesland existierten bereits vor Inkrafttreten des Gesetzes zur Bekämpfung der Arbeitslosigkeit Schwerbehinderter eine große Zahl von bereits durch die Hauptfürsorgestellen aus Mitteln der Ausgleichsabgabe geförderten Integrationsfachdiensten, mit zum Teil allerdings unterschiedlicher konzeptioneller Ausrichtung hinsichtlich der Zielgruppen der Dienste. Im Bereich der Hauptfürsorgestelle des Landeswohlfahrtsverbandes Württemberg-Hohenzollern bestand sogar bereits ein flächendeckendes Netz solcher Dienste. Die Hauptfürsorgestelle des Landeswohlfahrtsverbandes Baden hatte sich dagegen bewusst auf eine Zahl von sieben Modellstandorten beschränkt. Kennzeichnend für all diese Integrationsfachdienste war eine konsequente Beschränkung der Zielgruppe auf Menschen mit einer geistigen oder psychischen Behinderung oder einer Mehrfachbehinderung mit einem individuellen Leistungsvermögen an der Grenze zwischen den Anforderungen des allgemeinen Arbeitsmarktes und der Werkstatt für Behinderte. Häufig waren die Klienten dieser Dienste daher nicht beim Arbeitsamt als arbeitslos gemeldet. Dennoch war die Zusammenarbeit dieser Dienste mit den Arbeitsämtern in Baden-Württemberg von Anfang an intensiv und gut und konnten sich die Ergebnisse dieser Dienste trotz der schwierigen Arbeitsmarktsituation und der eingeengten Zielgruppe mit ihrem außerordentlich hohen und personalintensiven Unterstützungsbedarf mehr als sehen lassen.

Durch das Gesetz zur Bekämpfung der Arbeitslosigkeit Schwerbehinderter war nun eine unterschiedliche Interessenlage entstanden. Einerseits haben die Arbeitsämter das vorrangige Interesse, mit Hilfe der zukünftigen Integrationsfachdienste in erster Linie die hohen Vorgaben der Politik beim Abbau der (registrierten) Arbeitslosigkeit Schwerbehinderte zu erfüllen, anderseits sollte die vorhandene Struktur der Dienste in Baden-Württemberg und deren Tätigkeit für die bisher engere Zielgruppe erhalten bleiben. Da der Bundesanstalt für Arbeit Mittel der Ausgleichsabgabe aus dem Ausgleichsfonds beim Bundesministerium für Arbeit und Sozialordnung zur Förderung von Integrationsfachdiensten nicht unbeschränkt zur Verfügung stehen, um beiden Anliegen in vollem Umfang gerecht zu werden, war damit auch ein finanzieller Zielkonflikt zu befürchten. Zusätzlich bestanden bei den bisherigen Trägern der Dienste in Baden-Württemberg (ganz überwiegend Träger der freien Wohlfahrtspflege) ganz erhebliche Bedenken, ob das von der Bundesanstalt für Arbeit vorgesehene zukünftige Finanzierungssystem mit Einzelfallpauschalen und einer hohen Erfolgsabhängigkeit der Finanzierung für sie nicht mit weitreichenden wirtschaftlichen Unwägbarkeiten verbunden wäre, da das besondere Arbeitsmarktrisiko von Menschen mit Behinderungen praktisch weitgehend auf die Träger abgewälzt würde.

In einvernehmlichen Absprachen zwischen den Beteiligten in Baden-Württemberg einigte man sich auf folgende Lösung: Die von den Hauptfürsorgestellen geschaffene Struktur der Berufsbegleitenden Dienste in Baden-Württemberg soll erhalten, weiter ausgebaut und ihre bereits weit entwickelte Fachkompetenz genutzt werden. Die Fachdienste sollen einheitlich unter der neuen Bezeichnung „Integrationsfachdienst“ tätig sein und sich fachlich entsprechend den Vorgaben des neuen Gesetzes weiter entwickeln. Neben der neu hinzukommenden Finanzierung des „Vermittlungsbereichs“ im Integrationsfachdienst durch die Arbeitsämter wurde den Trägern von den Hauptfürsorgestellen zugesagt, dass zur Sicherstellung der unterstützten Vermittlung auch der (noch) nicht beim Arbeitsamt arbeitslos gemeldeten Klienten, insbesondere der Abgänger von Sonderschulen und der für einen Übergang in Frage kommenden Behinderten aus einer Werkstatt für Behinderte finanzielle Mittel aus der regionalen Ausgleichsabgabe nachrangig eingesetzt werden. Die Höhe dieser zusätzlichen Leistung der Hauptfürsorgestellen ermöglicht die Absicherung in der Regel einer Personalstelle pro Arbeitsamtsbezirk und übernimmt die Funktion einer Sockelfinanzierung des „Vermittlungsbereichs“ der Dienste. Zudem wurde den Trägern der abrupte Wechsel im Finanzierungssystem durch eine „Besitzstandsgarantie“ in Höhe der Vergütung des Vorjahres durch die Hauptfürsorgestelle für das Jahr 2001 erleichtert. Im württembergischen Landesteil war diese Garantie wegen des ohnehin noch hohen Finanzierungsanteils der dortigen Hauptfürsorgestelle nicht notwendig. Alle Finanzierungszusagen der Hauptfürsorgestellen im „Vermittlungsbereich" der Dienste sind gegenüber den Leistungen der Arbeitsämter zwar nachrangig, waren aber notwendig, um einen reibungslosen Übergang zum neuen Recht zu gewährleisten. Rechtlich ist diese Lösung auch durch das neue Schwerbehindertengesetz gedeckt, da die gesetzliche Neuregelung eine Einschränkung der Möglichkeiten der Hauptfürsorgestelle nach der bisher bestehenden Rechtslage (§ 17 Abs. 1 Satz 2 SchwbAV) ausdrücklich ausschließen wollte (Begründung zu Nummer 19 des Regierungsentwurfs des SchwbBAG vom 27.5.2000).

Alle Vereinbarungen zwischen den Arbeitsämtern, Hauptfürsorgestellen und Trägern der Integrationsfachdienste in Baden-Württemberg sind zwischenzeitlich abgeschlossen oder zumindest unterschriftsreif. Von den Arbeitsämtern und Hauptfürsorgestellen wurden ausschließlich die bisherigen Träger der Berufsbegleitenden Dienste beauftragt. Die Soll-Vorgaben des Gesetzes (grundsätzlich ein Dienst pro Arbeitsamtsbezirk, nur nachrangig Verbundlösungen) konnten weitestgehend eingehalten werden. Die Grundlagen für eine gemeinsame Lösung von Arbeitsämtern und Hauptfürsorgestellen wurden in einem konstruktiven Prozess im Sinne der in § 30 SchwbG vorgesehenen engen Zusammenarbeit zwischen Hauptfürsorgestellen und Arbeitsämtern geschaffen, so dass zu erwarten ist, dass die weiter entwickelten Integrationsfachdienste sehr bald ihren erweiterten Auftrag erfüllen können.

Bewertung und Ausblick

Die Integrationsfachdienste werden es sicher nicht leicht haben, die hohen Erwartungen, die in sie mittlerweile bei der Unterstützung des Abbaus der Arbeitslosigkeit Schwerbehinderter gesetzt werden, tatsächlich zu erfüllen. Gegenüber den von den Hauptfürsorgestellen seit Beginn der neunziger Jahre eingerichteten Modelldiensten ist durch das neue Gesetz nachgerade ein Paradigmenwechsel eingetreten. Es geht zwischenzeitlich nicht mehr in erster Linie um die Unterstützung einer begrenzten Gruppe von besonders betroffenen Behinderten bei der Suche und dem Erhalt eines Arbeitsplatzes auf dem allgemeinen Arbeitsmarkt als Alternative zur Werkstatt für Behinderte, was insbesondere für Hauptfürsorgestellen, deren Träger gleichzeitig überörtlicher Träger der Sozialhilfe ist, von Anfang an aus nachvollziehbaren Gründen im Mittelpunkt des Interesses stand. Das inzwischen viel weiter gehende Ziel ist demgegenüber die nachhaltige Unterstützung des Abbaus der Arbeitslosigkeit der nach wie vor über 170.000 arbeitslos gemeldeten Schwerbehinderten in Deutschland in breitestem Umfang, was zwar ebenfalls ein Anliegen der Hauptfürsorgestellen ist, allerdings angesichts ihrer gesetzlichen Aufgabe nach dem Schwerbehindertengesetz zum Erhalt von Arbeitsplätzen von Schwerbehinderten nie im Vordergrund stehen konnte. Letztlich führt die gesetzliche Neuregelung ein gutes Stück weit sogar zu einem „Outsourcing“ der Durchführung bisher eigener Aufgaben der Arbeitsämter und die Finanzierung dieser Privatisierung öffentlicher Aufgaben aus Mitteln der Ausgleichsabgabe. Mit den ursprünglichen Modellen hat dies nicht mehr allzu viel zu tun.

Ein zentrale Problem wird sein, in der Kürze der zur Verfügung stehenden Zeit qualifiziertes Personal für eine Tätigkeit im Integrationsfachdienst zu finden. Insbesondere dort, wo nicht an eine vorhandene Struktur angeknüpft werden kann, wird die Anlaufphase der Integrationsfachdienste viel Zeit benötigen. Es bleibt zu hoffen, dass die Zeit nicht zu lange sein wird, um das von der Politik avisierte Ziel am Ende des Jahres 2002 zu erreichen. Um so wichtiger ist es, jetzt alle Kräfte zu bündeln, um den Integrationsfachdiensten bei dem neuen Zuschnitt der Aufgaben zum Erfolg zu verhelfen.

Anlage 1

Mustervereinbarung

über die
Zusammenarbeit mit Integrationsfachdiensten
bei der

beruflichen Integration von Schwerbehinderten

Zwischen

____

– nachfolgend Träger genannt –

und der

Bundesanstalt für Arbeit
vertreten durch das

Arbeitsamt ________________________________

– nachfolgend Arbeitsamt genannt –

und der

Hauptfürsorgestelle ________________________________

– nachfolgend Hauptfürsorgestelle genannt –

wird folgender Grundvertrag geschlossen:

Präambel

Mit dem durch das Gesetz zur Bekämpfung der Arbeitslosigkeit Schwerbehinderter vom ... (BGBl. 1 S. ...) neu in das Schwerbehindertengesetz eingefügten Sieben Abschnitte (§§ 37a ff.) ist die Möglichkeit geschaffen worden, dass auch die Arbeitsämter zur beruflichen Integration Schwerbehinderter, insbesondere zu deren Vermittlung, Integrationsfachdienste beauftragen können. Ziel der Neuregelung ist der Aufbau eines bundesweiten Netzes von Integrationsfachdiensten (§ 37c Abs. 5 SchwbG), in dem die schon nach bisherigem Recht für die Hauptfürsorgestellen tätigen berufsbegleitenden/psychosozialen Dienste (§ 31 Abs. 2 Satz 3 SchwbG) zusammengefasst werden und so leistungsträgerübergreifende Dienste für Arbeitsämter und Hauptfürsorgestellen für arbeitsuchende und beschäftigte Schwerbehinderte und für Arbeitgeber geschaffen werden.

§ 1
Beauftragung

(1) Der Träger erhält den Auftrag, einen Integrationsfachdienst i.S.d. § 37a SchwbG einzurichten.

Der Integrationsfachdienst übernimmt für das Arbeitsamt und die Hauptfürsorgestelle Aufgaben zur beruflichen Eingliederung Schwerbehinderter, indem er

1. die Schwerbehinderten zu beraten, zu unterstützen und auf geeignete Arbeitsplätze zu vermitteln,
2. die Arbeitgeber zu informieren, zu beraten und Hilfe zu leisten hat.

Zu den vom Integrationsfachdienst zu erfüllenden Aufgabenbereichen gehören dabei insbesondere:

1. die Fähigkeiten der zugewiesenen Schwerbehinderten zu bewerten und einzuschätzen und dabei ein individuelles Fähigkeits-, Leistungs- und Interessenprofil zur Vorbereitung auf den allgemeinen Arbeitsmarkt in enger Kooperation mit den Schwerbehinderten, dem Auftraggeber und der abgebenden Einrichtung der schulischen oder beruflichen Bildung, Rehabilitation oder Eingliederung zu erarbeiten,
2. geeignete Ausbildungs- und Arbeitsplätze (gem. § 7 Abs. 1 SchwbG) auf dem allgemeinen Arbeitsmarkt zu erschließen. Dies umfasst auch die Vermittlung von Betriebspraktika, Probearbeitsverhältnissen und befristeten Arbeitsverhältnissen, wenn dies zur Verbesserung der Erfolgsaussichten erforderlich ist,
3. die Schwerbehinderten auf die vorgesehenen Arbeitsplätze vorzubereiten,
4. die Schwerbehinderten solange erforderlich am Arbeitsplatz oder beim Training der berufspraktischen Fähigkeiten am konkreten Arbeitsplatz zu begleiten,
5. die Mitarbeiter im Betrieb oder in der Dienststelle über Art und Auswirkungen der Behinderung und über entsprechende Verhaltensregeln zu informieren und zu beraten,
6. eine Nachbetreuung, Krisenintervention oder psychosoziale Betreuung durchzuführen sowie
7. als Ansprechpartner für die Arbeitgeber zur Verfügung zu stehen.

(2) Schwerbehinderte im Sinne des Absatzes 1 sind insbesondere

1. Schwerbehinderte mit einem besonderen Bedarf an arbeits- und berufsbegleitender Betreuung,

2. Schwerbehinderte, die nach zielgerichteter Vorbereitung durch die Werkstatt für Behinderte auf dem allgemeinen Arbeitsmarkt eingegliedert werden sollen und dabei auf aufwendige personalintensive individuelle arbeitsbegleitende Hilfen angewiesen sind sowie
3. schwerbehinderte Schulabgänger, die für die Aufnahme einer Beschäftigung auf dem allgemeinen Arbeitsmarkt auf die Unterstützung eines Integrationsfachdienstes angewiesen sind.

Ein besonderer Bedarf an arbeits- und berufsbegleitender Betreuung nach Nr. 1 ist insbesondere gegeben bei Schwerbehinderten mit geistiger oder psychischer Behinderung oder mit einer schweren Körper-, Sinnes- oder Mehrfachbehinderung, die sich im Arbeitsleben besonders nachteilig auswirkt und allein oder zusammen mit weiteren vermittlungshemmenden Umständen (Alter, Langzeitarbeitslosigkeit, unzureichende Qualifikation, Leistungsminderung) die Eingliederung auf dem allgemeinen Arbeitsmarkt erschwert.

(3) Der Integrationsfachdienst wird im Auftrag eines Trägers der beruflichen Rehabilitation auch zur beruflichen Integration von Behinderten tätig, die nicht Schwerbehinderte sind.

(4) Nimmt ein Schwerbehinderter, ein Arbeitgeber oder eine sonstige Stelle (z.B. Klinik, Arzt, Sonderschule, Werkstatt für Behinderte, Reha-Einrichtung) unmittelbar Kontakt mit dem Integrationsfachdienst auf, erfolgt zunächst eine fachdienstliche Beratung zur Anliegens-, Ziel- und Kooperationsklärung sowie zur Klärung der Zuständigkeit. Eine weitergehende Betreuung des Schwerbehinderten im Sinne des Absatzes 1 ist mit dem Arbeitsamt (für arbeitsuchende Schwerbehinderte), der Hauptfürsorgestelle (für beschäftigte Schwerbehinderte) oder dem Träger der beruflichen Rehabilitation (für Rehabilitanden) abzustimmen.

(5) Besteht die Notwendigkeit einer Fortsetzung der Betreuung eines Schwerbehinderten auch nach Begründung des Beschäftigungsverhältnisses, informiert der Integrationsfachdienst rechtzeitig die zuständige Hauptfürsorgestelle und sorgt für eine Absprache über die Weiterbetreuung des Schwerbehinderten nach erfolgter Arbeitsaufnahme.

§ 2
Vergütung

(1) Die Inanspruchnahme des Integrationsfachdienstes wird von dem Arbeitsamt und der Hauptfürsorgestelle aufgrund eigener Vereinbarungen mit dem Integrationsfachdienst vergütet.

(2) Die Träger der beruflichen Rehabilitation vergüten die Tätigkeit nach § 1 Abs. 2; dabei ist sicherzustellen, dass Arbeitsamt und Hauptfürsorgestelle diese Tätigkeit des Integrationsfachdienstes nicht mitfinanzieren.

§ 3
Fachliche Verantwortung und Anforderungen, Qualität

(1) Die fachliche Verantwortung für den Integrationsfachdienst hat der Träger. Er stellt sicher, dass die notwendigen personellen, räumlichen und sachlichen Voraussetzungen für die Durchführung des Auftrages nach § 37d Abs. 1 SchwbG und § 28 Abs. 2 SchwbAV jederzeit gegeben sind.

Maßnahmen zur Qualitätssicherung sind nach Maßgabe der Auftraggeber einzuführen und sicherzustellen.

(2) Der Träger des Integrationsfachdienstes hat bei der Auswahl seines Personals Schwerbehinderte, insbesondere schwerbehinderte Frauen, besonders zu berücksichtigen.

§ 4
Dokumentation

Der Integrationsfachdienst hat Verlauf und Ergebnis seiner Tätigkeit nach § 1 für das Arbeitsamt und die Hauptfürsorgestelle zu dokumentieren. Neben der laufenden und möglichst durch EDV standardisierten Falldokumentation ist eine zusammenfassende Darstellung der Ergebnisse jährlich zu erstellen und bis spätestens 31. März des Folgejahres jeweils dem Arbeitsamt und der Hauptfürsorgestelle vorzulegen. Diese Darstellung soll insbesondere geschlechtsdifferenzierte und zielgruppenspezifische Angaben enthalten zu:

1. Zu- und Abgängen an Betreuungsfällen im Kalenderjahr, differenziert nach Art der Behinderung und Herkunft des Schwerbehinderten (Arbeitslosigkeit, WfB, Schule, Rehabilitationsmaßnahme),
2. dem Bestand an Betreuungsfällen,
3. der Zahl der realisierten Maßnahmen zur beruflichen Integration für: Praktika, Trainingsmaßnahmen, Einzelauslagerung aus der WfB, Probebeschäftigung und Probearbeitsverhältnis sowie betriebliche Reha-Maßnahmen, Arbeitsbeschaffungsmaßnahmen, Eingliederungsvertrag, Aufnahme einer Beschäftigung in einer WfB,
4. der Zahl der Fälle, die in eine Beschäftigung auf dem allgemeinen Arbeitsmarkt vermittelt werden konnten, differenziert nach Aufnahme einer Ausbildung, einer befristeten oder unbefristeten Beschäftigung,
5. der Zahl der Fälle, in denen ein bestehendes Beschäftigungsverhältnis dauerhaft stabilisiert werden konnte.

§ 5
Bildung eines Koordinierungsausschusses

Zur fachlichen Abstimmung und Kooperation mit den Auftraggebern wird ein Koordinierungsausschuss gebildet. Die Verantwortung des Integrationsfachdienstes bleibt davon unberührt.

§ 6
Datenschutz

Der Integrationsfachdienst verpflichtet sich, die datenschutzrechtlichen Bestimmungen einzuhalten; auf § 76 SGB X i.V.m. § 67a SGB X wird besonders hingewiesen. Er informiert die zu betreuenden Behinderten darüber, welche persönlichen Daten erhoben und gespeichert werden. Dabei sind nur Daten zu erheben, die für die Eingliederung des Betroffenen in das Arbeitsleben erforderlich sind. Persönliche Daten von Behinderten dürfen ohne deren Einverständnis nicht Personen oder Institutionen, die nicht unmittelbar an dem Eingliederungsprozess beteiligt sind, bekannt gegeben werden.

Betriebs- und Geschäftsdaten von Rehabilitationsträgern und Unternehmen, die im Rahmen der Aufgabenerledigung bekannt werden, sind geheim zu halten.

Insoweit haftet der Träger auch für seine Mitarbeiter und Beauftragten (vgl. § 78 SGB X). Die Belehrung der Mitarbeiter des Integrationsfachdienstes über ihre Pflichten nach §§ 76 und 67 SGB X ist zu dokumentieren.

§ 7
Leistungsanträge und Kostenzusagen

(1) Können zugewiesenen Behinderten infolge der Aktivitäten des Integrationsfachdienstes Kosten (z.B. Fahrtkosten, Bewerbungskosten) entstehen, die von diesem nicht zu zahlen sind, hat er rechtzeitig den Behinderten auf eine Antragstellung beim zuständigen Leistungsträger hinzuweisen.

(2) Kommen für den zugewiesenen Personenkreis berufliche Bildungsmaßnahmen (z.B. Feststellungs- oder Qualifizierungsmaßnahmen) in Betracht, hat der Integrationsfachdienst den Eintritt und die Kostenerstattung mit dem zuständigen Leistungsträger abzuklären. Förderungszusagen an Behinderte und an andere Beteiligte (z.B. Bildungsträger, Arbeitgeber) dürfen vom Integrationsfachdienst nur nach Absprache und mit ausdrücklicher Genehmigung des zuständigen Leistungsträgers gegeben werden.

§ 8
Geltungsdauer und Beendigung

Dieser Grundvertrag tritt am ________________________________ in Kraft.

Datum

Er kann von jedem Vertragspartner mit einer Frist von sechs Monaten zum Ende eines Kalenderjahres gekündigt werden. Bei Vorliegen eines wichtigen Grundes ist jeder Vertragspartner berechtigt, den Grundvertrag mit einer Frist von drei Monaten zu kündigen.

Ort, Datum:	Ort, Datum:	Ort, Datum:
(Träger)	(Arbeitsamt)	(Hauptfürsorgestelle)

Anlage 2

Vergütungsvereinbarung

zwischen

als Träger des Integrationsfachdienstes
und dem

Arbeitsamt____________________

für den Zeitraum vom.............................. bis..................................

In Ergänzung zu Ziffer................des Grundvertrages vom wird folgendes vereinbart:

(1) Der IFD verpflichtet sich, im Auftrag des Arbeitsamtes laufend für die berufliche Eingliederung von ....Schwerbehinderten zu sorgen.

(2) Das Arbeitsamt zahlt dem IFD dafür einen monatlichen Festbetrag in Höhe von ....DM (Anzahl der o.a. Fälle x 300,- DM)

und folgende Honorarvergütungen:

a) Vermittlungshonorar
Bei erfolgreicher Vermittlung in ein Ausbildungs- oder Arbeitsverhältnis von mindestens einem Jahr: 1.000,- DM

b) Erfolgshonorar
Für das erschlossene und nach sechs Monatennoch bestehende Ausbildungs- oderArbeitsverhältnis: 1.000,- DM
In besonders begründeten Einzelfällen können höhere Honorare vereinbart werden.

(3) Die Zahlung von Vermittlungs- und Erfolgshonoraren erfolgt nach Vorlage entsprechender Nachweise.

(Ort Datum) Ort,Datum)

(Arbeitsamt) (Träger des IFD)

Die Autoren:

PETER APPELHANS, Dr. phil., Studiendirektor; Leiter der Staatlichen Schule für Sehgeschädigte

JÖRG BARLSEN, Sonderpädagoge; 1990 bis 1999 in verschiedenen Forschungsprojekten der Gesamthochschule Siegen und der Forschungsstelle ‚Berufliche Eingliederung/Rehabilitation (Unterstützte Beschäftigung) von Behinderten' an der Westfälischen Wilhelms-Universität Münster zur beruflichen Eingliederung von Menschen mit Behinderungen tätig; seit 1999 Wissenschaftlicher Mitarbeiter des Berufsbildungswerks für Blinde und Sehbehinderte Soest

ROLF BEHNCKE, Diplom-Sozialwissenschaftler; seit neun Jahren stellvertretender Fachdienstleiter der Hamburger Arbeitsassistenz, einem Fachdienst der beruflichen Eingliederung von Menschen mit geistiger Behinderung; seit fünf Jahren Vorsitzender der Bundesarbeitsgemeinschaft für Unterstützte Beschäftigung (BAG UB).

JÖRG BUNGART, Diplom-Pädagoge (Erwachsenenbildung, Körper- und Geistigbehindertenpädagogik); Ausbildung in systemischer Beratung; seit über 10 Jahren in verschiedenen Modell- und Forschungsprojekten zur beruflichen und sozialen Eingliederung von Menschen mit Behinderungen tätig; Arbeitsschwerpunkte: Konzeptionsentwicklung, Qualitätsmanagement und Organisationsentwicklung, Team- und Einzelcoaching, Programm- und Projektevaluation.

ERWIN DENNINGHAUS, Diplom-Psychologe; 1982-1984 wissenschaftlicher Mitarbeiter am Institut für Behindertenpädagogik der Universität Hamburg, Tätigkeiten als Schulpsychologe und psychologischer Psychotherapeut in unterschiedlichen Einrichtungen und eigener Praxis; seit 1988 Fachdienstleiter im Berufsbildungswerk für Blinde und Sehbehinderte Soest.

STEFAN DOOSE, Behindertenpädagoge M.S., Diplom-Sozialpädagoge und Diakon; Studium u.a. an der University of Oregon mit dem Schwerpunkt ‚supported employment'; 1995-2000 Geschäftsführer der Bundesarbeitsgemeinschaft für Unterstützte Beschäftigung; 1998-2000 als Projektleiter des europäischen Projektes ‚Unterstützte Beschäftigung 2000' an der Entwicklung der ‚Berufsbegleitenden Qualifizierung in Unterstützter Beschäftigung für IntegrationsberaterInnen' beteiligt.

WILLI DÜE, Oberstudienrat; Diplom-Handelslehrer und Sonderschullehrer an der Staatlichen Schule für Sehgeschädigte

KARL-FRIEDRICH ERNST, Jurist, Ltd. Verwaltungsdirektor; seit 1988 Leiter der Hauptfürsorgestelle des Landeswohlfahrtsverbandes Baden, Karlsruhe; seit 1994 Vorsitzender der Arbeitsgemeinschaft der Deutschen Hauptfürsorgestellen.

JÜRGEN HOHMEIER, Prof. Dr.; Hochschullehrer am Institut für Sozialpädagogik, Weiterbildung und empirische Pädagogik der Westfälischen Wilhelms-Universität Münster (WWU); Lehr- und Forschungsgebiete: Familien mit behinderten Kindern, berufliche Eingliederung von Menschen mit Behinderungen, soziale Geragogik, Altenhilfe; seit 1995 zusammen mit H. MAIR Leiter der Forschungsstelle ‚Berufliche Eingliederung/Rehabilitation (Unterstützte Beschäftigung) von Behinderten' an der WWU.

ANNETTE KLINKENBUSCH, Diplom-Sozialpädagogin und Erzieherin; seit ca. 10 Jahren in verschiedenen Modell- und Forschungsprojekten zur beruflichen und sozialen Eingliederung von Menschen mit Behinderungen tätig; baute im Rahmen eines europäischen Projekts (HORIZON) in Anlehnung an das Konzept ‚supported employment' eine Beratungsstelle zur beruflichen Eingliederung körper- und mehrfachbehinderter Menschen auf; zur Zeit in dieser Beratungsstelle als Integrationsberaterin tätig.

HELMUT MAIR, Prof. (apl.) Dr.; akademischer Oberrat am Institut für Sozialpädagogik, Weiterbildung und empirische Pädagogik der Westfälischen Wilhelms-Universität Münster (WWU); Lehr- und Forschungsgebiete: Jugendforschung, aktuelle Formen sozialer Probleme und Sozialpolitik sowie Sozialpsychiatrie und psychosoziale Arbeitskonzepte; seit 1995 zusammen mit J. HOHMEIER Leiter der Forschungsstelle ‚Berufliche Eingliederung/Rehabilitation (Unterstützte Beschäftigung) von Behinderten' an der WWU.

NORBERT MÜLLER-FEHLING, Geschäftsführer des Bundesverbandes für Körper- und Mehrfachbehinderte e.V.

SUSANNE PUTZKE, Sonderpädagogin (Weiterbildung im Bereich Sozialmanagement); 1994-1998 Integrationsberaterin Hamburger Arbeitsassistenz; 1998-2000 im EU-Projekt ‚Unterstützte Beschäftigung 2000' der BAG UB tätig – neben bundesweiter Informations- und Beratungsarbeit zur beruflichen Integration von Menschen mit

Behinderung hat sie die berufsbegleitende Qualifizierung in Unterstützter Beschäftigung für IntegrationsberaterInnen konzipiert, entwickelt und durchgeführt.

MICHAEL SCHNEIDER, Diplom-Psychologe; ab 1980 in Einrichtungen der beruflichen Rehabilitation tätig, u.a. in einem Berufsbildungswerk; seit 1992 Referent in der Hauptfürsorgestelle des Landschaftsverbandes Westfalen-Lippe.

SIMONE SCHÜLLER, Diplom-Soziologin; Wissenschaftliche Mitarbeiterin am Lehrstuhl für Rehabilitationssoziologie der Universität Dortmund; langjährige Forschungstätigkeit zur beruflichen Qualifizierung und Integration von Menschen mit Behinderung sowie zur Situation hilfe- und pflegebedürftiger Menschen mit Behinderung in Haushalten und (teil-) stationären Einrichtungen der Behindertenhilfe; Mitglied in nationalen und europäischen Expertengremien zu Themen der beruflichen Rehabilitation (unter anderem HELIOS II - Programm der Europäischen Kommission; Ausschuss ‚Arbeit' im Impulsförderprogramm der ‚Aktion Mensch'); Gründungsmitglied der Bundesarbeitsgemeinschaft für Unterstützte Beschäftigung - BAG UB und des ‚Instituts für Rehabilitationsforschung, Qualitätsentwicklung und Strukturanalyse e.V. (REQUEST)' an der Universität Tübingen.

VOLKER SUPE, Diplom-Pädagoge; Wissenschaftlicher Mitarbeiter im Forschungsprojekt ‚Qualitätssicherung und -entwicklung in Fachdiensten zur beruflichen Eingliederung von Menschen mit Behinderungen' am Fachbereich Erziehungswissenschaften der Universität Münster, Institut für Sozialpädagogik, Weiterbildung und empirische Pädagogik. Arbeitsschwerpunkte: Qualitätsmanagement in der Sozialen Arbeit, Soziale Altenarbeit, Management in sozialen Organisationen.

PETER WILLEMS, Diplom-Pädagoge; Wissenschaftlicher Mitarbeiter im Forschungsprojekt ‚Qualitätssicherung und -entwicklung in Fachdiensten zur beruflichen Eingliederung von Menschen mit Behinderungen' am Fachbereich Erziehungswissenschaften der Universität Münster, Institut für Sozialpädagogik, Weiterbildung und empirische Pädagogik. Arbeitsschwerpunkte: Sozial- und Qualitätsmanagement.